新时代大学生就业指导【课程思政版】
编委会

● 主　编：陈　飞

● 编　委（按姓氏笔画排序）：

王　伟　王若男　李　娜

李荣华　邱惠珊　林智林

周德玉　施林颖　曾欣虹

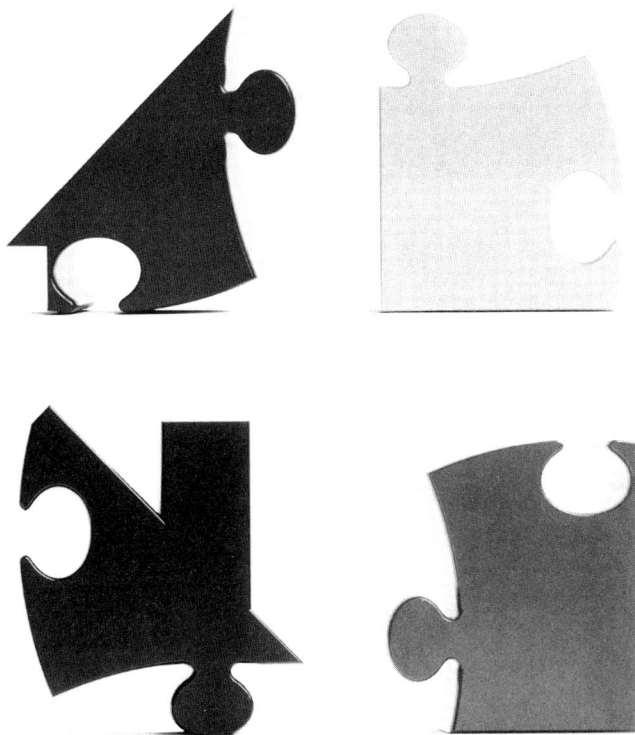

新时代大学生
就业指导

【课程思政版】

第二版

● 主编　陈　飞

厦门大学出版社
XIAMEN UNIVERSITY PRESS

国家一级出版社
全国百佳图书出版单位

图书在版编目（CIP）数据

新时代大学生就业指导：课程思政版 / 陈飞主编
. -- 2 版. -- 厦门：厦门大学出版社，2023.12（2025.1 重印）
ISBN 978-7-5615-9188-8

Ⅰ．①新⋯ Ⅱ．①陈⋯ Ⅲ．①大学生-就业 Ⅳ.
①G647.38

中国版本图书馆CIP数据核字(2023)第230605号

责任编辑　章木良
美术编辑　张雨秋
技术编辑　朱　楷

出版发行　厦门大学出版社
社　　址　厦门市软件园二期望海路 39 号
邮政编码　361008
总　　机　0592-2181111　0592-2181406(传真)
营销中心　0592-2184458　0592-2181365
网　　址　http://www.xmupress.com
邮　　箱　xmup@xmupress.com
印　　刷　厦门集大印刷有限公司

开本　787 mm×1 092 mm　1/16
印张　20.5
字数　457 千字
版次　2020 年 12 月第 1 版　2023 年 12 月第 2 版
印次　2025 年 1 月第 2 次印刷
定价　45.00 元

厦门大学出版社
微信二维码

厦门大学出版社
微博二维码

前　言

党的二十大报告明确指出："人才是第一资源"，"实施就业优先战略"，"强化就业优先政策，健全就业促进机制，促进高质量充分就业"。高校毕业生是国家宝贵的人才资源，是促进就业的重要群体。高校毕业生就业事关民生福祉、经济发展和国家未来。因此，进一步提升大学生就业指导课程的教育教学质量，培养学生树立正确的就业观和理性的择业观，不断提升学生求职、就业和创新创业能力，实现毕业生高质量就业，是我们高校就业工作人员义不容辞的使命和责任。

我们之所以要启动本教材第二版的修订工作，原因主要有以下两个方面：

一是，教材修订是保持和增强教材生命力的重要保证。《新时代大学生就业指导（课程思政版）》第一版于 2020 年 12 月正式出版。三年来，面对新的社会环境和就业形势，党中央、国务院高度重视，出台了一系列政策措施，各地政府及相关部门也出台了一系列新的促进高校毕业生就业创业工作政策，多管齐下，形成合力，共同促进高校毕业生高质量充分就业。适时启动教材第二版的修订工作，不仅能够第一时间更新教材内容，而且能够为高校大学生提供更加精准的就业指导和服务。

二是，教材既是课堂教学内容的主要载体，也是教师教学的重要基础。三年来，在教材的使用过程中，任课教师和广大学生给予我们很大的支持和鼓励，也提出了一些有价值的意见和建议。为了使教材能够进一步满足任课教师课堂授课的需要和广大学生提升就业能力的需要，我们便启动教材第二版的修订工作。

　　此次教材修订工作的原则是：总结三年来教材的使用经验，在保持原有教材的基本结构、内容、特色和风格不变的基础上，通过适当调整、增删、校对和润色，进一步提高教材的质量，从而更好地服务于就业指导课教学工作需要。为了使大家更好地使用新修订的教材，下面简单介绍一下修订工作的具体情况。

一、及时更新就业政策，增强教材的时代感

　　一部好教材应该遵循与时俱进的原则，及时地更新党中央、国务院和各地方政府在促进高校毕业生就业创业方面的最新政策，使教材能够紧跟时代发展，更好地服务学生。根据这个原则，我们对原教材中部分过时的就业政策内容进行了调整。例如，在第三章就业方向选择中，我们根据国家和地方最新的政策和文件，对原教材中的考选调、教师招考、参军入伍、志愿项目等内容进行全面修订，将原有第八节的拓展阅读《福建省高校毕业生就业创业扶持政策》（2019）更新为《福建省进一步支持大学生创新创业若干措施》（2023）。在第五章就业权益保护中，对原有第二节的拓展阅读《大学生在就业过程中不可忽视的五个关键词》进行修订，删除其中关于"报到证"的相关介绍。同时，在修订时，我们还删除了附录五"报到证（样表）"和附录六"毕业生补办'就业报到证'申请表（范例）"。诸如此类的就业政策内容的更新和调整，使教材真正做到与时俱进，从而进一步增强了教材的时代感。

二、适当调整章节案例，增强教材的可读性

　　根据三年来教材的使用经验，教材中的案例，特别是学姐学长的真实案例对学生最有吸引力，甚至可以起到示范引领作用。因此，适当调整教材案例是此次修订的一项基本任务。这里包括适当补充最新的案例阅读、拓展阅读和课堂活动，删除或替换个别相对陈旧的案例。本次修订共新增各类案例阅读、拓展阅读和课堂互动等33篇，例如，在第三章中新增了《考研感悟：行则将至，做则必成》《考研感悟：万事坎坷终意平》《考研感悟：选择＋行

动》《选调生分享：夜色难免黑凉，前行必有曙光》《教师招考经验分享：心中有梦想，眼里有学生》《教招直面感悟：发轫培风，将以图南》等6篇真实案例阅读。在第三章、第四章、第五章和第六章中新增了"绘制'我的专业去向地图'""无领导小组讨论现场模拟""职场面对面，问诊点对点""我的'约哈里窗'""蝴蝶拍'放松法"等5个课堂活动。同时，在第一章、第二章、第三章、第四章中删除了《听听年轻人就业创业的故事》等20多个旧案例。以上相关章节案例的调整和补充，丰富了教材的内容，大大提升了教材的吸引力，从而进一步增强了教材的可读性。

三、全面核对文字内容，增强教材的准确性

一部好教材不仅要有科学、合理的内容体系，而且要有通顺、流畅、准确的文字表达，这是我们在编写和修订教材时始终坚持的一条重要原则。为此，在这次修订过程中，在教材文字内容上我们坚持通顺、流畅的原则，进行了多次反复核对，可以说下了较大的功夫。此外，借此机会，我们也对各章节的引用文献进行了修改和核对。

希望这次修订工作能够使本教材再上一个新的台阶，使更多的教师和学生能够喜爱这本教材，并从中得到更大的收益。

本次教材的修订是我们集体智慧的结晶。本教材由马克思主义学院陈飞教授负责统稿工作，各章修订工作分工如下：王若男和邱惠珊老师负责第一章，王伟和李荣华老师负责第二章，邱惠珊老师负责第四章，林智林老师负责第五章，周德玉老师负责第六章，陈飞和曾欣虹老师负责第三章和附录。由于大家的辛勤付出和团结协作，我们才能按期保质保量地完成修订任务。在此，要对参加本教材修订工作的所有教师表示由衷的感谢。在修订工作中，我们借鉴和参考了国内外与就业指导相关的大量著作、教材、报刊、网站和微信公众号文章等，在此谨向这些文献资料的作者表示衷心的感谢。厦门大学出版社责任编辑章木良老师为本教材修订提供了大力的支持和帮助，吴美娇、周岳等老师和许多优秀校友也为本教材修订工作提供了许多资料和教学案例，在此也表示衷心的感谢。此外，我们还得到吴燕萍、彭薇颖、杨妙滢、谢洪、张天琪、庄慧芳、方笑霏、李和声、吴芬芳、关雨珊、陈雅妮等同学在教材文字校对、案例收集、图表制作、章节试读等方面的帮助，在此一并表示感谢。

由于编者水平有限，虽然经过修订，但难免还会存在一些疏漏和不足，真诚希望广大读者能够多提宝贵修改意见和建议，以便今后更好地进行修订和完善。

目　录

第一章　就业形势概述

就业是永恒的课题，更是世界性难题。我国每年新增 1000 多万就业人口，必须大力促进就业创业。

——习近平

要坚持就业优先战略，把解决人民群众就业问题放在更加突出的位置，努力创造更多就业岗位。

——习近平

近年来，中国高校毕业生数量逐年增多，加之新冠疫情的影响，大学毕业生面临着前所未有的就业挑战。大学生在毕业后能否顺利就业，已成为全社会普遍关注的热点问题。大学生就业难既有社会原因，也有大学生自身的原因。而就业问题最根本的原因还是生产力和社会发展需要之间的矛盾，即生产力严重跟不上社会需求增长速度。生产力跟不上，能提供的就业缺口就小，供给大于需求的局面就会长期存在。此外，中国人口数量巨大，随着社会的发展，每年新增的高素质劳动力也在不断增加，导致了供求关系的内在矛盾长期存在。作为即将步入社会的大学生，充分了解当前的就业形势，有助于自身提前做好相关就业心理准备，并采取必要的措施提升自身的就业能力和职业竞争力，最终实现成功就业。

各级党委和政府要高度重视高校毕业生就业问题，高校毕业生要转变择业就业观念，只要有志向就会有事业，只要有本事就会有舞台。希望大家找准定位，踏踏实实实现人生理想。

——2020 年 7 月，习近平总书记在吉林考察时的讲话

就业是最基本的民生。强化就业优先政策，健全就业促进机制，促进高质量充分就业。健全就业公共服务体系，完善重点群体就业支持体系，加强困难群体就业兜底帮扶。统筹城乡就业政策体系，破除妨碍劳动力、人才流动的体制和政策弊端，消除影响平等就业的不合理限制和就业歧视，使人人都有通过勤奋劳动实现自身发展的机会。

——2022 年 10 月，习近平总书记在中国共产党第二十次全国代表大会上的报告

第一节　大学生就业形势分析

"知己知彼，百战不殆。"对于即将走上社会的高校毕业生来说，如果在求职择业前就对整个就业形势有足够的了解，无疑可以少走许多弯路，获取更多、更有效的就业机会；相反，如果对就业形势和就业市场一无所知、盲目出击，则可能两手空空，一无所获。因此，在开始找工作前，全面了解、认真分析当前就业市场的需求和就业形势是每个大学生必做的功课。

一、大学生就业基本现状

（一）就业人数再创新高

据教育部统计，2023年高校毕业生规模达到1158万人，同比增加82万人（详见图1-1），就业形势愈加严峻。当前，国内疫情防控政策优化调整，为各地经济恢复和发展提供了积极条件，但是外部经济环境却更加复杂，不确定性上升，做好高校毕业生就业工作仍然十分重要而紧迫。

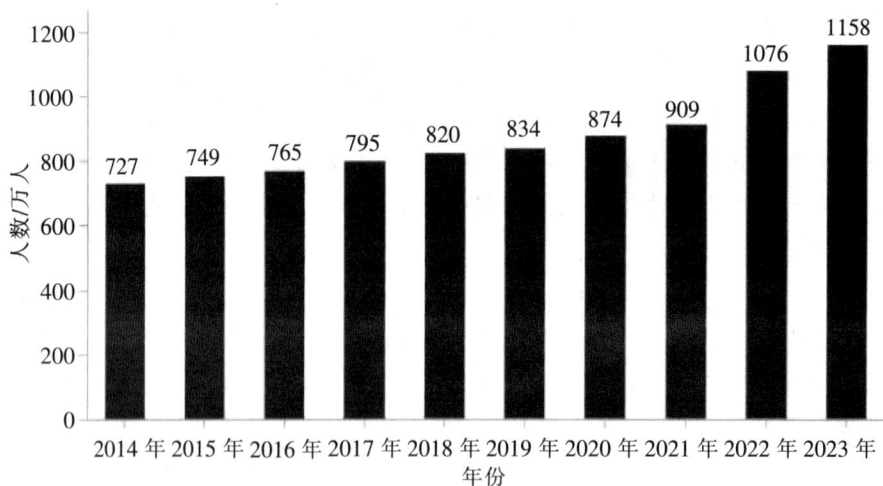

图1-1　2014—2023年普通高校毕业生人数

（资料来源：教育部、智研咨询整理）

（二）新一线城市吸引力不断增强

近年来，新一线城市纷纷上演"抢人大战"，频频出招争夺人才，并取得了显著的效果。从近5年的数据来看，本科毕业生选择在新一线城市就业的比例在26％～27％，在一线城市就业的比例相应下降，从2018届的21％下降到2022届的17％（见图1-2）。

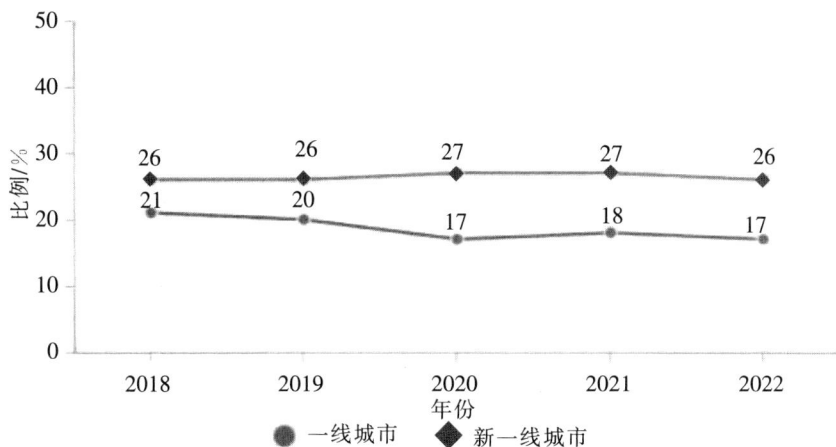

图 1-2 2018—2022 届本科毕业生在一线、新一线城市就业的比例变化趋势

近年来，新一线城市不断发展特色优势产业，其数字经济等领域对毕业生的吸引力和吸纳水平提升。本科毕业生在新一线城市的薪资水平上升较快，同时满意度也持续提升。具体来看，毕业生在一线城市、新一线城市的就业满意度分别从 2018 届的 71%、68%上升至 2022 届的 80%、77%，均上升了 9 个百分点（详见图 1-3）。新一线城市不断发展，就业环境持续优化，毕业生从业幸福感也相应增强。

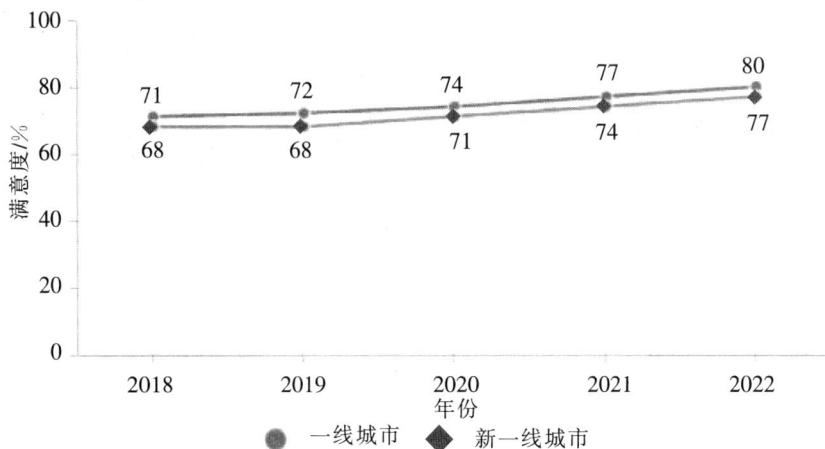

图 1-3 2018—2022 届本科生毕业半年后在一线、新一线城市的就业满意度变化趋势

（三）灵活就业模式受到青睐

2022 届有 4.6%的本科毕业生在毕业半年后选择灵活就业，其中包括 1.4%选择受雇半职工作，2.0%选择自由职业，1.2%选择自主创业。随着数字经济、新业态的发展，灵活就业成为越来越多毕业生的选择，在就业总量压力持续高位运行的情况下，这

类新就业形态为毕业生提供了更多就业渠道。

从灵活就业毕业生的就业质量来看，自主创业群体的月收入水平较高，且从业幸福感较强。2022 届选择自主创业的本科毕业生平均月收入为 6055 元，就业满意度为 84%，均高于本科毕业生平均水平（月收入 5990 元，就业满意度 77%）；自由职业、受雇半职工作群体的月收入相对较低，就业安全感和幸福感相对较弱。灵活就业虽有较高的自由度，受到毕业生的青睐，但是就业质量依然有较大的提升空间。

（四）升学比例持续上升

随着就业市场上知名企业对学历的要求不断提高，加上就业领域逐步细分，越来越多的毕业生选择考研或出国深造，以提高自身的就业竞争力。

根据教育部发布的数据，近年来，全国硕士研究生招生考试报名人数逐年递增，2023 年考研报名人数更是高达 474 万人（详见图 1-4）。《2023 年中国本科生就业报告》指出，考研报名人数屡创新高，竞争越来越激烈，应届本科毕业生初次考研失利的情况更加普遍。毕业生留学比例趋于稳定，学成归国比例逐年上升。学历提升带来的经济回报和从业幸福感进一步显现。

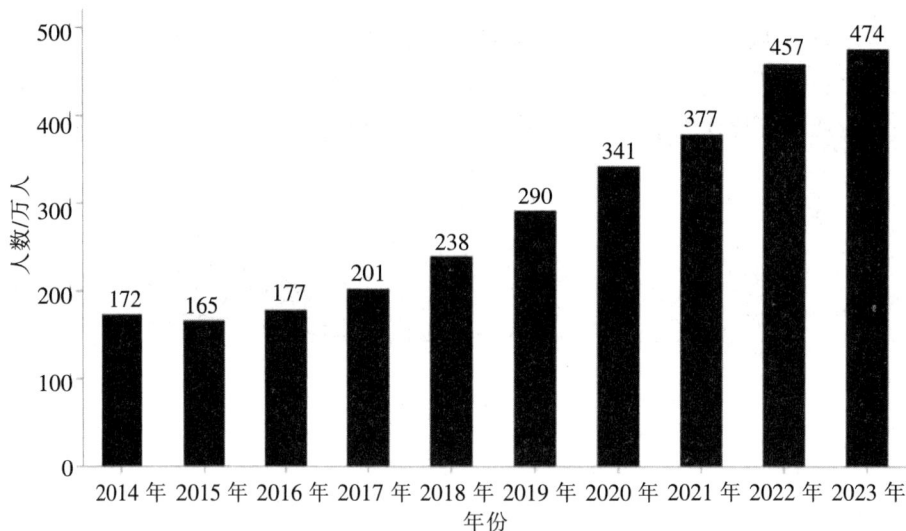

图 1-4   2014—2023 年全国硕士研究生考试报名人数

（五）考公热度不减

国家公务员考试是我国最大型的公务员考试，全称是"中央机关及其直属机构考试录用公务员"，民间俗称"国考"。在就业形势严峻的情况下，很多人会选择公务员这个"铁饭碗"，保守就业。虽然考公务员是千军万马过独木桥，但还是不断有人去尝试。

根据国家公务员局网站统计，2023 年国考计划招录 3.71 万人，相比 2022 年计划招录人数增加了 18.7%。这也是国考连续第四年扩招。从职位个数、计划招录人数、审核通过人数和实际考试人数来看，都是逐年提升的（详见表 1-1）。

表 1-1　2020—2023 年国家公务员考试招录情况

年份	职位个数/个	计划招录人数/人	审核通过人数/万人	实际考试人数/万人	弃考人数/万人	综合竞争比
2023	17655	37100	259.77	152.5	42.3	41∶1
2022	16745	31242	212.3	142.2	70	46∶1
2021	13172	25726	139.34	101.7	38	40∶1
2020	13849	24128	127.72	96.5	31	40∶1

注：综合竞争比＝实际考试人数/计划招录人数。

（资料来源：公开资料整理）

（六）教育业就业比例有所下降

根据麦可思研究院的中国行业分类体系，2023 年就业报告的跟踪评价覆盖了本科生就业的 327 个行业，而本科毕业生在教培行业就业比例下降较为明显。虽然从毕业生就业行业的占比来看，2022 届本科毕业生半年后就业最多的行业类是"教育业"（13.0%）（详见表 1-2），但是从变化趋势来看，毕业生在"教育业"就业的比例较往届下降较多。"双减"政策实施以来，各类教育辅导和培训机构得到进一步治理和规范，2022 届本科毕业生在这类机构就业的比例（5.1%）相比 2021 届（6.0%）继续下降。

表 1-2　2018—2022 届本科毕业生就业的主要行业分类变化趋势

行业类型	2022 届占比/%	2021 届占比/%	2020 届占比/%	2019 届占比/%	2018 届占比/%	五年变化/百分点
教育业	13.0	14.0	17.0	15.9	14.9	－1.9
信息传输、软件和信息技术服务业	8.7	9.2	9.0	8.9	8.8	－0.1
建筑业	7.7	8.6	9.0	8.9	9.1	－1.4
金融业	7.3	7.2	7.5	7.8	8.1	－0.8
政府及公共管理	6.8	6.4	6.2	6.0	6.0	0.8

（七）就业专业的差异化

《2023 年中国本科生就业报告》显示，本科就业存在红、黄、绿牌专业。红牌专业指的是失业量较大，毕业去向落实率、薪资和就业满意度综合较低的专业。黄牌专业指的是除红牌专业外，失业量较大，毕业去向落实率、薪资和就业满意度综合较低的专业。绿牌专业指的是失业量较小，毕业去向落实率、薪资和就业满意度综合较高的专业，为需求增长型专业。红、黄、绿牌专业反映的是全国总体情况，各省区、各高校情况可能会有差别。另外需要特别说明的是，红、黄、绿牌专业是基于各专业连续多年应届毕业生就业质量变化趋势综合判断的，部分近年来新增数量较多的专业（如人工智能、数据科学与大数据技术、机器人工程）由于尚无成规模、成趋势的毕业生就业数据，暂未包括在内。

2023 年，本科就业绿牌专业包括信息工程、微电子科学与工程、电气工程及其自动化、能源与动力工程、道路桥梁与渡河工程、机械电子工程。其中，信息工程连续三届绿牌。行业需求增长是造就绿牌专业的主要因素。2023 年，本科就业红牌专业包括汉语国际教育、法学、教育技术学、绘画、应用心理学。其中，法学、绘画、应用心理学连续三届红牌。这与相关专业毕业生供需矛盾有关（详见表 1-3）。

表 1-3　2023 年本科红、黄、绿牌专业

红牌专业	黄牌专业	绿牌专业
汉语国际教育	英语	信息工程
法学	美术学	微电子科学与工程
教育技术学	翻译	电气工程及其自动化
绘画	音乐表演	能源与动力工程
应用心理学		道路桥梁与渡河工程
		机械电子工程

（资料来源：麦可思研究院《中国 2020—2022 届大学毕业生培养质量跟踪评价》）

二、大学生就业环境分析

（一）全国劳动力市场供大于求，供需矛盾突出

当前，我国已经建立起了全球最大的市场主体，劳动力市场规模稳居全球第一。但是，因就业供需双方都面临着海量的信息，给供需双方甄选带来了一定的困难。就业供需双方的信息不对称，造成供需之间不平衡的问题时有发生，也还存在人力资本错配的现象。一方面，求职者的个性化需求被海量的招聘信息覆盖甚至淹没；另一方面，用人单位由于缺乏专业的人力资源管理人才，只能依靠求职者的毕业院校、专业、学历等"可见"资料进行选择。特别是近年来的面对面招聘会、双选会受到一定影响，大部分高校毕业生求职由过去的线下"面对面"转为云上"屏对屏"，给高校毕业生的就业增加了不确定性因素。

（二）大学生职业生涯规划意识模糊

西方发达国家教育中普遍重视学生职业生涯规划教育，甚至从中小学阶段就开始开设职业规划辅导课程与相关的咨询服务；而在我国，绝大多数学生在进入大学之前所受到的职业辅导几乎为零。进入大学阶段，尽管高校也逐渐开始重视职业生涯辅导，但从事这项教育辅导工作的师资匮乏，体制也不够健全。加上很多大学生对职业生涯规划也不够重视，把大部分注意力和精力用于学习，对自身职业目标感到模糊，不能很好地把兴趣、爱好与自己所学专业结合起来。因此，很多毕业生在求职应聘时出现了对自己和市场环境认知不到位、就业期望不理想、就业目标不明确、就业决策不合理等问题，从而影响了就业的成功率和质量。

（三）大学生素质与社会人才标准的差异明显

大学毕业生具备的综合素质与社会人才需求标准之间的差异明显，是造成大学毕业生就业难的一个重要原因。目前，用人单位对高校毕业生的敬业精神、职业道德、学习能力、应变能力等方面都提出了更高的标准，不仅要求毕业生诚实守信、勤奋敬业，还要求他们具有开拓创新意识和团队精神。此外，用人单位还非常看重大学毕业生是否具有良好的心理素质、沟通协调能力和社会适应能力，而对专业的要求反而有所淡化。因

此，那些综合素质好、学习适应能力强、具有创新能力和"一专多能"的毕业生越来越受欢迎。

据调查，在困扰大学生求职的因素上，企业人士和大学生都认为"对企业岗位专业知识缺乏了解、能力不足"是影响求职就业的最主要因素。大学生在认知、技能层面上和企业的用人标准有差距，多数企业认为大学生存在"眼高手低"的缺点。

（四）大学生就业观念亟待引导

毕业生的求职观念和心理状态对就业存在着很大影响。当前，不少毕业生的思想还停留在计划经济和精英化教育的时代，认不清形势，过高地估计了自己的优势，缺乏对自我客观、科学的认识，且对就业的工作地域、经济待遇、环境条件等方面的期望值居高不下，于是在择业目标上与社会需求和自身能力形成巨大反差，导致"高不成低不就"的尴尬局面，这对其顺利就业造成了极大的阻碍。

此外，有的毕业生一味追求热门行业，如 IT 行业、金融机构、政府机关等；有的毕业生在求职时只选择一个行业，相关行业根本不考虑；有的毕业生不愿意到基层、落后地区、低待遇和规模小的企业，特别是乡镇和私营企业工作，长期"驻扎"北京、上海、深圳、广州等大城市，在各种招聘会上奔波，毫无目标地等待；还有的毕业生则一味追求高工资和高待遇，不惜浪费大把的时间和金钱在全国范围内的招聘会上寻找目标。

（五）大学生的就业结构不平衡

由于就业区域选择上存在着偏好，大学生就业结构总体上不平衡，突出表现为大学生求职时出现的"三多三少"现象，即东部多、西部少，城市多、农村少，外企多、私企少的现象。大学生即便在大城市里没找到工作，也不愿离开城市，不愿到西部、农村去，因而表现出地理上的不平衡性。

另外，由于买方市场的逐步形成，长短线的矛盾一时难以根本解决，不同学科专业、不同学历层次，甚至不同性别之间的就业都存在明显的差异，表现为结构性失衡。男性、重点高校、本科以上学历和理工科毕业生比其他毕业生更容易找到工作。研究生的就业率明显高于本专科生的就业率，管理类、纯文科、纯理科专业的就业状况不理想，工科专业就业普遍较好。

（六）大学生就业渠道不够畅通

目前的人事管理制度仍然有一定的计划经济体制色彩，让不少缺位以待的用人单位受到限制。一些中小型私营企业急需大学水平的管理技术人员，却因解决不了大学生的户口、档案等问题而招不到人。教育体制和劳动力市场之间缺乏有效的连接，使得需求和供给之间的渠道不够畅通，造成了一方面企业招不到合适的人才，另一方面很多大学生为了谋求一份工作而四处碰壁。

此外，在一些国有企事业单位，尤其是国家行政、事业单位，仍然存在"只进不出、只上不下"的现象，计划经济体制下的"铁饭碗"思想依然存在，毕业生到这些单位就业的机会非常少。

（七）"人才高消费"现象比较普遍

近年来，随着大批高校毕业生走出校门，社会对人才的需求量逐渐呈"供大于求"的状态，人才市场上出现"人才高消费"倾向，不少单位聘用人才，不是根据实际需要，而是相互攀比，竞相以高文凭、高学历为条件，大材小用、用非所学、用非所长，人才市场形成了"博硕多多益善，本科等等再看，大专看都不看，中专靠一边站"的畸形局面。有的单位招聘幼儿园教师、博物馆解说员也要博士生，甚至有的单位招聘门卫、擦鞋工、清洁工也要本科及以上学历。这种"人才高消费"的现象其实是对人才的一种极大浪费，还向社会发出中低级人才需求已饱和的错误信号，导致许多人把本科和研究生教育作为接受教育的唯一选择。"人才高消费"还导致人才与岗位错位，反而降低了劳动生产率。不少毕业生是迫于生计而屈才低就，采取"先就业再择业"的方式，一旦找到好单位立即跳槽，这样不利于企业的稳定和发展。另外，高学历者低就，造成低学历者失去合理竞争工作岗位的权利，使得适合他们的工作岗位大量丧失，加剧了就业市场的压力。

第二节　大学生就业对策与建议

2021年12月，习近平总书记在中央经济工作会议上指出："就业是民生之本。要提高经济增长的就业带动力，不断促进就业量的扩大和质的提升。"当前我国已经进入知识经济时代，这对大学生的就业提出了严峻的挑战，而且要求大学生及时调整自己，提升自身综合素质，努力适应这个时代。

一、树立正确的就业理念

当前中国特色社会主义已经进入新时代，我们比历史上任何时期都更接近中华民族伟大复兴的目标。大学生作为中国特色社会主义事业的建设者和接班人，应当树立正确的就业观念，肩负起时代的重任。国家提供的各种就业岗位只是社会分工不同，没有高低贵贱之分，只要在各自的职业岗位上为国家、为人民做出贡献，就会受到社会的尊重，从而实现自身的人生价值。

（一）转变观念，面向基层就业

基层是高校毕业生建功立业的舞台，也是吸纳高校毕业生就业的广阔空间。习近平总书记高度重视鼓励引导毕业生赴基层干事创业，在给中国石油大学（北京）克拉玛依校区毕业生等的回信中，多次勉励毕业生把个人的理想追求融入党和国家事业之中，到国家需要的地方建功立业。目前，我国社会主义市场经济体制逐步完善，国家在积极促进国有经济和集体经济发展的同时，允许和鼓励个体、私营、外资等非公有制经济的发展，形成了多种就业渠道并存的格局。

因此，大学生在求职就业的过程中，要转变"一次就业定终身，稳定工作到退休"

的就业观念，对职业岗位的挑选要适度，就业期望值不可过高。迟就业不如早就业，不求一步到位，先将就业放在首要位置。先工作一段时间，等各方面的能力有所提高后，再根据自己的实际情况重新选择更理想的职业岗位。要转变重全民、轻集体、鄙视个体的就业观念，可以选择面向基层就业，到西部去，到农村去，到基层单位去，到生产第一线去，到民营企业去，到祖国和人民最需要的地方去，自觉把个人的理想追求融入国家和民族的事业中，在祖国广阔的天地中寻找或创造适合自己特长的岗位。

（二）转变眼高手低、盲目攀比的就业观念

有些大学生在求职就业的过程中，往往因为错过有利的机会而失败。其中一个重要的原因就是眼高手低，对职业岗位的期望值过高，对自己适应岗位的能力评价过高。他们在求职的时候挑肥拣瘦、怕苦怕累，总想找到工作环境好、工资高、福利好的工作，而自身条件和业务素质又不能满足用人单位的要求，因此，其就业愿望总是不能实现。还有一些大学生盲目地和他人攀比。例如，有些人看到自己的同学、老乡当上了经理，自己没当上经理，就会觉得面子上过不去。这种与他人盲目攀比的思想也是大学生求职就业的一大障碍。

（三）充分考虑自身条件和岗位要求

大学生在求职就业的过程中，首先要考虑自己是否满足用人单位提出的岗位技能要求和其他要求，如年龄、学历、性别、身高、视力等，然后在不同的职业岗位中，选出能充分施展自己才能的岗位。在求职就业的道路上，没有技能的人很难找到工作，无论做什么工作，都需要具备一定的技能。

今后，市场对劳动者的要求会逐渐向技能全面、高精尖方向发展。因此，学习和掌握有关技术、技能是求职就业的必要条件。

（四）树立劳酬匹配的就业观念

大学生在求职就业的过程中，不能只关注月薪，还要考虑自己能为用人单位创造多少收益。在市场经济条件下，没有一个老板愿意花钱聘用一个不能为他创造效益的人。如果你能为他创造很高的效益，他给你的酬劳自然不会少。着眼长远，面向未来，选择有较强发展后劲的职业对最大限度地实现人生价值具有重要意义。因此，大学生在求职就业时，要注意选择那些有发展后劲的职业，不可只顾眼前利益，急功近利会影响自己长远的发展。而且，应从社会发展、职业后劲、个人前途等方面综合考虑，根据环境、社会需要和自身条件的变化，适时调整就业目标，以便适应社会发展的要求。

（五）正确看待待业

近年来，部分大学生在毕业后一段时间内不能及时就业，出现了暂时待业的现象。之所以出现这一现象，主要是受人才市场供求关系的影响。从总体来说，我国人才市场中大学生的供求关系大致平衡，但是存在专业结构性矛盾，有些专业的毕业生供不应求，有些专业的则供大于求。在市场经济条件下，待业是一种正常的社会现象，也是大学生面临的现实问题，大学生对此应有充分的思想准备。同时，大学生还应该明白暂时待业不等于永久待业，经过社会和个人的努力，待业会转化为渐次就业。大学生应根据实际情况，及时调整就业心态，不应因盲目追求理想化的职业岗位而主动放弃就业的机

会，避免人为待业。

（六）树立自主创业意识

2014 年 12 月，习近平总书记在中央经济工作会议上表示，"要更好发挥市场在促进就业中的作用，鼓励创业带动就业"。社会上有很多人无事干，同时也有很多事无人干，这就需要我们开拓创新、自强自立、积极进取，走自谋职业和自主创业的成功之路。有的人在求职就业的过程中，由于各种原因暂时难以找到合适的职业岗位，这时需要树立自强自立、艰苦创业的就业观念，积极进取，自谋职业。例如，可以创办私营企业，利用所学的专业知识干一番事业，从而走上自主创业的道路。从就业到自主创业，是高校毕业生就业观念的一个重大转变。

二、努力提高自身素质

2016 年 12 月，习近平总书记在全国高校思想政治工作会议上指出，"思想政治工作从根本上说是做人的工作，必须围绕学生、关照学生、服务学生，不断提高学生思想水平、政治觉悟、道德品质、文化素养，让学生成为德才兼备、全面发展的人才"。随着科学技术的进步，知识在不断地更新，大学生应努力学习，不仅要及时了解和努力掌握本专业的最新动态，了解相关行业的发展趋势，还应不断提高自身政治觉悟、道德品质、文化素养，成为德才兼备、全面发展的人才。

（一）提升自身政治素养

加强政治理论学习，激发自身的爱国情感，树立正确的世界观、人生观、价值观。正确认识世界和中国发展大势，认识和把握人类社会发展的历史必然性，认识和把握中国特色社会主义的历史必然性，不断树立为共产主义远大理想和中国特色社会主义共同理想而奋斗的信念和信心；正确认识中国特色和国际比较，全面客观认识当代中国、看待外部世界；正确认识时代责任和历史使命，自觉把个人的理想追求融入国家和民族的事业中，勇做走在时代前列的奋进者、开拓者；正确认识远大抱负和脚踏实地，把远大抱负落实到实际行动中。

只有树立正确的世界观、人生观、价值观，才能在纷繁复杂的现实生活中保持清醒的头脑，明辨是非，把握人生成才的方向；才能正确对待成才道路上所面临的各种境遇，不断排除成才道路上的障碍，勇往直前。

（二）培养良好道德品质

学会学习很重要，但学会做人、做事更重要。党的十八大以来，中央高度重视培育和践行社会主义核心价值观。"爱国、敬业、诚信、友善"，是公民基本道德规范，是我们每一个公民必须恪守和培育的基本道德品质。作为当代大学生，要继承和发扬中国的这些传统美德，忠于职守，克己奉公，服务人民，服务社会；诚实劳动、信守承诺、诚恳待人；在人际交往过程中，互相尊重、互相关心、互相帮助，和睦友好，促进良好社会风尚的形成与社会主义和谐社会的构建。

（三）提升文化修养

文化素质是文化力量的体现，是一个人人格修养的一部分。文化素质涵盖很广，包括个人行为举止、言语谈吐、思维方式等。作为当代大学生，在学习知识的同时，也要注重提高自身文化素养，培育文化气质，以礼修身，以礼待人，特别是要注重从中华优秀传统文化中汲取精神营养，把传统文化中的精华作为我们立言立行的内在动力和价值参考。同时，还要积极参加健康有益的文化活动，自觉接受先进文化的陶冶，让自己成为一个真正有文化涵养的人。

三、提前做好就业准备

"凡事预则立，不预则废。"做任何事情，事前有准备就可能成功，没有准备就可能会失败。行事前先有计划，就会少发生错误或后悔的事。所以，在求职时，也要提前做好充分的就业准备，以提高求职成功率。

（一）知己知彼

俗话说："知人者智，自知者明。"在求职就业前，首先应该厘清几个问题，才能做出正确的就业选择。首先，要准确认识自己，了解自己的性格、职业兴趣、专业知识、应用技能水平及综合素质水平等，转变自己的观念，这是顺利就业的关键所在，也是职业生涯规划至关重要的一环。其次，要探索工作世界，充分了解就业形势、劳动市场行情，在探索的过程中，不断提升自身能力和素质，拓展自身就业面。最后，在充分了解自身就业目标定位、就业价值观、就业追求的基础上，自我准确定位，明确就业方向。

（二）提高就业竞争力

学生时代是为求学者的一生奠定基础的时代，是学生未来职业发展的基础。因此，学生一定要珍惜校园生活，把握好每一分钟，努力学习，提高专业技能，培养沟通能力和人际交往能力，为今后的发展打下坚实的基础。而且，近年来，社会实践能力越来越受到企业管理者的重视，因此，大学生在大学期间应该积极参加各种社会实践活动，以增强自己的社会实践能力和就业竞争力，为实现自己的职业目标奠定坚实的基础。

（三）明确目标，采取行动

马克思曾说过："一步实际行动比一打纲领更重要。"做好就业准备的关键，还在于付诸行动。要结合自己的实际情况，不断地调整自己的职业方向和职业生涯规划，明确未来的发展方向。然后，根据自己确定的目标积极采取行动，比如在校期间就可以提前有针对性地培养自己各方面的能力，可以提前准备简历、求职信等求职材料网申或参加校园招聘会，可以提前收集各方面材料或向有经验的学长学姐请教准备考研、考公、考教师等，还可以通过上网搜索、找相关行业的技术大咖咨询深入了解自己中意的行业。

总之，大学生应该努力使自己成为一个德智体美劳全面发展，具有综合职业能力的人。学有所长、敢于创新是当今大学生求职立足的根本，是社会发展的主题。社会是一个大舞台，在这个大舞台上，大学生要充分发挥自己的潜能，让自己的职业生涯大放异彩。

☞ 【扩展阅读一】

北京：硕士博士毕业人数超过本科

北京市教委发布数据，今年北京高校硕士、博士毕业生预计约为 16.08 万人，本科毕业生预计约为 13.61 万人，硕博毕业生人数首次超过本科毕业生。正值就业季，这种现象引发了不少毕业生尤其是本科生的焦虑。对此，高校就业指导专家表示，研究生和本科生在求职中各具优势，不必恐慌。

毕业生就业压力持续增大，越来越多的学生选择继续深造换取就业竞争力。记者随机采访了 10 名本科生，发现计划考研的占大多数——有 8 名学生表示，希望通过提高学历增加个人就业竞争力；另外 2 人则认为，工作经验比学历重要，尽早完成学业，可以在工作岗位上提高技能。

面对硕博毕业生数量持续增加、反超本科毕业生的现状，首都师范大学招生就业处处长臧强提醒学生切忌盲目追求高学历，应将重点放在自我技能的提升上。"在中小学教师招聘中，学校更看重的是试讲、学生管理经验、教师形象和教学仪态等，学历只是其中一个参考项。"此外，记者也在双选会上了解到，一些制造类企业在招聘中，更看重学生的动手实践能力，实践经历丰富的本科毕业生一样受到青睐。

北京工业大学创新创业学院副院长晋媛媛认为，在求职中，本科生和研究生各具优势。研究生有较高的专业基础和科研能力，本科生则有更强的可塑性和岗位适配性。

（资料来源：《北京晚报》，2023 年 4 月 6 日）

☞ 【扩展阅读二】

消除信息差，就业不迷茫

每年就业季，总会有一些毕业生陷入迷茫。迷茫背后，是一系列的"不清楚"：有的毕业生不清楚就业市场的新变化、新趋向，有的不清楚如何精准获取与自身匹配的职位信息，有的不清楚自己专业领域的就业情况，有的不清楚自己选择的第一份工作是否合适……

对就业信息的了解与否直接影响着毕业生的就业效率、就业质量。当前，毕业生与用人单位、就业市场之间存在哪些信息差？如何弥合这些信息差，帮助毕业生提升自我认知、实现更好就业？我们特约三位专家展开讨论。

嘉宾

电子科技大学党委副书记　申小蓉

北京市高校大学生就业创业指导中心主任　匡校震

对外经济贸易大学国家对外开放研究院教授　李长安

主持人

光明日报记者　邓晖

毕业生、高校、用人单位：每个组合间均须平抑就业信息差

记者：就业是最基本的民生，高校毕业生就业是重中之重。今年高校毕业生就业情况有哪些新变化、新趋势？

申小蓉：从高校毕业生人数来看，2023届高校毕业生达到1158万人，同比增加82万人，就业人数达到新高。从就业市场的情况来看，根据国家统计局、智联招聘等发布的相关数据，以及从各兄弟高校了解到的现实情况，高校毕业生在市场供求关系上总体保持稳定。但与此同时，就业结构性矛盾突出，呈现为供需匹配度较低；毕业生高质量就业需求日益凸显，随之带来一些就业理念偏差，表现为"有业不就""慢就业""懒就业"等。此外，互联网等新的信息传播渠道迅速发展也对大学生树立正确就业观、择业观产生较大冲击。

匡校震：近年来，全国高校都面临着毕业生总量持续增加的压力，受外部环境不确定性、防疫政策调整、国内需求稳步复苏、就业结构性矛盾等多重因素综合叠加，毕业生面临的就业形势依然严峻复杂。总体来看，就北京地区而言，高校毕业生就业情况总体稳定，整体呈现出以下特点：一是单位就业缓慢下降，就业选择多元化；二是毕业生求稳心态明显，"考公""考编"队伍明显扩大，毕业生更青睐到机关、事业单位、国有企业等体制内单位就业；三是国内升学意愿明显增强，学历提升诉求强烈，近年来北京地区高校本科生国内升学率稳步上升；四是受疫情、国际环境等综合因素影响，毕业生出国、出境热情持续下降；五是自由职业、自主创业保持稳定。同时，北京高校毕业生积极响应国家号召，服务国家战略需求，近五年到西部、基层就业人数稳步上升。灵活就业已成为当下毕业生就业的重要新途径。

记者：面对这些新变化，在毕业生和用人单位、就业市场之间还存在很多信息差。据您观察，当前就业信息差主要有哪几种情况？

申小蓉：一是毕业生习惯于依赖高校就业部门的就业信息来源，信息搜寻路径单一。以电子科大本科毕业生为例，85％学生通过校内途径获取就业信息。就业信息从发布方到高校，从校级层面到院系，再从院系到学生，存在"信号衰减"现象，导致部分毕业生对一些就业政策、岗位需求信息等了解不够，形成毕业生与高校的信息不对称。

二是用人单位参与人才培养过程不够深入，对于学校的学科特色、人才培养与科学研究体系有待更深的了解，高校也没有把自身人才培养的优势与特色同用人单位无缝衔接起来，产生用人单位与高校的信息不对称。

三是部分毕业生对自身的能力、目标定位不准确，岗位认知不足，对市场形势的变化不了解，就业期望偏高、职业规划不清晰。此外，目前海量用人单位与就业市场的信息通过各类平台与渠道发布，结合毕业生需求和自身特点的精准推送不足，导致毕业生与用人单位信息不对称。

匡校震：信息不畅通、不对称是造成部分高校毕业生在就业市场上处于劣势地位的重要因素。相关调查结果显示，就业信息服务是当前求职中毕业生最需要的就业服务。搭平台、促沟通对推动毕业生就业工作意义重大。

目前，信息不对称主要表现为以下情况：一是近年来为稳就业保就业，各级政府部门、各类社会招聘平台为毕业生提供了海量的就业信息，如果无法实现精准搜索，毕业生容易无所适从；二是在信息传送过程中，部分招聘信息无法传送到学生手中；三是就北京而言，外地赴京招聘机构、单位的招聘渠道不畅，招聘成本较高，缺乏信息集成的渠道；四是部分毕业生主动意识较差，缺少对就业信息的搜索和关注。以上都容易导致"就业难"和"招人难"并存的情况。

李长安：信息不对称是劳动力市场的一种"常态"，其表现形式也多种多样。其中一个主要形式，就是面对着海量信息，用工单位和求职者很难在短期内找到合适的目标，结果就是"招工难"与"就业难"并存。信息不对称现象会加大劳动力市场的搜寻成本，降低岗位与求职者之间的匹配度。在面试环节，信息不对称也会加大面试官与求职者之间的沟通难度，从而降低部分求职者的成功概率。对于高校与劳动力市场来说，信息不对称还会导致高校专业调整滞后，无法满足劳动力市场的新变化，使得专业不对口问题突出。

就业信息差易导致"岗位不足""岗位不配""有业不就"等错误认知

记者：以上种种就业过程中存在的信息不对称，会对毕业生就业产生哪些影响？

申小蓉：由于信息不对称，毕业生对用人单位需求、岗位性质等重要信息了解不全面，部分学生产生"岗位不足"的焦虑，也有部分学生产生"岗位不配"的情绪。同时，学生对于政策性岗位缺乏了解，对于"特岗计划""三支一扶""西部计划""城乡社区专项计划""大学生乡村医生专项计划"等基层就业新空间了解较少。

另一方面，存在毕业生"有业不就"现象。由于信息不对称，高校毕业生就业容易形成从众心理，选择热门城市、行业和单位。事实上，每年除了各行业的头部企业，许多中小型优质企业对毕业生的需求也较大，因为地理位置、薪酬待遇和新兴领域等原因，它们在毕业生群体中的知名度还不够。这就形成了"热门企业挤破头，其他企业难招人"，加剧了毕业生"有业不就"的局面。

李长安：一是会增加毕业生的求职成本。面对海量招聘信息，许多毕业生不得不采取"海投"的求职方式，试图通过大量投递简历来增加求职成功的概率。由于不能实现精准投递，一些毕业生不得不花费大量时间、金钱和精力去应付各种面试。二是可能会导致就业歧视。一些用人单位可能会利用信息上的优势，采用大数据、人工智能等新技术，人为地对招录条件进行设限，特别是在性别、户籍、年龄等方面，将某些特定群体排除在外，造成就业歧视现象。三是会降低人力资源服务机构的效率。如果对海量信息不加区分地发布，表面上看起来内容非常丰富，岗位众多，但由于服务对象不明确，针对性不强，实际上真正的匹配度并不高，影响就业服务的匹配率和成功率。

记者：为打破信息壁垒，各方做了诸多努力，如教育系统部署开展访企拓岗促就业行动，有高校加强对学生的职业生涯指导等。下一步需要在哪些方面强化完善？

匡校霆：教育部部署开展访企拓岗促就业行动，就是为了大力开拓市场化社会化就业渠道，为毕业生挖掘更多岗位资源，提供更多就业信息。今年在高校书记校长访企拓岗的基础上，进一步扩大至二级院系领导班子成员，带动高校全员深入参与做好高校毕业生就业工作。春季学期以来，北京市教委指导各高校落实访企拓岗工作，各高校走访用人单位4314次，开拓就业岗位4.1万个。同时，市级层面推动政校企深度融合，以"组团"方式组织高校集体访企拓岗，将校企的"点对点"对接扩大到"面对面"，如上半年带领23所北京高校赴深圳、广州，16所高校赴四川绵阳，有效促进供需精准对接，受到高校、单位和地方的一致好评。

在学生的职业生涯指导方面，一是指导各高校做实做细就业指导服务，二是发挥市级统筹协调作用，以市级名师工作室、就业指导金课、毕业生职场体验基地为载体，在提供就业指导服务的基础上，增加个性化咨询内容，提升毕业生的求职技巧和就业力。此外，在举办线下招聘会的同时，尝试融入现场直播，为不能到场的学生提供了解岗位和参与的机会，进一步畅通就业信息渠道。

目前采取的这些举措是效果显著的，通过访企拓岗、政校企对接方式，上半年市级层面的招聘会、双选会场次明显增加，也为毕业生提供了更多就业岗位和信息。不足之处在于就业信息宣传和信息送达方面。如何能更好地畅通就业信息，让信息直达学生手中，打通毕业生求职堵点，这是下一步须重点谋划、提升的地方。

李长安：毫无疑问，教育部门部署开展访企拓岗促就业、加强对大学生职业生涯指导等措施对于促进校企对接、提高大学生求职成功率有非常积极的作用。不过，要建立鼓励大学生就业的长效机制，还需要进一步在机制体制上进行改革。从本质上来说，造成大学生就业难的主要原因之一，就是高校与劳动力市场之间缺乏更为紧密的联系和对接。一方面是高校培养出来的人才不符合市场的需求，另一方面却是市场急需的人才在毕业生中很难匹配到。因此，对于高校来说，必须在坚持性质分类的基础上，以市场为导向，努力培养市场需要的人才。除了部分以科研为主的高校，以及以基础理论研究为主的专业外，绝大多数高校及专业都必须强调与市场的高度结合。在专业设置方面，突出"市场接轨、专业对口"，培养市场急需的人才，适应新技术革命对新型人才的迫切需求。

加强就业服务，建立"就业—招生—培养"联动反馈机制

记者：进一步平抑毕业生和就业市场信息差，还需要做哪些努力？

申小蓉：一是高校要做好与用人单位的对接，做到访企拓岗常态化。通过加强对接、优化服务，促进用人单位提供更多优质的就业资源。

二是进一步发挥就业信息平台功能。畅通校内就业信息发布渠道，确保就业政策和岗位信息宣传到位。充分利用"国家大学生就业服务平台"网站和"大学生就业资讯"等国家微平台，用好"线上求职"这一新渠道，保持校园招聘不断线，帮助学生"足不出户""屏对屏"落实就业。

三是进一步了解用人单位需求，修订人才培养方案，促进"就业—招生—培养"联动反馈机制落地见效。如电子科大就业最集中的信息通信与互联网行业，新技术不断涌现，行业发展变化快，学校开展"新工科"教育改革、卓越工程师培养体系建设，不断

更新教育理念、提升人才培养的质量。

四是服务国家重大需求，加强就业引导。强化毕业生责任担当，引导毕业生主动投身国家重大工程、重大项目、重要领域就业，回应"时代之需"。同时做好就业指导，不断提升大学生的核心竞争力，尤其是有效掌握就业信息资源的能力。

匡校震：一是就业主管部门搭建好公共性、公益性服务平台，及时提供产业、行业、劳动力供求等信息。二是社会招聘平台完善现有搜索功能，提升就业信息与毕业生的精准匹配度，提高海量信息的有效性。三是畅通高校、就业服务部门、用人单位和毕业生之间的信息渠道：一方面充分发挥高校的纽带连接作用，加强就业工作体系建设；另一方面，想方设法打通在信息传送方面的堵点，确保信息能及时、高效地传送到学生手中。

李长安：构建有效的高校毕业生就业服务体系是消除劳动力市场信息不对称，提高就业匹配效率的重要途径。目前，我国的就业服务体系已基本建成。据人社部门统计，截至 2022 年底，全国共有各类人力资源服务机构 6.3 万家，从业人员 104.2 万人，当年全行业为 3.1 亿人次劳动者提供了各类就业服务，为 5268 万家次用人单位提供了专业支持。不过，当前我国的就业服务体系仍存在着信息质量较低、专业性不强、匹配效率不高等问题。因此，要在进一步完善我国就业服务体系的同时，高度重视提高其针对性和有效性，为更多高校毕业生提供高效、高质量的服务。可以考虑设立更多的细分市场，提供更为专业化的服务，减少信息量过大造成的信息不对称问题。此外，加大宣传力度，将各种支持和优惠政策传达到每一个高校毕业生。改进城市管理的方式方法，形成就业创业友好型经济社会环境。我们相信多管齐下，共同努力，高校毕业生的就业难问题会逐步得到有效缓解。

（资料来源：《光明日报》，2023 年 8 月 1 日）

☞ 【思考题】

1. "大学生需要对就业形势和自身状况有一个清醒的认识，不必盲目在大城市扎堆，在小城市、在基层、在农村，同样有锻炼成长的机会，同样可以施展才能。"对于这种说法，你是如何理解的？

2. 当前的就业环境有哪些有利和不利的因素？对你有什么启发？

☞ 【参考文献】

［1］张玉波，楼稚明. 大学生职业规划与就业创业指导［M］. 上海：上海交通大学出版社，2017.

［2］吴秀娟，钟莹，郑栋之. 新编大学生就业指导［M］. 上海：上海交通大学出版社，2018.

［3］万辉君. 大学生就业指导与职业生涯规划［M］. 武汉：华中科技大学出版社，2018.

［4］陈欣，杨晓翔. 新时代大学生就业指导教程［M］. 厦门：厦门大学出版社，2019.

［5］麦可思研究院. 2023 年中国本科生就业报告［M］. 北京：社会科学文献出版社，2023.

第二章　就业能力提升

青年是苦练本领、增长才干的黄金时期。……不论是成就自己的人生理想，还是担当时代的神圣使命，青年都要珍惜韶华、不负青春，努力学习掌握科学知识，提高内在素质，锤炼过硬本领，使自己的思维视野、思想观念、认识水平跟上越来越快的时代发展。

——习近平

要在全社会弘扬精益求精的工匠精神，激励广大青年走技能成才、技能报国之路。

——习近平

大学是青年学生进入社会、走上工作岗位前最后的学习和锻炼阶段。但是随着高等教育由精英教育逐渐转为大众教育，毕业生人数的增加导致就业竞争压力逐年增大。如何提高自己的就业能力，在毕业后顺利走上工作岗位并取得较好的发展，值得每一个大学生思考。本章将向大家介绍就业能力的概念、特征和分类，分析大学生需要重点提升的就业能力，以及就业能力培养的途径。

青年人正处于学习的黄金时期，应该把学习作为首要任务，作为一种责任、一种精神追求、一种生活方式，树立梦想从学习开始、事业靠本领成就的观念，让勤奋学习成为青春远航的动力，让增长本领成为青春搏击的能量。

——2013 年 5 月，习近平总书记在同各界优秀青年代表座谈时的讲话

新时代中国青年要继承和发扬五四精神，坚定理想信念，站稳人民立场，练就过硬本领，投身强国伟业，始终保持艰苦奋斗的前进姿态，同亿万人民一道，在实现中华民族伟大复兴中国梦的新长征路上奋勇搏击。

——2020 年 5 月，习近平总书记寄语新时代青年

第一节　就业能力概述

自 1998 年大学扩招以来，我国大学毕业生数量逐年增加，"史上最难就业季"这一关键词频繁出现在网络上，受到社会各界的广泛关注。大学生就业难，一方面是毕业生人数多造成的，另一方面是我国大学生就业能力与用人单位招聘条件之间存在着较大的

差距和矛盾造成的。这种差距和矛盾，主要表现在大学生找不到合适的工作岗位，同时大量用人单位也反映很难招到满足岗位要求的应届毕业生，应届毕业生整体就业能力相对薄弱。可以看出，大学生就业问题的突出矛盾在于高等院校培养的大学毕业生的就业能力未达到用人单位的招聘条件，即大学生的就业能力不足。因此提升大学生的就业能力，对促进大学毕业生就业具有重要的现实意义。

一、就业能力的概念

就业能力的概念，最早是在 18 世纪初由英国经济学家贝弗里奇（William Beveridge）首次提出的，他认为独立个体步入社会时能够获得一份工作的能力就是就业能力。随后，伴随着西方经济快速发展，西方发达国家为了提升劳动者的从业积极性与就业技能，不断地对大学生就业能力进行研究。而我国关于就业能力的研究起步较晚，直到 2002 年才由郑晓明首次提出大学生就业能力这一概念。

大学生就业能力是指：在合理地评估自我情况和劳动力市场需求后，积极寻求并成功获得与自己资格水平相匹配的理想工作，并能保持工作、胜任工作，且在必要时可以成功转换工作并获得相应成就所需要的一系列知识、技能、能力与素质等的集合。通过对就业能力的定义可以看出，就业能力不是某一项能力，而是一系列相关能力和素质的综合，就业能力不仅可以帮助我们找到理想的工作，还可以提升我们的综合实力，能够实现自我发展。但值得注意的是，就业能力的提升不是一蹴而就的，而是一个缓慢积累、升华的过程，是以渐进式、螺旋式上升的形式进行的。

二、就业能力的特征

（一）系统性

能力属于一个人在特定环境中，为了实现一定目的而拥有的各种特质的集合。这种集合并不是将各个能力简单相加，而是一个统一的整体。每个人都具备多种能力，种类繁多，这些能力不是一成不变的，而是随着时间发展而发展的，是动态变化的，并且这些能力之间相互协调、相互影响，组成一个复杂的系统。大学生的就业能力是与就业相关的多层次能力群，包括了一系列的知识、技能、素质等，就业能力使得大学生不仅可以获得与其匹配的理想工作，还能够保持、胜任、转换工作。因此，大学生的就业能力是内部构成要素的有机结合，具有系统性。

（二）差异性

大学生就业能力的本质是人格特质的总和，不同个体必然有差异性。大学生就业能力的差异性主要体现在三方面：一是性别、专业、社会阅历等不同的大学生之间表现出不同水平；二是同一大学生个体自身，某一方面的能力相比于其他方面能力比较突出，在质和量上存在差异，也就是存在优势能力和弱势能力；三是不同岗位对大学生个体能力的要求具有差异，不同岗位的选拔标准不同。个体性因素和社会性因素是造成大学生就业能力差异的主要原因。个体性因素指的是个人的天赋和后天努力程度，社会性因素指的是家庭资源、学校教育等。

（三）发展性

尽管大学生就业能力具有相对稳定的构成模式，但对于个体而言，就业能力不是先天具备的，而是需要通过不断地培养和学习才能形成的。同时，就业能力又不是固定不变的，而是动态发展的。当社会结构因素和职业选择发生改变时，就业能力也会随之发生变化，能够通过实践锻炼等各种途径得到进一步发展。

☞ 【推荐阅读】

能力是成功的金钥匙

小张大专学习机械制造与自动化专业，毕业以后就职于一家国有企业，在车间做技术员，勤奋好学的他很快表现出精湛的技术和与众不同的思想，在不断的探索学习中，小张对车间的一道工序进行了改良，被车间主管看在眼里。

除了努力提高自己的技术水平，小张还利用业余时间自学英语。功夫不负有心人，两年以后小张的英语已经达到六级水平，口语对答也基本上流利，小张看准机会，毅然辞谢了原公司的挽留，跳槽到一家外企做技术员。在新的工作岗位上，小张不仅技术水平得到同事和上级的认可，而且优秀的管理能力逐渐显露出来，被公司委任为车间主管。随后，小张通过自学获得了本科学历，实现了学历、能力双丰收。

（资料来源：搜狐网，2020年2月19日）

案例中的小张从最初的一个大专生发展成一名著名外企的中层主管，很不容易。从中也看出今天的企业特别是外企，更看重的是能力。现在很多博士找不到工作，大专生却可以做到一个企业的市场经理，可见实际的能力在一个人职业发展生涯中有着举足轻重的作用。更加值得注意的是，并不是说学历不重要。学历是基础，公司招聘看的是一个人的综合素质，相关的教育背景、学历程度也占到比较重要的位置。至于能力、学历在工作中到底扮演什么角色，要看具体的职位。像研发和一些技术类型的工作，包括科技含量高、复杂程度高的产品的推销，需要工作人员有扎实的技术背景，这时候学历是衡量应聘者的重要指标。但如果是一般的产品推销、行政管理或者客户服务等，需要的是实际操作经验和悟性，那么能力就比一纸文凭重要多了。更何况对于招聘公司来说，如果是要聘一个行政助理，博士生未必做得比大专生好，显然大专生的"性价比"要更高。案例中，小张的教育背景和他所从事的工作基本匹配，但是他的学历并不高，而他能发展到这个程度，更多是得益于他过人的能力。因此，我们在校学习期间，不仅要学好专业知识，还要努力培养自己的就业能力。

三、就业能力的分类

美国心理学家辛迪·梵（Sidney Fine）和理查德·鲍尔斯（Richard Bolles）将技能分为三种类型：可迁移技能、专业知识技能和自我管理技能。根据这个分类，结合当前大学生就业能力的特点，我们将就业能力分为：专业能力、可迁移技能和自我管理能力（详见图 2-1）。

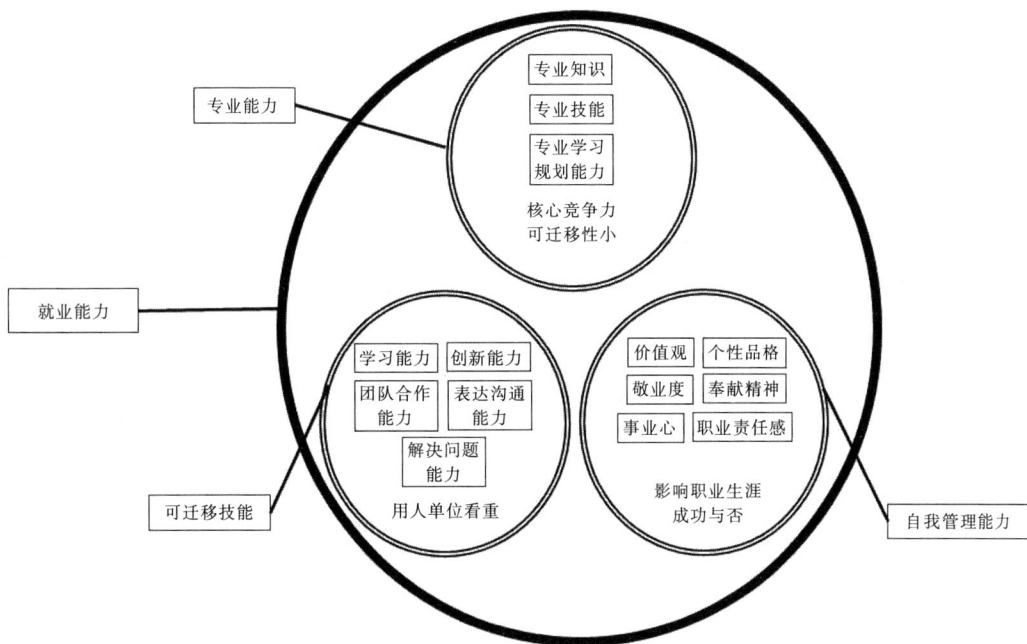

图 2-1 就业能力分类示意图

（一）专业能力

专业能力是指个体将所学的知识、技能和态度在特定的活动或情境中进行类化迁移与整合所形成的能完成一定任务的能力。专业能力具有以下三个内涵：首先是必须具备专业能力才能胜任特定的职业，也可以理解为资格；其次是个体进入职场以后表现出来的专业素质；最后是职业生涯开始后管理职业的能力。每个职业都需要一定的特殊能力才能胜任，例如教师、医生、律师等。值得注意的是，专业能力可迁移性比较小，也是一个人成为职业化人士的基本条件。专业能力主要包括专业知识、专业技能、专业学习规划能力。

1. 专业知识：从事某一职业所需要掌握的基础理论知识，例如生物学、医学、政治学、法学等。专业知识是专业能力的基础，是专业学习的理论支撑，也是衡量一个人专业素养的重要指标之一。

2. 专业技能：具体的、专业化的、针对某一特定工作的基本技能，例如教师讲课、医生解释心电图、会计做账、体育教练示范动作等。这些专业技能都需要扎实的学科理论知识作为支撑。专业技能最显著的特点是它们需要经过有意识的、专门的学习培训，在通过记忆掌握特殊的词汇、程序和学科的基础上获得。

3. 专业学习规划能力：在所学专业领域内，根据自身实际合理规划时间、进度，从而达到最佳学习效果的能力。专业学习规划能力不仅在大学阶段是重要的能力，进入职场后，也是提升个人能力的关键所在，它决定了一个人能否保持、胜任一份工作，并在岗位上实现人生价值。

（二）可迁移技能

可迁移技能指在某一种环境中获得，并可以优先迁移用到其他不同环境中去的技能，是一个人能够持续运用和最能够依靠的技能。例如某人从事保险推销工作时练就的善于与人沟通交流的技巧，在其当上公司的销售经理时，也极有可能运用这些技巧去同客户打交道，建立良好的关系。总体上看，可迁移技能具有可迁移性、普遍性和实用性的特点，因此用人单位越来越重视大学生的可迁移技能，如果大学生仅拥有精湛的专业能力，可能会在专业技术领域取得一时的成功，可是随着时间的推移，可迁移技能的缺失必然会成为职业发展的瓶颈。用人单位看重的可迁移技能主要有以下几类。

1. 学习能力：能根据实际工作和个人职业发展的需要，确定学习目标和方案，综合运用多种学习媒介和方法，不断自我培养、自我提升的能力。具体表现为能否自主学习与工作相关的知识，能否快速地掌握所需的新知识或新技术，能否接受新观念和变化，能否善于跟前辈请教工作相关的问题，并利用多媒体学习。简单地讲，就是根据自身需要，对新知识采用的学习方法和技巧。

☞ **【推荐阅读】**

习近平总书记关于读书和学习的相关论述

◇读书可以让人保持思想活力，让人得到智慧启发，让人滋养浩然之气。

◇在新的时代条件下，领导干部要不断提高自己、完善自己，经受住各种考验，就要坚持在读书学习中坚定理想信念、提高政治素养、锤炼道德操守、提升思想境界，坚持在读书学习中把握人生道理、领悟人生真谛、体会人生价值、实践人生追求，努力使自己成为一个高尚的人，一个纯粹的人，一个有道德的人，一个脱离了低级趣味的人，一个有益于人民的人。

◇学习是文明传承之途、人生成长之梯、政党巩固之基、国家兴盛之要。

◇我们一定要强化活到老、学到老的思想，主动来一场"学习的革命"，切实把外在的要求转化为内在的自觉，让学习成为自己的一种兴趣、一种习惯、一种精神需要、一种生活方式。

◇学习需要沉下心来，贵在持之以恒，重在学懂弄通，不能心浮气躁、浅尝辄止、不求甚解。

◇哪怕一天挤出半小时，即使读几页书，只要坚持下去，必定会积少成多、积沙成塔，积跬步以至千里。

◇既要向书本学习，也要向实践学习；既要向人民群众学习，向专家学者学习，也要向国外有益经验学习。

2. 表达沟通能力：通过口头或书面语言形式，以及其他适当方式，准确清晰地表达个体意图，和他人进行双向（或者多向）信息传递，以达到相互了解、沟通和影响的能力，包括倾听提问技巧、提供信息、让他人接受自己的观点、自信独特地表达自我观点等。在与他人沟通的过程当中，要把握几个原则：善于倾听，学会肯定与反馈，关注对方的反应，勇于承认错误。

☞ **【推荐阅读】**

你听懂别人表达的意思了吗？

美国知名主持人林克莱特访问一名小朋友，问他说："你长大后想要当什么？"小朋友天真地回答："我要当飞机的驾驶员！"林克莱特接着问："如果有一天，你真的飞到太平洋上空，燃料耗尽了，所有引擎都熄火了，你会怎么办？"小朋友想了想："我会先让坐在飞机上的人绑好安全带，然后我背上我的降落伞跳出去。"当在现场的观众笑得东倒西歪时，林克莱特继续注视着这孩子，想看他是不是自作聪明的家伙。没想到，孩子的两行热泪夺眶而出，这才使得林克莱特发觉这孩子的悲悯之情远非笔墨所能形容，于是林克莱特问他说："为什么要这么做？"小孩的答案透露出一个孩子真挚的想法："我要去拿燃料，我还要回来的！"

你听别人说话时，真的听懂他的意思了吗？如果不懂，就请听别人说完，这就是"听的艺术"：（1）听话不要听一半；（2）不要把自己的意思投射到别人所说的话里。

（资料来源：职上网，2020 年 5 月 16 日）

3. 解决问题能力：在工作中把理想、方案、认识转化为操作或工作过程和行为，并解决实际问题，实现工作目标的能力。具体包括分析问题、处理抽象问题、对于一个问题提出若干解决方法并挑选出最适合的一种、运用批判性的思考方式看待各种因果关系、合理设置目标、创造性思考等。

4. 创新能力：个体能够借助所学到的相关理论知识与基本技能，通过自身努力，在不同的领域下创造性地获得新的方法和思想或者自我调整的能力。具体包括三个方面，分别为：（1）创新思维。以新颖独创的方法解决问题的思维过程，突破常规思维的界限，以超常规甚至反常规的方法、视角去思考问题，提出与众不同的解决方案，从而产生新颖的、独到的、有社会意义的思维成果。（2）创新意识。根据客观需要产生的不安于现状，执意于创造、创新的要求和动力。只有当人们具备了创新的意识，才能够激发更多的动力，从而实现对创新激情的释放，利于潜能的发挥。（3）创新技能。就当前我国大学生的实际情况来看，大学生在创新技能方面相对薄弱，没有满足市场、社会对人才提出的要求，给就业带来了诸多的阻碍。

☞【案例阅读】

"创新让工作快乐"
——"时代楷模"张黎明的创新故事

自主识别引线位置，准确抓取引线，平稳移动至搭火点，精准完成接引线作业……6月29日，在天津滨海新区一条试验线路上，单臂辅助自主配网带电作业机器人成功完成一系列操作。这个项目的带头人——国网天津滨海公司配电抢修班班长张黎明目不转睛地观察机器人操作的全过程。

"我们要不负嘱托，为新时代贡献工人智慧和工人力量。"张黎明清楚地记得，2019年1月17日，在天津滨海—中关村协同创新展示中心，习近平总书记勉励在场企业研发人员心无旁骛地投入创新事业中。殷切的嘱托，让张黎明心潮澎湃，岗位创新的动力更足了。

积跬步，至千里。30多年扎根生产一线，累计巡查供电线路8万多公里，绘制抢修线路图1500多张，完成故障抢修作业近2万次……实践经验的点滴积累，让张黎明的岗位创新特别富有针对性。无论是急修专用工具箱、可摘取式低压刀闸这样"四两拨千斤"的小革新，还是人工智能配网带电作业机器人、电动汽车充电机器人这种前沿技术的大课题，张黎明的创新成果都在实践中得到广泛应用。如今，张黎明已经从一名普通工人成长为行业里响当当的"蓝领创客"，被誉为"点亮万家的蓝领工匠"。

"时代楷模""改革先锋""最美奋斗者"……在数不清的荣誉面前，张黎明的创新步伐一刻不停。研读科技读物、核心期刊，钻研人工智能前沿技术，在创新工作室殚精竭虑，不舍昼夜。经过数百个日夜的苦心钻研，最终完成了人工智能配网带电作业机器人的研发，在天津配网运行中成功完成操作80多次。双臂自主作业机器人、单臂人机协同作业机器人等系列产品也在山东、浙江等省市应用，并将在全国推广。

"创新让工作更快乐。"张黎明时常把这句话挂在嘴边，并勉励同事和徒弟们。目前，张黎明创新工作室已经孵化出"星空""蒲公英"等10个创新工作坊，培养出了更多肯钻研、爱创新的"蓝领创客"。

2020年，国家电网公司与天津市共同签署推进新型基础设施建设、打造能源革命先锋城市战略合作框架协议，推进经济社会高质量发展。这让张黎明更加坚定了以创新为高质量发展赋能的决心。"我们将进一步把人工智能、大数据技术等前沿科技融入能源互联网建设，用科技创新更好地保障能源安全，为社会、企业、百姓提供更加便捷优质的服务，为美好生活充电，为美丽中国赋能。"张黎明说。

（资料来源：《光明日报》，2020年7月13日，作者：陈建强、刘茜）

5. 团队合作能力：在实际工作中，在充分理解团队目标、组织结构、个人职责的基础上，与他人互相协调配合、互相帮助的能力，包括正确认识自我，尊重与关心他人，听取他人意见、观点、做法，采取正确的处理方式。

（三）自我管理能力

自我管理能力，就是指个体所具有的特征和品质。良好的自我管理能力，可以帮助一个人更好地适应环境，因此这项能力是个人最有价值的"资产"，也是影响个人职业生涯成功与否的关键。自我管理能力主要由以下几方面构成。

1. 价值观：价值观是指我们在生活和工作中所看重的原则、标准和品质。价值观指向我们内心最重要的东西，它是我们强大的内在驱动力，能引导行为的方向，是自我激励的机制。

☞ 【推荐阅读】

职场中为什么价值观被用人单位看重？

职场中体现出的价值观就是职业价值观。职业价值观是指无论你从事什么工作，都会努力在工作中追寻的东西，换一个角度来说，职业价值观就是你最期待从工作中获得的东西。一方面可以理解为特定社会对不同职业所赋予的价值观念，另一方面也可以理解为个人对自己所从事职业的价值观念。

职业价值观的来源，主要有以下几个方面：

1. 家庭和父母的职业价值观念；

2. 自己所崇拜的人的职业价值观；

3. 影视、图书等所体现的价值观；

4. 自我所认同而选择的价值观。

☞ 【课堂练习】

常见的职业价值观有以下 15 种，分为内在价值观、外在价值观和外在报酬三类：

内在价值观	外在价值观	外在报酬
利他主义	同事关系	经济报酬
智力激发	管理权力	生活方式
多样变化	领导关系	安全稳定
独立性	工作环境	身份地位
美感		
成就满足		
创造性		

1. 根据 15 个价值观尺度，请感性地、经验性地选择 5 个你所认为重要的职业价值观。

2. 以上 5 个中必须舍弃一个，你选择哪一个？请说明原因。

3. 余下 4 个必须再舍弃一个，你选择哪一个？请说明原因。

4. 余下 3 个作为自己的价值决定，它们稳定吗？

2. 个性品格：个性品格是指对自我具有理性认知，能够清楚识别内在情绪、情感，并且实现自我情绪、情感和压力管理的能力。个性品格并非稳定不变，而是可以在大学学习期间通过参与形式多样的课外活动得到提升的。优秀的个性品格有很多，比如自信、自尊、自立、乐观、坚韧、勇敢、进取、勤奋、珍惜时间、注重行动、认真、诚实、正直、忠诚等。个性品格在一定程度上决定了一个人的事业能否成功。

☞ 【推荐阅读】

面熟的"同事"

一个年轻人来到一家大公司应聘。笔试的当天，他发现在众多应聘者中他的学历是最低的，而其他人学历最低的也是研究生。这个年轻人虽无把握，但还是认真做下去。考到一半，主考官手机突然响起，于是离开考场到屋外接电话。屋内没有主考官，应聘者开始不安分起来，纷纷作弊。而这个年轻人没有任何动作，仍然安静地答题。这时坐在他旁边的一个应聘者侧身对他说："哥们，别那么认真，赶紧抄点吧。"这个年轻人冲他一笑，没有回答，仍然自顾自地埋头答题。考试结束，这个年轻人已不抱任何希望，因为题目太难，他考得一塌糊涂！谁知第二天他却接到了录取通知，让他准备上班。隔天他又高兴又惊愕地到了公司，一进办公室看到上司，觉得很面熟，好像似曾相识，却不知在哪见过。这时上司微笑着对他说："你不认识我了吗？我就是那天坐在你旁边，提醒你抄一下的应聘者啊。"

这场考试考的是什么？是知识吗？不是！考的是诚信，考的是品德，而品德就是你最好的通行证！

（资料来源：吴秀娟，钟莹，郑栋之. 新编大学生就业指导［M］. 上海：上海交通大学出版社，2018）

3. 职业责任感：职业责任感是指一个人对待岗位和工作的态度，它能使我们的行为更完善，更好地适应岗位的需求。不仅如此，职业责任感也是我们做人的要求。例如医生要尽全力救治病人，教师要教书育人。大学生要如何培养职业责任感？这就要求我们在学习和生活中，首先要做到对自己负责，其次要学会对别人负责，最后要学会对事情负责。

☞ 【案例阅读】

职场中的责任感

2016 年 7 月，重庆某公司招聘了 21 名大学生。让人始料未及的是，在随后 4 个月的时间里，该公司陆续开除了其中 20 名本科生，仅留下 1 名大专生。

第一批被公司除名的是 2 名来自重点大学的所谓"高才生"。他们第一次与客户谈完生意，将价值3万多元的物资设备遗忘在出租车上。面对经理的批评，两人振振有词地说："我们是刚毕业的学生，犯错是常事，你就多包涵一下。"另外有3名大学生在与客户吃工作餐时，夸夸其谈，大声喧哗，弄得客户和公司领导连交谈的机会都没有。席间，更有1名男生张嘴吐痰，刚好落在了客户的脚边，惊得客户一下子从凳子上跳了起来。男生却像什么事都没有发生一样继续吃饭，结果可想而知。

最让人难以接受的是，有一次，公司老总带领公司员工到外地搞促销。公司在海边租了一套别墅，有20多间客房，但员工有100多人，一些刚参加工作的大学生迅速给自己选定好房间，然后锁上房门独自看电视，很多老员工甚至老总却只能睡在过道上。当他们走出房门看见长辈睡在地上，竟都视而不见，不吭一声。

就这样，在4个月的时间，20名本科生全被公司"扫地出门"，唯一没有被"炒掉"的是1名女大专生。她说：我只是比别人更清楚，自己比别人少了什么；我虽然没有很高的文凭，但是我觉得细微之处见匠心，尤其是在和客户面对面接触的时候，可能会因为你的一个眼神或者你的微笑不到位，就让人觉得心里不舒服，这势必会影响工作，对公司的发展也可能有很大的负面影响。在她看来，作为公司的一员，应该懂得自己的言行必须符合公司的正当利益，要对自己所在的单位负责，对工作负责，对自己的前途负责。

（资料来源：上学吧，2015年5月15日）

☞【课堂测验】

测试你的责任感

项目内容	是	否
与人约会，你通常准时赴约吗？		
你认为你这个人可靠吗？		
你会因未雨绸缪而储蓄吗？		
发现朋友犯法，你会通知警察吗？		
外出旅行，找不到垃圾桶，你会把垃圾带回家吗？		
你经常运动以保持健康吗？		
你不吃垃圾食物、脂肪过高和其他有害健康的食物吗？		
你永远将正事列为优先，完成后再做其他事情吗？		
你从来没有放弃使用任何选举权利吗？		
收到别人的邮件，你总会在一两天内回邮件吗？		
"既然决定做一件事情，那么就要把它做好。"你相信这句话吗？		

续表

项目内容	是	否
与人约会，你从来不会耽误，即使自己生病时也不例外吗？		
你曾经违反过纪律吗？		
你经常拖交作业吗？		
小时候，你经常帮忙做家务吗？		

说明：是——1分，否——0分

10～15分：你是一个非常有责任感的人，你行事谨慎、懂礼貌、为人可靠，并且相当诚实。

3～9分：大多数情况下，你都很有责任感，只是偶尔率性而为，没有考虑得很周到。

2分以下：你是个完全不负责任的人。

4. 敬业度：在现实工作中，敬业体现为大学生是否能全身心地投入自己的工作中，做事情是否总是认真细致、一丝不苟，是否愿意付出更多的努力来完成任务，精益求精。大学生作为青年人才，是社会进步和发展的重要推动力量，是否敬业直接影响他们的工作状态和职场表现，直接关系到个人的职业前景、企业的竞争力和社会的良性发展。

☞【案例阅读】

人生的第一份工作

许多年前，一个年轻人来到一家著名的酒店当服务员。这是他人生中的第一份工作，因此他很激动，暗下决心：一定要竭尽所能，做好工作。没想到的是在试用期，上司竟然安排他洗马桶！从那以后，他变得心灰意冷、精神不振。在这关键时刻，同单位的一位前辈及时地出现在他面前，她什么话也没有说，亲自洗马桶示范给他看。等到洗干净了，她从洗过的马桶里用杯子盛起一杯水，当着他的面一饮而尽。她用实际行动告诉他说：经过我洗过的马桶，不仅外表光洁如新，里面的水也一干二净，我每天洗完马桶以后都要自己喝一杯，我相信我洗的马桶客人一定很乐意使用。从此，他脱胎换骨成为一个全新的人了，他的工作质量达到了无可挑剔的高水准。后来，他成了世界旅馆业的大王，他的事业遍布全球，这个人就是希尔顿。

（资料来源：瑞文网，2017年12月25日）

我们工作，不仅是为了薪水，也是为自己的事业。在这种力量驱动下的人，会永远保持最旺盛的工作热情、最忘我的工作状态，他们会成为每个团队或单位最受欢迎的雇员，也会成为每一个老板或领导最欣赏和最重用的人才，从工作中得到最大的回报。虽然不是每一个士兵都能成为将军，但如果朝那方面去努力，最起码也可以确保自己成为一个最优秀的士兵。这个故事的本意，不是要每一个人都喝马桶里的水，而是教导我们学习爱岗敬业的工作态度，自己做好自己的工作，让别人无可挑剔，这是我们在职场上如鱼得水、游刃有余的唯一法宝。

5. 事业心：事业心是指一个人想努力成就一番事业而为之奋斗的精神和热爱工作、希望取得良好成绩的积极心理状态，是人类的一种高尚情操。在工作中，有了事业心，才会产生进取心和自信心，才会激发主动性和创造性，才会有干事的激情、创业的豪情、敬业的痴情。虽然说仅有事业心并不能够保证一定可以取得事业的成功，但没有事业心的人则绝对不可能有大的成就。因此，培养和激励大学生的事业心有十分重要的意义。

6. 奉献精神：奉献精神是指对自己的事业不求回报地热爱和全身心地付出，这不仅是一种态度，更是一种行动和信念，是社会责任感的集中体现。具有奉献精神的人，会把本职工作当成一项事业来热爱和完成，努力做好每一件事，善待每一个人，并从中寻找到属于自己的快乐。

☞【案例阅读】

隐姓埋名 28 年，他用一生奉献诠释"中国脊梁"
——两弹一星功勋奖章获得者邓稼先

邓稼先出生于安徽怀宁，中国共产党党员，九三学社社员，核物理学家，中国科学院学部委员（院士）。他鞠躬尽瘁了一辈子，呕心沥血了一辈子，而绝大多数人，直到他去世前一个月，才第一次听说了他的名字。

他将祖国的需要作为第一选择，28 年间深藏身与名；他无怨无悔，为国家奉献自己的一切，用一生奉献诠释了什么是"中国脊梁"。从 1958 年至 1986 年，28 年间，我国共进行了 32 次核试验，其中有 15 次是邓稼先亲自指挥的，100％获得成功。28 年，他隐姓埋名，没有公开发表过一篇论文，除了组织，没有人知道他的工作地点、工作内容。28 年，他把自己的一切，都奉献给了国家。

☞【拓展阅读】

"冰山模型"理论与胜任力

"冰山模型"理论起源于 1973 年，由美国著名心理学家麦克利兰（D. McClelland）提出。所谓"冰山模型"，就是将个体素质的不同表现形式划分为表象的"水平面以上的冰山"和潜在的"水平面以下的冰山"。

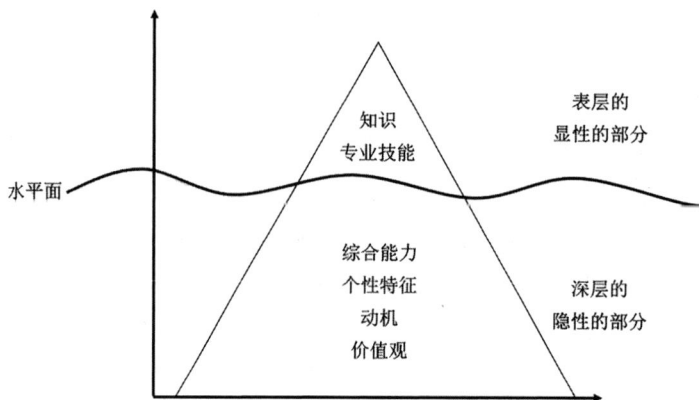

"冰山模型"理论示意图

（一）"水平面以上的冰山"，包括知识和专业技能，是表层的、显性的部分。这部分素质和能力相对比较容易被他人发现，也易于培养。

（二）"水平面以下的冰山"，包括综合能力、个性特征、动机、价值观等特质，是深层的、隐性的部分，其中有些是与生俱来以及多年形成的特征，很难改变。这部分素质和能力个体差异较大，它们不太容易通过训练得到改变，往往需要反复刺激或亲身体验，但却对人的行为表现和知识、技能的获得起着关键性作用。不仅如此，"水下冰山"还影响着个体发展的方方面面，包括学习、生活、工作及情感等。

胜任力是基于冰山模型而提出的，一般中大型企业会应用胜任力工具。它是指能够将某一岗位上表现优秀者与表现平平者区分开来的潜在的、深层的个人特征，也是可以帮助企业提高绩效的重要因素。从表层到深层或从外到内都依次包含"知识、技能、价值观/态度、个性、动机"等因素。

一般把胜任力分为专业能力与通用能力，专业能力包括冰山上部分的完成某项工作需要具备的知识、技能，通用能力包括冰山下部分的性格、价值观、动机等因素。用人单位在实际面试过程中，更多的是关注候选人的冰山下这部分能力。

（资料来源：百度百科，2023 年 4 月 14 日）

第二节　大学生必须重点提升的就业能力

现代社会是一个重能力的社会。任何一个机构在选人、用人的时候，都不会忽视能力的价值，因为能力是完成一切工作、创造效益的基础。当今社会究竟需要走出校门的大学生具备什么样的就业能力？下面先来看看用人单位的回答。

"企业要求的人才不是应试人才，而是做事人才。"北大青鸟公司负责人才资源管理的副总郑彤这样说。

中国普天信息产业集团公司人力资源副总刘建军说："我们比较看重的是人才的协调能力和沟通能力，所以在招聘面试、笔试之外还要进行一些测试，只有这些全部通过，才有可能被录用。"

某网络通信股份有限公司人力资源部表示："我们公司不苛求名校和专业对口，只要学生的综合素质好，学习能力和适应能力强，遇到问题能及时看到症结所在，并能及时调动自己的能力和所学的知识，迅速制订出可操作的方案，同样会受到欢迎。"

某国企人力资源部经理介绍说："专业技能是我们对员工最基本的素质要求，IT行业招人更注重应聘者的技术能力。应聘者如果能力相当，那么学历高的一方录用的机会更大。但是进入公司以后，学历高低就不是主要的衡量标准了，会更看重实际操作技术。"

某科技集团人事部负责人说："我们公司认为，大学生需要提高的能力是沟通能力，企业需要的是能够运用自己的良好沟通能力与企业内外人员接触，能够合作无间、同心同德完成组织的使命和任务的人。"

某软件股份有限公司人力资源管理人士说："我们特别欣赏有团队精神的员工，因为在软件开发和使用过程中，如果有一名员工在一个环节上出现问题，将会影响整个项目的进程。"

虽然用人单位对人才的要求各有不同，但是很多因素是相同的，主要体现在以下几个方面。

一、专业能力

专业能力是大学生对专业知识的掌握和运用能力，是检验大学生能否成功获取就业岗位的核心竞争力，是大学生胜任岗位的基础条件，也是用人单位首要考察的能力。本科阶段的教育属于通识教育，大学生的学习属于打基础的阶段，需要通过不断的学习与知识的内化、专业技能水平的提高，才能逐渐从基础转向专业化，因此基础是否稳固，就显得尤为重要。专业能力的重要性虽然显而易见，但是很多大学生在接受高等教育的过程中，以获得"学分"为首要目的，盲目选修课程仅是为了满足毕业要求，从而缺乏对专业成长、职业生涯发展的积极规划，导致很多大学生学得多而杂，但是无用，并且与实际就业联系紧密的较少。很多用人单位反映，招聘进入工作岗位的大学生专业能力薄弱，主要表现在知识面窄、专业技能水平不足、实践能力弱，特别是缺乏对于专业理论知识与工作实际需要之间联系的认识，不能把从课本所学的理论知识转化为实际的运用。因此，我们在学习过程中要规划好自己的专业学习，首先要掌握知识的深度与广度，其次要具备合理的知识结构，最后要提高自己的专业技能水平。

二、学习能力

在人才竞争越来越激烈的时代，是否具备学习能力是判断人才素质的重要标志。掌握正确的学习方法，是极为重要的基本能力。这种能力对个人未来的成功有着较大的关系。只有具有较强的学习能力，才能够更好地实现对工作技能的提升。学习能力的培养和提升，是一个缓慢的过程，它是关于思维的一种锻炼，一旦具备了较强的学习能力，是很难忘却的，因此学习能力可以受用一生。学习能力作为重要的可迁移技能，能够使我们进入工作岗位以后，快速地适应工作需要，并且不断地提升自己的能力，同时在环境、工作性质、工作内容改变时，能够帮助我们尽快学习新知识，从而适应变化，这就是古人说的"授人以鱼，不如授人以渔"。学习能力对我们的一生意义重大，能否成长，最终能否实现人生梦想都和学习能力有关，这就需要我们不断地打磨和完善学习能力。

总体而言，学习能力分为三个阶段。一是别人教。从我们出生开始，一直到高中都属于这一阶段，无论是父母还是老师，都是我们的教育者。二是自己跟着教材、教程学。大学阶段就属于这个阶段。从高中进入大学以后，大家可以明显感觉到上课的进度加快，仅仅靠课堂教学已经很难完成学习任务了，这就需要我们开始自学，逐渐培养自学能力。三是融会贯通阶段。进入这个阶段，我们会发现一些知识和技能，没有人教，但是通过自己思考、查阅相关资料，只掌握较少的必要知识就可以学会。这个阶段是优秀人才的必经阶段，只有通过了这个阶段才能实现自己的人生目标和理想。到了第三阶段以后，已经没有可以参考的知识了，这就需要我们自身的认知持续地"进化与升级"，从而实现从 0 到 1 的突破。

☞【案例阅读】

学习，大学生活的不变主题

"你是谁？"

"你从哪里来？"

"你要到哪里去？"

据说大学保安小哥的"灵魂三问"，是哲学史上的"终极三问"，也是大学生整个求学生涯都在思考的问题。

在高校工作，我发现不管是"学霸"还是"学渣"，大学生还有另一个迷思，我愿把它称为大学生的第四个哲思，那就是：

我为什么要好好学习？

学习是为了强大自我，是在容错空间大的环境下，培养克服一切困难的能力和信心。

在大学不遗余力地学习，是在对的时间，对的地点，遇到对的人，做了对的事。

大学期间，我们的体力、精力、脑力都处于绝佳的学习状态。此外，上有父母可依靠，下无幼儿须抚养，不用担心赚钱养家，只需要努力学习，绚美如花；不管学什么，总有人在陪你成长。

孟子曰"天将降大任于是人也"。其实不需要"大任"，就算是"小任"，也够我们辛勤忙碌，全力以赴。何以勇担重任，唯有不负韶华。

大学学习就像唐三藏的取经之路，其间遇到的困难就是我们的"打怪"对象，我们的辗转反侧、挣扎思虑都是"实力升级、内心笃定"必不可少的过程。

有了大学"打怪升级"的经验，当我们在社会上遇到困难时，想的就不会是"我干不了"，而是应该如何分解步骤完成目标任务。曾经的努力和无畏困难的勇气，必定会在人生的长河中留下痕迹，且随着时间流逝而愈加闪耀。

根据 2021 年中国统计年鉴公布的数据，我国 2020 年大学及以上学历的人口数是 10492 万，占全国人口的比重仅为 7.43%。换句话说，作为一名大学生，你享受到的教育资源已经超过了 92% 的中国人。

孔子有云："己欲立而立人，己欲达而达人。"我们得到了很多人梦寐以求的机会，同时也背负着更大的责任和使命，要去关爱他人。因此，大学中的学习提升，不仅为自己活得更好，更是为了眼光向下、脚步向下地帮助他人活得更好。

学习是为了成长，成为拥有经济独立能力和广阔视野格局的个体，以确保你拥有更多选择。

学习，是了解这个世界多样性、了解人生多种可能性最重要的渠道。生活中，我们会发现越是知识渊博、经历丰富的人，说话越是严谨、耐心，做事越是开明、随和。

学习，更可能获得物质财富——这让我们有选择的底气。不管是说走就走的旅行，还是说辞就辞的果敢。

学习，更可能拥有深邃思想——这让我们更可能具备选择的眼光。不管是拒买 A 股的见地，还是看透养生的秘密。

学习，更可能拥有稳定的价值观——这让我们不会轻易把世界想得太好或太差，不会轻易受到社会和他人的影响。

只有我们深刻地认同自己，才会发现自己身上散发的人格魅力；只有我们敢于面对自己的选择并为此负责，敢于接受真实完整的自己，才不会活在别人制定的框架和别人的评价里。

学习是为了快乐，好好学习，能让我们体会学习本身的快乐，还能让我们体会到实现社会价值的快乐。

我们都知道，学海无涯苦作舟，古人"头悬梁，锥刺股"，读书学习很苦。但我想说，其实学习也有很多快乐。

学古文很艰难，但如果我们能熟练地阅读《史记》、《汉书》和古诗词，感受其中的美妙和辽阔，那就是一种抵达生命深处的快乐。

当然，高级的快乐，绝非唾手可得。它需要系统持续学习，再通过思考沉淀，把看到、听到的内容消化转换成自己的知识储备，形成自己的见解，才能获得深刻持久的快乐。

北大韦东奕接受采访一夜爆火。我告诉学生："我真的很羡慕'韦神'，他思维上的愉悦，他在数学的知识殿堂里的乐趣，是一种至高的精神享受。"

学习，如果只获得学习本身的快乐，那就肤浅了。

还有另一种更高级的快乐，来自把个人价值与社会价值"打包实现"的高级快乐，那是个人价值实现的同时，也实现了社会价值的满足感和喜悦感。

这是人的本质决定的，有信念、有梦想、有奋斗、有奉献的人生，才会是快乐的人生。而学习，不断学习，是实现自我价值与社会价值相统一的不二法门。

有一个男孩十九岁的时候从西北的宁夏坐着火车前往北京求学，看着家乡沿路的戈壁滩，他暗暗下决心："一定要学成归来，建设家乡。"八年后，他在贺兰山脚下的农村，两脚沾泥、双手带土开展农村基层工作，他和村干部一起实施推广的"鱼菜共生"综合种养让村子成了全自治区闻名的明星村，他被村民亲切地称为"我们杨助理"。

他是杨宏杰。一个集理想和才华于一身的男孩，一个面对在北上广深年薪几十万元的诱惑却毅然选择回乡，成为一名基层工作者的清华硕士。这，就是一个新时代青年的缩影，有明确目标，深厚的家国情怀，把实现个人价值与国家振兴紧密联系在一起。

马克思说，哲学家们只是用不同的方式解释世界，而问题在于改变世界。所以，找到自己的使命，实现自己的个人价值与社会价值，是人生最大的快乐。

作为大学生，为什么要好好学习？这个大学生"第四哲思"的实践过程，实际就是人生"终极三问"的追求路径。有风便起浪，无潮水自平。大学过得轻松，人生则过得轻渺；大学活得清楚，人生方活得清醒。正所谓猛志固常在，总有良辰可待！

（资料来源：《光明日报》，2022 年 8 月 23 日，作者：王栋梁）

☞ 【拓展阅读】

大学期间应该完成的两项重要指标

1. 英语等级水平考试

大学期间至少要通过英语四级水平考试，最好能通过六级考试且口语能力突出，实际会话技能强，这样才能更好地适应全球化的市场经济竞争。英语专业学生要通过专业英语八级考试。

2. 计算机等级资格水平考试

大学期间一定要有良好的计算机操作能力，通过全国计算机等级资格考试，获得相关资格证书，才不至于在日后的求职择业中被淘汰。

三、人际交往能力

人与人之间沟通交流，是获得知识与信息的重要途径，也是我们认识自我、完善自我的重要手段。人际的沟通交流，是通过语言、符号传递信息，表达并捕获彼此的想法及情感并能够对彼此的心理活动及行为模式产生影响的社会行为。人与人之间的交往是指人们在开展交流往来行为活动进程中协调彼此间的关系，对整个行为活动的效率产生影响，提升彼此之间交流往来的质量层次及达到交流与往来的目的的独特的心理行为活动。通过人际交往，我们可以互相传递、交流信息和成果，丰富自己的经验、增长见识、开阔视野、活跃思维、启迪思想。对个人而言如此，对用人单位也同样如此。员工之间的交际与沟通合作能力越来越成为企业在市场竞争中获胜的主要能力。在我们的周围，有一部分人在某些层面拥有超越常人的才能，却没能有较好的发展，这是由于其与他人的交流与合作不畅所致。在美国，卡内基梅隆大学的研究人员对 1000 人进行追踪记录并分析研究，最后发现：15％的人成功源于自身有着熟练的专业技术能力、充满智慧的思维和较强的工作能力；85％的人成功是因为他们的个性特质，他们有着良好的与人交流合作的能力。因此，大学生培养自己的人际交往能力不仅是自我发展完善的需要，也是应对未来工作环境的需要。具备良好的人际交流沟通协作能力，不仅能对大学生活产生积极的影响，还能帮助大学生规划未来的专业发展工作方向，并对其就业能力产生很大的正面作用，更能为其日后步入社会打下良好的基础。

☞【课堂活动】

人际关系评估

1. 今天上完课，想去吃饭或看电影，你会找谁？
2. 当你遇到开心的事情时，你会想跟谁一起分享？
3. 参加学生工作时出现棘手的问题，你会找谁？
4. 当你在恋爱中遇到矛盾时，你会找谁？
5. 当你被老师批评时，你会找谁倾诉？
6. 当你半夜有急事时，你会找谁帮忙？
7. 当你在学校遇到困惑时，你会找谁？
8. 假如你在经济上遇到困难，你会找谁借钱？

四、创新能力

习近平总书记指出，创新是推动一个国家、一个民族向前发展的重要力量，是引领发展的第一动力，抓创新就是抓发展，谋创新就是谋未来。创新能力是一个民族进步的灵魂、经济竞争的核心；当今社会的竞争，与其说是人才的竞争，不如说是人的创造力的竞争。如果这个世界没有创新能力，便不会有今日人类的文明；如果一个人不具备创新能力，可以说是庸才；如果一个民族没有了创新人才，那么它便是一个落后的民族。

现在是一个"大众创新、万众创业"的时代，如果大学生缺乏创新精神和创新能力，将会制约其对专业理论知识的理解和应用，进而影响其对实际问题的解决。但是由于受传统教学模式、教学方法、评价体系的影响，我国大学生习惯于被动地接受知识，缺乏将知识转化为实际的劳动成果的能力，缺乏创新理念。有关统计显示，全国高校中大学毕业生有创业意愿的高达80%，但真正在高校期间就进行创业活动的学生比例并不高，受到资金、场地、市场、人脉等因素的影响，大学生实际创业的比例仅为2.4%。同时那些选择创业的大学毕业生，也并不都是选择了快速发展行业和科技创新领域，而是选择门槛较低的服务业，甚至是传统行业中相对低端的领域。

关于创新能力，我们应该认识到：一方面创新思维不同于寻常的思维模式，具有多样性和差异性，而多样性又与个性息息相关，正是有个性上的差异，人们才能打破固有的方法，积极寻找新的突破口。另一方面，未来的就业模式将打破传统的就业模式，越来越多的人选择创新创业，大学生不再是被动的求职者，更不会一直坚守一份工作，而是更努力地寻求多元化的发展道路，变被动选择职业为主动创造自己热爱的职业。这就要求我们有意识地培养创新意识，用创新思维去思考问题，同时还要突破自我，掌握创新技能。

☞【案例阅读】

自主创新，让"中国速度"领跑世界
——中国高铁装备行业唯一的女总工程师梁建英

跨越山川海河之间，蜿蜒在神州大地之上，中国高铁的快速发展串联起了人民的幸福生活。从"和谐号"到"复兴号"，从运营时速200公里到350公里高速动车组再到时速600公里高速磁浮交通系统，中国高铁实现从"跟跑"到"领跑"的精彩蝶变，成为一张闪耀世界的"国家名片"。这一切成绩的背后都绕不开一个人，她就是曾任中车青岛四方机车车辆股份有限公司副总经理、总工程师，现任国家高速列车青岛技术创新中心主任的梁建英。

1995年，梁建英大学毕业后，成为中车四方公司的一名铁路列车设计师。2004年，国家发布《中长期铁路网规划》，开辟了中国高速铁路的新纪元。由于我国高铁领域技术积累并不成熟，中车四方公司从200公里动车组引进消化吸收开始，但外国合作方只说每个步骤怎么做，却绝口不提背后的原理。这让梁建英深刻意识到，"产品可以买来，技术创新能力是买不来的"，她坚定了"用自己的双手去设计出我们中国人自己的高速列车"的信念。

2006年，34岁的梁建英担任时速300公里高速动车组项目主任设计师，这是她第一次亲手设计完全自主创新的高速列车。从时速200公里到300公里，速度提升的背后，是无数道需要跨越的高难度技术门槛。梁建英带领研发团队废寝忘食，从关键技术研究到方案设计，从仿真分析到试验验证，成功突破空气动力学、系统集成、车体、转向架等关键技术。2007年12月，国内首列时速300~350公里动车组成功问世，不仅

大大提高我国高铁的运行速度，更让我国在世界上站稳了脚跟。

自此，使命任务接踵而至，中国高铁的速度在梁建英手中不断刷新。2010 年，她主持研发的和谐号 CRH380A 动车组，在京沪高铁先导段跑出时速 486.1 公里的世界铁路运营试验最高速；2016 年，她主持研发的复兴号在京沪高铁以 350 公里时速运营，使我国成为世界上高铁商业运营速度最高的国家；2021 年，她带领团队研发的时速 600 公里高速磁浮交通系统成功下线，化身"地表最快飞行器"。一列列具有完全自主知识产权的高速列车从山东走向全国、走向世界，"中国速度"不断地诞生新纪录、震惊世界。

比发达国家晚起步 40 年，如今逆袭领跑全球，高铁的故事就是自主创新的励志故事。

梁建英担任 CRH380A 高速动车组研发项目主任设计师之时，该动车组最高设计时速达 380 公里，是当时世界设计运行时速最高的动车组。这个速度等级，世界上没有先例可循。为了摸透动车组在高速运行条件下的动态行为、性能和规律，梁建英奔赴全国各地开展海量科学研究试验。她带领团队在京津、武广、郑西高速铁路完成长达两年的线路试验，历经 450 多项仿真计算，1050 多项地面试验，2800 多项线路试验，攻克一道道技术难关。一次线路试验时，列车停在野外，梁建英跳下车检查车辆状态，由于连日劳累，她在弯下身体查看车轮时，腰部突然无法动弹。为了不耽搁进度，她坚持"必须看到试验结果"，忍着疼痛等到第二天凌晨试验结果出炉，与试验人员沟通，提出试验改进方案才休息治疗。就是在这样的坚持下，CRH380A 一跃成为当时世界上速度最快、技术等级最高的动车组。

CRH380A 的突破进展，招致了"技术剽窃"等质疑。美国戴维斯律师事务所对知识产权状态进行评估，最终证实没有侵权现象。对此，梁建英是这么说的：看似当时发展很快，其实是因为团队牺牲了喝茶、聊天、娱乐，甚至睡觉的时间，付出了别人双倍甚至三倍的时间。正是这样一个个"不眠之夜"，铸就了中国的"高铁长城"。

截至 2022 年底，中国高铁营业里程从 2012 年的 0.9 万公里增长到 4.2 万公里，稳居世界第一，"交通强国"的宏伟蓝图正在徐徐展开。这是属于中国轨道交通事业的新征程，梁建英是亲历者、实践者，更是推动者。2022 年 2 月，梁建英从中车四方公司副总经理、总工程师的岗位上离开，担任我国第一个国家级技术创新中心——国家高速列车青岛技术创新中心主任。驰而不息、久久为功，如今，梁建英带领团队正在攻克商业运营时速达 400 公里的高速列车核心技术。

"广袤的国土、巨大的客流量、复杂的地貌、国家的支持、旅客的期盼，你不做到世界最好，对不起这个国家和时代。"作为中国高速列车整车研制、系统集成创新领域的技术带头人和领军人物，梁建英近 30 年来坚守高铁研发一线，带领高铁研发团队，为建设科技强国、交通强国做出了突出贡献，获评国家科技进步特等奖、中国青年科技奖、山东省科技进步一等奖和国家百千万人才工程"有突出贡献中青年专家"、国家"万人计划"中青年科技创新领军人才、全国最美科技工作者、全国五一巾帼标兵、全国三八红旗手标兵、青岛楷模等荣誉称号。

（资料来源：中国山东网，2023 年 9 月 21 日）

五、团队合作能力

一个团队的力量远大于一个人的力量。几乎所有人都在团队中进行工作，然而，团队合作不仅仅是履行我们对他人的职责。关于团队合作，一句古老的非洲谚语说："如果你想走得快，就一个人走。如果你想走得远，那就一起走吧。"团队合作可以帮助我们成长，能够完成比我们自己单打独斗更多的事情。

团队合作能力是建立在团队基础上的，团队成员之间互补互助，充分发挥团队的作用，能达到最大的工作效率。对于团队成员来说，不仅要有个人能力，更需要在不同的位置上发挥自己的作用，与其他成员协调合作，所以说团队合作的本质是共同奉献。在一个团队里，每个成员分享自己的成果和经验，及时帮助其他成员完成任务，遇到问题及时沟通交流，才能让团队的力量充分发挥出来，同时团队成员互相吸收别人的经验，自己的能力也会逐渐得到提升。但是，我们应该清晰地认识到，在一个团队中，每个成员都有自己的优缺点，因此在团队中，就需要我们能够互相包容，保持谦虚，同时共享资源，只有这样，一个团队才能保持最强的战斗力。

☞ 【推荐阅读】

狼群的团队精神

狼在地球上流浪已经超过 100 万年的时间了，狼群得以存在的根本就是——合作、交流、忠诚和坚韧。正是这种生存本能，才使狼在适者生存的自然界得以繁衍。身处动物世界的狼群具备一个优秀团队的所有特征：它们方向明确，特别是在捕猎时，狼也被公认为是群居动物中最有秩序、最有纪律的族群；它们善于交流，而且在恶劣环境中有坚忍不拔的精神。我们在电视里经常能看到这样的镜头：一群野狼追逐凶悍庞大的野牛群，如果一头稍微弱小的野牛不幸被狼群盯上，那它就很难逃脱狼口。体重只有四五十千克的狼怎么可能捕获 100 多千克的野牛呢？靠的正是狼道！狼群在攻击野牛时，先是将奔跑中体弱的野牛隔离出来，慢慢包围。经过短暂的对峙，狼群突然发起进攻，它们并非乱作一团，而是非常默契地配合、分工合作。身体强健的公狼死咬牛颈，其他狼咬住牛腿将其推倒，在最短的时间内让野牛毙命，然后共同享受一顿美餐。当狼群被大型凶猛动物入侵时，狼也会采用集体防御的措施，将体弱的成员围起来共同御敌，这样也能击败入侵者。当然，狼群中并非没有英雄。一条独狼同样可以猎杀食物，但是狼之所以选择狼群，选择团队，正是意识到团队的力量。独狼可以猎杀一只兔子、一只羚羊，但是面对凶猛的野牛却只能敬而远之，甚至受到反击。从这我们也能看到一个企业，是需要个人英雄呢，还是合作的团队呢？

（资料来源：腾讯网，2018 年 4 月 16 日）

第三节　大学生就业能力提升的基本路径

虽然能力在一定程度上受到诸多因素影响，但是能力的发展与成熟还要依赖于外部环境的作用，也就是说，能力是可以通过锻炼而获得并提高的。能力是如何通过锻炼得到的呢？也许人们没有意识到，能力是在克服种种困难、遭遇种种磨难、跨越种种挫折后练就的。在对能力的探索中，做到了知己知彼后，下面的问题就是如何提升或者进一步锻炼就业能力，以便使自己不仅能够更好地适应未来的社会生活，而且能够在激烈的职场竞争中脱颖而出。

一、大学生就业能力提升在不同阶段的准备

大学生就业能力的提升是一个缓慢的过程，需要分阶段进行。根据从大一到大四的不同特点，将就业能力提升分为四个阶段：试探期、定向期、冲刺期、分化期。

（一）一年级——试探期

要初步了解职业，特别是自己未来想要从事的职业或与自己所学专业对口的职业，提高人际沟通能力。具体活动包括多和师长进行交流，尤其是与大四的学长学姐交流，询问其就业情况。大一相对来说学习任务不重，多参加学校活动，增强交流技巧，学习计算机知识，争取可以通过计算机和网络辅助自己的学习，为可能的转专业、获得双学位、留学计划做好资料收集及课程准备工作。

（二）二年级——定向期

应考虑清楚未来是继续深造还是就业，了解相关的职业活动，并以提高自身的基本素质为主，通过参加学生会或社团等组织锻炼自己的各种能力，同时检验自己的知识能力；可以开始尝试兼职、社会实践活动，并要做到坚持，最好能在课余时间经常从事与自己未来职业或本专业有关的工作，提高自己的责任感、主动性和受挫折能力，提高英语口语能力，增强计算机应用能力，通过英语和计算机的相关考试，并开始有选择地辅修其他专业的知识充实自己。

（三）三年级——冲刺期

因为临近毕业，所以目标应锁定在提高求职技能、搜集公司信息、确定自己是否要考研。在撰写专业学术论文时，可大胆提出自己的见解，锻炼自己独立解决问题的能力和创造性；参加与专业有关的暑期工作，和同学交流求职工作心得体会，学习撰写简历、求职信，了解搜集工作信息的渠道，并积极尝试；充分利用学校资源，积极和已经毕业的校友、师长谈话，了解往年的求职情况；希望出国留学的学生，可多接触留学顾问，参与留学系列活动，准备 TOEFL、GRE 考试，注意留学考试咨询，向相关教育部门索取考试简章等。这样一方面提高了信息收集能力，另一方面也增强了人际交往能力。

（四）四年级——分化期

找工作的找工作，考研的考研，出国留学的出国，不能再犹豫不决，大部分大学生的目标应该锁定在工作申请及成功就业上。这时，可先对前三年的准备做一个总结：首先检验自己已确立的职业目标是否明确，前三年的准备是否已充分。然后开始准备工作的申请，积极参加招聘活动，在实践中检验自己的积累和能力。最后，不断进行模拟面试。积极利用学校提供的条件，了解就业指导中心提供的用人公司资料信息、强化求职技巧、进行模拟面试等训练，尽可能地在做出较为充分准备的情况下进行实战演练。

二、培养就业能力的基本路径

大学生就业能力的培养是一个系统工程。它是在职业生涯规划的基础上，通过专业知识学习、担任学生干部、勤工俭学、社会实践、岗位实习、各类竞赛和社团活动等方式逐渐培养起来的（详见图 2-2）。

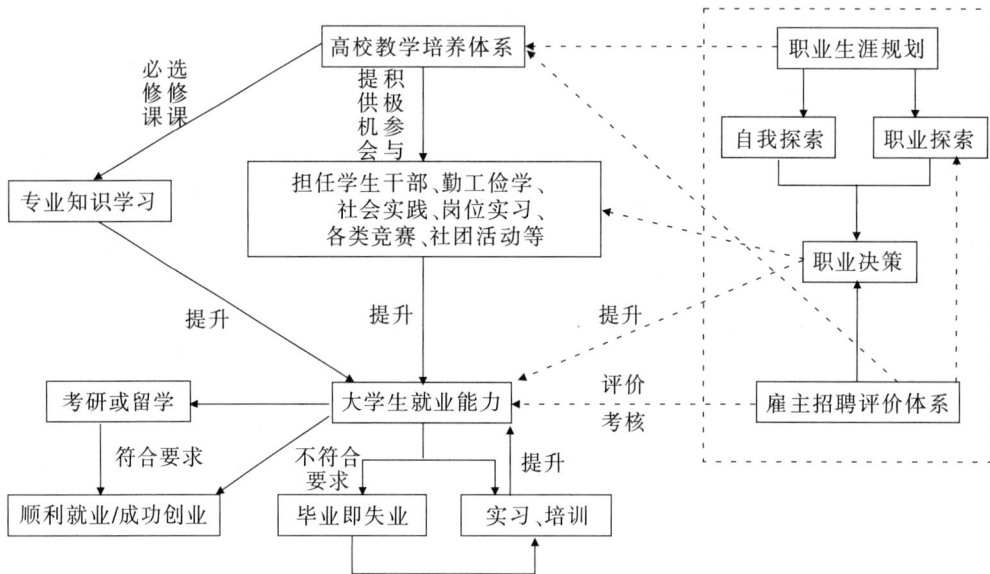

图 2-2　大学生提升就业能力的路径

（一）专业知识学习

专业知识学习情况，不仅是用人单位选人用人看重的首要条件，也是高校对学生评价的重要指标之一。因此，作为大学生，学好专业知识是第一要务。

首先，要掌握专业知识，提高核心竞争力。高校的课程一般分为公共课和专业课。公共课以通识教育为主，以培养大学生的素养、塑造品格为主要目的。专业课一般分为专业必修课、专业选修课和专业辅修课。其中，专业必修课是成为某一领域或行业专业人才必须学习的课程，一般为学生安排理论知识课程与第二课堂专业训练，以专业知识为主、专业训练为辅，是所有学生都必须认真学习的课程。专业选修课是对该专业学生进行专业知识拓展与延伸而开设的课程，该类课程的学习需要学生具有自主性、选择性、自愿性，可以根据自身兴趣与爱好进行选择，不具有强迫性，但要求必须选择其中部分课程进行学习，以达到深化专业知识的目的。专业辅修课是针对学习能力突出，在完成学校要求的学业课程之外，有意愿学习更多专业相关课程的学生而设立的，有助于大学生更深一步地专业化、系统化学习。我们在学习过程中，应当积极参与课堂学习，构建系统化的专业知识结构；并利用课余时间，根据个人理解将课堂理论进行整理、加工、整合，新知识联系旧知识，构建新的知识模型，实现专业知识最优化。日常学习中，应端正学习态度，加强专业理论、知识的学习；寻找适合自己的学习方法，提高学习效率；注重思想品德的提升，培养坚强的学习意志，实现个人综合能力的提高。

其次，要积极参与科研项目，提高专业素养与技能。科研项目是对专业理论知识学习情况最好的检验与实践，在参与专业科研的过程中，刻苦钻研、严谨求实，不仅可以帮助大学生形成良好的思考习惯和严密的逻辑思维，还可以帮助大学生将学习到的理论知识运用到研究中，加深对专业知识的理解，巩固所学知识并将其逐渐内化，更加熟练掌握专业知识的运用；同时，科学研究的过程也是一个动手的过程，在这个过程中，可以对我们的专业技能进行锤炼。大学生参与科研项目，对于日后进行创造性活动具有普通课堂无法给予和补充的积极意义，对专业知识的理解与掌握起到深化、活学、活用的效果。

最后，加强学习规划，增强自我培养意识。大学阶段是职业生涯规划最重要的阶段，直接决定了我们未来的职业发展是否成功。大家要清晰地认识到，自己是未来职业生涯的规划者、实施者和建设者。这就要求我们首先要具有责任意识，明确学业目标，充分发挥自身主观能动性，梳理好学业与就业理想、人生价值的重要关系，意识到就业能力提升的重要作用，认识到专业知识能力对未来职业发展的重要性；其次要树立科学的学业观，进行学业规划，主动构建对就业能力的系统认知，增强适应力；最后还要关注社会需求，了解现实环境下企业招聘的就业能力标准，以社会的就业能力标准为导向和指标，坚持个人能力水平与社会标准的统一，为实现高质量的初次就业奠定基础。

（二）担任学生干部

大学生活中有很多锻炼自己能力的机会，关键在于你是不是一个"有心人"。你可以通过毛遂自荐或者竞聘的方式担任学生干部，从班级学生干部到各级团学组织成员，任何一个职位都可以是你发挥自身才干、为同学服务的机会。有个别学生对担任学生干部有误解，认为担任学生干部会耽误自己的时间，但是却忽视了作为学生干部的收获。首先，担任学生干部能锻炼一个人的组织管理能力、决策能力。无论是召开班会、传达通知，还是统计信息，都需要协调各方、组织人员参与，并对行为做出决断和选择。其次，作为学生干部，要与同学、老师打交道，能锻炼自身的人际交往能力，并为自己良好的人际关系打下基础。再次，担任过学生干部的学生有更强的适应能力和抗压能力。学生工作是社会工作的演练场，学生工作也不会是一帆风顺的。当你走向社会后会发现，在工作岗位上遇到的难题，其实在做学生干部的时候大多已经遇到过了。最后，担任学生干部能培养良好的品德。为人民服务的奉献精神、为他人着想的合作态度、勤奋踏实的工作作风、迎难而上的顽强斗志，这些都是能够在学生工作中得到培养和锤炼的。总之，通过参与学生管理和师生服务工作，大部分人能够成长为张口能说、提笔能写、有理有节、协调有度的职场人才。所以，如果有意愿、有机会的话，至少为了将来找工作时面试官会多看几眼你的简历，同学们还是要积极争取担任学生干部，参与学生管理和服务工作。需要指出的是，担任学生干部不能只看重干部头衔的光环，而要更加注意对自我的锻炼，即便自己没有机会担任学生干部，只要有一颗为同学服务的心，只要善于观察，取他人之长补自己之短，仍然可以使这些能力得到提高。

☞【案例阅读】

我的就业故事——郭娟：有梦就要全力以赴

2019年9月，郭娟在中铁二十局招聘会面试时，被面试官要求写几个字，她随手写下了"以梦为马，不负韶华"。这八个字是她的座右铭，也是她做支教宣讲的主题。

郭娟是西安科技大学人外学院汉语言文学专业2020届毕业生。在今年特殊的就业压力下，女大学生的就业压力或许要翻几番，因为随处可见的招聘信息中都有这么一条：只限男生。而她，通过自己的努力，过五关斩六将，终于签下了自己满意的工作。

去年暑假的时候，班里大部分的同学都在忙着准备考研，只有郭娟"无动于衷"，甚至还跟朋友自我调侃为"废柴"。其实她目标很明确，心里很清楚，结合自己的专业，她选择的岗位目标基本上是国企的党团及宣传岗。

郭娟一直都是一个有计划的人。大四一开学，拍证件照、做简历、去招聘会……找工作从来都不是一件容易的事情。在找工作的那段时间，郭娟也经历了许多波折，比如有的时候一些国企的人事根本不会看她的简历，不管她多么优秀，或者有多适合它们的岗位，就因为是女生，简历就会直接被筛掉。还有一次去一个国企面试，当时有一个备注信息：男生可以带着他的女朋友一起进公司。她就会和朋友开玩笑说双职工要不要了解一下，站在招聘室前找个男生扮演一下情侣去应聘。嘻嘻哈哈地傻笑过后，她又开始寻找下一次机会。

9月底，郭娟终于签下了中铁二十局。公司的总部是她的意向地西安，工作内容是她熟悉的党团和宣传工作。她回忆说："面试那天一切都很顺利。"有一个细节她记得很清楚，面试完后，面试官让她写几个字，她随手写下了"以梦为马，不负韶华"这八个字，还没来得及解释，面试官就笑着竖起了大拇指："原来你练的是楷体！"为了能有一手漂亮的字，郭娟从大三开始每天坚持练字半个小时，现在颇有几分书法风范了。真是功夫不负有心人呀！她这种坚持的劲儿在关键时刻帮助了她。

翻看郭娟的简历，我们发现有几个不同的版本，有的差别甚微，有的相去甚远。一问才知道，因为就业压力很大，所以在找工作之前她就做了充分的准备。最开始没有经验，只要觉得工作稍微适合或者沾边她都会投递一份简历，结果却很不理想。碰过几次壁后，她总结了一下经验，把简历分成了几个版本，针对不同岗位需求专门制作相对应的简历，比如针对她最想去的国企党政、宣传岗位，会把自己在公文写作、过往工作案例方面的成绩重点标注，在个人工作经历部分就重点突出自己的学生干部经历和在学院从事支部工作等经历。

为了找到心仪的工作，郭娟做了很多准备，除了细心地制作不同版本的简历之外，她还有一个小本子，上面密密麻麻记着有关招聘会或招聘单位来校开宣讲会的时间、地点和需求；她还跟着视频学习面试技巧、锻炼演讲能力、提升自信心……经过一番忙活，工作终于签下来了。回顾整个历程，她感慨地说："其实，即使就业环境不好，但也并没有那么难，只要我们做足了充分准备，一切都不怕了。"自信的背后是大学四年的磨炼。

大一刚入学，郭娟就成为学校的青年志愿者，大二还担任学院青年志愿者服务队队长，先后组织过支教、敬老院服务、尘肺病宣传、课桌清洁等十五次左右的志愿者活动。她印象最深的是到临潼区新市小学附近的辅导机构开展支教活动。在那儿，她做了一次"以梦为马，不负韶华"的主题宣讲，通过展示大学生活激发小学生学习兴趣，帮助孩子们认识到学习的重要性。孩子们听得很认真，到现在还有几个小朋友常常给她发信息咨询问题。

大学四年，郭娟一直担任团支书，还先后担任学生党支部组织委员、学生会及学生社团干部。学生干部的经历锻炼了她的公文写作能力，更锻炼了她的组织、协调、沟通能力。面对复杂的任务，她能够迅速划分成不同模块，并积极行动，圆满完成。当然，社会活动丝毫不影响她的成绩，她先后获得学年奖学金、校友奖学金、国家励志奖学金，获评优秀学生干部、优秀共青团干部、优秀青年志愿者等荣誉。西科四年的成长磨砺使郭娟羽翼渐丰。这四年，她每一步都走得很扎实。问及未来的打算，她仍然回答了这八个字："以梦为马，不负韶华！"

（资料来源：搜狐网，2020 年 6 月 11 日）

（三）勤工俭学

勤工俭学一般分为校内和校外。高校一般都会为广大学生提供勤工俭学的机会，特别是为一些家庭经济困难的学生提供合适的岗位，比如办公室助理、图书馆助理等。校外勤工俭学的机会也比较多，比如家教，超市收银员、理货员等岗位。相对于校内勤工俭学，社会岗位要求的专业性更高，也更具有挑战性。通过勤工俭学，大学生不仅可以获得经济上的报酬，更重要的是可以提升自己的能力，增加阅历，为就业打下良好的基础。但是要注意的是，勤工俭学相对于学习来说，是次要的，大学生的主要精力依然要放在学业上，不能为了兼职而影响学业，否则就得不偿失了。同时还要增强法律意识，保护好自身安全和合法权益。

☞ 【案例阅读】

兼职还是学习？

小张是一名在校大学生，大三时由于父亲做手术，家庭经济困难。为了赚取生活费，小张开始在外兼职。由于小张身体素质较好，经朋友介绍去了健身房工作。健身房日常工作繁忙，而且工资收入很高，全勤每月有一万二千元收入，于是小张把主要精力都放在兼职中，经常旷课，逐渐将"兼职"转变为"全职"。随后小张期末考试出现多门功课不及格，但小张并没有意识到这样做带来的后果，直到毕业时，由于学分未修满，没有按期毕业。看着同学们拿着毕业证、学位证开始找工作，此时的小张后悔不已。

本案例是典型的由于兼职严重影响学业的事件，应当引起大家的重视。进入高年级以后，外出兼职确实能够锻炼自己的就业能力，但是一定要清晰地认识到学业与兼职的主次关系。过度兼职，一方面会对学业产生影响，出现课程考试不及格甚至不能毕业的情况；另一方面会对大学生的价值观产生影响，导致大学生对金钱观、价值观产生一些错误认知，只为了自己短暂的追求，忘记自身的人生目标。因此，大学生应当在充分认识自己的人生观的基础上，选择适合自己的兼职岗位。

（四）社会实践

社会实践是指学生利用假期或者周末，身体力行，在社会生活中树立理想、拓宽视野、增长才干、服务社会，因此社会实践是高校教育的重要环节，可以加强集体协作意识，增强沟通能力和社会适应能力，进而提升就业能力。在各所高校中，为了帮助学生走向社会、学以致用，实现学生的实践意愿，学校会为学生提供包括寒暑假和双休日的实践机会，并在组织、宣传、资金等方面给予一定的指导和帮助。当前大学生社会实践引起了社会的关注，有些地区和单位专门打造和设定社会实践岗位和课题，欢迎学生积极参与并给予一定的资助，对一些好的、有发展前景的课题，主办者还会帮助孵化甚至进一步发展。每个学生都要切实把握住这样的机会，从中锻炼自己各方面的能力。

☞ **【拓展阅读】**

大学生为什么要去社会实践

每年暑假，全国都有大批大学生参与到暑期社会实践之中。

2020 年是极其特殊的一年。从年初开始，全国人民在党的坚强领导下同心抗"疫"，涌现出了大量感人至深的人物故事。今年是全面建成小康社会的收官之年，全面建成小康社会是党对人民许下的庄严承诺，是全心全意为人民服务的题中应有之义，必将被载入史册。明年是建党一百周年，是实现"两个一百年"奋斗目标第一个百年目标的历史性时刻，是阶段性总结党带领人民从站起来、富起来到强起来的重要节点。这样一个多重历史任务、现实任务和危机事件交汇的年份，也是开展大学生思想政治教育，培养可堪重用、能担大任的时代青年的大好时机。

当然，在过往的社会实践中，不乏同学通过田野调查，深入社会和基层，用智慧和行动解决当地的痛点、难点、症结点，形成了高水平的论文、报告或者提出真知灼见。当然，也有个别人抱着"水一水"或者"让履历好看一点"的想法，走马观花、扯旗子、拍拍照，实践一圈下来之后依然脑子空空。绝大多数同学参与社会实践的出发点是想要学习知识、了解社会、做出贡献等，没有这些想法的同学大概率是不会选择把时间花在社会实践上的。但是，之所以到最后会出现虎头蛇尾、形式主义、浮于表面等状况，是因为没有把实践获得的感性认识上升到理性认识，即没有把"看到的、感受到的"转化成"理解到的"，中间缺少了"转化路径"。这里给同学们分享把感性认识上升到理性认识的三种路径，它们其实也是三种思考角度和出发点。

从国家的角度，同学们应该利用社会实践用心感受中国特色社会主义的优势。中国特色社会主义包括道路、理论、制度和文化多个方面，它的优势不是空口说来的，而是经过实践检验得来的。实现中华民族伟大复兴，就是用正在进行时对中国特色社会主义道路、理论和制度进行检验。历史和现实告诉我们：马克思主义指导思想是符合中国实际的；党的路线、方针、政策是适合中国发展的；我们的党是为人民服务且善于躬身自省的。这些都是中国特色社会主义的优势，也是我们实现中华民族伟大复兴的信念支撑。这种信念经得起检验，而且要被身为大学生的我们所相信，转化成自己将来改变世界的强大力量。但信念的传播不能只靠学校、课堂和书本，还需要正确发挥大学生的主观能动性，需要让大家回到中国特色社会主义制度的逻辑起点——实践，需要让大家亲眼看到、亲身感受到。同学们在追寻历史足迹中会感受到中国特色社会主义取得的伟大成就，同学们在基层调研中会感受到中国特色社会主义的制度优势，同学们在同人民群众的接触中会感受到中国共产党区别于西方政党的以人民为中心的强大理念……当你用中国特色社会主义道路、理论、制度和文化的教育，去审视社会实践过程中的感性认识，社会实践中遇到的写实素材就成为不断认识和理解中国特色社会主义制度优势的生动教材。

从社会的角度，同学们应该通过社会实践认识到青年应该承担的时代责任。"责任"就意味着我们还有未完成的任务，还有待解决的问题，这是当下的我们应该承担的、无法回避的，"时代"就意味着这份责任具有鲜明的时代特点和时代烙印。每一代人的责任都不一样，关键是要搞清楚我们这一代人应该承担的责任是什么，这个是方向性问题。在社会实践过程中，我们要探索和思考事物内部的矛盾，学会用辩证法、调查研究法弄清楚矛盾的历史背景、分析主次要矛盾以及同个人成长成才的关系，把矛盾看作事物发展的动力、努力的方向和提升的空间。当下，我国的主要矛盾是人民日益增长的美好生活需要和不平衡不充分的发展之间的矛盾，为什么这个矛盾是我们当今的主要矛盾？它的具体表现是什么？它和我们大学生有什么关系？……大家如果也有这样的疑问，那就请深入社会在实践中找寻答案。你会发现，从新中国成立至今，党和政府对主要矛盾的判断是不断发展变化的，这种变化是基于国家的飞速发展和人民生活水平的不断提高（即生产力决定生产关系）。时代不同，主要矛盾也不同，但不同时期的时代楷模都是敢于投身解决矛盾的，把个人命运同党、国家和人民的命运联系在一起的！你们想成为这样的时代青年吗？相信大多数同学都是愿意的！所以，社会实践中发现的问题可能就是你们这一代青年人要解决的时代问题、承担的历史使命，就可能成为你们将来的奋斗目标。

从个人的角度，同学们应该利用社会实践仔细体会认识和实践的形成过程。习近平总书记一直鼓励青年朋友们学好、用好马克思主义，让它成为一生成长成才的宝贵财富。马克思主义哲学中关于认识和实践的观点正是党和国家鼓励大家进行社会实践的逻辑起点和学理支撑。鼓励大学生开展社会实践，希望大家在实践的过程中，亲身感受到认识的形成过程和与实践的关系。有同学会问，我知道这些有什么用呢？当然有用！你会发现，大学里无论是一直优秀的学霸，还是走过弯路最后迷途知返的同学，都在一定程度上运用了并且在关键时刻用好了认识和实践的关系。比如，高中时，老师和家长说"考上大学就轻松了"，这是你在没上大学之前形成的无效认识。在大一入学后，你的老师、辅导员告诉你"大学成绩依然很重要"，你的学长告诉你"大学要多参加社团活动积累人脉"，你的室友告诉你"大学要谈场痛痛快快的恋爱"，这些都是你上大学之初通过实践获得的片面认识。通过一个学期或者一个学年，你经历了大学课堂、期末考试、社团竞选、班级活动、表白被拒……当片面认识积累多了，你就开始自己总结和定义"上大学"；这个时候形成的就是基于你本人的较为全面的认知。与此同时，基于每个人的认识不同，有些同学就开始做相应的调整，比如开始尝试研究、准备考研、准备出国、退出社团或者继续当学生干部等，这个时候就是用认识来指导实践了，做出适合自己发展的调整。社会实践就是让大家在一个更加广阔的时空下去认识和理解知和行的关系，用它来指导今后工作生活的方方面面，不再惧怕未知，敢于尝试犯错，及时调整策略，不断提升认识世界和改造世界的能力。

所以，基于以上三个方面，在社会实践中"看到的、感受到的、理解到的"比"做成什么"更加重要！这也是鼓励在大学生中开展社会实践的价值导向！希望大学生们能够通过社会实践形成科学认识、涵养家国情怀、敢担时代使命，迈出成为中国特色社会主义事业建设者和接班人的坚实一步！

（资料来源：高校辅导员联盟微信公众号，2020 年 7 月 28 日，作者：韩瑾）

（五）岗位实习

岗位实习是在校学生的一种实习方式，主要是大学生在基本完成实习和学过大部分基础技术课之后，到专业对口的工作岗位直接参与生产过程，综合运用本专业所学的知识和技能，以完成一定的生产任务，并进一步获得感性认识，掌握操作技能，学习企业管理知识，养成正确劳动态度的一种实践性教学形式。与一般的实习实训不同的是，岗位实习一般是在校学习的最后一年进行，需要完全履行实习岗位的全部职责。因此，这就需要同学们在岗位实习前，夯实理论基础，熟练掌握操作技能，这样才能够很快适应实习岗位。岗位实习是大学生走向社会前的一次全面综合的练兵，通过在工作岗位上实习，可以提前了解该行业基本情况，熟悉工作岗位的工作性质和职责，将大学所学到的理论知识逐渐转化为工作实际运用，提高自身的就业能力，同时还可以提前适应社会，以便更好地就业。值得一提的是，岗位实习也是一次学生与实习单位互相了解的过程，如果实习生表现优秀，实习单位也会与实习生提前签订就业协议。

（六）各类竞赛

大学校园是一个供青年人才展现才能的平台，在这里大学生可以找到许多志同道合的朋友，通过组建团队来一展才华。校园里经常会举办各种竞赛，便于大学生展现自己的才能，同时也是培养个人能力的绝好机会。例如"挑战杯"全国大学生创新创业大赛、"互联网＋"大学生创新创业大赛等，都受到了高校学生的广泛关注。通过这些竞赛，大学生将所学专业知识与社会实践相结合，同时通过竞赛的准备过程，不仅可以培养大学生的创新能力和创业意识，还可以提高大家的团队合作能力、人际交往能力。可见，各类竞赛是难得的锻炼机会。

☞ 【推荐阅读】

习近平总书记给第三届中国"互联网＋"大学生创新创业大赛 "青年红色筑梦之旅"的大学生的回信

第三届中国"互联网＋"大学生创新创业大赛"青年红色筑梦之旅"的同学们：

　　来信收悉。得知全国 150 万大学生参加本届大赛，其中上百支大学生创新创业团队参加了走进延安、服务革命老区的"青年红色筑梦之旅"活动，帮助老区人民脱贫致富奔小康，既取得了积极成效，又受到了思想洗礼，我感到十分高兴。

　　延安是革命圣地，你们奔赴延安，追寻革命前辈伟大而艰辛的历史足迹，学习延安精神，坚定理想信念，锤炼意志品质，把激昂的青春梦融入伟大的中国梦，体现了当代中国青年奋发有为的精神风貌。

　　实现全面建成小康社会奋斗目标，实现社会主义现代化，实现中华民族伟大复兴，需要一批又一批德才兼备的有为人才为之奋斗。艰难困苦，玉汝于成。今天，我们比历史上任何时期都更接近实现中华民族伟大复兴的光辉目标。祖国的青年一代有理想、有追求、有担当，实现中华民族伟大复兴就有源源不断的青春力量。希望你们扎根中国大地了解国情民情，在创新创业中增长智慧才干，在艰苦奋斗中锤炼意志品质，在亿万人民为实现中国梦而进行的伟大奋斗中实现人生价值，用青春书写无愧于时代、无愧于历史的华彩篇章。

习近平

2017 年 8 月 15 日

（七）社团活动

　　社团活动是高校校园文化的重要组成部分。社团是校园里的大学生为了某一个共同的兴趣爱好或者某一个共同的目标所组织起来的业余团体。这个团体没有年级、专业甚至学校的限制，在保证学生完成学习任务，不影响学校正常教学秩序的前提下开展各类形式多样的活动。大学生可以根据自己的喜好和特长选择适合的社团并参与活动。大学生参加社团活动，不仅可以陶冶情操、丰富课余生活，还可以加深和拓展专业知识。成员之间通过交流思想、切磋技艺，能锻炼人际交往能力。同时，在社团发展成为骨干，还可以通过组织策划各种活动，提高自己的组织管理能力。值得指出的是，在用人单位选择毕业生时，社团骨干往往会受到青睐。

☞ 【拓展阅读】

几种常见类型职业应具备的能力

不同类型职业人员的能力体系不同，职业对录用人员的就业能力要求也不一样，以下分别从科研型、管理型、事务型、工程型、文化型、社会型职业对从业人员的要求进行解释。

1. 科研型职业应具备的就业能力

科研工作是一种创造性劳动，科研型人员应具备以创造力为核心的知识结构。在知识结构方面，应具备宽厚扎实的基础知识、外语交流能力，既要有专长，又要有较渊博的知识，达到专与博的有效结合；具备将创造性、熟练的基本专业技能和理论理解及应用能力三者融会贯通协调结合起来的本领；具备独立思考能力，勤于实践，具有不怕挫折的良好心理素质。

2. 管理型职业应具备的就业能力

从事管理型职业人员应具备的就业能力，主要包括以下几点：忠于贯彻国家的方针政策，能灵活运用，有高度的公众意识；具备坚实的管理专业理论和实践知识，同时具有较广博的自然知识和社会知识；具备一定的领导、组织协调和社会才能以及中外语言文字表达能力；具有健康的身体和充沛的精力以应付千头万绪和千变万化的工作。

3. 事务型职业应具备的就业能力

事务型职业，是指与组织机构内部日常的制度性、规范性、信息传播等事务有关的职业活动，如打字员、档案管理员、办事员、秘书、图书管理员、法院书记员等。事务型职业对从业者的能力要求，在知识方面侧重于基础文化知识，要求对于职业技术专门的知识有较多了解，要懂得统计、档案管理知识，熟悉专门法规和规章条例。事务型职业不少岗位需要员工严守纪律，保守秘密，有的还有礼仪方面的特殊要求，并且需要具有较强的社交能力、语言表达能力和干练的办事能力等。

4. 工程型职业应具备的就业能力

工程型职业，主要是指工业、建筑业等行业的工程技术人员。应具备的能力要求：不辞劳苦、艰苦奋斗的创业精神和严肃认真、一丝不苟的求实工作态度。要谦虚谨慎，深入工作第一线，能和同事密切合作。在牢固掌握专业知识的基础上，对相近专业的知识要有比较深入的了解，并有较好的外语水平、计算机应用能力、语言表达能力和理论应用于实际的能力。

5. 文化型职业应具备的就业能力

文化型职业，如作家、服装设计师、音乐家、舞蹈家、摄影家、书画雕刻家、广告设计师等。文化型职业要求从业者能博采众长和广泛涉猎，具有敏锐的洞察力、丰富的想象力、坚强的毅力、非凡的艺术天赋、不断创新的精神。

6. 社会型职业应具备的就业能力

社会型职业包括教育、救死扶伤、提供公共服务、协调人际关系、为人民提供生活便利的工作，如教师、医生、律师、法官、广播电视工作者等社会公共服务人员。社会型职业要求从业人员做到：在知识素质方面，应具有基础的科学文化知识，尤其是应该具备广阔的知识面和职业要求的专业知识；在能力素质方面，要有一定的理解能力、社会活动能力、组织协调能力、自身形象设计能力和文字表达能力等。

随着经济的全球化、人才竞争的国际化，中外语言的表达能力和计算机操作使用技能已成为各种职业类型所要具备的基本技能。

☞ **【思考题】**

1. 结合自己的实际情况，谈谈你将如何提高自己的就业能力。

2. 为什么专业能力是用人单位首要考察的能力？

3. 你在就业过程中的优势是什么？在未来职场中，如何提高自己的竞争力？

☞ **【参考文献】**

［1］吴秀娟，钟莹，郑栋之. 新编大学生就业指导［M］. 上海：上海交通大学出版社，2018.

［2］金德禄. 大学生职业生涯规划与就业指导［M］. 2 版. 南京：东南大学出版社，2020.

［3］曲振国. 大学生就业指导与职业生涯规划［M］. 2 版. 北京：清华大学出版社，2020.

［4］苏文平. 大学生职业生涯规划与就业创业指导［M］. 2 版. 北京：中国人民大学出版社，2023.

［5］郭欣. 中国当代大学生就业能力培养研究［D］. 长春：吉林大学，2017.

第三章　就业方向选择

青年时代，选择吃苦也就选择了收获，选择奉献也就选择了高尚。　——习近平

对于每一个人，他所能选择的奋斗方向是宽广的。　——爱因斯坦

选择你所喜欢的，爱你所选择的。　——列夫·托尔斯泰

在当今利益、价值、观念日趋多元多样的时代背景下，大学生就业方向的选择也更加多元化和多样化。临近毕业，要选择什么样的就业方向才是最适合自己的？是考研升学，还是直接就业？是考公考编，选择一份稳定的工作，还是进知名企业或者自主创业，敢于挑战，勇敢拼搏？是投笔从戎，选择参军入伍，还是选择做一名志愿者，到农村去，到基层去，到祖国和人民最需要的地方去建功立业？……这些问题是每一个应届大学毕业生必须面对并且无法回避的。处在人生职业选择的十字路口，大学生只有积极主动了解社会发展动向，发挥自身优势，明确职业发展方向，才能做出最适合自己的选择。

青年的人生目标会有不同，职业选择也有差异，但只有把自己的小我融入祖国的大我、人民的大我之中，与时代同步伐、与人民共命运，才能更好实现人生价值、升华人生境界。离开了祖国需要、人民利益，任何孤芳自赏都会陷入越走越窄的狭小天地。

——2019 年 4 月 30 日，习近平总书记在纪念五四运动 100 周年大会上的讲话

广大青年要肩负历史使命，坚定前进信心，立大志、明大德、成大才、担大任，努力成为堪当民族复兴重任的时代新人，让青春在为祖国、为民族、为人民、为人类的不懈奋斗中绽放绚丽之花。

——2021 年 4 月，习近平总书记在清华大学考察时的讲话

立足新时代新征程，中国青年的奋斗目标和前行方向归结到一点，就是坚定不移听党话、跟党走，努力成长为堪当民族复兴重任的时代新人。希望广大青年用脚步丈量祖国大地，用眼睛发现中国精神，用耳朵倾听人民呼声，用内心感应时代脉搏，把对祖国血浓于水、与人民同呼吸共命运的情感贯穿学业全过程、融汇在事业追求中。

——2022 年 4 月，习近平总书记在中国人民大学考察时的讲话

幸福生活是靠劳动创造的，大家要保持平实之心，客观看待个人条件和社会需求，从实际出发选择职业和工作岗位，热爱劳动，脚踏实地，在实践中一步步成长起来。

——2022 年 6 月，习近平总书记在四川宜宾学院考察时的讲话

☞【课堂活动】

绘制"我的专业去向地图"

请结合所学的专业，按以下要求绘制"我的专业去向地图"：

1. 以小组为单位，3～5人一组，分组绘制；

2. 统一使用 A4 空白纸，为确保呈现效果，建议最好用彩笔；

3. 在充分查阅相关资料，进行必要访谈后，绘制本专业的典型就业去向地图；

4. 要求至少要有 10 个就业去向，并且要符合本校本专业实际。

最后，邀请 2～3 组同学来呈现并介绍自己绘制的作品。

第一节　升学读研

升学读研是指毕业生通过继续深造、提高学历的方式来进一步提升自己的核心就业竞争力，以获得更多的就业机会、更好的福利保障和更大的发展平台。其主要途径有三个，即全国硕士研究生统一招生考试、推免生（保研）和出国留学。

一、全国硕士研究生统一招生考试

全国硕士研究生统一招生考试（Unified National Graduate Entrance Examination）简称考研，是教育主管部门和招生机构为选拔研究生而组织的相关考试的总称，由国家考试主管部门和招生单位组织的初试和复试组成。在我国，硕士研究生学制一般是 2～3 年。

中国特色社会主义进入新时代，即将在决胜全面建成小康社会、决战脱贫攻坚的基础上迈向建设社会主义现代化国家新征程，党和国家事业发展迫切需要培养造就大批德才兼备的高层次人才。研究生教育在培养创新人才、提高创新能力、服务经济社会发展、推进国家治理体系和治理能力现代化方面具有重要作用。……加快培养国家急需的高层次人才，为坚持和发展中国特色社会主义、实现中华民族伟大复兴的中国梦作出贡献。

——2020 年 7 月，习近平总书记对研究生教育工作作出重要指示

与本科生相比，研究生不论在学历层次、专业素质，还是在薪资待遇、就业选择上都更具有优势。一般来说，本科毕业生就业压力相对更大，而研究生由于整体招生规模的限制，多年来一直保持供不应求的局面，研究生的整体就业质量和层次比本科生更高，特别是想找一份稳定的、有编制的、自己满意的工作，如果有研究生学历，无疑机会和优势更大。因此，为了提升就业竞争力，以实现能够找到更加理想工作的目标，很

多大学生在毕业选择时毅然决定加入考研大军。从教育部公布的数据来看，2023年全国考研报名人数达到了474万人，再创历史新高，比2022年考研人数增加了17万人，增幅达到了3.72%；比2015年考研人数增加了309万人，增幅达到了187.27%。根据《2023年中国本科生就业报告》调查数据，高校应届本科生读研比例持续上升。2020届本科毕业生国内读研比例为18%，2021届本科毕业生国内读研比例为19.2%，2022届本科毕业生国内外读研比例为20.1%（其中2022届"双一流"院校本科毕业生升学比例达到41%），较2019届（17.4%）明显呈现逐年上升趋势。报告还显示，考研"二战"比例也不断上升。以2021届本科毕业生为例，准备考研（不就业，脱产备考）的比例为6.1%，其中，"二战"考研的比例达到4.9%。可见，全国高校应届本科毕业生升学读研比例持续攀升，升学读研作为一种就业方向和出路依旧受到大学毕业生的青睐（详见图3-1）。

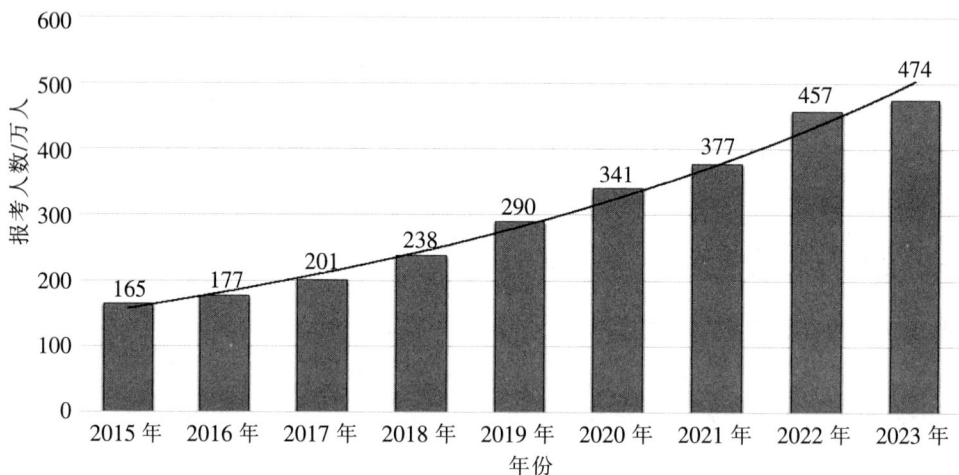

图 3-1　全国硕士研究生报考人数趋势图

（资料来源：中国研究生招生信息网）

对选择考研的毕业生来说，报考人数的不断增加意味着考研的竞争压力越来越大。如何在竞争激烈的考研大军中脱颖而出，实现考研成功，成为每一个选择考研毕业生必须思考的一个问题。总的来说，考研是一个系统工程，需要提前规划，并做多方面准备工作。本节将重点探讨本科生和研究生的区别、哪些人更适合考研以及考研的报考程序和备考建议。

（一）本科生和研究生的区别

1. 学历层次不同。在我国，高等学历教育分为专科教育、本科教育和研究生教育，学历分专科、本科、硕士研究生和博士研究生四个层次。研究生教育属于国民教育序列中比本科更高一级的学历教育。毋庸置疑，研究生的学历层次和含金量相比本科生更高。

2. 培养重点不同。本科阶段的学习以通识教育为主，更加注重大众化的教育和综合素质的提升。而研究生阶段的学习以专业教育为主，专业性更强、要求也更高，其培养重点更加注重对专业理论的深化和对研究能力的提升。

3. 薪资待遇不同。本科生和研究生薪资待遇差别在体制内表现得更为明显，不论是国家机关、事业单位，还是各类国企，研究生在转正时间、职称评定和工资定级等方面都比本科生有优势。而体制外的企业相对而言对学历的要求表现得不是很明显，它们用人倾向更多样化，更看重毕业生是否能为企业创造价值和利润。

4. 就业前景不同。一般而言，选择考研继续深造，毕业后可选择的空间更大，就业的层次也更高。研究生找一份稳定的、有编制的、体制内的工作机会比本科生更大，就业的前景相对更好。不论是公务员、事业单位招考，还是大中专院校和中小学教师招聘，研究生都比本科生更有优势，更能脱颖而出。

（二）哪些人更适合考研

虽然研究生比本科生就业相对而言优势更大，但并不是所有人都适合考研。毕业生要根据自身实际情况，权衡利弊，做出适合自己的选择。那么到底哪些人适合考研呢？以下提几个意见和标准供大家参考：

1. 在霍兰德职业兴趣测评中，I 码分数较高，属于研究型的毕业生。这类毕业生求知欲较强，肯动脑，善思考，抽象思维能力较强，并且独立性较强，喜欢钻研和研究。这些特质与研究生的培养要求非常匹配，如果能考上研究生，可以很好地发挥自己的潜能，相信通过研究生阶段的学习，不论在专业理论还是在研究能力方面都会有一个质的提升和飞跃。

2. 在大学本科阶段学习能力较强，专业学习成绩优良，并通过英语四、六级考试的毕业生。这类毕业生大学专业基础好，英语底子强，并且学有余力，只要自己确定考研，通过自身的努力，很容易实现目标。

3. 不喜欢自己大学的专业，不满意本科就业前景，想要改变现状的毕业生。这类毕业生内心有强烈的动机，有明确的目标，就是想要通过考研改变对自己不利的就业处境，甚至改变自己的命运。这种强烈的动机和愿望也会转化成强大的动力，促进考研目标的实现。

（三）考研的报考程序和备考建议

全国硕士研究生统一招生考试坚持按需招生、全面衡量、择优录取和宁缺毋滥的原则，分为初试和复试两个阶段进行。初试和复试都是硕士研究生统一招生考试的重要组成部分。初试由国家统一组织，复试由招生单位自行组织。一般来说，考研的报考程序由明确考研目标、制订考研计划、网上报名和现场确认、统一安排初试、参加学校复试、确定录取名单等环节组成。

1. 明确考研目标。有一个明确的目标是一个人获得成功的关键。毕业生一旦决定选择考研，那么就要尽快明确考研目标，只有这样才能有一个努力方向，也才能拥有更加充足的时间备考。在明确考研目标的过程中，要重点把握两个方面：一方面，想方设法了解考研信息。考研信息对于每个考生来说都至关重要，全面掌握考研信息不仅有助于尽快明确考研目标，也有助于提高备考复习效率和考研成功概率。收集足够多的考研信息是确定考研目标的第一步。准备考研的毕业生可以从中国研究生招生信息网、招生高校研究生院网站上搜索相关考研信息，如学校简介、招生简章、招生专业目录及初试科目、专业考试参考书目、往届招生录取情况和导师介绍等信息。此外，还要想方设法通过其他有效途径收集有关考研复习方面的信息，例如，通过请教已经考上研究生的师兄师姐获得考研成功经验，通过网购或者联系报考院校购买考研各科历年考试真题等。另一方面，要结合自身实际情况，确定报考的学校和专业。一般是根据自己的兴趣、本科所学专业、未来想从事的工作等因素先确定想要报考的研究生专业，然后根据专业选择适合自己的学校。在选择报考学校时，要合理评估自己的考试能力，特别是自己的外语能力，从而选择一个适合自己的学校。从未来发展和成功概率来说，本硕专业一致最理想，跨专业难度会更大一些。

2. 制订考研计划。《礼记·中庸》中有一句话："凡事预则立，不预则废。"有一个好的计划是成功的重要基础。研究生考试备考作为一个综合的系统工程，必须结合自身制订一个详细的考研复习计划，并严格按计划采取大量的行动，最终才能实现预期目标。研究生考试涉及"思想政治理论""外国语""专业课"考试，需要复习的内容很多，复习时间跨度很长，复习强度也很大；因此，考生需要结合各自不同的学习能力和学习基础制订备考计划，合理利用复习时间，复习安排要细化到每一月、每一周和每一天，真正做到每天都计划、每天都在学习、每天都有收获。

在考研各门科目复习过程中，既要把握重点和分寸，又要做到统筹兼顾。从历年的考研成败经验可知，很多毕业生考研失败的原因都是外语成绩没有过线或者分数太低，因此，外语水平是决定考研成败的重要因素之一。如果外语水平好的毕业生，特别是已经通过英语六级考试的毕业生，在"外国语"科目复习上优势就非常大，复习的重点是争取高分；如果外语水平一般的毕业生，特别是英语四级考试都没有通过的毕业生，在"外国语"科目复习上就会相对比较吃力，要把外语复习作为重中之重，并且需要投入更多的时间和精力。"思想政治理论"相对比较简单，一般可放在全国政治考研大纲出来之后再开始复习，建议有条件的毕业生可以报一个线上或者线下的培训班，进行全面、系统的复习。"思想政治理论"复习没有捷径可走，特别是对于少数政治理论基础相对薄弱的毕业生，更要提前复习，多花时间，才能做到熟能生巧、融会贯通。千万不要把所有的政治复习任务都安排到最后，否则只会导致压力越来越大，进而影响整个复习成效。"专业课"是提高考研总分的关键科目，建议可以提前着手复习，争取在暑假前能够简单先复习一遍，暑假后再进行强化复习和巩固提升。文科类的科目复习关键是要多看，反复记，做到熟记于心。理工类的科目复习关键要多动脑、多思考、勤梳理，做到知其然而知其所以然。

最后，还想再提醒两点：一是，由于每一个毕业生个体的学习基础、学习能力、个人特点是不一样的，因此，考研计划的制订也要因人而异，才能真正制订出科学、合理、符合实际的考研备考计划。二是，考研复习时间跨度相对较长，对毕业生身心健康的要求也比较高。到了后期强化冲刺阶段，说到底考验的还是毕业生的身体素质和心理压力承受水平，因此，建议毕业生在复习备考过程中，既要加强身体锻炼，同时也要科学调整心理压力，合理释放不良情绪。只有做到身心愉悦和谐，才能提高复习效率，达到事半功倍的效果。

3. 网上报名和现场确认。网上报名时间一般为每年的 10 月，具体时间可关注每年的全国硕士研究生统一招生考试公告（应届本科生可按规定在 9 月底进行提前预报名）。毕业生可通过登录中国研究生招生信息网，浏览报考须知，并严格按教育部、省级教育招生考试管理机构、报考点和报考院校的公告要求进行报名。报名期间，考生可修改网上报名信息或重新填报报名信息，但一位考生只能保留一条有效报名信息。逾期不再补报，也不得修改报名信息。在网上报名这一环节中，毕业生应当按要求准确填写个人网上报名信息，如有不明确或者不懂的地方，建议向辅导员或者已经考上的师兄师姐咨询，避免因网报信息填写错误或者填报虚假信息而造成不能考试、复试或录取的情况。现场确认时间详见各报考点公告通知。所有参加考研毕业生均应当在规定时间内到报考点指定地点现场核对确认其网上报名信息，并采集本人图像等相关电子信息，逾期不再补办。现场确认具体时间由各省级教育招生考试管理机构根据国家招生工作安排和本地区报考组织情况自行确定和公布。在此，要特别提醒毕业生，在现场确认环节要提交本人居民身份证、学生证（应届本科毕业生）和网上报名编号，由报考点工作人员进行核对，因此应当提前准备好相关材料。

4. 统一安排初试。考研初试时间为全国统一安排，一般安排在每年 12 月中下旬进行。毕业生可凭网报用户名和密码登录"研招网"自行下载打印准考证。准考证用 A4 幅面白纸打印，正反两面在使用期间不得涂改或书写。初试科目为"思想政治理论"、"外国语"和两门专业课。其中"思想政治理论""外国语"由教育部统一组织命题。初试方式均为笔试，每科考试时间均为 3 小时。初试成绩将按各省招生工作进程安排进行公布，毕业生一般可在报考院校研究生院网页上进行查询，查询时间一般是每年 2 月底到 3 月上旬，具体公布考试成绩时间各省和各校也会有公告通知。

5. 参加学校复试。初试成绩达到当前全国硕士研究生统一招生考试国家分数线或者 34 所自主划线院校初试成绩基本要求，并且收到报考院校复试通知的毕业生可以按规定要求参加复试。值得注意的是，初试成绩达到当前全国硕士研究生统一招生考试国家分数线但没有达到报考院校复试最低切线的毕业生，可以在规定时间内通过"中国研究生招生信息网"调剂服务系统申请调剂。复试时间和复试办法一般会于复试前在报考院校研究生院和各学院网页上公布，毕业生可根据自己报考院校的复试要求参加复试。

复试内容一般包括思想政治素质和品德考核、外语听说能力测试、专业素质和能力考核、综合素质和能力考核、体格检查等。不同院校可能会存在一些差异，各有侧重，但总体要求应该差不多。复试重点在于考查应届毕业生的科研能力、思维能力和外语能力等。复试是考研最后一个程序，也是决定是否被录取的最关键环节，因此，建议有机会进入复试的毕业生在复试前提前做好相关准备：一是，想方设法通过各种途径了解自己报考院校往年复试的基本情况，包括复试的基本流程及主要形式、考查的重点内容等，最好能够联系上已经考上的师兄师姐，争取拿到往年复试的真题，这样在复试的方向把握上会更准确到位；二是，除了了解往年复试情况和相关要求，参加复试的毕业生还要掌握自己所报考专业的最新研究动态及相关导师的最新研究成果和主要观点，做到胸有成竹；三是，在复试过程中，准时到场，衣着得体，举止大方，言谈热情，注重细节，争取把自己最好的一面展现给评委老师。

6. 确定录取名单。招生院校一般会按照教育部下达的招生计划及相关要求开展招生录取工作，综合参加考研学生入学考试的成绩（含初试和复试），并结合其平时学习成绩和思想政治表现、业务素质以及身心健康状况择优确定拟录取名单，通过招生单位的官方网站对外公布。参加考研学生的考试诚信状况是思想品德考核的重要内容和录取的重要依据，对于思想品德考核不合格者，招生院校一般不予录取。对于被确定录取的新生经本人申请和招生单位同意，可申请保留入学资格，保留入学资格年限一般为1～2年。

二、推免生（保研）

"推免生"，全称"普通高等学校推荐优秀应届本科毕业生免试攻读硕士学位研究生"，是指可以不用参加全国硕士研究生统一招生考试而直接读研的一种情形，也就是平常说的保研。好的高校一般都有推免资格，都会按照一定的条件和程序推荐优秀应届本科毕业生免试攻读研究生，但总体来说，对毕业生的要求比较高，这些要求主要包括英语水平、专业成绩、综合素质、学科竞赛和科研潜力等，具体要求可查询各高校研究生院相关推免文件。一般每所高校每年的推免生都有一定的名额限制，所以毕业生要想获得推免资格，实现保研成功，并非易事。推免生的推荐时间一般为每年9月初开始，当月就会出结果。

☞ 【推荐阅读】

你了解"推免生"吗？

为了帮助毕业生更全面地了解"推免生"相关政策，以下节选《全国普通高等学校推荐优秀应届本科毕业生免试攻读硕士学位研究生工作管理办法（试行）》文件中的部分内容，供大家参考。

一、开展推荐工作的高等学校应具备以下条件

1. 教学质量优秀。

2. 具有经国务院学位委员会批准的博士学位授予权；或具有经国务院学位委员会批准的硕士学位授予权，且独立招收硕士研究生连续15年（体育、艺术院校连续6年）以上。

3. 招生工作秩序良好。

4. 办学行为规范。

二、教育部按照以下原则确定高等学校推免生名额

1. 教育部批准设立研究生院的高等学校一般按应届本科毕业生数的15%左右确定。

2. 未设立研究生院的"211 工程"建设高等学校一般按应届本科毕业生数的 5% 左右确定。

3. 其他高等学校一般按应届本科毕业生数的 2% 确定，其中初次开展推荐工作的高等学校，前 3 年每年一般按应届本科毕业生数的 1% 确定。

4. 经教育部确定的人文、理科等人才培养基地的高等学校，按教育部批准的基地班招生人数的 50% 左右，单独增加推免生名额，由学校统筹安排。

5. 对国家发展急需的专业适当增加推免生名额。

教育部可根据研究生教育改革与发展的形势，对上述比例做适当调整。

三、高等学校从具备下列条件的学生中择优遴选推免生

1. 纳入国家普通本科招生计划录取的应届毕业生（不含专升本、第二学士学位、独立学院学生）。

2. 具有高尚的爱国主义情操和集体主义精神，社会主义信念坚定，社会责任感强，遵纪守法，积极向上，身心健康。

3. 勤奋学习，刻苦钻研，成绩优秀；学术研究兴趣浓厚，有较强的创新意识、创新能力和专业能力倾向。

4. 诚实守信，学风端正，无任何考试作弊和剽窃他人学术成果记录。

5. 品行表现优良，无任何违法违纪受处分记录。

6. 对有特殊学术专长或具有突出培养潜质者，经 3 名以上本校本专业教授联名推荐，经学校推免生遴选工作领导小组严格审查，可不受综合排名限制，但学生有关说明材料和教授推荐信要进行公示。

7. 在制定综合评价体系时，可对文艺、体育及社会工作特长等因素予以适当考虑。但具备这些特长者必须参加综合排名，不得单列。

高等学校可按上述要求制定推免生的具体条件，但应符合法律、行政法规、规章和国家政策。

四、推免生的推荐工作须完成以下程序

1. 学校按照本办法的原则和规定，制定年度推荐工作实施办法，于推荐工作启动前在校内各院（系）公布。

2. 符合申请条件的学生，可向学校提交申请，填写"普通高等学校推荐免试攻读硕士学位研究生资格申请表"，并提交相应证明材料。

3. 学校按照规定进行综合测评，择优确定初选名单。

4. 通过初选的学生，要填写教育部统一制定格式的"全国推荐免试攻读硕士学位研究生登记表"，经院（系）推荐工作小组审核盖章后，报本校推免生遴选工作领导小组审定。

5. 学校将审定的名单在各院（系）和校内网站公示，公示期不少于 7 天。对有异议的学生，学校要查明情况，公布处理结果。如无异议，由学校报省级招办备案。未经公示的推免生资格无效。

6. 省级招办按照有关规定核查"全国推荐免试攻读硕士学位研究生登记表"，并加

盖公章。

通过上述程序的学生即取得推免生的资格。

（资料来源：中国研究生招生信息网，2013 年 8 月 23 日）

☞【案例阅读】

保研分享：志在巅峰的"攀登者"，不陶醉在沿途的某个脚印里

有人说：人生就是十小时的准备过程，与三十分钟的表演。所以，最好的生活状态就是该奋斗的时期毫不松懈，该享受成果的时候也懂得慷慨。纵使歧路非坦途，只要不忘初心、笃学不倦，就足以建造起通往梦想的桥梁。

一、白日不到处，青春恰自来

2016 年 9 月的那一天，在充斥着各种声音的大学生活里，我选择加入了学院两委办公室，回想起在学院团学度过的三年，我坦言："大一的时候，我也觉得保研对我来说是一件特别遥远且困难的事。只是与大多数人不同，我在那会便认定了这就是我四年为之奋斗的目标之一。所以，虽然学生工作充满了酸甜苦辣，但我也甘之如饴。"

在我的印象里，自己就像一个不停旋转的陀螺，每天都处在早出晚归不停开会和熬夜整理材料的工作状态里。2018 年的夏天，学院要蝉联"运动会道德风尚奖"、2018 级新生"启蒙教育周"、参加"一马当先竞赛"的重任和大三繁重的课业同时砸在了我的肩上。作为团队的领航员，我告诉自己：既然决定要做，就尽自己最大的努力去做，只要努力做了，无论最后结果如何我都能欣然接受。白天，我的身影不是在课堂、会议室、操场、看台上，就是在组织新生活动的报告厅里；晚上，参加各项活动之余还要继续协助训练方阵、处理新生材料、准备竞赛；到了夜深睡觉前，脑子里还在思考明天还有什么事，偶尔还有新生家长的咨询电话。直到那枚奖杯捧在怀里时，我才笑着向大家说："星光不问赶路人，岁月不负有心人。"

此外，我还协助学院领导和老师组织各项创新创业类竞赛和宣讲活动，参与策划并组织开展教职工趣味运动会和学生趣味运动会；我还代表学院作为主讲人参加外国语学院团学干部培训，开展主题讲座；同时在校庆、学校独立转设、文明评估等重大活动中主动担任志愿者、联络员，贡献绵薄之力。

我知道自己是一名青年党员，我有责任坚守青年一代应有的担当，我有责任争当先锋模范榜样。

二、及时当勉励，岁月不待人

学生工作经验固然可贵，但千里之行始于足下，我时刻牢记自己的身份是一名学生，在向往未来之前必须先把当下的学业完成好，否则梦想的小船还没出海就会沉没在港口。大学的学习模式与过往大相径庭，我认真对待每一次课堂、每一项作业和每一次仿真训练。"吾日三省吾身"和"三人行必有我师"是我从小建立起的学习信条，时刻提醒自己尚须努力，激励着我在考场上奋笔疾书，从而获得学业排名第一和综测排名第一的满意成绩。尽管如此，我并没有一丝懈怠和自满，在课余我主动成立了学习小组并

分享出自己整理的学习材料。那些秉灯夜读的日子里，我不厌其烦地向组员们讲解书上枯燥复杂的定理和习题，帮助同学们顺利通过学科测试。

在同学们的眼中，我是叔叔阿姨们口中"别人家的孩子"，我用自己发光发热的样子诠释了青春最美好的姿态。

三、盛年不重来，一日难再晨

理论联系实际是当代学生的必备技能，离开课本做学问才是真本事。大一时一位师长说了这样一句话把我敲醒："你们不用活成我们想象中的样子，因为我们这一代的想象力，不足以想象你们的未来。"在特德·姜的科幻故事里，矿工们钻破巴别塔上的天顶，却发现自己又重回了塔底地基。未来难以断言，所以我开始努力，让自己在学术科研领域有所突破，从积极参加相关实训、专题讲座和学科竞赛介绍会开始起步，重视每一次的机会，不断地为自己设定短期目标、长期目标，不停地超越自己的极限并激发自己的新思维。

大学四年间，我多次带领团队参加"互联网＋"大学生创新创业大赛，其中项目"互联网＋交通 RSP"获第三届校赛二等奖、项目"第六感天眼"和项目"Veteran Warm Cabin（退役军人温暖小屋）"获第四届校赛铜奖。我还主持了 2018 年校级大学生创新创业训练计划项目"助推乡村振兴和精准脱贫的'阿里农村淘宝模式'研究"和 2019 年省级大学生创新创业训练计划项目"乡村生态旅游业对农户减贫效应的实证分析——基于闽黔 352 个样本农户的调研数据"。2019 年 3 月，我带队参加校第三届"挑战杯"大学生课外学术科技作品竞赛，获一等奖；2019 年 6 月，参加第十四届"挑战杯"福建省大学生课外学术科技作品竞赛，获一等奖；2019 年 10 月，有幸获第十六届"挑战杯"全国大学生课外学术科技作品竞赛三等奖。

不断前行，与知识为伴，与伙伴共奋进，这种纯粹的经历就是我成长过程中最美最深的印迹。

有位诗人曾说："愿君学长松，慎勿作桃李。"四年的锻炼让我成为更好的自己。作为一名仍然匍匐在学习研究道路上的青年学生党员，我知道，未来的路还很长，但我会牢记自己的初心和共产党员的使命与担当，把干劲、韧劲和实劲汇聚成一股推动自己奋斗的正能量，砥砺践行自己许下的铮铮誓言！

（作者简介：黄滢虹，女，2020 届金融学专业毕业生，大四获得学校推免资格，应届保送至福建师范大学经济学院攻读硕士研究生。寄语：正所谓"自信人生二百年，会当水击三千里"，每个人的人生目标会有不同，职业选择也有差异，但只要把握当下，努力拼搏，便能实现自己的理想追求！）

三、出国留学

改革开放 40 多年来，特别是自我国提出构建人类命运共同体理念以来，中国与世界的交流和联系越来越紧密，出国留学热潮在国内持续升温，已成为越来越多高校毕业生的就业选择，这也使毕业生的升学选择更加多元化。

在我国，高校毕业生选择出国留学的途径主要有三个：一是，申请国家公派留学计划。这个计划是由国家留学基金负责资助，一般每年都会按计划选派一定数量的人员公派出国留学，国家公派出国留学的具体项目选派办法和要求等，毕业生可以登录国家留学网（http://www.csc.edu.cn）查询。二是，高校的本科生国际交流项目。高校的本科生国际交流或出国留学项目一般是由高校国际合作与交流处负责，有公费，也有自费，每个高校的情况和项目差异比较大，具体项目和要求，毕业生可以登录高校国际合作与交流处官方网站查询。三是，自费申请出国留学。毕业生自费留学所占的人数和比例最大，一般由毕业生根据所选国外留学院校要求和自身实际条件进行自主申请。

一般自主出国留学申请的步骤主要包括选择目标国家、院校和专业，按照相关申请条件提前准备（特别是语言条件要求比较严格），申请院校，拿到院校录取通知后再申请签证四个阶段。对于准备出国留学的学生来说，要提早准备，一般在大一、大二时应重点准备出国留学的语言考试，按出国目标院校的要求参加出国留学语言考试。考试的类型有很多，包括雅思（IELTS）、托福（TOEFL），德、法、意、西、日、韩语等水平考试，一般成绩要达到以下标准：雅思6.5分，托福80分，德、法、意、西语达到欧洲统一语言参考框架（CECRL）的B2级，日语达到二级（N2），韩语达到4级（TOPIK4）。语言考试成绩越高，获得成功的概率越大。除了语言条件以外，还要准备大学成绩单（一般需要按要求进行翻译）、个人简历、推荐信、参与学科竞赛和文体活动获奖证书、家庭存款证明等材料。

☞ 【案例阅读一】

考研感悟：以坚持成就收获

5月中下旬，中南财经政法大学法学院的录取名单比往年推迟了将近2个月才出来，我忐忑不安的心渐渐平静。从开始备考到踏上考场、等待初试结果、准备复试、得知录取，跨越了一年多的时间，加上疫情这一不可抗力，复试时间、方式的变动，我的内心也随之起起伏伏。回顾看似漫长实则倏忽而逝的备考日子，感慨良多，希望能以此只言片语纪念自己的心路历程，并与仍在考研道路奋进拼搏的追梦人共勉。

一、考研初心：继续深造

初入大学校园时多是抱着激动好奇的心情，四年后就业或者升学的选择离我们似乎太遥远，我那个时候也是如此。虽然那时出于想要追求更广阔的平台，到更高的学府继续求学深造，我已经在心里萌生了考研的念头，但对于考研也还未深入了解过。尽管如此，前期也做了些许铺垫。大一时参加校内的社团工作、活动竞赛，尝试校外的兼职面试、家教经历，在实践锻炼与体验上获益颇丰。步入大二后在学业上有侧重，多阅读与专业相关的课外书、通过各类级别考试、获得奖学金等，积累了专业知识。正式开始准备和复习是在大三，度过了前两年颇为充实的时光后，我便全身心投入考研的备战中。

可能有一部分人也和我一样，很早就产生了考研的想法，但不必从大一、大二就开始进入备考状态。可以利用前两年的充裕时间参加活动、比赛以及做其他丰富自己大学生活的事儿，同时不轻视专业学习，可以通过阅读等方式加深对本专业知识的了解和积累。考研是一种选择，不是无可奈何的退路，无论之后自己是坚定考研这一选择，还是踏上求职或者其他道路，这些可以让你厚积薄发的积淀都能有所助益。

二、因缘际会：专业选择

大学历程过半，对所学专业越了解以后，我越有一种"仰之弥高，钻之弥坚"的感觉，加之对这一专业也是真的感兴趣，思索过后，大三时还是下定决心坚持之前的考研选择。中南财经政法大学是传统的五院四系之一，法学基础深厚，激励着我以此为目标院校。大三上学期我有幸参加了我们专业老师组织的读书会，主题图书是以前很少接触的法律史，法律史虽作为法学里面的分支学科，但此前我了解得并不多，而这次读书会上的阅读分享以及与老师的交流使得我对其有了全新的认识，之后综合其他因素，我选择了法律史专业。

如果对专业选择举棋不定的话，不妨想一想志趣所在，再结合自己从各个渠道所了解到的专业信息来确定，目标院校选择也是如此。我们每个人的考量不同，无论是早就心向往之的院校，还是基于各种原因做出的选择，确定以后，那便只顾风雨兼程。

三、寒来暑往：备考历程

从 3 月到 12 月间的复习日子简单规律，早出晚归，每天往返于宿舍、食堂、自习室，有时也难免产生枯燥乏味的感觉，其中碰到的最大困难是备考后期的心态问题。行百里者半九十，越接近考试时间我的内心越焦急，总觉得没有做好准备，有一段时间甚至很难投入复习状态，会在心底怀疑自己是否能考得上，脑海中也闪过放弃的念头，但最终不舍得放弃，一点一点地坚持了下来。这一过程中，记忆尤深的还有一件事儿：每天晚上复习完回宿舍楼的路上途经办公楼，经常能看到我们学院院长还在亮着灯的屋里办公。院长是我们的专业老师，同时也是我非常敬重的一位老师，这一情形令我触动并在无形中激励着我前行，不轻言放弃。

"你的职责是平整土地，而非焦虑时光。你做三四月的事，在八九月自有答案。"后来我无意中看到这句话，感触深刻。在总结这段备考之路时，也从自己的经历和体验中得出了几点浅见。

首先是有计划地复习。"凡事预则立，不预则废。"按照计划复习可以更好地知道自己每个阶段的进度，不会乱了阵脚。我在复习过程中准备了专门的计划本，上面列有月计划和每日计划。月计划分成几个阶段，每个阶段规划了专业课和公共课的复习进度。每日计划是每天在不同科目上所花的时间以及复习任务。一般间隔一周对自己的复习进行反思总结，并适当调整计划。每个人的习惯不同，计划的方式、详略程度也因人而异，但无论是写在纸上还是在心里想好的预期目标，或详细或简洁，都要有一定的计划，特别是到备考后期，有条不紊的计划能减少自己的焦虑。备考后期有段时间我难以投入复习状态，但每天还是按照列定的计划进行，因为知道自己前面各个阶段的进度，所以尽管那个时候闪过放弃的念头，但不舍得就这样前功尽弃，而且复习计划的进展使我增加了自信，因此心底的焦急不安感慢慢缓解。

其次是注重效率。有效率地复习能够起到事半功倍的效果。在备考中我一直警醒自己千万不能自我感动，就是忽略复习效率而盲目陷入"今天花了很长的时间在看书/做题"的自足感中。每天的学习时间可能在十个小时以上，但这十来个小时并不全是有效时间。备考是个耗时耗力的过程，有倦怠感是很正常的，因此需要充足的睡眠才能有充沛的精力，通宵达旦的学习在此不太合适。在保证一定复习时长和效率的情况下根据自身确定每日复习时间，在这一点上不与他人比较，比如我尝试过效仿"早5点晚12点"的节奏，后来发现并不适合，遂改成"早7点晚11点"。结束一天的学习后可以利用细碎时间回顾自己今天的状态，如复习质量如何、是否有一些时间开了小差或者忙别的事。我们可能很难达到每天全程专注，一点纰漏都不出，但需要保证有效的复习时长，才不会做太多无用功。

再次，积极应对复习中产生的不良情绪，调节好心态。漫长的备考生活平静单调，一件小事的发生在这段时间都会被放大，影响心情。复习中遇到的挫折，备考中的压力、焦虑等，这些可能都会出现，解决办法就是正视问题，运用各种方法去调整好自己的心态。例如，感觉日复一日的计划有些乏味时，可以适当地调整，偶尔调换一下几门专业课的顺序或者改变一下方式，这是在不影响整体复习计划的前提下做的小变换，看似简单，但有时能够消解我们的枯燥感。跑步、吃东西、倾诉这三种方式也是释放压力、转换心情的途径。备考前期为了锻炼身体，我一周会去操场跑步两三次，每次大概半个小时，后来发现跑完步心情也会畅快很多，真的是一种很好的缓解压力的方式。再有就是与父母、朋友、师长的交流诉说，他们的倾听和鼓励会成为你前行的动力。备考过程中陷入困境时我也会与一位非常信赖的学姐交谈诉说，她于2019年应届考取了西南政法大学侦查学专业的研究生，感谢学姐在我几次心态崩溃时的加油打气，我才未中途放弃。除了复习以外我们还会碰到大大小小的问题，情绪不佳、压力过大、过分悲观等，不要压抑在心底，尝试着用积极的方式去解决对我们的备考会更有益。

最后是持之以恒。这是一个老生常谈的词了，但是做起来并不易。"靡不有初，鲜克有终。"刚开始做好了计划，复习效率也不错，斗志昂扬地往前行，但如果仅仅只维持一段时间，真的非常可惜。觉得"太难了""算了吧""就到这里好了"的时候，想一想决定考研时的初心，再多给自己一点时间，会发现坚持着坚持着也就到头了。"有志者事竟成，破釜沉舟，百二秦关终属楚；苦心人天不负，卧薪尝胆，三千越甲可吞吴。"希望我们都能以破釜沉舟般的决心坚持到最后！

此外还有几个小的方面的问题：其一是关于手机。在备考期间需要及时关注考研相关的信息，手机是很好的工具，偶尔也可以玩手机放松，但不要过度，刷手机的时间过得非常快，一下子两三个小时就过去了，与其事后再懊悔自己浪费了复习时间，不如玩之前克制。在自习室学习的时候把手机放在目光所及之外，或者干脆不带去自习室，减少自己玩手机的机会。其二是关于身体。小小的感冒或者其他不适都会影响到学习效率，每周安排几次身体锻炼，养成每天喝水、吃水果的习惯，可以增强身体素质，能帮我们更好地打赢考研这场战斗。其三是关于研友。如果担心自己容易松懈，和其他准备考研的同学相互鼓励、交流对自己的复习更有效的话，可以寻找志同道合的朋友；如果不习惯小组式学习的话，则不需要，这跟每个人的学习方式、个人习惯等有关，有无都可以，不用过度担心。

值得注意的是，切忌在备考时和他人比较进度乱了自己的节奏。大家的方向、专业不同，即使相同，复习计划和知识的掌握程度也不同，得知其他同学已经进入三轮、四轮复习而自己还在一轮、二轮中（或者反过来）时，可以反思自己是否效率太低或者过于注重速度，计划有问题则及时调整，确认无误则照着自己的复习节奏来，不因为他人的复习进程和自己不一致而慌乱。

四、后记

"在天色破晓之前，我们要更加勇敢，等待日出时最闪耀的瞬间，向前跑，迎着冷眼和嘲笑，生命的广阔不经历磨难怎能感到……继续跑，带着赤子的骄傲……"备考期间也会在这样简单而励志的歌声中给自己暗暗打气，一句平凡简单的话也许都能触动和鼓舞我们。经历考研漫长又短暂的日子后，回头发现那种全心全意追求一个目标，在低谷徘徊、在放弃边缘试探，最后乘风破浪地走了过来的生命旅程会成为我们的"宝藏"。生活中远不止考研过程中遇到的这些坎，考验和成长并行，我们既能通过今日的考验，也会以同样的坚定和勇气在日后披荆斩棘。

大学的路程已到站，还是不舍在此遇到的良师益友——各有特点的老师、四年相处的同学、相谈甚欢的朋友……犹记大学最后一堂课、特殊的毕业季大家匆匆而来匆匆离去的样子、在手机对话框发一句"以后再见"的朋友，我们无法预知多年以后的未来，且趁彼此当年少，莫负好时光，再道一声珍重。

（作者简介：陈小文，女，2020届法学专业毕业生，应届考取中南财经政法大学法律史专业硕士研究生。寄语："君志所向，一往无前。"希望在考研过程中我们都能愈挫愈勇，无论选择的这条道路有多艰难，坚持到最后，或许会有意外的收获和惊喜!）

☞ 【案例阅读二】

考研感悟：道阻且长　行则将至

再长的路，一步步也能走完；再短的路，不迈双脚也无法到达。

——题记

一、平淡是真

其实我的大学生活既没有那么多的波澜壮阔，也没有那么多的精彩纷呈，更多的只是一种平平淡淡、踏踏实实。我是一个普通二本院校的学生，四年前的高考分数并未如愿，只能选择这所二本院校，而我并不认为自己的实力只能上这所学校，所以决心大学四年要继续奋斗，通过考研使自己更上一层楼!

于是，2016年9月，在那台风暴雨一闪而过，天空又变得蓝湛的日子里，抱着这种想法的我带着父母殷切的期望步入了大学校园，开始了我的新征程。刚进入大学时，在陌生的环境里，我发现这里跟我想象中的大学有所出入，校区不大，设施也不是很完善，心中有些失落。但我告诉自己，既来之则安之。我的大学生活也正式拉开了帷幕。

依稀还记得大一时的情景，也许是多年枯燥的学习生活真的让人厌烦了学习，也许是高中的时候老师说上了大学你就自由了，也许是大家的学习方式不同……身边许多同学开始觉得大学生活不应该这么累，渐渐地放松了学习，把更多的时间花在了兼职、打游戏、参加社团上面。印象最深的便是第一次高数期中考大家的成绩都不好，及格的人数很少。而我一直很喜欢的数学也仅仅只考了六十几分，这令我不禁深思："我是谁？我在哪儿？我在做什么？"可能是成绩沉重打击了我，我开始反思自身的学习方法。也许是考试的难易程度问题，也许是我的反思是正确的，期末考我的高数成绩上了九十分，平均绩点位于班级第一，内心有了一丝丝安慰。

到了大二竞选班委的时候，我的内心很是犹豫，一方面听说考研要早点准备，另一方面又想尝试班长一职，但班长一职带来的是诸多事务，我能否兼顾学业？这对我来说是一次挑战。在经过深思熟虑后我选择了参与竞选，结果是可喜的，我顺利当上了班长。同时，我还参加了全国大学生数学竞赛。每到周末，一大早就要起来往返两个校区，因为公交车不好等，每次都要提早起床等车。之后的我几乎每一天都是忙忙碌碌的，既要负责各种事务，还要注意学习，每天要忙到深夜才可以休息。虽然很累但也很充实，因为这是我的选择。我告诉自己："自己选择的路，跪着也要走完。"

读书不光是要把书读好，在不耽误学习的同时，参与集体活动，多和同学交流有助于全面发展。我一直认为作为班级的一分子，有责任为班级的发展出一份力。所以在平时的学习和生活中，我会热心帮助同学，关心集体，积极参加各种活动，以增强自己的交际能力，将理论与实践相结合。虽然先后参加的"挑战杯""互联网＋"都未获奖，但我仍然从中学到了许多：团队合作的重要性、准备工作要充分、工作分配要合理等。

大三的时候我选择了沉淀，因为要开始为考研做各种准备，我给自己留了一学期的时间来休息，以便后续能够全力以赴。所以大学的最后两年时间我的生活是枯燥的，每天除了学习还是学习。

对大部分人来说生活总是平淡的，但平淡的生活并不代表着碌碌无为、行尸走肉般的生活。毕竟，生活不可能有那么多的轰轰烈烈，它终归是要归于平淡，细水长流。

二、幸福是奋斗出来的

大学四年里，有太多的人、太多的事。这四年，我奋斗过，也虚度过；成功过，也遗憾过。四年里，许多同学问过我怎么做到的克制、自律，那时候的我回答不出具体的原因，因为那时的我也不知道自己是怎么坚持下来的，只知道不能堕落。现在想想，或许是因为父亲的谆谆教诲；或许是因为在我的内心深处，一直埋藏着对高考失利的痛，我不甘自己最后只能上一个二本院校。

于是高考成绩出来之后我就决心要考研，再给自己一个机会，通过考研圆自己一个名校梦。另外，读研是对自身学习方式的改进，对自身知识与技能的提升，也是对目前还不想就业的我的一个很好的选择。

现在距离考研复试结束已经两个多月了，所有关于考研的回忆都还很清晰，恍如昨日。或许多年后，这段记忆将不会像现在这般刻骨铭心，也将渐渐远去，但我想以后的我将会感激现在拼命努力的自己！

有人说："当你选择了考研，就意味着要告别安逸，披星戴月。"我认为事实就是如此。考研之路，随着考研大军的壮大，将越加辛苦不易。寒窗苦读一年多，只为一朝金榜题名，其中的艰辛只有自己知道，一切胜在坚持、奋斗、专注与周密合理的计划。

2019 年 1 月，我开始备战考研，尽管那时候的我已经收集了许多信息，但刚开始心里还是对考研复习应该如何规划有许多迷茫和困惑。大三下学期我一边学习大学课程，一边备考，有些心有余而力不足，再加上自己心里会想着还有好几个月才考试，总是不慌不忙地复习。到了暑假，又忙于毕业实验，留作复习的时间就变得很少，复习的状态也不佳。到了大四上学期，一边怀疑自己能否考上，一边忙于支部党员相关工作，另一边又早出晚归忙于备考，很艰辛，所幸自己坚持下来了。

2020 年 1 月，新冠疫情暴发，我待在家中，和广大研友一样，一边焦虑地等着一再推迟公布的分数线；一边又安慰自己：不管怎么样，至少要先准备，万一自己就进了呢？也许机会真的是留给有准备的人，我在焦虑中等来了分数线的公布，但我与一志愿擦肩而过，后来又在自己的不懈准备下成功校内调剂，顺利被录取。

对我而言，这一年多的备考是存在诸多不足之处的。但现在回想起这段日子，还是会震惊于自己的毅力与恒心。也许考研这件事，就是一路怀疑，一路迷茫，一路坚持。

考研本是一场博弈，是对一个人身体、心理、智力的考验。我经历过高考失利的大悲，也经历过考研成功上岸的大喜，我想我能明白很多人的感受。考上了是自己人生又一个目标的实现，考不上或许是再考一年，或许是选择工作。人生是自己的，和年纪无关，而幸福是靠自己奋斗出来的。一时的得失并不代表一世的成败，关键还要靠自身的努力奋斗。

我不甘于高考的失利，也不安于现状。"明知道这个世界上，存在着更好的生活、更好的地方，所以还怎能安于现状呢？不甘心是动力，让你能走很远的路，也不会觉得错过那些无聊相处有多可惜。"人，来到这世上，总会有许多的不如意，但我们要得之坦然，失之淡然。努力奋斗才能使我们的人生更加璀璨辉煌！

三、越努力越幸运

准备考研的学弟学妹们，大一、大二的你们可以去体验多姿多彩的大学生活，这是一个大学生应该享受的大学生活，但到了大三、大四你们就必须去思考自己想要的是什么，并为之而奋斗，越努力才会越幸运！

当你的才华还撑不起你的野心时，你就应该静下心来学习。我们有属于自己的梦，或伟大或平凡，而我们在大学时最应该做的就是自我的提升。我们都看过许许多多的例子，也懂得实践出真知的道理，但难的是真正开始去实践。很多人求学，却学而不得；很多人求得，却学而不思。

对于考研的建议：第一，大家可以多去听一听学院成功上岸的学长学姐们分享的经验，多去咨询。但每个人都应该去摸索自己的经验，自己去总结，那样才属于我们自己，也才会适合我们自己。每个人都有不同的生活习惯，自然也有不同的学习方法，适合自己的才是最好的。第二，考研是一件很辛苦的事情，它与高考不同，没有人监督，没有人指导，一切只能靠自己边努力边摸索。坚持、奋斗、专注与周密合理的计划将会帮助我们如愿以偿地成功上岸。此外，多去参加一些创新创业类竞赛和学科竞赛，在考研复试当中这是一个很大的加分项，同时它多多少少对我们会有一定锻炼。最后，祝愿考研的学弟学妹们都能找到适合自己的学习方法，挺过备考的艰辛，顺利被目标院校录取！

（作者简介：胡佳敏，女，2020届生物工程专业毕业生，应届考取江南大学生物与医药专业硕士研究生。寄语：新时代是奋斗者的时代。每个人都有属于自己的追求与梦想，但又有多少人能够坦言无愧于心？不要被自身盲目的努力束缚住前进的脚步，做事要全力以赴，而其前提是认清自己所爱以及优势和局限所在。缺乏明确的目标，什么都想抓住，最终容易竹篮打水一场空。愿能认清自己，把握当下，立足未来！）

☞【案例阅读三】

考研感悟：行则将至，做则必成

"海压竹枝低复举，风吹山角晦还明。"回顾我那看似漫长实则倏忽而逝的2022年，是艰苦的亦是充实的，如今卧薪尝胆终得偿所愿。可每每提笔想记录下什么，所有事情历历在目却不知道从何说起，于是删删改改小心编辑，希望能够尽己所能给正在为自己的梦想奋斗的学弟学妹们一点儿帮助。

一、主动而有目的地参与活动

2019年的秋天，在家人的陪伴下，我挥手告别高中，心怀欲溢的欢喜和懵懂的好奇踏进了大学，须臾之间已是大四。回想起这四年，一直在努力完成一件事——主动而有目的地参与活动。

考研成绩出来后其实有不少学弟学妹们找我交流学习经验，一些大一大二的学弟学妹们也会问我，大学期间是如何学习的？每次提到这个问题我都会有点儿不好意思，因为我并不是大家所想的那种"好学生"。大学期间，我一直在体验各种角色。

大一进校，我积极面试学生工作，很幸运地进入新媒体技术部，学习了许多技能，更获得了弥足珍贵的友谊。大二，我担任新媒体技术部部长，从干事到部长身份的转变，也让我的能力得到了延伸。大四，考研结束，我应聘附属中学的代课教师，在与孩子们相处的过程中，我感受到了作为一名教师的苦与乐，更深刻意识到自己在知识层面的粗浅与不足，于是又积极投入学习。

我乐于尝试不一样的活动，在活动中总结经验提升自己，但从不漫无目的，随波逐流。我认为我们要基于自己的角度和价值观、依靠自己的判断，做出有目的的行动。

二、要深思熟虑，也要说干就干

我的大学四年是丰富的，但是丰富之余也有许多遗憾。大一大二的我总以为四年是漫长的，在学习上往往缺乏规划，成绩也是马马虎虎的。到了大三我渐渐感受到后疫情时代就业形势的严峻，于是决定沉淀下来，思索未来方向的选择，深入钻研我所选择的专业。深思熟虑后我认识到，我如今的学历支撑不起我所想要的未来。诚然，学历不是第一位的，但是也不得不承认，在如今社会条件下，学历的确称得上是敲门砖。想清楚后，我便立马收集资料准备考研。

我相信，每个人走到人生的分岔口时，总是会犹豫、会纠结。这个时候我们需要静下心来，结合自身情况做出选择，不能人云亦云。近几年考研大军日益壮大，有关考研的政策一出，铺天盖地的营销号席卷网络平台，好像考研才是唯一的出路，但我并不认可。在我看来，考研是一种选择，就业也是。但当你坚定选择走上考研这条路后，就不要再左右徘徊，浪费有限的备考时间。

人们总会对未选择的路抱有很多幻想，而忽视面前你正在走的路。所以，既然选择了就要说干就干，把这条路走得精彩。

三、所有经历都可化为成长

大学四年有过迷茫，有过遗憾，但也有为梦想不遗余力奋斗的美好经历。当我决定考研后踏上备考之路起，寒来暑往，日复一日，当时觉得甚是枯燥，现在回想起来却是感触颇深。

刚刚开始备考，我很难适应日复一日的学习生活，对自己的学习能力也有点儿自卑，每次有朋友或同学问起我的选择，我总是支支吾吾不太好意思说我在准备考研。我清晰地记得，有一次我做完一整篇英语阅读，信心满满地对完答案后发现全是错的，面对这样一份差劲的答卷，我发呆了许久，也萌发了放弃的念头。

后来我无意间看到这样一句话："所有经历都可化为成长，即使生活从来都是泥沙俱下，鲜花与荆棘并存，我们带着满满的诚意来，慢也好，步子小也别怕，只要我们仍在向前迈进就好。"的确，基础差也好，学习效率低也罢，别人花一小时解决的事，我就花两小时，总能赶上的，不是吗？

想清楚这些后我再也没有轻易说过放弃，反而开始享受汲取新知的过程，每天都期待满满地与新内容交友。

四、与孤独交友

3月我下定决心开始备考，便告别了我温暖的被窝，每天8点准时出现在图书馆，到了10月更是6点多就起床，每天晚上学到10点多才拖着疲惫不堪的身体回到宿舍。就这样我渐渐地远离了宿舍，过上了独来独往的生活。因为舍友们不考研，经常都是一整天待在宿舍，每次回宿舍看到她们聊得不亦乐乎，我难免会觉得有些许孤独。

但我应该早点儿明白人生的路从来都是自己去走的。正如毕淑敏所说："在光芒万丈之前，我们都要欣然接受眼下的难堪和不易，接受一个人的孤独和偶然无助，认真做好眼前的每一件事，你想要的都会有。"考研这一年，哪怕你有"研友"互相鼓励，在你面对困难时还是需要自己去解决，自己去克服，不要把情绪寄托在别人身上，这不仅对别人不公平，更是对自己的不负责任。

当然我也特别幸运，我的舍友都非常支持我，不会因为我早起洗漱制造的噪声怪我，还会迁就我的作息及时熄灯，在我得到理想的成绩时由衷地祝贺我。其实她们一直都在默默帮助着我，只是"独立"这门必修课，我要自己去学。

五、备考方法分享

福建师大学科教学（语文）专业每年招收学生在100人以上，在全国同专业里算是招生最多的，但是每年的报考人数也不少，近几年报录比都在 10∶1 左右，今年进复试线的分数更是划到了 392 分，可以说是一个"卷王"专业了，所以意向报考福建师大学科教学（语文）专业的学弟学妹们要做好心理准备，4 个科目不能有一个偏科。借此机会，除了考研心得，我也想结合自身情况，谈谈关于考研几门课程的复习建议，希望能够给学弟学妹们一些启发和帮助。

（一）考研初试

1. 英语

首先简单介绍一下这个科目。公共课英语分为英语一和英语二，学科教学（语文）专业对应的是英语二，相对英语一会简单一点，但是学科教学（语文）专业作为一个"卷王"专业，对公共课的分数要求并不低，因此也需要认真对待。

基础阶段我花了大部分时间，主要是背单词和学习语法。2023 年考研结束后网络上流行这么一句话："要想英语二考高分，那就多背单词；要想英语一考高分，还是多做善事吧！"虽然是句玩笑话，但也侧面说明，单词对于英语二来说非常重要。从决定考研起我就坚持每天背单词，即使是休息日，也会安排一定时间来复习单词，就这样一直背到上考场。后期专业课学习任务重，我会安排一些碎片化时间，如吃饭、睡前等等，用 App 来刷单词。语法部分的学习差不多和单词同步进行，语法作为英语的基本功也是贯穿整张试卷，我选择了市面上比较热门的英语教师的课程系统地学习了一遍，结合"每日一句长难句"来检测自己的学习效果。

强化阶段就是阅读的练习，一份英语卷子分值一百分，阅读占四十分，占比不容小觑。阅读的学习我是用英语一的真题阅读来打基础，再慢慢过渡到英语二真题。一般先掐时间做完一篇阅读并订正，然后将整篇阅读进行精翻，标出生词和长难句，生词就记录在专门的小本子上用碎片化时间复习，长难句我会结合参考答案分析句子成分，巩固长难句的学习，最后结合视频课学习做题技巧。英语真题是非常珍贵的，只要认真对待充分利用，不知不觉中你的英语水平就会得到质的飞跃。

英语作文的学习关键是多动笔，写完之后我通常借助一些改作文的 App 去揪出病句和拼写错误的单词，之后再结合答案去借鉴高级词汇和表达，反复修改，改到满意为止，最终形成自己的作文模板。

其他的题型我是没有单独准备的，因为前期英语基础已经很扎实了，所以做这些题已经不难了，只要结合真题多练习就好了。

2. 政治

政治这门科目是性价比最高的，只要你不断练习，考前勤勤恳恳背诵就一定能考好。

政治我是 7 月中旬开始准备的，基础阶段是听徐涛老师的强化班，结合他的《核心考案》，对这门科目的全部内容有一个初步的理解。每节课后我也会用肖秀荣老师的《1000 题》来检测自己的知识掌握情况。

9 月结束基础阶段的学习，我的重心仍然是放在选择题上面。我买了市面上比较热门的练习，不断刷，当然刷题过程中我也会注意归纳易错知识点，就易错点回归书本自学巩固。

　　冲刺阶段我也是把市面上的模拟卷都买回来做了，并用零碎时间听听陆寓丰老师的带背课，准备迎接肖秀荣老师的四套卷（人称"肖四"）的到来。"肖四"一般是考前两个星期发货，"肖四"到手后我才开始主观题的背诵。后期的学习时间基本上都是给政治科目的，所以前期其他科目的基础一定要打牢！

　　3. 专业课

　　文科专业课比较重视对知识点的理解、记忆和输出，所以我也将从这三个方面分享学习方法：

　　首先是知识点的理解。在明确目标院校和专业后，我做的第一件事就是去官网了解该专业需要阅读的参考书以及考试大纲，也借助一些平台，比如小红书、微博超话等，联系之前考上的学长学姐咨询相关备考资料。这个时候我们参考的一般都是往年的考纲，所以到了9月份学校发布新考纲的时候我们也要及时关注，注意是否有发生变化。

　　阅读参考书的时候要有耐心，不能囫囵吞枣，但是也不要纠结于面面俱到，一定要以考纲为导向，关注重难点，也可以拿一根铅笔，适当做一些笔记。其实我觉得汲取新知的过程是非常享受的，每个知识点于我来说都是新朋友，我很乐于与它们交朋友。

　　其次是记忆方面。我很推荐费曼学习法，具体操作如下：我先会对一整个章节内容进行系统学习，搭建思维导图，然后合上书本结合思维导图用自己的话去概述书本内容，如果能够流畅表达且逻辑自洽那么说明掌握了，如果不行那就回归书本再次巩固。我认为这个学习方法不仅锻炼了语言组织能力，加深了对知识点的理解记忆，更重要的是大大提高了我的学习效率。

　　最后就是非常关键的输出部分。通过前期的理解、记忆，我们脑子里已经积累了非常丰富的语料，那么后期强化阶段就要重视输出的质量了。这个阶段我会搜集一些历年真题来反复练习，虚心请教一些学长学姐帮忙看看自己输出的内容有没有什么问题，也会适当看一些相关论文思考自己的答题思路，同时打磨自己的语言表达。在我看来，练习的"质"比"量"重要，因此往往一道大题我会反复修改三四次，通过不断地修改最终形成自己的解读思路和设计思路，达到举一反三，一题更比多题强的效果。

　　（二）考研复试

　　我报考的专业考研复试分为三个部分：政审、英语问答和专业课问答。

　　1. 政审部分是不占分的，只要价值观正确、态度端正就没有什么问题。

　　2. 英语问答部分主要考查口语，初试结束后可以看一些美剧，或者听听四六级听力、TED等短时间训练一下自己的英语发音。当然最重要的还是你要敢于大声地说，光听不练不仅不利于口语表达能力的提高，还容易导致你在面对考官时怯场。

　　3. 专业课问答部分我先是系统复习了一下参考书，然后收集历年的真题来练习。其间我会不定时和我的"研友"们开个视频，互相出题，互相点评，集思广益，大家经常能提出一些意想不到的见解，每次结束视频时我都觉得收获满满。

　　考研的过程是非常辛苦的。直到现在，我依然记得2022年毕业季，当学长学姐从各个地方回到校园，穿上学士服手捧鲜花从我面前走过时，交谈间脸上洋溢着轻松和喜悦。当时的我正背着厚厚的专业书赶往图书馆，但我的脑子里浮现出这样一句诗："明年此日青云上，却笑人间举子忙。"如今"轻舟已过万重山"的我也准备迎接属于我的盛夏。希望能通过这份文字将美好传递，也祝学弟学妹们携梦想风雨兼程，以渺小启程，以伟大结束。

最后，乌云终将消散，黑暗终将过去，光明终会重现，人生在世不可能一帆风顺，能屈能伸，黑暗之后自会有光芒万丈在等你！

[作者简介：郑瑜娴，女，2023届汉语言文学专业毕业生，应届考取福建师范大学学科教学（语文）专业硕士研究生。寄语：看似波澜不起的日复一日，会突然在某一天让你看到坚持的意义。]

☞ 【案例阅读四】

考研感悟：万事坎坷终意平

这是一个很长的故事，既然长，那就注定曲折。

——题记

一、顺其自然，悠游自在

在进入大学前，我对自己十分自信，高中时一直是班级里较为拔尖的存在，但因为太过于重视考试结果，没法放平心态地去完成高考，毫无悬念地失利了，从而导致自己对本身的能力或多或少有些不自信。所以进入大学开始，内心会有些想要逃避学业，安慰自己侧重点放在参加社团活动等学生工作上，为未来进入社会工作锻炼交际和工作能力，并没有丝毫念头想要去考研深造。

大一的时候，积极竞选班级副团支书、参与各种社团活动，第一次真切地感受到大学和初高中的不同，比起枯燥无味、两点一线的高中生活，大学生活更丰富多彩，我常会由于策划组织、参与各项学生活动而忙得焦头烂额，忙碌的同时也有了从未有过的充实。对于学业方面有点散漫，只是按部就班地完成老师布置的作业，在期末周的时候多花点时间去背诵理解。高考失利，真正带给我的除了敢于面对自己的失败之外，还让我学会面对每一门考试都放平心态。本以为自己会是个不起眼的存在，但在这种放松心态下的学习反而收获不错，忙碌的生活也给了我颗糖，综测成绩取得班级第一。这年的一个第一，让我重新觉得自己并没有太差，也有了些不一样的想法。

大二学年，因为疫情防控而封校，我的大学生活仿佛回到了高中，经历了一整个学期的线上上课，养成了学习惰性。此时的我更加迫切地想转移自己在学习上的注意力，更加积极于各项学生工作，有幸成为院学生会心理部干事、班级文娱委员。我真切地热爱这些工作，接触到不同的人，碰撞出不同的火花，都为我枯燥无味的封校生活增添了色彩。此时的我对于科研经历并不看重，在我眼里这也是学习的一部分，是我不感兴趣的事，因此我错过了参加各类科研竞赛的黄金时间。即使第二学年我的学业成绩依旧是班级第一，可却因为没有科研成绩而导致综测成绩下降。

当意识到科研经历的重要性时，我也已经步入大三。这一年是我大学生活中浓墨重彩的一笔。即使因为毫无科研经历而使得我的综测成绩一降再降，但在这充满遗憾的一年，我的工作能力确实得到了充分锻炼，身兼数职的同时我也顾好了我的学业成绩和生活。这一年忙忙碌碌，我和朋友的感情更加深厚，我的自信也逐渐回归，我开始相信自己可以是个优秀的人。经历连续三年的学业成绩名列前茅，我对于学习的排斥也随之烟消云散。那时候看到一句话，"人生就是一个在不断弥补遗憾的过程"，为我的考研初心埋下种子。大三下学期，在看着身边同学都开始准备考研的时候，这句话突然就在我心里生根发芽。我想，真正优秀的人就是勇于去弥补自己的遗憾，所以我决定要考研，为了我大学缺乏科研经历而做出弥补，为了去证明再经历一次大考我可以坦然面对，更是为了去成为一个更优秀的自己。

"要忘却所有不愉快的片段，把美好事物纯真地走完。"

我并不是一开始就决定要去考研，而是通过这一路上经历的各种事，通过同学、朋友及老师的肯定，通过我自己内心的不断强大和不断正视自我，从而顺其自然地去做好了人生的下一步规划——考研深造。

二、每一步路都有意义，每一分努力都终有归处

作为人生中的重要转折点，大学四年的生活，让我认识了不同的人，经历了不同的事。林林总总的一切，打磨铸就了一个更好的我。它充实了我的知识文化，改变了我的一些行为习惯，提升了我的思想和精神境界。我不再自怨自艾自己只是个普通二本学生，有时候甚至还会感谢高考失利，它让我通过另一个方式去成为一个内心更加强大的人。

"人生的道路就是从出发地出发，越走越远，由此展开的人生就是要让自己与种种异己打交道。打交道的结果可能丧失自己，也可能在一个更高的层面上把自己找回。"我庆幸自己大学四年在侧重于社团活动和学生工作的同时，并没有彻底地放弃学习。一定的知识基础也让我更有底气去选择考研。

选择了考研，我也没有完全放弃学生工作。我想，枯燥的备考生活在高三经历过就可以了，于是在大四我仍担任学院学生第四党支部书记和班级文娱委员。做这个决定的时候，我也在暗自较劲，在赌自己经历前三年的磨炼，能不能很好地兼顾重大考试和工作。我想通过这个机会，给自己四年的学生工作做一个完美的落幕。

"你所走的每一步路都是有意义的。"

回顾半年来的备考，焦虑和恐慌好像很少存在，在我眼里它是一个周期很长的期末周。由于经历过高考失利，在这次备考期间，我很好地平衡了生活和备考。坚决贯彻"按部就班就是伟大"的原则，认真落实自己每天、每周、每月的学习计划，劳逸结合。偶尔碰上各种工作上的原因不得已改变学习计划，我也能很平静地接受。这种计划上突然的改变，也让我感觉到了生活是个动词，而不是像个机器人般的程序化。我有很好的朋友，很好的学习计划，很好的学习方法，很好的备考心态，这些都让我愉快地渡过了备考。那真是我二十多年来最心无旁骛的一段日子，只有一件重要的事要做，其他都是次要。

考前疫情防控突然放开，顶着可能被感染的风险，我完成了人生的第二场大考。不

得不承认，那是我从小到大出考场最轻松的一次，最后一场考试结束，在等待考场大门打开的几十分钟里，我脑子只有一个想法——"今晚一定要去吃火锅"。

初试后的一段时间里，对任何事情都提不起兴趣，好像是大部分考研人的感受。就像是大病初愈、大梦初醒，一时间缓不过神来。考研抽光了我所有的精气神，哪怕我一遍遍地安慰自己，也做好数次心理建设，却还是无法抑制渴望成功的心情。于是在放纵地让自己过个好年后，我又选择了去实习工作，想让自己忙起来，而不是为了等待一个考试结果停下我所有的生活脚步。所有的努力都没有白费，我在备考的时候学到的，在后面的路途中无时无刻不在派上用场，它们组成了今天的我。

其实直到现在，我也不知道自己选择考研是不是一条正确的路，或者说，不知道是不是属于自己的路。因为读研也有读研的烦恼，会觉得自己实在不够优秀，会从四面八方感受到无边的压力，甚至也会对未来感到迷茫。

当然，这一切我会交给下一个顺其自然。既然选择走这条路，就要好好走。"把疲乏往期装进朴质的长街……把起舞的今日写成诗篇，多年后，也不遗憾。"

三、守得云开见月明

面对未来道路选择的学弟学妹们，希望我的经历能给你们带来启发。不论是选择就业还是深造，每一条路都是去成为更好的自己。

对于打算考研的同学，有以下几点小建议：一是按部就班就是伟大，饭要一口口吃，路要一步步走，不要太过着急。正视好自己后，去做好属于自己的计划，规划好轻重缓急，然后就是心无旁骛地去走。二是真正想给大家分享的是，希望各位不要因太在意那个未知的结果，而忽略了本该独属于青春的意义。我想那个你为之日夜奋斗的过程，才会是你未来艰难时刻的一束暖光。因为在这个过程中，那个坚韧的你会始终让你怀念，而结果，无论好坏，等你日后回头看，"轻舟已过万重山"而已。

（作者简介：陈宇枫，女，2023届生物工程专业毕业生，应届考取福州大学生物技术与工程专业硕士研究生。寄语：理想的风会吹进现实，熬过的夜也会变成光。在你曾经走过的看似普普通通的每一天，那些所积攒的能量、所沉淀的知识，会散作满天星，照亮你脚下的路。那些看似波澜不惊的日复一日，总有一天会看到坚持的意义，而那些反反复复的否定，也会得到肯定的答案，一切为之努力的事情都会有浪漫的结果。我们终将上岸，阳光万里。）

☞ **【案例阅读五】**

考研感悟：选择＋行动

由失败通往胜利的征途上有道河，那道河叫放弃；由失败通往胜利的征途上有座桥，那座桥叫努力。

——题记

一、2023年盛夏，骄阳似火，蝉声起伏

"您好！请问是新兴路38号施同学家吗？"

"是的。"

"这里有一份录取通知书，请您签收！"

"好的，谢谢。"

是的，在 2019 年 7 月我收到了来自中国农业科学院研究生院的录取通知书。研究生录取通知书，此刻就在我的手上。盯着手上鲜红的快递袋，我的思绪把我拉回到了 2019 年 7 月我拿到印着"福建师范大学"名称的录取通知书的那一天。那天，刚好高中学校要求我们上交大学录取通知书复印件，复印店里挤满了同学，等我复印结束要离开时，碰到熟悉的同学指着我的录取通知书和旁边朋友说："你看，人家好学校的录取通知书就是不一样。"我的回应只是一个尴尬的笑容，然后灰溜溜地走了。我不敢再多待一秒，因为只有我自己知道我的大学是福建师范大学福清分校。

二、2019 年初秋，金风送爽，硕果累累

我来到了我的大学，这是一个新的环境，也是新的开始。由于种种原因，我对自己高中时期的学习和生活状态不满意，于是从大一入学开始，我选择逼着自己积极争取每一次上台机会，班委校干竞选、专业及英语比赛、课堂发言等等，不管结果如何，我都愿意去尝试，同时在学习上我也没有懈怠。大一上学期，在助班学姐的介绍下，大三学长带领我们宿舍集体参加专业创新比赛，虽然只取得了省优秀奖的成绩，但是在准备比赛和与学长交流的过程中，我对自己的专业课程及专业就业方向有所了解，也熟悉了申请实验室的程序及一些仪器的使用方法。

大一下学期开始，新冠疫情开始在全国蔓延，我的大学生活由此开始有些变化，学校课程在家里完成。期末考之后，我明白在家里我不可能静下心来全身心投入学习。大一升大二的暑假，我来到与专业相关的工厂打暑假工，这让我意识到在工厂车间的工作生活不是我想要的。

大二回到校园，开始封校生活，每天在教学楼、宿舍、食堂之间过着"三点一线"的生活。封校的日子让我和学校里的同学、部门直系学姐、专业教师有了更深入的交流，了解到学硕、专硕等关于考研的简单概念，也了解到比赛获奖、获得奖学金和荣誉称号等等可以在考研上有一些帮助。

大二下学期开始，个别同班的学生已经开始准备毕业实验，而我选择了和同学一起参加"互联网＋"比赛。从傍晚大家集合在工作室打开电脑到月亮高高挂时回宿舍，从每天抓耳挠腮想项目点到项目获奖之后的聚餐狂欢，从有时的"摆烂"到赶项目的埋头码字，从上课时"加班"到放暑假留校，这次比赛让我学会很多专业实操技能，认识到团队中沟通与合作的重要性。那段日子至今回想起来都是充满欢声笑语的。

三、2021 年盛夏，艳阳高照，炎阳炙人

此时已然走过大学旅程的一半。回想四年旅程，好像我的前半段旅程是在为后半段旅程蓄力。有些同学可能从大三就开始准备考研，虽然我也有考研的目标，但是不想把战线拉得太长。2021 年盛夏开始，我选择继续参加班委与校学生干部的竞选，选择自己带队参加省专业创新创意比赛。做完这些选择，我尽自己最大努力平衡好学业、干部工作和比赛，都取得了一定的成绩。大三这一年给我带来更多的机会和挑战，我做出了新的尝试。

对于择校问题，每个人都有自己的想法和考量。我最初基于自己高考的遗憾、年轻想要闯荡的心态、学校目标学科的专业水平，最终选择了华中农业大学的学硕。但是由于大三下学期的专业课程较多，对于数学基础薄弱的我来说，要兼顾专业课程和数学的学习显得十分吃力，尤其是接近期末考试那段时间，一边担心专业课的复习，一边在焦虑考研数学的学习进度太落后。在那段时间我萌生了放弃学习数学的想法，而"压死骆驼的最后一根稻草"出现在 2022 年 6 月的某个晚上，我打开了汤家凤老师的《考研数学接力题典 1800》开始做题，一道填空题解了 8 分钟仍未做对，心里更加确定了要放弃数学。那天晚上下着很大的雨，我和同学站在教学楼入口聊了近 2 个小时，从高中文理分科到高考的失利，前后种种。我听到内心的声音："也许我真的不适合学数学。"于是我选择转战华中农业大学的农学——食品加工与安全专业。

四、2023 年初夏，阳光漫漫，暖意绵绵

回顾我的整个考研经历，让我印象深刻的有：学校"三点一线"准备初试的时光、苦苦等待目标院校出分数线的日子、在成都参加复试高度紧张的三个夜晚。从炎热的 7 月开始复习，有人问过我后悔当初选择华中农业大学吗？后悔选择调剂吗？对于第一个问题我可以做出明确的回答："我不后悔。"我不后悔选择华中农业大学，曾经，在复习状态不好的时候，会开始怀疑自己定的目标是不是太高了，因为身边同学多选择在省内继续研读。虽然有这个想法，但是我没有停下自己的步伐，因为我明白只有行动起来才知道自己行不行，只有量的累积才能达到质的飞跃。正值青春，在花样的年华里，我想看看自己可不可以走出舒适圈。然而，现实总是和理想有点差距，查到初试分数的我带着忐忑的心情开始准备复试和调剂。抱着一丝希望，我把全部的时间放在一志愿的复试科目复习上，死磕到底，十四天，四本书，我又开始"三点一线"的生活。但是时间过得太快，越接近公布复试线的日子，我越是焦虑和着急。

公布成绩那天，我点开官方网页，335 分，果然没有奇迹，果然没有意外，安静接受，没有难过，但是有一些不甘，不甘的是我比别人付出更多的努力却没有结果。休息一周后，我重新收拾心情整装待发，塞翁失马焉知非福。经过一轮激烈的调剂后，没有收到任何学校复试通知的我已经完全放弃，但是在辅导员以及家人的支持下，我抱着随便填一个志愿的心态做出了选择，当下也只有那一个选择——中国农业科学院都市农业研究所。意外和惊喜总是在你对生活失去信念时出现，第二天我收到复试通知，在惊喜的同时又出现另外一个问题——线下面试，地点在成都，行程费用较高，也不知能否被录取。一个下午要做出选择，而我的勇气来自我的家人、辅导员以及学院老师的鼓励和支持。

学弟学妹们，也许考研路上我们会错过很多风景，然而我们没有到达顶峰，就永远也不能领会"会当凌绝顶，一览众山小"的气概，永远不会有那种气吞山河、舍我其谁的豪气。远登绝顶，看东方日出，观波澜壮阔，望茫茫原野，赏山花烂漫，心胸不由开阔万分，一路上的汗水辛劳、痛苦挣扎都是值得的，一切付出和现在的感觉相比都算不了什么。

人生如梦，几度春秋，人生不尽如人意处颇多，挫折与痛苦伴人左右。如何去面对，如何去改变，曾困扰我许久，令我久久地在失望与希望的边缘徘徊。大海成汪洋之势却以其低而纳百川，天空展无垠之域却以其高而容日月。一个人只有以大海之"低"和天空之"高"的精神勉励自己，才能上顶天下顶地，才能真正做到"忍常人所不能忍"，成为一个胸怀大志的人。考研给我提供了展示自己的平台，我将会一如既往地奋斗下去。我不知道最后的选择对不对，但是我知道机会永远不会眷顾懒人，接下来我会继续追逐我的梦想，虽然路漫漫，但我会脚踏实地走下去。最后，祝愿考研的学弟学妹们都能找到适合自己的学习方法，挺过备考的艰辛，顺利被目标院校录取！

（作者简介：施橦佳，女，2023届食品科学与工程专业毕业生，应届考取中国农业科学院都市农业研究所农艺与种业专业硕士研究生。寄语：行动是希望的另外一个代名词；真正有光的人，压的时间越久，绽放的光芒越灿烂。）

☞ 【拓展阅读一】

八大类奖助政策　助力研究生求学

在选择考研时，你是否会因为读研学费、生活费等经济压力而产生犹豫呢？别担心，经济有困难，国家来帮助。

根据教育部相关政策，多类研究生奖助政策可为家庭经济困难考生读研提供帮助。研究生奖助政策体系主要包括国家助学金、学业奖学金、国家奖学金、国家助学贷款、"三助"岗位津贴、基层就业学费补偿和国家助学贷款代偿、应征入伍服义务兵役国家资助、学校应急助困体系等。

1. 国家助学金

国家助学金用于资助高校纳入全国研究生招生计划的所有全日制研究生（有固定工资收入的除外），补助研究生基本生活支出。高校会按月将国家助学金发放到符合条件的研究生手中。博士研究生资助标准不低于每生每年10000元，硕士研究生资助标准不低于每生每年6000元。中央部门所属高校博士研究生资助标准为每生每年12000元，硕士研究生资助标准为每生每年6000元。地方所属高校研究生国家助学金资助标准由各省（自治区、直辖市、计划单列市）财政部门会同教育部门确定。中央财政按照博士研究生每生每年10000元、硕士研究生每生每年6000元的标准以及普通本专科生国家助学金分担办法，承担地方所属高校研究生国家助学金所需资金。具体标准由各级财政部门会同高等学校主管部门确定，并根据经济发展水平和物价变动情况，建立资助标准动态调整机制。研究生国家助学金所需资金根据高等学校隶属关系，由中央财政和地方财政参照普通本专科生国家助学金分担办法共同承担。

直博生和招生简章中注明不授予中间学位的本硕博、硕博连读学生，在选修硕士课程阶段，国家助学金按照硕士研究生身份发放；在选修博士课程阶段，国家助学金按照博士研究生身份发放。在职研究生不享受国家助学金。

研究生在学制期限内，由于出国、疾病等原因办理保留学籍或休学等手续的，暂停发放国家助学金，待恢复学籍后再行发放。超过规定学制年限的延期毕业生不再享受国家助学金。

2. 学业奖学金

研究生学业奖学金从 2014 年秋季学期设立，对象是中央高校纳入全国研究生招生计划的全日制研究生。

中央财政对中央高校研究生学业奖学金所需资金按照博士研究生每生每年 10000 元、硕士研究生每生每年 8000 元的标准以及在校生人数的一定比例给予支持。

中央高校根据研究生收费标准、学业成绩、科研成果、社会服务以及家庭经济状况等因素，确定研究生学业奖学金的覆盖面、等级、奖励标准和评定办法，报财政部、教育部备案。学业奖学金标准不超过同阶段国家奖学金标准的 60%。学业奖学金名额分配向基础学科和国家亟须的学科（专业、方向）倾斜。中央高校应根据实际情况，对研究生学业奖学金覆盖面、等级和奖励标准进行动态调整。中央高校于每年 11 月 30 日前将当年研究生学业奖学金一次性发放给获奖学生，并将研究生获奖学金情况记入其学籍档案。

直博生和招生简章中注明不授予中间学位的本硕博、硕博连读学生根据当年所修课程的层次阶段确定身份参与学业奖学金的评定。

获得学业奖学金奖励的研究生可同时获得国家奖学金、国家助学金等其他国家奖助政策以及校内其他奖助政策资助。

3. 国家奖学金

国家奖学金由中央财政出资设立，用于奖励高校中表现优异的全日制研究生，每年奖励 4.5 万名，其中博士研究生 1 万名，硕士研究生 3.5 万名。博士研究生国家奖学金奖励标准为每生每年 3 万元，硕士研究生为每生每年 2 万元。

国家奖学金每年评审一次。符合本办法规定条件的攻读硕士、博士学位的全日制研究生均有资格申请。研究生要如实填写申请审批表，向所在基层单位评审委员会提出申请。硕博连读研究生在注册为博士研究生之前，或通过攻读博士学位资格考试前，按照硕士研究生身份申请国家奖学金；注册为博士研究生后，或已经通过攻读博士学位资格考试后，按照博士研究生身份申请国家奖学金。

直博生和招生简章中注明不授予中间学位的本硕博、硕博连读学生，根据当年所修课程的层次阶段确定身份参与国家奖学金的评定。在选修硕士课程阶段按照硕士研究生身份参与评定；进入选修博士研究生课程阶段按照博士研究生身份参与评定。

高校于每年 11 月 30 日前将当年研究生国家奖学金一次性发放给获奖学生。高校应将研究生获得国家奖学金情况记入学生学籍档案，并颁发国家统一印制的荣誉证书。

4. 国家助学贷款

国家助学贷款是由政府主导、由金融机构向高校家庭经济困难学生提供的信用助学贷款，帮助其解决在校期间的学习和生活费用。国家助学贷款利率执行中国人民银行同期公布的同档次基准利率，不上浮。贷款学生在校期间的国家助学贷款利息全部由财政支付，毕业后的利息由借款人全额支付。

国家助学贷款是信用贷款，学生不需要办理贷款担保或抵押，但需要承诺按期还款，并承担相关法律责任。按照学生申办地点及工作流程不同，国家助学贷款分为校园地国家助学贷款与生源地信用助学贷款两种模式。借款人每学年申请的贷款金额原则上不超过 6000 元。

申请校园地国家助学贷款的研究生要通过本校学生资助部门向经办银行申请办理。国家助学贷款实行一次申请、一次授信、分期发放的方式，即学生可以与银行一次签订多个学年的贷款合同，但银行要分年发放。一个学年内的学费、住宿费贷款，银行应一次性发放。学生根据个人毕业后的就业和收入情况，在毕业后的 1～2 年内选择开始偿还本金的时间，6 年内还清贷款本息。

申请生源地信用助学贷款的研究生通过户籍所在县（市、区）的学生资助管理机构申请办理，有的地区直接到相关金融机构申请。学生和家长为共同借款人，共同承担还款责任。毕业后的利息由学生和家长（或其他法定监护人）共同负担。

5. "三助"岗位津贴

"三助"岗位津贴指的是助研、助教、助管津贴。高校按规定统筹利用科研经费、学费收入、社会捐助等资金，设置研究生"三助"岗位，并提供"三助"津贴。原则上，助研津贴主要通过科研项目经费中的劳务费列支，助教津贴和助管津贴所需资金由高校承担。

通过"三助"岗位津贴，高校也能充分调动研究生参与科学研究和社会实践的积极性。通常来说，高校注重基本科研业务费对研究生培养的支持力度，支持符合条件的研究生特别是博士生开展自主研究，并对人文社科、基础学科等科研经费较少的学科给予倾斜支持。

6. 基层就业学费补偿和国家助学贷款代偿

为引导和鼓励高校毕业生面向中西部地区和艰苦边远地区基层单位就业，中央部属高校应届毕业生到中西部地区和艰苦边远地区县以下基层单位就业、服务期在 3 年以上（含 3 年）的，其学费由国家补偿，在校学习期间的国家助学贷款本金及其全部偿还之前产生的利息由国家财政代为偿还。

国家对每名毕业生每学年补偿学费或代偿国家助学贷款的金额，研究生最高不超过 12000 元。在校学习期间每年实际缴纳的学费或获得的国家助学贷款低于 12000 元的，按照实际缴纳的学费或获得的国家助学贷款实行补偿代偿；高于 12000 元的，按照最高标准实行补偿代偿。国家对获得学费补偿或国家助学贷款代偿资格的毕业生，每年补偿学费或代偿国家助学贷款总额的三分之一，分 3 年补偿代偿完毕。

7. 应征入伍服义务兵役国家资助

高等学校学生应征入伍服义务兵役国家资助，是指国家对应征入伍服义务兵役的高校学生，对其在校期间缴纳的学费实行一次性补偿或获得的国家助学贷款实行代偿。应征入伍服义务兵役前正在高等学校就读的学生，服役期间按国家有关规定保留学籍或入学资格，退役后自愿复学或入学的，国家实行学费减免。

学费补偿、国家助学贷款代偿及学费减免标准，硕士研究生每人每年最高不超过

8000 元，博士研究生每人每年最高不超过 10000 元。学费补偿或国家助学贷款代偿金额，按学生实际缴纳的学费或获得的国家助学贷款（包括本金及其全部偿还之前产生的利息）两者中的金额较高者执行，据实补偿或者代偿。退役复学后学费减免金额按学校实际收取学费金额执行。超出标准部分不予补偿、代偿或减免。

获学费补偿学生在校期间获得国家助学贷款的，补偿资金必须首先用于偿还国家助学贷款。如补偿金额高于国家助学贷款金额，高出部分退还学生。

8. 学校应急助困体系

一些学校设置了应急助困体系，在国家奖助体系的基础上，从学校层面为家庭经济困难学生提供帮助。

清华大学为了解决部分研究生新生入学时遇到的暂时经济困难，帮助其顺利入学，特别设立了研究生新生临时贷款（"绿色通道"），向学生提供不超过 10000 元的免息临时贷款服务，用于学费缴纳。借款的研究生要在次年偿还贷款。

清华还特别设立突发性困难补助，帮助家庭经济困难研究生顺利完成学业，解决其突发性的经济困难。突发性困难补助资金由学校筹措，对因特殊原因严重影响正常学习、生活的研究生给予无偿资助。

（资料来源：中国研究生招生信息网，2020 年 6 月 22 日）

☞ 【拓展阅读二】

你到底该不该选择留学？

现如今，出国留学对于大学生来说，已经不是什么新鲜事情了，相较于 21 世纪初的大学生出国热潮，今天选择出国的同学们已经理性了许多。即便如此，很多时候，面临选择，大家还是举棋不定。到底是去美国还是去英国？选择本专业还是跨专业？毕业后要不要考虑留下来工作一段时间，或者可否移民？是跟着学校项目去学习还是自己申请？到底是找中介还是选择自助留学？……在学校里工作了 11 年，我经常会遇到一些学生，在大二或者大三，甚至大四考研失利之后告诉我，想选择出国上研究生。绝大部分学生紧接着就会直击主题地咨询我如何选择国家、专业的问题，但很少问我到底是否应该出国留学。

这让我想到了当年大四毕业前的自己，当时的我也怀揣着出国留学梦，想通过留学提升自己，改变自己。像大多数同学一样，大三下半学期，出国的想法就蠢蠢欲动，再加上年级有同学已经开始准备出国留学的材料，自己就更想去尝试一番。如果能够进入国际知名学府继续学习，无论是自我提升还是发展机会，都会有新的平台和更高的起点。

但是，出国这条路对于当时的我而言，毕竟很陌生。所以，为了不让自己孤注一掷，我一边咨询出国，一边选择在国内考研。我的 2005 年就在考研、专业实习和准备出国的繁忙中匆匆而过。事实证明，这样的选择需要付出的努力不止双倍。申请材料的准备是我在考研备考间隙整理的，暑假是考研复习的黄金时期，而我在其中还参加了一次雅思考试，每天的状态都异常忙碌，生怕耽误了一丁点的时间。研究生考试的结束也没有让我感到放松，那时我一边等待考试结果，一边着手准备出国留学申请材料（当年我申请的是英国和澳大利亚的大学）。经过短暂休整，就着手开始"二刷"语言考试，当时留给我的时间已经不多了，我甚至做好了如果考研失败，隔年再出去留学的打算。

由于本科平均学分绩点没有太多竞争力，加上考研成绩公布，我考上了目标专业的公费研究生，权衡之后，我最终决定留在国内上研究生。所以现在，每当接到同学们的咨询，我总是忍不住想到那个时候慌乱的自己，忍不住想多问这些同学一句，你是否已经考虑清楚自己出国留学的目的？

多问自己几个为什么。作为过来人，可以很客观地说，选择留学的第一步，应该是衡量自己是否应该去留学。一般情况下，我会建议同学们运用排除法去思考自己的留学选择，即哪些情况下不太适合留学。

情况1：是否已经思考并确定选择的专业，是否已确定留学后的目标和未来的生涯发展路线

留学是一个系统的工程，更是对自己人力资本的投资，既然是投资，就需要理性，权衡利弊。有的同学属于追"风"少年，别人去就跟随。尤其是一些家长和同学，有很强烈的对比心理，当家长得知朋友的孩子出国留学了，或者同宿舍的同学去留学了，也就跟着动心了，而不考虑自身实际情况。有的同学仅仅是想着出去就行，甚至在语言方面准备不是很充足的情况下就毅然踏出国门远走异国他乡，虽然现在国外的大学逐渐放开语言要求，一些国家，比如英国和日本，有语言学校和语言预科可以帮助大家攻克语言关，但是这样的周折无疑会加大你的留学成本。

还有的同学，对想要去留学的国家和学校没有足够的了解。我遇到一些同学，和我交流时一开口就说要申请美国排名前30的牛校商学院（比如芝加哥大学的布斯商学院、西北大学的凯洛格商学院、罗切斯特大学的西蒙商学院），或者英国的G5大学（牛津大学、剑桥大学、伦敦大学学院、帝国理工学院、伦敦政治经济学院）。这些学校固然好，但是必须结合自身实际情况去看待，有些专业申请这些学校的难度比考研选择国内的C9联盟高校的要大许多。

作为选择出国留学的同学，你需要首先考虑一下专业的定位问题，国内有些专业名称在国外是没有对应专业名称的。比如行政管理专业，在国外大学的专业中没有对应的称呼；再比如自动化专业，在国外的很多大学就直接和实验室以及具体的领域对应。

正确的方法应该是将你现在所学专业四年的核心专业课程目录与目标大学专业的核心课程目录相对比，找到匹配的课程专业。这不仅仅需要同学们去看国外大学的综合排名，更多地要去关注你所申请的大学专业对应的课程明细，从而找到契合点。

另外，各国留学政策不同，这也是需要关注的。比如加拿大，对于加拿大政府而言，留学是解决人口数量问题的方法之一，所以，加拿大很多大学开设的专业的配套政策对于毕业后的留学生申请移民是很有帮助的。可见，在选定留学院校后，也需要了解当地的政策。

综上，留学的第一步，不是去问中介或者问过来人，而是自己思考一下留学的目的，权衡一下留学的成本收益，这个过程其实是认清自己、规划自己的过程。要明白，知己知彼，首先是"知己"。

情况 2：毕业前已经找到了很好的工作，而这份工作很难得，综合行业分析，有发展前景

留学是有机会成本的，需要付出精力和时间。而且，留学仅仅是个人走向成功的一种手段，不意味着留学就有更好的前途。我们熟知的俞敏洪、马云、马化腾等人都没有留过学，但也取得了很大的成就。相反，出去学习几年，对国内的环境和发展没有及时了解，归国后就会出现短期的"水土不服"，不了解国内的人才需求方向，不清楚在国内工作和发展中如何处理人际关系，不明白国内行业的竞争发展规律，到头来反而使自己在找工作过程中很被动。我们无法知道到底未来会发生什么，只能在现在的情况下做出最合乎逻辑的判断。

这里要澄清一个概念，什么是好的工作？在我看来，简单地说，好的工作有以下三个衡量标准：（1）兴趣和志趣所在，至少不能排斥。（2）能够胜任，或者通过努力学习可以胜任。就工作岗位而言，要尽量寻找能力匹配的。不太建议所选工作或者岗位与自己各方面情况相差十万八千里的，而你选择它仅仅是因为薪水高或者热门。（3）这份工作在未来一段时间的行业前景是可以看到的，比如互联网行业在现阶段的行业前景就不错，但是竞争压力也非常大。

所以，如果权衡两者，发现当下的工作可以为你带来不错的收益和满足感，并且行业正在高速发展中，那么你可以考虑暂缓留学。毕竟学习是终生的事业，往后还有机会，但是合适的工作和行业发展未必会有第二次。

情况 3：想象留学回来就一定有好工作、高年薪

留学是一种重要的体验，这个过程能够开阔你的视野和锻炼你的独立决策能力，但是留学回来就一定会有很大发展吗？想来并非如此。我接触过的很多在国外读一年硕士的人，留学归来在求职过程中不能准确把握求职的时间，对岗位职责、公司文化等的理解都有差异。如前所述，由于与国内环境的长期脱节，他们回来之后反而不太能够适应国内的求职环境，不能马上进入状态，找到合适的工作。

就我个人经历来看，很多出国留学的学生归国后在职业发展上的起点和国内毕业的研究生差异不是很大，大部分"海龟"和本土毕业生在同一起跑线。

另外，如果简单地从知识收益角度来说，在互联网时代，全球很多学科的知识都会逐步放开共享。只要想学习，肯下功夫去搜寻和挖掘，在国内依然可以学习到英美国家大学里的优质课程，互联网时代，不存在太多的知识学习壁垒。出国去学习，是学习西方大学知识探索的方法和思考知识的思维，这一点很重要，这也是你海外求学文凭含金量的重要体现之一。如果仅仅认为留学回来后就意味着高薪高职，还是趁早打消这个念头。

情况 4：倾家荡产去留学

用"倾家荡产"来形容或许有点过头，但是经济负担确实是存在的。在国外上学，除了基本的学费之外，还有很多生活上的开支，比如房租、买书和外出费用。以东京为例，在东京上学一年平均费用是人民币 11 万元，这个费用在美国基本上要翻倍。其实留学的实际花费会比你在国内预计的要高，虽然说打工可以减轻一些生活费的负担，但是对于大部分人来说，短暂的研究生求学阶段，在紧张的学业任务之余还想去看看周围的风景和人文，安排一下自己的短途旅行，这样留给自己的资金就不多了。考虑出国前，一定要对家庭教育投资的可支出成本有一个客观的评估。

所以，请同学们一定要明白，如果仅仅把留学当作镀金，没有真才实学，在未来的职场中是难以立足的。如果你打算留学，请多考虑自己的实际情况，做出综合的判断，并且理性选择国家、院校和专业，找到合适的留学之路，这才是你开启留学生活的第一步。

（资料来源：中国大学生就业微信公众号，2020 年 7 月 9 日，作者：陈露）

第二节　考公考编

考公考编主要是指毕业生通过参加国家和地方公务员、各级各类事业单位和国有企业编内工作人员招录考试，取得正式编制，成为体制内一员。随着我国高校毕业生人数的逐年增加，整个社会的就业形势和竞争压力也越来越大，国家和地方公务员、各级各类事业单位和国有企业工作性质和薪资待遇相对稳定，社会认可度较高，因此，考公考编成为越来越多毕业生就业方向的热门选择。同时，社会的进步和发展对公平、正义要求越来越高，体制内编制岗位每年招考的人数有限，而报考的人数不断增加，形成"一岗难求，凡进必考"的招录格局。如何在公务员、事业单位和国有企业等众多招录考试中技压群雄，脱颖而出，成为很多毕业生必须思考和面对的问题。当然，现在体制内编制招录考试类型有很多，例如公务员考试、事业单位考试和银行、国家电网、中国电信、中国移动、烟草专卖局等国有企业招聘考试等。考虑篇幅限制，本节无法对所有体制内考试进行一一介绍，基于大部分体制内编制考试招考的程序基本相同，在此主要介绍具有一定典型性和代表性的考试，即公务员考试、事业单位考试和银行招聘考试，以期对毕业生有所帮助。

一、公务员考试

（一）公务员考试的分类

在我国，通常公务员考试可分为两类：一是中央机关及其直属机构公务员考试（以下简称国考），二是地方国家公务员考试（以下简称省考）。公务员考试是所有体制内考试中最难的，也是最规范的考试。

国考指中央、国家机关及其直属机构公务员考试，是国家部、委、署、总局等机关和部门招考录用中央国家机关工作人员的一种方式，其中也包含中央、国家行政机关派驻机构、垂直管理系统所属机构招考录用机关工作人员。总体来说，国考的招考条件相对比较严格，一般都要求全日制本科应届、历届毕业生，很多岗位有要求中共党员、硕士研究生、两年基层工作经历、英语四六级（大学英语四级 550 分及以上或英语六级 425 分及以上或雅思 6 分及以上或托福 90 分及以上）和计算机二级证书等。其考试时间相对比较稳定，一般安排在每年 10 月下旬报名，11 月考试。

省考是指地方各级党政机关、参公单位、社团等为招录机关工作人员和国家公务员而组织进行的各级地方性考试。总体来说，省考的招考条件相对国考更简单些，只有很少的一部分岗位有要求中共党员、两年基层工作经历、国家统一法律职业资格证书等，对英语四六级基本没有要求。其考试时间相对比较稳定，一般安排在每年 3 月报名，4 月考试。

国考和省考考试性质一样，但属于不同层次的公务员招考录用，它们一般是单独进行、分开考试的，不存在什么从属关系。不论是从考试命题还是岗位报考竞争压力的角度看，国考的难度都要大于省考。毕业生可根据自身的条件和实际情况，选择要报考的岗位，两者因为考试时间不同，所以可同时报考，相互之间不受影响。

（二）公务员的报考条件

1. 具有中华人民共和国国籍；

2. 18 周岁以上，35 周岁以下（按照有关政策规定对年龄条件有特殊要求的，以招考职位公布的为准）；

3. 拥护《中华人民共和国宪法》，拥护中国共产党领导和社会主义制度；

4. 具有良好的政治素质和道德品行；

5. 具有正常履行职责的身体条件和心理素质；

6. 具有符合职位要求的工作能力；

7. 具有大学专科及以上文化程度；

8. 具备中央或省级公务员主管部门规定的拟任职位所要求的其他资格条件。

（三）公务员的报考程序及注意事项

坚持公开、平等、竞争、择优的原则，坚持德才兼备、以德为先、人岗相适、人事相宜的原则，采取个人自主网上报名的办法，按照发布招考公告、网上报名与资格审查、笔试、面试、体检与考察、公示和录用等程序开展公务员招考录用工作。

在整个公务员考试的报考过程中，有几个环节需要特别注意：

1. 关于招考公告发布和网上报名平台。国考统一在中央机关及其直属机构考试录用公务员专题网站（网址：http://bm.scs.gov.cn/pp/gkweb/core/web/ui/business/home/gkhome.html）发布招考公告和进行网上报名。省考（以福建省为例）统一在福建省公务员考试录用网（网址：http://gwy.rst.fujian.gov.cn/）发布招考公告和进行网上报名。符合条件的毕业生须在规定期限内登录上述官方网站按要求进行网上报名，逾期无法补报。

2. 关于招考岗位中的专业、学历、学位、资格条件、基层工作经历和备注内容等信息如有不清楚需要咨询时，毕业生可以直接与招录单位联系，招录单位的咨询电话可以通过国考或者省考的官方网站查询（国考查询招考简章或省考查询招考职位表）。

3. 关于公务员报考的资格审查。招录单位根据公务员录用相关法律法规和公布的报考资格条件、拟任职位所要求的资格条件对报考毕业生进行审查，审查意见包括"审核通过""审核不通过""退回补充资料""待审核"4 种情形。对于通过资格审查的，不能再报考其他职位。值得提醒的是，毕业生报考时，在关注多个岗位报名人数变化的同时，要把握好报名截止时间，确保自己报考的岗位在网上报名时间截止前能够通过资格审查，避免因资格审查不通过而无法参加考试。

4. 关于公务员笔试科目和时间安排。不论是国考还是省考，笔试科目一般都是两科：行政职业能力测验和申论。其中，行政职业能力测验为客观性试题，考试内容主要包括言语理解与表达、数量关系、判断推理、资料分析和常识判断等，重点考查与公务员岗位密切相关的综合素质和能力。申论为主观性试题，考试内容主要针对当前社会存在的时政热点问题，进行分析、论证，提出对策，重点考查阅读理解能力、材料分析能力、文字表达能力和解决问题能力等，两个科目满分均为 100 分。部分特殊专业职位和公安机关人民警察职位的报考者，还将参加专业科目笔试，具体要求和考试大纲可在国考或者省考的官方网站中查询。笔试的具体时间安排，国考和省考有差别。国考一般安排在 11 月，省考一般安排在 4 月，具体以招考公告通知时间为准。一般上午考行政职业能力测验，考试时间为 2 个小时（9:00—11:00），满分 100 分。下午考申论，考试时间为 2.5～3 个小时（国考申论时间为 14:00—17:00，部分省考申论时间为 14:00—16:30）。

5. 关于公务员的面试。根据招考公告中规定的面试人数与计划录用人数的比例，在笔试合格的人员中，按照笔试成绩从高到低的顺序，确定各职位参加面试的人选，并将面试名单在国考或者省考的官方网站上公布。

公务员面试是一种经过组织者精心设计，在特定场景下，以考官对考生的面对面交谈与观察为主要手段，由表及里测评考生的知识、能力、道德等有关素质的考试。应该说通过多年的实践，不论是国考还是省考，在面试这个环节上都非常规范、公平。毕业生顺利通过笔试后，面试这个环节就成为决定公务员考试成败的关键。根据以往考上公务员的师兄师姐的成功经验，建议有条件的毕业生选择一个面试培训辅导班，进行全面、系统的培训和强化，以实现在最短的时间内提升自己的面试能力和技巧，确保面试环节万无一失。

6. 关于公务员的体检与考察。体检与考察工作一般由招录单位负责。招录单位按照笔试和面试折算的综合成绩从高到低的顺序，确定进入体检与考察的人选。体检项目和标准按照《公务员录用体检通用标准（试行）》及操作手册执行。对身体条件有特殊要求的职位，相关体检项目和标准按照《公务员录用体检特殊标准（试行）》执行。体检不合格会影响最终录用，建议在招录单位通知正式体检前，自己先做一次全面体检，做到心中有数。

考察工作突出政治标准，重点了解考察人选的政治信仰、政治立场、政治意识和政治表现。考察方式主要有个别谈话、实地走访、严格审核人事档案、查询社会信用记录、同本人面谈等。对于应届毕业生，招录单位还会安排专人入校，与辅导员和班级同学代表进行面谈，以全面了解考察人在校期间的综合表现情况。根据职位需要，部分招录单位将对报考者的相关心理素质进行测评，测评结果作为择优确定拟录用人员的重要参考。对于部分公安机关人民警察职位，还需要进行体能测评，体能测评不合格的，不得确定为拟录用人员。

7. 关于公务员的公示和录用。体检与考察结束后，招录单位根据综合成绩、体检结果和考察情况等择优确定拟录用人员，并在国考和省考招录官方网站上公示，接受社会监督，公示期一般为 5 个工作日。公示期满，对没有问题或者反映的问题不影响录用的人员，由招录单位办理录用相关手续。

二、事业单位考试

事业单位，是指由国家和政府利用国有资产设立的带有一定公益性质的机构，其主要是从事教育、科技、文化、卫生等活动的社会服务组织。一般来说，事业单位都有一个明显特征，其单位名称结尾通常用院、校、所、站、场、中心、会、社、台、宫、馆等字，例如公立大中专院校、公立医院、公立中小学校（含幼儿园）、产品质量检验所、卫生监督所、质监站、林业工作站、粮油质量监测站、县乡公路管理站、国有林场、融媒体中心、审计中心、创业服务中心、景区管理委员会、官方报社、广播电视台、青少年宫、文化馆、博物馆、图书馆等。事业单位不属于政府机构，但接受各级地方政府领导，是表现形式为组织或机构的法人实体。

在我国，现有事业单位按照社会功能划分为承担行政职能、从事生产经营活动和从事公益服务三个类别。当前，全国上下正在推进各类事业单位改革，改革后会把从事公益服务的事业单位划分为两类：一是公益一类事业单位，其主要承担义务教育、基础性科研、公共文化、公共卫生及基层的基本医疗服务等基本公益服务；二是公益二类事业单位，其主要承担高等教育、非营利性医疗等公益服务。事业单位体制改革后，其工作人员享受的工资待遇和保险福利等也会按照国家相关的社会保障规定逐步实行社会化管理，但不管怎么改，事业单位工作人员工作相对稳定，薪资和福利等待遇不会减少，因此，事业单位考试依然还是众多毕业生就业方向的热门选择之一。

（一）事业单位和公务员有哪些区别

1. 工作性质和拨款方式不同。公务员属于各级国家机关或者政府部门的工作人员，主要从事国家行政事务性工作，属于行政编制，其财政拨款方式属于财政全额拨款。而事业单位工作人员主要是从事教育、科技、文化、卫生等社会公益性或者是非营利性的工作，属于事业编制，其财政拨款方式根据单位性质分为财政全额拨款、财政差额拨款和财政自收自支三种类型。

2. 薪资待遇不同。在工资收入方面，不同省市或者地区，由于当地经济发展状况和消费水平不同，公务员和事业单位的工资收入会表现出明显的地区差异。但一般来说，在同一地区公务员的工资收入会比事业单位人员高一些；在保险福利方面，在同一地区公务员享受的保险福利也会比事业单位的人员好一些。

3. 发展空间不同。由于事业编制的职位相对比较少，因此事业编制的工作人员的晋升机会和发展空间受到很大影响。而相对而言，公务员由于职数较多，晋升的机会和发展的空间也更大。

（二）事业单位的报考条件

1. 具有中华人民共和国国籍；

2. 18周岁以上，35周岁以下（按照有关政策规定对年龄条件有特殊要求的，以招考职位要求的为准）；

3. 拥护《中华人民共和国宪法》，拥护中国共产党的领导和社会主义制度；

4. 遵纪守法，品行端正，具备良好的职业道德；

5. 具备岗位所需的文化程度、专业、专业对应的学位证书、职业（执业）资格或技能条件等，具体以各类事业单位招考岗位表的要求为准；

6. 具有正常履行职责的身体条件和心理素质；

7. 具备岗位所需要的其他条件。

（三）事业单位的报考程序及注意事项

事业单位考试坚持公开、平等、竞争、择优的原则，由用人单位根据招聘岗位的任职条件及要求，采取考试、考核的方法进行。按照制订招聘计划、发布招聘信息、受理应聘人员的申请及资格条件审查、考试与考核、身体检查、确定拟聘人员、公示招聘结果、签订聘用合同和办理聘用手续等程序开展事业单位招聘工作。由于事业单位考试与公务员考试在报考程序和要求上基本一致，因此，事业单位的报考程序及注意事项也与公务员差不多，建议毕业生可参照公务员考试进行准备。此外，在报考过程中，毕业生还需要特别注意以下几点。

1. 关于事业单位招聘信息发布和网上报名平台。事业单位招聘信息通常发布在省、地级市的人社厅局所属的人事考试中心的网站上。福建省各类事业单位考试统一在福建考试报名网（网址：http://fjksbm.com/）发布事业单位招聘信息和进行网上报名。符合条件的毕业生须在规定期限内登录上述官方网站按要求进行网上报名，逾期无法补报。

2. 关于事业单位的加分政策。除了各类基层志愿者项目按国家要求享受加分规定以外，事业单位为了充分体现对退役运动员、退役士兵所做贡献的肯定和激励，在招聘工作人员时，对退役运动员和退役士兵予以一定照顾。以福建省为例，退役运动员、退役士兵参加事业单位面向社会公开招聘工作人员考试，享有笔试成绩加分待遇，加分不受笔试满分限制。具体加分办法如下（以下各项加分可以累计，但最高不得超过10分）。

（1）曾获得世界体育三大比赛（奥运会、世锦赛、世界杯）第2～6名、亚洲体育三大比赛（亚运会、亚锦赛、亚洲杯）和全运会第2～3名、全国锦标赛和全国冠军赛冠军的运动员加9分；获得省运动会冠军、全国锦标赛和冠军赛第2～3名、亚洲体育三大比赛（亚运会、亚锦赛、亚洲杯）第4～6名、全国年度最高级别比赛冠军的运动员加7分。

（2）服役满13年以上的转业、复员士官加8分；服役满9年至12年的转业、复员士官加6分；服役满6年至8年的复员士官加4分；服役满3年至5年的复员士官加2分；荣立二等功以上转业士官、退役士兵另加3分；荣立三等功退役士兵另加2分；获得优秀士官和优秀士兵荣誉称号的退役士兵另加1分；伤残士兵另加3分；长期在边防、高原、海岛等艰苦地区以及从事飞行、舰艇工作的退役士兵除享受以上加分外，可再加3分；入伍前是全日制普通大专以上毕业生（国家统招）的退役士兵，退役后除享受以上加分外，可再加5分。

在事业单位考试笔试成绩公布前，按照国家和省的有关规定，对服务基层项目的大学生志愿服务西部计划（含研究生支教团）、"三支一扶"计划、大学生志愿服务欠发达地区计划、大学生服务社区计划等聘用期满考核合格的毕业生及退役士兵、退役运动员中符合政策加分条件的考生必须按事业单位招聘公告的相关要求在规定时间内办理好加分手续，逾期无法享受加分政策。

3. 关于事业单位笔试科目和时间安排。由于事业单位公开招聘涉及单位多、行业广，没有办法像公务员考试一样安排统一招聘考试，因此事业单位考试在笔试内容和考试时间上差别很大。例如：各级市、县、区统一安排的事业单位招聘考试和中小学（含幼儿园）招聘要求相对稳定和一致，一般有统一组织招聘考试；而高等院校的招聘考试，由于不同院校、不同岗位的要求和招考时间存在较大差异，无法统一组织招聘考试，很多单位是单独发布招聘公告。在这里，主要介绍各级市、县、区统一安排的事业单位招聘考试，中小学（含幼儿园）招聘考试将在后面章节单列详细介绍，高等院校招聘的程序和前面两个基本差不多，但学历要求比较高，一般要求硕士研究生及以上学历，本科生基本很难达到报考条件，在此就不做具体介绍。

各级市、县、区统一安排的事业单位招聘考试的笔试科目一般只考一科——综合基础知识。试题全部为客观题，考试难度总体要比公务员考试相对简单。以福建省为例考试的主要内容包括政治和经济基本理论、公共行政管理、法律基础、职业能力、职业道德、科技和人文常识、福建省省情等，重点考查报考者的综合素质和能力。部分特殊专业职位的报考者，还要求参加专业科目笔试，加考专业知识，考试内容主要包括各岗位相关的专业知识，考试题型与具体要求详见招聘公告。事业单位笔试的具体时间安排在各地区间存在一定差异，具体以招考公告通知为准。建议毕业生要经常关注官方网站发布的信息。

4. 关于事业单位的面试和录用。根据事业单位招聘公告中规定的面试人数与计划录用人数的比例，在笔试合格的人员中，按照笔试成绩从高到低的顺序，确定各职位参加面试的人选。面试成绩最低合格线为60分。如个别岗位进入面试人数少于或等于招考人数时，考生的面试成绩须达到70分及以上，方可进入考察和体检环节。

面试前一般要进行资格复审。各招聘岗位由用人单位负责资格复审。资格复审期间，报考者因故自行放弃面试或资格复审不符合所产生的空额，可由招聘单位主管部门提出递补申请，经区人社局批准，在报考该岗位且成绩达到笔试合格线的报考者中，从高分到低分依次递补面试人员。通过资格复审后，正式面试名单将在面试前公示在福建考试报名网或者用人单位官方网站上。各级市、县、区统一安排的事业单位招聘考试的面试一般采取结构化面试方式，主要考查报考者的思想道德水平、综合知识和解决问题能力等。经考试、面试、体检合格、公示，并最终确定录用的事业单位工作人员，要与用人单位按规定签订聘用合同，确立人事关系。受聘人员按规定实行试用期制度，期满合格的正式聘用，不合格的解除聘用合同。试用期一般不超过 3 个月。

三、国有企业招考——银行招聘考试

国有企业招考主要包括国家电网、中国电信、中国移动、中国石油、烟草专卖局、国资控股的航空公司、轨道交通有限公司等国有企业招聘考试等。虽然每一个大型国有企业都有自己的企业文化和招聘要求，但他们的招聘程序基本上差不多，在此，选择具有一定代表性的银行招聘考试进行专门介绍。

银行招聘考试包含政策性银行、国有商业银行、股份制商业银行、城市商业银行、农商银行和民营银行等各类银行校园招聘。通常各类银行都是以省分行为单位进行统一公开招聘。伴随经济全球化程度不断深入，网络和信息化不断发展，金融行业发展的国际化趋势也越来越明显和突出。可以说，金融行业已成为 21 世纪发展最有潜力、速度最快的行业之一。银行作为金融行业的重要支柱和组成部分，也迎来了重大机遇，获得了快速发展，行业的快速发展也为其工作人员提供了良好的薪资待遇和福利保障。虽然在银行工作，还是会面临一些工作压力，但银行工作相对稳定，薪资和福利与银行工作人员的压力和付出也基本能成正比，有压力就会有挑战，有挑战就需要有付出，有付出就会有收获和成长，因此，参加银行招聘考试就成为众多毕业生，特别是金融相关专业毕业生的首要就业选择。

（一）银行的分类

在我国，银行通常可分为以下几类。一是中央银行，中国的中央银行仅有一家，即中国人民银行；二是政策性银行，主要包括国家开发银行、中国进出口银行、中国农业发展银行；三是国有商业银行，主要包括中国工商银行、中国农业银行、中国银行、中国建设银行、交通银行、中国邮政储蓄银行；四是全国性股份制商业银行（非国有资本参股银行），主要包括招商银行、浦发银行、中信银行、中国光大银行、华夏银行、中国民生银行、广发银行、兴业银行、平安银行、浙商银行、恒丰银行、渤海银行等；五是城市商业银行，主要包括北京银行、上海银行、宁波银行、福建海峡银行、厦门银行、泉州银行等；六是民营银行，主要包括微众银行、北京中关村银行、浙江网商银行等；七是农商银行（农村信用社），主要包括北京农商银行、上海农商银行、福建农商银行（福建农村信用社）等；八是外资银行，主要包括汇丰银行、恒生银行、花旗银行、渣打银行等。

（二）银行招聘考试的报考条件

1. 诚实守信，遵纪守法，品行端正，无不良记录；
2. 具有较强的学习能力、沟通能力、敬业精神和团队协作精神；
3. 要求是全日制大学本科及以上学历的应届毕业生（部分银行也招往届毕业生）；

4. 专业不限，但大学所学专业为数理统计、经济学、管理学、理学、工学、文学等门类相关专业具有较大的优势；

5. 部分银行对毕业生英语水平有要求：大学本科毕业生须通过国家大学英语四级（CET4）考试（成绩不低于 425 分），或托业（TOEIC）听读公开考试（成绩不低于 630 分），或新托福（TOEFL-IBT）考试（成绩不低于 75 分），或雅思（IELTS）考试（成绩不低于 5.5 分）。英语专业毕业生应达到英语专业四级（含）以上水平。

6. 具有正常履行工作职责的身体条件，具备健康良好的心理素质和综合素质；

7. 符合应聘职位的其他资格条件和胜任能力要求。

☞【推荐阅读】

各类银行招聘信息官方网站

中国银行招聘公告专题网：https://www.boc.cn/aboutboc/bi4/

中国工商银行人才招聘网：http://www.icbc.com.cn/icbc/

中国建设银行诚聘英才网：http://job.ccb.com/cn/job/index.html

中国农业银行人才招聘网：https://career.abchina.com/build/index.html♯/

交通银行人才招聘网：https://job.bankcomm.com/societyPosition.do

中国邮政储蓄银行招聘公告网：http://psbcjrkj2020.zhaopin.com/index.html

中国光大银行招聘网：http://cebbank.51job.com/job.php

兴业银行招聘英才网：https://www.cib.com.cn/cn/aboutCIB/about/jobs/index.html

福建农商银行（福建农村信用社）人才招聘网：https://career.fjnx.com.cn/signup

银行考试网：http://www.bankksw.com/

（三）银行招聘考试的报考程序及注意事项

采取毕业生个人自主网上报名的办法，按照发布招聘信息、网上报名、简历审查与甄选、笔试、面试、体检和签约录用等程序开展银行工作人员招聘相关工作。

在整个银行招聘考试的报考过程中，有几个环节需要特别注意：

1. 关于银行招聘考试招考公告发布和网上报名平台。各类银行招聘考试一般会在银行官网的人才招聘专栏发布招考公告和进行网上报名。符合条件的毕业生须在规定期限内登录自己要报考银行的官方网站按要求进行网上报名，逾期无法补报。

2. 关于银行招聘考试的网上报名信息填写。网上报名信息填写是整个银行招聘考试中最重要的环节。参加银行招聘考试的毕业生很多，银行要根据招聘条件对报考者进行资格审查，并根据岗位需求及报名情况等，择优甄选确定入围笔试人员。如果在这一环节不注意，可能就没有机会进入笔试环节了。建议毕业生不仅要按规定要求如实填写个人信息，还要根据银行的企业文化和具体岗位的招聘条件，结合自身的实际情况进行精心设计和编辑，把自己最大的优势和亮点通过简历展示出来。另外，各类银行一般每年都有向社会公开招聘实习生，如果毕业生能够在大学期间有自己所要报考银行的实习经历，肯定会为自己加分，脱颖而出的机会也更大。

3. 关于银行招聘考试笔试科目和时间安排。不同银行在招聘考试的笔试这个环节差异比较大，具体考试内容和时间安排，毕业生要以银行官网的人才招聘专栏所发布的招考公告要求为准。在这里，以中国建设银行为例进行介绍。建行招聘笔试分为综合类和信息技术类两个科目，主要考查应聘者的专业知识、职业能力和综合素质。其中，综合类笔试侧重考查经济学、财政金融学、货币银行学、会计学基础、法律、营销、管理、信息技术、数理统计等方面应知应会的知识；信息技术类笔试侧重考查计算机网络、操作系统、软件工程、信息安全、中间件、主要分布体系及架构、设计模式、数据结构与算法、开发语言语法、数据库（语法）等方面应知应会的知识。申请科技类专项人才岗位的应聘者，笔试科目请选择"信息技术类"；申请其他岗位的应聘者可在综合评估自身知识储备后任意选择一个笔试科目。

4. 关于银行招聘考试的面试。银行会通过手机短信通知或者官方招聘网站公布笔试通过人员名单及面试相关要求。面试前，银行一般要进行资格复查，主要审核面试人员的基本情况和信息，有机会参加面试的毕业生需要提前准备和携带以下资料原件、复印件（A4纸复印）参加面试。材料包括：身份证；学生证；英语成绩单（仅入围信息科技岗考生提供，包括大学英语四级和六级、雅思、新托福成绩证明材料等）；毕业生就业推荐表（填写完整并盖院校公章）；学习成绩单（加盖学校相关部门公章）；教育部学籍在线验证报告；等等。关于面试的具体程序和要求，各类银行差异也比较大，建议有条件的毕业生要积极联系上一届考上银行的师兄师姐，主动请教和取经，更加深入了解面试环节的相关重点和注意事项，做到胸有成竹，从而增加自己面试成功的机会。

5. 关于银行招聘考试的录用和签约。对于体检合格的毕业生，银行会要求其提交就业协议书，按程序进行签约，并办理录用相关手续。签约过程建议毕业生重点关注一下违约责任要求，部分银行对违约责任要求较高，一般会在就业协议书以外再附加一个具体违约责任的详细要求，毕业生要在签约前慎重考虑后再进行签约，签约后银行会按程序统一提交省行进行盖章，盖章程序完成后毕业生需要拿回两份就业协议书，一份交学校，一份自留保管。

☞ 【案例阅读一】

考公分享：在最美的年华邂逅最好的自己

时光荏苒，回顾四年的大学时光，往事依然历历在目，当初那个稚嫩的青涩学子，转眼已成为一名风华正茂的青年税官。今天，我以一名毕业学姐的身份在这里，通过四个关键词分享我从大学到工作的些许感悟，只为告诉大家：志存高远，不负韶华，请在最美的年华邂逅最好的自己。

关键词一：自信

前段时间与朋友谈起自己的大学，感觉一切都恍如昨天。应聘院学生会时的惴惴不安，报名街舞团时的满心期待，参与校园支教时的慷慨激昂，准备百人操时的通宵达旦……每一段都在刻录青春记忆，每一幕都彰显芳华本色。那时的自己，就是满腔热血，心向阳光，因为自信，所以无畏。其实，自信有时仅源于一句鼓励，而重拾自信便是成长。依稀记得，大三竞聘助导，因缺乏信心便不抱希望，但内心中那股不服输的劲儿又一直让自己蠢蠢欲动。当时，一位学姐看穿了我的心思，便鼓励我："想想最坏的结果，就算没有竞聘成功，也丝毫不影响当下的生活，那为何不放手一搏呢？不要只看到失败的可能，更多的是要珍惜获得的机会。"就因这句话，我最后鼓起勇气，竞聘成功。后来，每当我面对挑战和困难时，我都以此鼓励自己不断突破，战胜困难。其实，自信就是你实现目标的助手，当你有了自信，你离目标也就更进一步了，实现了人生无数的小目标，你离成功还远吗？

关键词二：责任

我一直很认同一句话："人生最公平的便是在不同阶段，会有不同的责任让你去担当。"但担责不一定非要做大事，只要在平凡的岗位上尽其所能地肩负起自己应负的责任，就会受到大家的尊重和信赖。在大四的时候，多数同学都在为找工作做充分的准备，逐渐少了对班级事务的关心。在这时候，我毅然决然选择接过班长的"接力棒"，立下站好最后一班岗的"军令状"。毕业班的班级工作较往常大不相同，不仅量大而且烦琐，需要整理大家的档案、填写各类毕业生表格，每件小事、每个细节的背后，都直接关系到每位同学的切身利益，容不得半点马虎。那时的我每天总会反复提醒自己"再严谨一点，再认真一点"，始终保持高度的责任感，严肃认真地对待各项工作，最后看到全班同学都顺利毕业，我也倍感欣慰，油然而生一种小小的成就感。其实，在我看来，工作中一个人最大的魅力就是责任心，它不仅是一种担当，更是一种能力，所以我常以此自勉，久而久之，时刻保持责任感便成为我的一种习惯和生活的态度。

关键词三：信念

在进入大学以前，我们以为翻过高考这座大山，人生就是一马平川了，谁曾想高考只不过是人生的起点，之后还要翻过一座又一座更高的山峰，比如就业、职场，哪个都比当初复杂得多。大四这年，面对国考，我因准备不够充分，最后与自己的理想单位失之交臂，当时的个中滋味只有自己知道。后来，在公考路上，我整整奋斗了一年。这一年里我的心态经历了几次大变化，在苦学苦练后成绩毫无起色时自我否定，在亲戚关心和朋友圈中心态动摇，在大学毕业没有收入的窘境中敏感自卑……在某个阶段，压力、失落和浮躁充斥着自己。但我衷心感谢父母一路上默默地支持与鼓励，更感谢自己能坚定信念，顶住压力，最后考入厦门税务，实现自己的理想。我想，无论站在未来哪个人生节点，拥有这段经历，定能让我无惧风雨，乘风破浪。我也相信，只要拥有足够坚定的信念，一定会驱散绝望，创造奇迹。

关键词四：学习

2017年5月被厦门税务通知录取后，我主动申请提前到单位报到，那年正值"营改增"，我被安排在税务工作第一线——办税服务厅。面对每天花样百出的咨询，内心常常十分忐忑，也恰恰从那时起，我便深知业务学习的重要性，只有练就过硬的本领，才能在新时代的浪潮中勇立潮头。于是，我每天工作的时间从 8 小时之内延伸到 8 小时之外，从白天延伸到了夜晚。我始终相信，每一段辛勤的付出，都是人生最珍贵的礼物，你只要拼命努力，生活就会给你想要的。于是，我利用这三年的时间不断学习各项业务知识。从第一次接触数据的手足无措，到现在能够熟练地筛查出正确数据；从第一次上报材料忘记附上主题，到现能够按时保质地上报各项材料；从第一次写动态翻阅大量税报花费一周时间，到现在我能够在平时就做好素材积累，最后做到游刃有余。这些都是我成长的轨迹，也是我人生的阅历。如今，在经历了多个岗位锻炼后，我已顺利成长为科室里的业务骨干，在这个过程中我也不断感受到钻研业务的快乐和帮助纳税人的幸福。"苔花如米小，也学牡丹开"，未来我依然会坚守在征管一线，永远散发自己的光和热。

都说人的一生，好比搭房子，每段宝贵的经历就似房子的片片砖瓦，而大学四年的点滴累积就似房子的地基，它决定了我日后的格局与发展。毕业后我常说，母亲给予我走向这个世界的起点，而母校却给予我走向这个社会的起点。我衷心感谢母校四年的培育与滋养，让我能够潜心修炼、沉淀自己，我将永远铭记"知明行笃，立诚致广"的校训，不断鞭策自己成长为一名讲政治、重实干、强担当的奋斗者和追梦人。

交流与分享

在这里，我向大家介绍公考期间几种自我调节情绪的方法：

方法一：坚持写日记。用文字宣泄自己的情绪，让自己与内心对话，这些坏情绪便会被一一遣散。在日记里，学会与自己和解并不断鼓励、安慰自己，每次写完日记，就能重新燃起斗志，满血复活。

方法二：坚持去图书馆学习。安静的环境和固定的时间对公考自我模拟尤为重要，图书馆拥有良好的学习环境，能避免各种突发情况的干扰，让人沉下心来安心学习，提升学习效率。

方法三：适当放松自己。备考期间，可以适当选择与朋友吃顿饭、聊聊天，既是为了奖励近期努力学习的自己，也能一起来吐槽备考那些事儿。其间，爱好运动的同学也可以打打球、跑跑步，适当减压，因为劳逸结合才能事半功倍。

（作者简介：庄婉珍，女，2016 届财务管理专业毕业生，现任国家税务总局厦门市海沧区税务局征收管理科一级行政执法员。寄语：志存高远，不负韶华，请在最美的年华邂逅最好的自己。）

☞ 【案例阅读二】

考银行分享：卓越始于平凡，完美源于努力

渐渐地，我们开始明白每个阶段不同的经历与成长，都给了我们不同的体验，对生活对工作对身边的人，总是能感慨万千，但我相信面对挫折，不断迎接挑战，突破自我，必然会有收获。时间飞逝，转瞬我已毕业四年有余，一直想将自己工作后的学习、经验和感悟以文字的方式做一个总结，但总是因为这事儿那事儿给耽搁了。这次在我大学辅导员的邀请和鼓励下，我勇敢地拿起笔，抒发下我的内心，也希望自己的经历和感

悟对学弟学妹有所帮助。

一、大学：在努力和奋斗中成长

学生干部的经历不仅让我的大学生活更加多姿多彩，更是在无形中锻炼了我的能力。在大学担任学生干部期间，我处理了各种琐碎事件，组织策划了不少活动，我得到的成长也显而易见。个人品质上，我更加吃苦耐劳了；个人能力上，我在组织、策划、沟通协调能力方面也都有了很大的提高。在担任团支书期间，我曾和团队熬夜整材料到凌晨四点，当看到图文并茂的成果时，能由衷地说出："哇，太漂亮了。"幸福溢于言表。类似的经历太多太多，就是这些忙碌充实、苦中带乐的学生干部经历，塑造了更优秀的自我，我也在自己不断的付出与努力中获得了学校"三好学生标兵""优秀共青团干部""优秀社会工作积极分子"等荣誉，更重要的是这也为我今后银行考试面试和步入职场奠定了基础。

实践出真知。每年寒暑假我都会去北京帮父母照看生意，很多实习生因工作量大、压力大中途辞职，我每天工作近12个小时，始终保持着高度的工作热情。多次的实习使我擅于与形形色色的顾客打交道，在团队的销售中总能脱颖而出，获得较好的销售业绩。通过各种实践机会的锻炼，我的营销能力、应变能力、分析能力都有了明显的提高，同时，我还积极参加各类学科竞赛，也取得了市场调研团队三等奖、广告策划一等奖等良好成绩。

越努力越幸运。给自己定一个目标，并朝着目标前进，行动会更加有力。步入大三，我的求职目标非常明确，就是要考银行。之所以选择银行主要有两个原因：一是，银行工作与我的大学专业市场营销比较对口和匹配，能够更好地发挥我的专业优势；二是，银行工作与我的职业兴趣吻合，我喜欢跟人打交道，喜欢营销。虽然我的求职目标明确，但我能考上银行并不是偶然的。我一直坚信一个人只有越努力才会越幸运，绝对没有侥幸而言。在大四准备银行考试的过程中，我付出了很多心血，到最后自己都不知道做了多少套卷，在自习室一坐就是一整天，在高强度的备考中依然坚持每天晚自习完去操场跑步半个小时，放松一下身心，在紧张关键的备考中不能让身体先倒下，如今回想那会儿那个拼劲依然能会心一笑。

二、职场：在服务和营销中提升

2016年，刚入行的我从事着一份平凡的工作——柜员。也许有人会说，普通的柜员何谈事业，不，只要脚踏实地做好当下的工作，在平凡的岗位上一样可以做出不平凡的事业，因为卓越始于平凡，完美源于努力。我新加入的支行网点的特点是现金量大，工作量大，客户群体单一，工作相对单调乏味，而我始终微笑面对客户，在客户眼里看不到我一丝疲倦，始终保持一颗服务、真诚的心和高度的营销热情，以自己积极的工作态度赢得顾客的信任。

在这个支行工作的两年中，我始终坚持"顾客至上""我营销我快乐"的服务营销理念，并取得了一定的营销业绩，特别是信用卡方面。2017年6月，掌银推荐办卡刚上线，我积极掌推办卡，并于2017的7月、8月分别获得厦门分行掌银信用卡营销冠、亚军；在2018年的"春天行动"信用卡竞赛中获得厦门分行进件前五名，并以建账

109 张上榜厦门同安全员营销龙虎榜；在"大干四个月，拓户三万六"信用卡竞赛中又脱颖而出，最终进入厦门分行前 20 名，在此竞赛期间多次获得"日营销冠军"；我的"信用卡营销话术"更是入选总行"农行微青春·最强营销话术活动"第一期，并以当期投票第一名入选"农行 2018 年度最具人气营销金句"。我通过积极营销信用卡带动了网点现金分期和账单分期等业务的发展，并于 2020 年 7 月信用卡分期模块竞赛中获得厦门同安支行第一名。平常我主动积极向身边优秀的同事和领导学习业务技能和营销技能，在保险、贵金属、基金、理财等其他产品营销上也有所突破。

银行网点的发展不仅是个人的责任，更是我们每一个员工共同的责任，认真做事只能把事做对，只有用心做事才能把事做好，我们应该用心去打动客户，用产品去吸引客户，用服务去维系客户，从而提高客户的满意度和忠诚度，实现个人和单位的不断发展。

三、银行考试分享：全力以赴，胜者为王

银行考试包括网申、笔试和面试三个环节。

1. 网申：报考银行第一步，至关重要，在简历上一定要多花点心思，突出自身优势，放大特点，多投递几家银行，广撒网重点捕捞。首先，在网申中突出的内容要与自己报考的岗位相匹配，比如你要报考营销岗位就多突出营销方面的特长，报考技术岗位就突出计算机等方面的优势，报考柜员岗位就突出自己认真、细致、耐心等品质特点；其次，实习经历不是长篇大论就是好，要突出结果，用数字用例子去论证才能一目了然，如果有银行实习的经历就锦上添花了；最后，建议提前准备好网申的常规问题，例如自我介绍、实习经历、自我评价、职业生涯规划等，例子要丰富多彩，好简历不是写出来的而是改出来的，要不断地修改简历，简历越完美，网申通过率越高。

2. 笔试：五大行考试内容大同小异，笔试包含行测、英语、综合知识三大模块，再加性格测试。其中行测包含数量关系、言语理解、逻辑推理、资料分析等，综合知识包含经济、金融、会计、法律、历史、时政等，总体来说，笔试考查的内容多，范围广，题量大，所以要尽早做准备，有计划地多刷题，复习要全面，也可以报相关培训机构系统化复习。而且每个银行考试内容有所侧重，有的侧重英语，有的侧重综合知识，这时候你可以模拟练习各个银行历年考试的真题，里面有每个银行不同模块的考试分值占比的介绍，我们要根据各个银行考试的特点，全面复习的同时有针对性地复习。在笔试现场，由于题量太大，时间紧，有时候往往没办法把试卷的每一题都做完，这时候一定要学会取舍，难度较大、分值较低或者说计算过于复杂太浪费时间的题果断舍弃。

3. 面试：一般银行面试会分为无领导小组面试和半结构化面试，两种形式的面试主要都是为了考察你的组织能力、语言能力和临场应变等综合能力。面试前可以购买银行面试书本和观看相关面试视频，学习面试技巧，甚至可以和朋友、舍友通过角色扮演面试官与考生，模拟面试现场回答问题，提升面试技巧。面试现场切忌爱出风头，锋芒毕露，所有问题自己一个人抢着回答，当然也不能沉默寡言，缺乏自信，而要学会顾全大局，统筹协调，沉着冷静思考分析问题，自信大胆地表达自己的观点看法，发挥自己的长处，给面试官留下深刻印象。网申通过后尽可能地多去几家银行面试，积累实战面

试经验。

（作者简介：李雪盈，女，2016 届市场营销专业毕业生，工作单位：中国农业银行股份有限公司厦门市分行。寄语：一步一个脚印，越努力越幸运！）

☞【案例阅读三】

仰望星空，脚踏实地

大学是人生的关键阶段。对于我来说，大学生活可以分为这样几个阶段：大一与小伙伴们共同成长，一起融入大学的新生活中；大二渐渐清楚自己的方向，并做出相应的规划，权衡好学习与工作之间的关系；大三有了更加明确而坚定的目标，并为之踏实地走下去；大四充分地将理论与实践活动相结合，走向社会。

一、勇于尝试，学会担当

大一，出于对学生工作的好奇与热情，我开始了学生干部经历。从大一到大四，从部门干事到学院主席团，再到班级班长，从执行者到组织者、谋划者，每一次身份的变化都饱含着汗水，伴随着熬过的夜晚。每一场活动之后的反思与总结，每一次老师、学长学姐们严格的指导，每一个小伙伴相伴赶工的通宵日子，对于我来说，都是成长、感激和信任。

学生组织是一个平台，或许工作会很烦琐，甚至有一些体力活，但不可否认的是它锻炼了一个人的品质，拓宽了一个人的交际，培养了一个人的技能。几年的学生组织生活，对我而言，不仅仅是结识到了一群志同道合的人，更是教会了我承担责任，让我有了更高的视野和格局。爱因斯坦说过："对于每一个人，他所能选择的奋斗方向是宽广的。"所谓学生工作，也只是你的一种选择。对于学生工作，我想说："这是一个无悔的选择。"

二、脚踏实地，业精于勤

从满怀着希望和憧憬来到大学的那一刻起，我便知道作为一名商务英语专业的学生，在学习英语语言的基础上，还需要掌握经济类的知识。同时，在这个充满竞争的社会里，只有不断地充实自己，才能更好地融入这个社会，适应这个社会。

大学的学习是宽松的，需要自我要求。在大学四年中，我给自己定下了明确的学习目标，合理安排时间，提高学习效率。学习没有捷径，只有踏踏实实、一步一步把专业学扎实。正是这种信念，使我较好地掌握了一定的基本专业知识，学习成绩始终在专业名列前茅，并以专业第二的优秀成绩毕业。

三、知行合一，始于足下

理论与实践相结合，将所学知识运用于实践，是大学生自我完善的必然要求。我觉得丰富的实习经验不仅会为未来求职的面试带来优势，同时实习提供了试错的机会，可以在实习中明确未来就业的方向，这对于未来的生活和工作是非常重要的。

跨境电子商务是商务英语专业的热门就业方向之一，通过学院的实训项目，我前往福建诺亚创梦电子商务有限公司进行为期五个月的实践学习。对于公司而言，每一个岗位都有其价值所在，作为业务员，提高产品的销量就是目标。虽然当时自己还只是一个实习生，但公司对我们是以一个成熟的业务员的标准进行培养。回想起自己那几个月的业绩情况，是一个跌宕的过程，也是一个进步的过程。第一个月，作为跨境电商的菜鸟业务员，我"光荣"地以负数业绩收场。这样的结果，对于那时的我无疑是一个沉重的打击，一个月的工作仿佛付之东流。但是，在组长的指导下，我收拾好心情，寻找问题，总结修改，再出发。第二个月的业绩，初显苗头，出单量开始稳定。随着跨境电商的旺季来到，以及自己管理的店铺产品量的增加，业绩也随之逐步提高。这一点点的进步，也是对自己工作的一点点认可。实践结束时，我也获得了主管发出的 offer。

同时，我也利用寒暑假，选择自己向往的行业实习。因为喜欢摄影，我曾在一家照相馆学习过一段时间。也曾因为一次机会，进入广州银行天河南支行实习，这是一次学习知识与体验职场的重要实践。在实习之前，我以为银行工作是比较简单轻松的，真正进去工作了解之后，才发现并不像自己想象中的那么简单。虽然实习只有短短的一个月，却给我在金融知识、银行业务、公司内部管理等方面上了一堂意义深远的实践课。从中，我也发现自己需要学习和提高的东西还有很多。通过这一次的实习，我继续努力地充实自己，提高专业水平，开阔视野。并在 2019 年的秋招，通过了笔试、面试，正式签约广州银行广州分行，收获了人生另一阶段的一张入场券。

仰望星空是我们追逐梦想的开始，脚踏实地则是我们让梦想成真的途径。我一直相信，一步一个脚印，你所付出的努力，也许不能够即时给予你回报，但一定会为你的未来添砖加瓦。仰望着星空，脚踏着土地，一步步前行，愿每一个人都能变成自己最想成为的样子。

（作者简介：谢漪涵，女，2020 届商务英语专业毕业生，工作单位：广州银行广州分行。寄语：只要认准目标，坚定不移，踏实努力，就会有闪光的时候。在成长的路上，一切皆有可能。）

☞ 【案例阅读四】

从分校飞向蓝天

人，在每个阶段都有不同的认知，生活也是一个不断打破自我又重塑自我的过程。毕业将近十年，如何将这几年的工作生活感悟以最简洁的形式表述出来，并且以文字形式转述给学弟学妹，于我而言，它的难度远高于自己的飞行工作。

一、热血青春

学海无涯苦作舟，熬过了高中三年苦读，与许多人一样，我也满怀憧憬步入了大学的校园，它承载着莘莘学子的期许，色彩单调，却不乏味。虽然每天在校园都重复着同一种节奏，但故事却不尽相同。入住宿舍的第一天，我就错把舍友当作辅导员，闹出了笑话。而后我的大学生活简单、充实、丰富、多彩，新生军训"流血流汗不流泪，掉皮掉肉不掉队"的醒目横幅、迎新晚会"梦想起飞的地方"、运动会"道德风尚奖"、文明班集体展示会"同一个梦想"、年级感恩主题教育"感动人文 07"、井冈山社会实践

"追溯红色经典，青春报效祖国"……大学的点点滴滴至今还浮现在我的眼前。

在大一，一次偶然的班干部竞选，我当上了班里的副班长，正是这样一个机会，学生干部这个身份陪伴了我大学四年。大二、大三，是我学习成长最多的阶段。依旧清晰地记得，第一次班长支书会议，全场只有我一人没有带纸笔，别人穿着仪表均整洁大方，我是篮球背心配休闲裤，运动风和休闲风的结合，在那样的场合显得格格不入。后来辅导员善意地提醒了我，我才恍然大悟，明白了生活处处皆细节，必须严于律己。大二上学期有幸成为自律会的成员，常常跑到各个年级班级点名，任何旷课迟到的行为，都一一详细记录在案。刚开始进入教室门口的时候比较胆怯，次数多了，也就慢慢习惯了。这也为我后来组织文明班集体评选打下了基础。大三下学期我开始向往就业，辅导员也常常提醒我们多关注校园考研信息或招聘网站，做好职业生涯规划。每次回家，当父母和我提起谁家孩子大学毕业找了一份好工作，月薪几千元、几万元的时候，美慕之情油然而生。我即将走向哪里？何处是我施展抱负的平台？这种念头不时出现于我的脑海当中。一次偶然的机会，在学校的图书馆上网查找公务员、事业单位考试的时候，看到了厦门航空空中警察招聘的启事，只招收应届生。于是我暗自下定决心，买了一堆备考书籍，准备明年报考。

二、梦的起点

大四开始了，很多人依旧保留原来的生活节奏，日子一天一天过，也有部分人开始忙碌起来，有人开始了校外兼职，有人备考研究生，而我一直在等待我的公安招聘。焦急地盼来了秋季新的一轮公务员招考，结果没有了空警的岗位，失望之余我打开了厦门航空的网站，此时一则飞行员招聘公告映入眼帘。飞行员？黄金打造的职业？我好奇地打开了网站，"全国招聘""国外培训""翱翔蓝天"……我被各种噱头吸引着。文字描述真的很美好，只是有一个很大的风险，如果学飞没有学成，则暂停培训，必须赔偿所有的委培费用，四十万元！这是一个天文数字！我陷入了沉思，没有优越的经济支撑，也没有深厚的人脉关系辅助，我是否该报名？失败了又该如何偿还培训费用？我经历了人生一次很重要、很沉重的选择。思虑再三，我告诫自己，搏一次，且只能成功。

三、梦想起航

在经历了无数次的体检、考核、面试筛查后，我终于如愿以偿，在2011年8月报到入职。天南地北的小伙伴为蓝天之梦齐聚在此，感觉又回到了大学。全新的环境、全新的同学、全新的期许，在这里从零开始。我学飞的艰难程度远超过其他同学，这儿大部分学员都是理科班出身，而我则是文科班，汉语言文学专业。老师上课讲空气动力学、航空通信，同学回答得是头头是道，公式信手拈来。而我，时时刻刻抱着手机找"度娘"，什么是伯努利定律？什么是ICAO（国际民用航空组织）？再加上长期荒废英语，四级考试之后，早已将它抛诸脑后，外教的口语课让我猝不及防。后来当一个一个小伙伴通过了美国泛美航校考试，确定可以出国进入第二阶段学飞的时候，我落选了，成为班上仅有的几名"命悬一线"的人员之一！

我不断告诫自己，当你无法从一楼蹦到三楼时，不要忘记走楼梯，因而必须找出自己的薄弱项，脚踏实地，稳扎稳打。在那段时间里，我不断地备考英语，练习口语，以此来巩固知识。第二次备考的三个月时间里，别人轻松上课，快乐下班。聚餐、烧烤，课外生活丰富多彩，而我只有备考、备考、备考，这几个字深深烙在我的脑海中，那时我无比美慕他们，内心五味杂陈。终于在 2012 年 3 月，我搭上了出国的飞机，成为飞行学员。

背对太阳，阴影一片；迎着太阳，霞光万丈。从没想过我也可以出国接受这种高标准的系统培训，也不敢想，一直到飞机降落在美国的亚利桑那州时，这种恍惚才消失，我离梦想更近了一步。但欢喜中夹杂着一份凝重，接下来将面临更大的挑战，因为凡是出国学飞的学员，都会有强制性淘汰。我只有更加坚定步伐、刻苦攻读，才能真正翱翔蓝天。

生命如雨，看似美丽，但更多时候得忍受那些寒冷和潮湿。在美国学飞，老师上课全英文教学，课程有的时候上得久，长达十几个小时，老师在台上滔滔不绝，我刚开始常因单词没跟上，在台下"鸭子听雷"。课后必须找人补习，才勉强跟上进度。每天都在指缝中抠时间。除了学习，我们天天都要自己做饭，一开始大伙轮流煮，但是随着学业的不同，周期不一，忙起来，便煮一顿饭热三次，顶三餐。除了忙碌，还得承受随时被淘汰的无形压力。多少个夜晚辗转反侧，我都梦到事与愿违，一个人拖着行李落寞离开，醒来满身大汗。

第一次开小飞机上天的时候，激动兴奋，但内心忐忑不安，双脚颤抖，即使这样，依然还要和右座的教官说"I am not nervous"，生怕教官觉得这小伙心理素质不行，那技术肯定也不行，飞不了几次肯定要被淘汰。故乡月光皎洁，有我的祖国，有我的亲人、我的爱人，虽然我很想回家，但深知我还不能回去，更不该以这种方式回国。

幸运的是，在国外培训期间，我遇到了技术过硬又严谨认真的教官，也遇到了很有温情的外国朋友，在他们的帮助与鼓励下，起早贪黑、挑灯夜读的日子终于结束，我顺利通过了所有阶段考试，也成为班上唯一获得了美国泛亚航校飞行奖和理论奖的人。这于我而言是无上的光荣，因为在整个泛亚航校历史上，获得双证的学员屈指可数，而我荣幸地成为其中一员。飞行执照有私照、仪表及商照，我们都要一一考取，回国后要拿着这三本证参加考试，换取国内大型客机的执照。当顺利拿到三本证书、两个奖章的那一刻，我终于明白命运如同手中的掌纹，无论多曲折，只要付出十倍努力，终究掌握在自己手中。

四、翱翔蓝天

2013 年 3 月 8 日，我终于回国了。尽管回国后也是考试不断，大考小考，每一次的考试都至关重要，稍有差池，就得接受严厉的惩罚，要么停飞要么降级。所以每逢考试，我总提醒自己，不要忘记了第一次考试失败的感觉，不忘初心，沉着冷静。回国后第一个引导我入门的洪教员，也教育我"飞行员要学会眼观四路，耳听八方"。2018 年 5 月，我顺利被聘任为厦门航空公司机长，成为我们那批在厦小伙伴中最早步入机长行列的人。作为一名机长，当我驾驶飞机在蓝天自由翱翔的时候，感触更深的是一种责任，就像厦航一直以来所践行的"人生路漫漫，白鹭常相伴"，每一次的飞行，我都要全力以赴，为所有乘客的出行保驾护航。翱翔蓝天的时候，我还有很深的母校情结。每次飞机飞上蓝天，飞过福清的时候（福清是一个导航台，作为航路的参考点），我都会有意识地寻找母校的身影，石竹山下的鲤鱼岛依旧清晰可见，教学楼、科学楼还有操场的轮廓风采依旧。学校一草一木，满是回忆；一砖一瓦，皆是感动。

从分校到蓝天，青春是场迷人的旅途，充满欢声笑语，有时又令人踟蹰彷徨，走过的是岁月，路过的皆是风景。不要因一次挫败，就忘记自己最初想要到达的地方。人不能决定生命的长短，但可以控制它的方向；不能预知明天，但可以把握当下；求学、求职路上，不能事事顺心，但可以处处留心，把握机遇，全力以赴。我愿以美妙的青春为圆心，以丰富的知识为半径，立志在飞行旅程中画出人生中最完美的一个圆。

五、与学弟学妹的分享

1. 你现在做的每一项决定，大部分是基于你目前仅有的生活阅历的判断。而人的认知会随着你生活的经历不断更新，不断丰富，孰对孰错，没有一个准则，当遇到困惑的时候，多与伙伴分享，多与师长交流，在一定程度上可以少走很多弯路。

2. 不管你是学生干部，还是自主经营学做小生意，大学四年一定不要虚度时光，这四年是最为宝贵也最为美好的时光，找一件事情来做，并且坚持，为之充满热情。有一技之长，会让你在社会上温饱自足。

3. 机会是留给有准备的人的，认准了就要努力，努力的过程中会遇到失败，可能不止失败一次。但只要年轻，只要肯干，就有资本，就有机会。

（作者简介：叶炳辉，男，2011届汉语言文学专业毕业生，现任厦门航空有限公司机长。寄语："雪压枝头低，虽低不着泥。一朝红日出，依旧与天齐。"无论何时何地，处在何种境地，我们都要保持一颗永不言弃的心。）

☞ 【拓展阅读】

"体制内"有多大魅力？

一、谁在"体制内"？

政府机关最典型，事业单位处于中间状态，国有企业处于最外围

"体制内"，人们常常提起；到底什么是"体制内"，却少有人仔细审视。

"体制内人员，主要是指财政供养人员，包括公务员，参照公务员管理的人员，科研、教育、卫生、文化等行政性事业单位工作人员。此外还有部分国企高管。"上海东华大学经济发展与合作研究所所长严诚忠说。

"体制内"的概念肇始于改革开放。改革前，绝大部分拥有城镇户口的人都在体制内。那时，城镇就业人员都有"单位"，单位既是一个经济组织，也是国家政治体系的基层组织，同时承担了从"吃喝拉撒睡"到"办追悼会"在内的广泛社会职能。严诚忠回忆道，当时并非完全没有"体制外"，"比如集体企业的临时工、民办教师等，只不过占比很小"。改革开放之后，传统的计划经济体制走向瓦解，"体制内"占据空间越来越小。有专家认为，如今的"体制内"可以分为三个层次，政府最为典型，处于核心圈，事业单位处于中间状态，而国有企业则处于最外围。

进入 21 世纪，国企改革不断深入，"股份制改造""建立现代企业制度"，大量国企职工被推向"体制外"。"目前留在体制内的企业主要是一些公共事业领域、资源垄断领域的国有企业。"严诚忠说。在这些国企中，比较特殊的群体是国企高管。在某大型国有商业银行工作的肖先生告诉记者，在他们银行，总行事业部的经理，以及各省市分行的行长层级以上的领导，还保留着行政级别，属于"体制内"，下面的员工则属于"体制外"。

随着事业单位改革推进，一些整体上属于"体制内"的单位，也渐渐涂抹上"体制外"色彩。李桦在一家电视台工作近 20 年，她介绍说："台里众多员工，有编制内的，也有编制外的，编制外的又分为台聘、部聘、频道聘多个等级，不能简单地说我们台里的员工是体制外还是体制内。"据了解，这种情况不仅出现在事业单位，行政机关的司机、保安、保洁等后勤岗位也逐渐从"体制内"剥离出来，有的还采取了劳务派遣的用工形式

目前，我国有公务员约 700 万人、事业单位员工 3000 多万人。从数量上看，"体制内"已绝对是少数。

二、"体制内"魅力何在？

工作稳定、福利优厚、社会地位高

2014 年国家公务员考试，职位只有 1.9 万多个，报考人数却达到了 111.9 万人。"体制内"到底蕴藏着怎样的魅力？

5 年前，李想作为应届毕业生，考入北京市某区机关，成为一名体制内公务员。5 年间，不少在民企、外企工作的同学已经换了好几份工作，李想却从未动过跳槽的念想，"虽说不能大富大贵，但至少工作稳定，论资排辈总能看到奔头；除非犯大错误，一般不会被辞退"。2011 年，《公务员法》实施 5 周年的统计显示，当时全国 600 多万名公务员，5 年总共辞退了 4778 名，辞退率 0.08%。

与大学同学相比，李想的薪水并不算高，如今当上科长，月工资 6000 多元，与多数同学过万元的收入相去甚远。不过，李想觉得，在福利待遇方面，公务员还是有不少优势：虽说福利分房遥不可期，但区里有宿舍，三室一厅，一人一间，免收房租，"省下了 2000 多元月租，想住就能一直住下去"；吃饭也不怎么用自己花钱，单位的餐补打到饭卡里，一天三顿都能在食堂解决。

"在北京当公务员，户口问题轻而易举就解决了，将来孩子上学也方便。"李想告诉记者，虽然公务员的账面工资和隐性收入加起来后，仍与体制外有所差距，但在户口、医疗、教育等方面确实也有不少更优厚的待遇。

中国人民大学教授郑功成认为："体制内的优势，更多表现出的是工作的稳定性、福利的优厚性、社会的主导性；与之相应，体制外更多表现出灵活性，伴随而来的还有风险性、低福利性，以及对社会或所在单位的影响力弱。"

"体制内"之所以具有很大的吸引力，严诚忠认为，一定程度上也来自社会上的"求稳"心态。当前，基层的财政供养人员主体是教师和医生，虽然没有太多权力和特殊待遇，但能满足"求稳"心态。"很多家庭都是独生子女，经济条件也还说得过去，不仅父母希望能规避风险，就连孩子个人也都渴望稳定。"

三、"体制内"何去何从？

期待畅通流动渠道，打破体制壁垒

今年 3 月，南昌高新区管委会在江西率先启动干部人事制度改革，明确今后补充工作人员，一律实行编外聘用。类似这样的聘任制改革，在广东、上海等地也已开始尝试，其目的就是打破"体制内"的终身就业制。不过，这些改革大多是针对"增量"，不触动"老人"利益。

"一个正常的、健康的社会，不应该把人分成体制内和体制外，应该像消除城乡户籍身份标识一样，尽快消除体制内外的身份标签。"对于体制改革的目标，郑功成的设想是：打破体制内与体制外之间的壁垒，促使内外双向流动，逐渐消除体制内外的权益不平等、机会不公平现象。

2012 年，李想所在区对公务员的医疗保障制度进行改革。"原来是公费医疗，家里缺啥药就去医务室拿。后来改成了缴纳医疗保险，报销比例跟城镇职工差别不大。"最近两年，随着对公款消费的严格管控，公务员的隐性福利被削去不少。"今年两会上还说要启动机关事业单位和企业职工养老保险并轨，'体制内'真没什么特别的了。"

那么，通过哪些具体的举措才能到达改革的彼岸呢？对此，郑功成认为：一方面要全面深化改革，进一步消除计划经济遗留的体制性障碍。比如城乡二元结构等必须打破，一个单位绝不应当将劳动者分为不同等级。另一方面要切实解决不平等问题，保障机会公平。主要是落实同工同酬和实现养老、医疗、职业福利权益的平等化及基本公共服务的均等化，特别是要打破所谓编制的约束，让所有人都能够凭着自己的努力与贡献有正常升迁的机会。

（资料来源：《人民日报》，2014 年 3 月 21 日第 17 版，记者：刘志强）

第三节　考选调生

选调生，是各省党委组织部门有计划地从高等院校选调品学兼优的应届大学本科及其以上毕业生到基层工作，作为党政领导干部后备人选和县级以上党政机关高素质的工作人员人选进行重点培养的群体的简称。

当今，中国特色社会主义已经进入新时代，建设社会主义现代化强国，实现中华民族伟大复兴的中国梦需要大批德才兼备、又红又专、全面发展的优秀年轻干部，选调优秀应届本科毕业生到基层锻炼有助于培养选拔储备高素质、专业化、接地气的年轻干部，为新时代中国特色社会主义事业发展提供重要的人才支持。本章节将以 2020 年福建省选调生考试为例，介绍选调生考试的报考条件、程序和相关的注意事项。

一、选调生与公务员的区别

1. 报考条件不同。考选调生和考公务员在报考条件上还是存在很大的差别。不论是国家公务员考试还是省公务员考试，虽然也有专业不限的岗位，但这些岗位相对比较少，而且一旦专业不限，报考人数就会特别多，竞争压力就特别大。一般情况下大部分岗位对考生专业都有一定要求，通常是要求专业大类，例如中国语言文学类、法学类、会计与审计类、经济学大类、管理学大类、计算机科学与技术类等。如果毕业生所学的专业与公务员招录的具体专业要求不一致，那就连报考的资格都没有。与此不同的是，除了少量法院类或者检察院类专项选调对毕业生岗位有专业要求，大多数选调生岗位对毕业生所学的专业没有限制。但选调生考试对毕业生在大学期间的社会工作经历和综合表现更为关注，例如有没有担任过学生干部、学业成绩是否优良等，如果这些条件达不到要求，那么也不能报考选调生。

2. 工作去向不同。一般而言，考公务员的工作去向是毕业生可以自主选择的。报考时你选择什么岗位，只要你能考上，就可以到这个岗位所在单位上班。如果当时你报考的是国家部委或者省直机关，就可以不用去基层。当然，选择报考这些国家部委或者省直机关岗位的考试压力更大，而且很多岗位要求有两年以上基层工作经验。与此不同的是，选调生考试本身就是面向基层选拔优秀的应届大学生，因此考选调生的工作去向是很明确的，就是去乡镇，而且一般要求必须在所在乡镇服务满3年。一些地方甚至还要求选调生必须先到村任职2年时间，再回所在单位。

3. 培养措施不同。一般而言，公务员到自己岗位上班后更多地是由所在单位或者所在单位的主管部门进行统一培养。而选调生到基层工作后，是由各级组织部门共同进行培养。通过举办岗前培训、脱产轮训、抽调到上级党政机关跟班学习，以及达到规定年限后，鼓励参加公开遴选等有力措施进行重点跟踪培养，帮助选调生实现更好更快地成长。

4. 发展前景不同。选调生是省、市、县委组织部掌握的后备干部，一般是由各省组织部门进行统一招录和选派，选调生分配到相应的岗位上工作之后，要接受所在单位和当地组织部门的双重管理。选调生的培养方向就是储备优秀年轻干部，培养基层党政领导干部后备人选。组织部门本来就是负责干部培养和管理的，这就意味着如果毕业生能够考上选调生，并且在基层工作中表现突出，更容易进入组织部门的视野，也比普通公务员有更多的机会获得提拔和晋升。而不论是国家公务员还是省公务员，都只是普通的机关工作人员。总的来说，选调生发展前景要比公务员更好。

二、选调生的报考条件

选调对象须符合《公务员录用规定》中明确的资格条件，并具备以下条件：

1. 具有中华人民共和国国籍，且无国（境）外永久居留权。

2. 政治素质好，具有正确的政治立场和政治态度，认真学习习近平新时代中国特色社会主义思想，坚定拥护"两个确立"、坚决做到"两个维护"，自觉在思想上、政治上、行动上同以习近平同志为核心的党中央保持高度一致，自觉践行社会主义核心价值观，爱党爱国，有理想抱负和家国情怀，甘于为新福建建设服务奉献。

3. 品学兼优，作风朴实，诚实守信，吃苦耐劳，遵纪守法，组织纪律观念强，服从组织安排，志愿到基层和艰苦地区工作。有较强的组织协调、人际沟通和语言文字表达能力。

4. 年满18周岁以上，大学本科生不超过25周岁，硕士研究生不超过28周岁，博士研究生不超过32周岁。

5. 研究生须是参加教育部规定的统一考试（含联合考试）以及推荐免试录取的，本科生须是参加普通高等学校全国统一考试（不含春季高考）或按规定免于考试录取的。

6. 硕士研究生、本科生大学学习期间应担任学生干部。（1）硕士研究生在本科或研究生学习期间应担任党支部委员、团支部委员、班委及以上学生干部不少于1学年。（2）沿海（包括福州市、厦门市、漳州市、泉州市、莆田市、平潭综合实验区，下同）生源的本科生，担任党支部书记、团支部书记、班长或校级团委、学生会部门负责人副职，院（系）级团委、学生会部门负责人正职及以上学生干部不少于1学年，或担任党支部副书记、团支部副书记、副班长或院（系）级团委、学生会部门负责人副职及以上学生干部不少于2学年。（3）山区（包括三明市、南平市、龙岩市、宁德市，下同）生源的本科生，担任党支部副书记、团支部副书记、副班长或院（系）级团委、学生会部门负责人副职及以上学生干部不少于1学年。（4）23个原省级扶贫开发工作重点县（包括永泰、云霄、诏安、平和，建宁、宁化、泰宁、清流、明溪，顺昌、浦城、光泽、松溪、政和，武平、长汀、连城，霞浦、寿宁、周宁、柘荣、古田、屏南，下同）生源的本科生，担任党支部委员、团支部委员、班委及以上学生干部不少于1学年。

7. 报考全省法院、检察院类选调生的，均须通过国家司法考试或统一法律职业资格考试。其中硕士研究生、本科生第一专业须为法学类。

定向培养、委托培养、在职培养（含报考非定向研究生取得全日制学历，但行政关系或工资关系仍在原工作单位的）、现役军人和自学考试、函授教育、网络教育、成人教育等毕业生，以及按全日制教育方式培养，但学历证书明确为"非全日制"的应届毕业生，按照有关规定不得推荐报考。有违法违纪违规行为、学术不端和道德品行问题的，在校学习期间受过处分的，以及存在《公务员法》等法律法规规定不得录用为公务员情形的，不得推荐报考。

三、选调生的报考程序及注意事项

坚持公开、平等、竞争、择优的原则，采取个人报名与组织推荐、考试与考察相结合的办法，按照报名和资格审查、统一组织资格考试、确定考察人选、组织考察、组织考察人选体检、确定拟录用人选、进行公示和决定录用等程序开展选调工作。

在整个选调生考试的报考过程中，有几个环节需要特别注意：

1. 关于选调生网上报考时间和平台。福建省委组织部会统一在福建人才联合网

（网址：fjrclh. fzu. edu. cn）发布选调公告。报名时间一般在每年的 11—12 月。符合条件的毕业生须在规定期限内登录福建人才联合网"福建省选调生报名系统"按要求进行网上报名。

2. 关于选调生分类和志愿填报。福建省本科生选调志愿类别分为党政、法院、检察院 3 类，每位考生仅限报 1 类，原则上按照生源地（即参加高考时本人户籍所在地）填报志愿地区。

3. 关于选调生资格审查。资格审查由毕业生所在高校负责。高校进行资格审查，根据学生的综合素质，按推荐名额 1∶10 比例推荐人选，并报省委组织部复核。最后，高校对确定推荐考试人选进行为期 5 个工作日的公示。

4. 关于选调生考试科目和时间安排。福建省一般安排在每年 1 月进行选调生资格考试。本科生考试科目为行政职业能力测验和申论，考试时间为下午 2:00—5:10，其中 2:00—3:30 为行政职业能力测验考试，3:30—5:10 为申论考试。

5. 关于选调生考察人选的确定。省委组织部会同省直有关部门根据选调生类别、报考地区以及资格考试成绩，确定考察人选最低合格分数线，考察人选从最低合格分数线以上的人员中确定，硕士、本科选调生考察人选按报考类别及地区选调计划数 1∶2 比例，从高分到低分依次确定。

6. 关于选调生录用相关事宜。录用人员确定后通知所在高校和选调地区或省直单位组织人事部门，共同办理就业、档案接转、选调生（公务员）录用等手续。录用人员主动放弃或非因不可抗力因素未按规定时间报到的，予以取消选调资格，并记入个人诚信档案，名额不再增补。

7. 关于选调生工作去向的安排。硕士、本科党政类选调生：原则上安排回生源地所在县（市、区），硕士选调生可安排到县（市、区）党政机关或乡镇，本科选调生原则上安排到乡镇。硕士、本科法检类选调生：硕士选调生，由市委组织部统筹安排到有编制及职数空缺的县（市、区）法院、检察院；本科选调生，原则上安排回生源地所在县（市、区）法院、检察院，如果编制或职数没有空缺，安排到其他县（市、区）法院、检察院。

新录用选调生须到基层锻炼。（1）省、市两级机关的选调生及公安机关的选调生：试用期满后安排到基层锻炼 2 年，一般至少安排 1 年到村任职。（2）县乡两级机关的选调生：招录后一般直接安排到村任职 2 年。（3）法院、检察院机关选调生到基层锻炼 2 年期间，至少安排 1 年到村任职。

新录用选调生须遵守最低服务期限相关要求。分配到设区市级机关的，在所在设区市或平潭综合实验区应服务满 4 年（含试用期，下同）；分配到县级以下机关的，在所在县（市、区）应服务满 4 年，其中分配到乡镇（街道）的，在所在乡镇（街道）应服务满 3 年；定向招录到 23 个原省级扶贫开发工作重点县的，须签订最低服务期限协议，在所在县（市、区）应服务满 5 年。

☞ 【案例阅读一】

选调生分享：恪守初心　砥砺前行

常常有人用鲁迅先生的四本著作来形容大学学习生活的每个阶段，大一《彷徨》，大二《呐喊》，大三《伤逝》，大四《朝花夕拾》，这成为很多大学生的贴切写照。高考也许是人生最重要的时刻之一，但是大学绝对是人生真正分水岭的开始。大学四年怎么过，如何在大学的尾巴上从容应对，以较好的状态进入人生新的阶段，这是我们每一个大学生都要认真思考的现实问题。

下面，我将分享自己考取选调生的经历和驻村的感想，希望能给学弟学妹带来帮助。

首先，明确职业方向定位。带着目标和规划度过大学生活，一切会更加有条不紊，在面临抉择的时候，也将更加坚定与自信。结合自己的专业背景、性格和规划，我在大学入学之初就确定把考取公务员作为自己毕业后的就业方向。了解到应届生进入公务员队伍的渠道主要有三种：国考、省考和选调生考试。这三类考试的区别主要有以下三点：一是报考的条件不同，二是考试的竞争程度不同，三是发展的前景不同。选调生考试相比省考、国考，报考条件更为严格，但考试的竞争程度较小，有更广阔的发展空间。

在大一，因为没对选调生进行系统的了解，所以我对选调生的概念还是比较模糊的，觉得选调生是万里挑一的，考录的难度系数大。直到大一下学期，我从老师那边了解到我们法学专业每年都能考上两三个选调生到基层法检系统，那时候我才意识到自己也是有机会考上的。随后，我查阅了近三年福建选调生招考的公告，一方面，我对选调生招考有了更深入的认识，这对目标的确定和往后的备考起了重要的作用；另一方面，我也对自身所应该具备的条件有了更清醒的认识，这有助于我找出自身欠缺的条件，以便在校期间抓紧时间充实自身相关经历。

其次，充实自身相关经历。很多想报考选调生的同学是在招考公告发出后，才意识到自身没有报考资格，这个时候做再多事情也于事无补。前文有提到，在报考条件上，选调生条件限制比较多，有学生干部经历要求、校级以上奖励荣誉要求，部分省市地区还有党员身份要求，报考沿海地区法检类的还需要通过法律职业资格考试。在了解选调生报考条件的基础上，我逐一对照，找出自身条件不足之处，以便有针对性地调整自己。

一是学生干部经历方面。作为党政机关领导干部后备人选，选调生相比普通公务员需要更强的组织协调、人际沟通和语言文字表达能力，担任过学生干部的同学能更好地适应选调生的日常工作，这可能是把学生干部经历列为报考条件之一的考量。我前后在校学生发展与服务中心、校易班工作站、班级担任学生干部，尽自己的能力去协助老师、帮助同学，在这个过程中我得到了锻炼，各方面能力都有所提高，担任学生干部的经验也为我考上选调生后的工作增色不少。

二是校级以上奖励荣誉方面。奖学金、荣誉称号、学科类竞赛等校级以上奖励荣誉代表了努力和优秀，是一个学生能力的证明。大学是一个多元化的学习阶段，仅仅成绩好的学生不一定能够获得奖励荣誉，还需要多多参加课外活动、参与学生工作。每学年给自己定个目标，一步一步分解任务，全面发展，朝着这个目标前进，很多奖励和荣誉都会水到渠成。

再次，合理安排各类备考。大学四年，除了本专业的期中考、期末考外，学有余力的同学可以选择考证或提前备考，以提升个人竞争力，将来找到更适合自己的工作。第一，考证方面：基础类证书，如英语四六级、普通话考试、计算机二级等；实用类证书，如驾驶证等；专业类证书，如导游证、财会类证书、教师资格证、法律职业资格证等。这些证书都可能是同学们将来应聘时的"敲门砖"，有的则是"加分项"。第二，提前备考方面，大三的同学们可根据职业规划，选择备考方向，国考、省考、选调生考试、事业单位考试、教师招考、银行招聘等都需要付出大量的时间精力进行备考。

考哪些证、准备哪些考试，这些问题需要同学们结合自身的兴趣爱好、就业方向进行科学判断，有舍有弃，而不是盲目跟风。做好充足的准备是必不可少的，需要处理好备考冲突，合理安排自己的备考时间，进行知识的积累与技能的提高。对我个人而言，法律职业资格证是我从事本专业工作的"敲门砖"，当时摆在我面前的还有英语六级考试和国考。三者一起备考的话，无论是时间上还是精力上对我来说都是巨大的挑战。考虑到法律职业资格考试的重要性、紧迫性，我选择暂缓英语六级备考，专心准备法律职业资格考试，并且等法考结束再全力备考国考。正确处理备考冲突，合理安排备考时间，才能使时间发挥最大的效益。

大一《狂人日记》，大二《呐喊》，大三《这样的战士》，大四《故事新编》，同样是鲁迅先生的四本著作，我更愿意看到多数同学以此来总结自己的大学四年。踏入了大学这个新的人生阶段，在新的征程中，我们要有明确的目标、可行的计划、坚定的意志，在大学这个充满希望与挑战的地方选择实现自己人生价值的道路。

最后，不忘初心、牢记使命。扎根基层、服务群众是大部分选调生的初心和使命。通过选调生考试并不是结局，而是践行初心、担当使命的开始。选调生到岗后需到基层驻村两年，履行大学生村官职能，担任党组织书记助理或村主任助理。在基层，小至催缴党费，大至协助征拆，基层工作苦、忙、难，而以苦为乐、忙中有序、迎难而上是我们作为选调生的唯一选择。我也曾困于难缠的群众、棘手的工作，也曾怀疑自己选择这条道路是否正确，但只要在迷茫困惑的时候回想起自己为何出发，所有不成熟的想法即刻烟消云散。

坚守初心，青年定当肩负国之重任。习近平总书记曾在中青年干部培训班上强调："广大干部特别是年轻干部要在常学常新中加强理论修养，在真学真信中坚定理想信念，在学思践悟中牢记初心使命，在细照笃行中不断修炼自我，在知行合一中主动担当作为。"选调生作为青年干部队伍中的重要力量，更要坚定理想信念，锤炼意志本领，勇于担当作为，做好国家的苗子，以民族复兴、国家富强为己任，把初心使命当作肥料，在基层这片沃土上有所作为。

未来的路漫长且艰辛，我会经常问自己是否还记得初心，不管是作为一名党员还是一名公务员我都要严格要求自己，在社会的熔炉中锻炼自己的能力，砥砺自己的品质，成就自己的价值。

（作者简介：叶迷，女，2019 届法学专业毕业生，同年参加福建省选调生选拔考试，被录用为厦门市集美区人民法院选调生。于 2019 年 7 月开始为期两年的基层驻村工作，任村党总支书记助理。寄语：恪守初心，砥砺前行，辛勤耕作，静待花开。）

☞ 【案例阅读二】

选调生分享：夜色难免黑凉，前行必有曙光

在公务员考试中，每个人都希望能够一举成"公"，但实现这个目标并不是一件容易的事情。去年我也是备考公务员考试的千军万马中的一员，通过自身的努力和坚持，成功获得一年三次进面的机会，分别是 2023 年国家公务员考试、2023 年福建省公务员考试、2023 年福建省选调生考试。我如愿以偿地成为福建省选调生队伍中的一员，此时此刻，我坐在工位上写下这篇文章，分享我的经验和心得，希望能够给学弟学妹以及备考公务员考试的追梦人带来一些启示和帮助。

一、知己知彼，百战不殆

面对公务员考试，我们最先需要了解公务员考试的结构和内容。公务员考试通常分为笔试和面试两部分：笔试包括行政职业能力测验、申论，不同考试中的考点不完全相同，以福建省选调生考试为例，侧重考查福建省省情等知识点；面试包括结构化面试、半结构化面试、无领导小组讨论等形式，以福建省选调生考试为例，进入考察后考生须配合省委组织部提供个人材料并等待考察组到校对考生进行面对面考察。因此，了解考试结构和内容有助于我们更好地制订备考计划。

二、运筹帷幄，胸有成竹

备考的过程中需要制订一个完整的学习计划，这需要投入大量时间和精力。这个计划应该包括每天、每周和每月的学习目标以及相应的时间安排。

以下是我个人的备考时间安排表，仅供参考。

7：00 起床

7:00—7:30 洗漱、吃早饭

7:30—8:30 坚持学习主流媒体时政热点

8:30—10:30 行测学习（前期视频课学习，中期专题练习，后期套卷练习）

10:30—11:30 行测复盘（前期针对知识点，中期针对专题，后期针对套卷）

11:30—12:00 放松（看微博、微信公众号、抖音等的近期时政热点）

12:00—12:30 午饭

12:30—13:00 午休

13:00—15:00 申论（前期视频课学习，中期专题练习，后期套卷练习）

15:00—16:00 申论复盘（前期针对知识点，中期针对专题，后期针对套卷）

16:00—17:00 放松（聊天、刷时政热点等）

17:00—17:30 晚饭

17:30—18:30 室外运动

18:30—23:30 整理行测、申论错题，分析原因，总结思维导图

23:30—24:00 洗漱

24:00—07:00 休息

三、行测：化整为零，融会贯通

行测的学习宗旨是化整为零，融会贯通，一个一个模块慢慢去学习知识点，从大体框架到每个小知识点里面的细节，全都要深入理解。我相信备考公务员考试的人都听过"粉笔980"这一系列课程，但我认为目前各大机构或公考教师所上传的课程都是将基础知识、必考题型、重难点等等总结到位了的。因此，学习什么样的教材或什么样的视频课程以自身的喜好选择即可，最为重要的是要主动思考，提出疑问，解决问题，总结方法。建议听课的时候，一定要边听老师讲课边做笔记，尤其是讲解快速解题技巧时大部分老师会结合近几年真题讲解，例如判断推理中的图推专项，学会从点、线、角、面、素、笔等入手找规律，大部分题45秒左右就能选出来答案，这能帮助我们在考场上节省时间。

行测包含五大专项题型，是一门大工程。备考过程应戒骄戒躁，持之以恒，针对学习过的题，哪怕是一道数量关系题，尽管可能要花一个小时或者更多时间，都要研究到彻底弄懂为止。要认真去复盘，利用题目中哪些信息结合哪些公式，都需要认真去做好分析，对于自己没有掌握的知识点，要记下来加深理解。

至于所谓"题海战术"，我建议一定要有刷题阶段，但也要避免盲目刷题。经过前期系统学习后，一定要达到了解题型并且知道相对应的答题方法后再进行刷题；刷题时也要分题型将错题整理好，进行查缺补漏；针对错题无法直接吸收的话，那便要回到对应的知识点，重新学习直到将知识点彻底吸收。

套卷练习十分重要。考前3个月就要进入套卷练习，要主动给自己合理安排答题时间，提高做题速度，120分钟做130多道题，大部分人是没办法面面俱到的，要提前学会取舍题目。要从出题者的角度思考问题，避免钻牛角尖，每一次的套卷练习结束后都要总结思维导图，看看是在哪个题型上出现问题，及时进行更正。真题练习最大的意义并非做题目，而是理解题目，每一张真题卷，每一道真题，都是出题组花费无数心血构思而成的，因此一定会包含相对应的考点，理解真题、吃透真题，才能在考场上得心应手。

四、申论：日积月累，循序渐进

申论被无数人称之为"玄学"，但我认为针对申论要做到"旁观者清"，无须纠结该如何写好内容，更应该理解题干，学会"抄材料"。首先通过看基础教材，了解申论都考哪些题型，掌握题型的特征等，之后再根据各自选择的课程学习如何"抄材料"，以及面对大作文要如何定方向、写提纲、写内容等，形成一套做题思路。

做申论题不贪多，要求精，一道题值得反复做，一则材料要反复分析，理解解题的思维和逻辑，熟能生巧，渐渐地看到申论小题便得心应手。议论文要找准中心思想和分论点，平时可以多关注人民日报、学习强国、半月谈、党员网、宣讲家网等，看看推送

和时政评论，能帮助我们积累时政热点和写作素材，这对时政题和申论写作都有帮助，好学好用，事半功倍！

公考备考过程中，有很大一部分人会重行测、轻申论，我认为这是一个十分大的误区，观察近年各岗位笔试第一名，无不是申论高分。申论不是依靠运气就能拿高分的，而且近几年"公考热"导致报名人数越来越多，行测、申论两科好都无法保证一定能上岸，更何况两科里面还"瘸腿"一科。认识清楚申论后，提分的速度并不低，把正常的时间精力用在申论上绝不是浪费。同样也有一大部分人信奉个人文采和字迹，但个人文采和字迹（建议做到字迹工整、卷面整洁就好）仅仅在大作文主题思想不犯错的前提下才能锦上添花，多1～3分。如果能够轻松应对申论，是可以在细节方面提高分数，但对于仍无法理解申论的同学，要做的便是理解题目、做题、消化吸收。

总之，我对申论的学习，最大的感受就是多去写，写完之后认真去复盘，直到你把这份答案磨到成为参考答案为止。

五、调整心态，全力以赴

进入面试阶段，离最后的成功就仅差一步之遥。笔试阶段，我建议因人而异选择自身喜欢的学习方法，但面试阶段，我建议有条件的话争取报班学习。第一，各大机构面试班题目足够多，题型足够丰富，练完后基本能应对所有常规题目和大部分非常规题目。第二，练习强度大，每天近十一个小时的练习时间，或与同学对练，或搞答题车轮战，紧张刺激还好玩，但也要做好总结整理，才能更好进步。第三，模拟和感受真实考场，每天都有老师一对一现场考场模测，老师能帮助发现自身问题，更有针对性地做出改变。这些都能够帮助大家在面试阶段提高自己。

面试的表现尤为重要，需要自信、大胆、流畅。

1. 自信：你对自己说的内容保持高度自信。在答题过程中，只要开口说出来，就不要想对错，自信地说完它，只有你自己相信你对，考官才会信！答完下场后，再去总结思考哪里能完善，再进一步提高。

2. 大胆：你要敢于和考官交流。要有眼神和语调上的交流感，大胆地看他们，保持语调的抑扬顿挫，不能畏手畏尾，眼神闪躲。在练习时，可以给自己拍个视频来纠正仪态眼神。

3. 流畅：这是练出来的。在对练过程中，要注重复盘和总结，从一道题里能学到适用多道题的要点，题目见得够多，稍加思考就能滔滔不绝。也要有意识地减少"嗯""啊"这类无意义的语气词，可以通过录音的形式去慢慢纠正，确保答题的流畅性。总而言之，答题内容是积累出来的，答题形式是练习出来的，这一切都离不开努力。

面试是重中之重，需要做好积累。要将面试答案进一步优化，就必须积累好的词句和优秀人物案例。建议可以每天早上收集、整理素材，然后结合题目，把平时积累的素材融入框架当中，最后形成的就是属于自己的答案。

写到这，也代表着我从2021年9月到2023年4月这一年半的公考、选调生备考历程已经结束了。考公是一件十分残酷的事情，千军万马过独木桥，很多人在备考的时候时常怀疑自己，我也曾如此。但我深刻知道，我不想背、背不下来的题，我不想做、做不出来的题，我拿不到的分，这全部都有人可以"搞定"，有人依旧会成为公务员队伍中的一员，基层服务工作队伍会不断壮大，只是少了我而已，那这也是行业之幸吧。而如今，我已成为基层服务工作队伍的一员，回头望，"轻舟已过万重山"，我的历程证实了"前途是光明的，道路是曲折的，只要坚持不放弃，事物总是朝着更加美好的方向发展"，望大家能够心无杂念，所向披靡。

[作者简介：陈忆龙，男，2023届广播电视编导专业毕业生，同年参加福建省选调生选拔考试，被录用为莆田市（党政类）选调生。于2023年7月开始为期两年的基层驻村工作，任伍狮村党总支书记助理。寄语：夜色难免黑凉，前行必有曙光。]

第四节　教师招考

从宏观上看，党中央、国务院历来高度重视教育工作和教师队伍建设，全面实施科教兴国战略。"百年大计，教育为本。教育大计，教师为本。"习近平总书记也一直非常重视教育发展和教师工作，多次强调教师是人类灵魂的工程师，是人类文明的传承者，要使教师成为"最受社会尊重的职业"。同时，要求全党全社会弘扬尊师重教的社会风尚，努力提高教师政治地位、社会地位、职业地位，让广大教师享有应有的社会声望，在教书育人岗位上为党和人民的事业做出新的更大的贡献。从中观上看，随着国家二孩政策的放开，幼儿园和中小学生源的数量在不断增多，各地都加大了教育投入，新建了很多的学校，这也意味着社会对教师的需求量在不断增大，可见，教师这个职业前景是非常光明的。从微观个体上看，教师的工资待遇越来越好，教师的社会地位和社会认可度也在不断提高，尊师重教的社会氛围逐渐形成，教师个体的获得感和幸福感也不断增强。所有这些，加强了教师这个职业对毕业生的吸引力。因此，通过参加教师招考成为一名光荣的人民教师，是许多毕业生，特别是师范类毕业生的首要目标。

全国广大教师要做有理想信念、有道德情操、有扎实知识、有仁爱之心的好老师，为发展具有中国特色、世界水平的现代教育，培养社会主义事业建设者和接班人作出更大贡献。

——2014年9月，习近平总书记到北京师范大学看望教师学生

广大教师要做学生锤炼品格的引路人，做学生学习知识的引路人，做学生创新思维的引路人，做学生奉献祖国的引路人。

——2016年9月，习近平总书记到北京市八一学校看望慰问师生

教师是人类灵魂的工程师，是人类文明的传承者，承载着传播知识、传播思想、传播真理，塑造灵魂、塑造生命、塑造新人的时代重任。

——2018年9月，习近平总书记在全国教育大会上发表重要讲话

今年是决胜全面建成小康社会、决战脱贫攻坚之年，全国广大教师用爱心和智慧阻断贫困代际传递，点亮万千乡村孩子的人生梦想，展现了当代人民教师的高尚师德和责任担当。希望广大教师不忘立德树人初心，牢记为党育人、为国育才使命，积极探索新时代教育教学方法，不断提升教书育人本领，为培养德智体美劳全面发展的社会主义建设者和接班人作出新的更大贡献。

——2020年9月，习近平总书记向全国广大教师和教育工作者致以节日祝贺和诚挚慰问

对教师来说，想把学生培养成什么样的人，自己首先就应该成为什么样的人。培养社会主义建设者和接班人，迫切需要我们的教师既精通专业知识、做好"经师"，又涵养德行、成为"人师"，努力做精于"传道授业解惑"的"经师"和"人师"的统一者。教育是一门"仁而爱人"的事业，有爱才有责任。广大教师要严爱相济、润己泽人，以人格魅力呵护学生心灵，以学术造诣开启学生智慧，把自己的温暖和情感倾注到每一个学生身上，让每一个学生都健康成长，让每一个孩子都有人生出彩的机会。

——2022年4月，习近平总书记在中国人民大学同师生代表座谈时的讲话

教师招考主要是指公办中小学幼儿园新任教师公开招聘考试，包含公办的普通中学、小学、特殊教育学校和教育部门主管的幼儿园等。招考由笔试和面试两个部分组成，笔试主要从教师应有的专业理念与师德、专业知识和专业能力等方面进行全面考核，择优录取，具有较高的信度、效度、必要的区分度和适当的难度。笔试考试结果将作为中小学幼儿园新任教师公开招聘入围面试的依据。虽然全国各省在教师招考上没有统一的考试和要求，但招聘程序和考试的内容基本上差不多，本节将以2023年福建省中小学幼儿园新任教师公开招聘为例，介绍教师招考的报考条件、程序和相关的注意事项。

一、师范生与非师范生的区别

1. 培养内容不同。尽管师范生与非师范生都是大学本科毕业，但他们在培养内容上还是有很大的区别。特别是在课程设置上，师范生除了学好本专业基础课程外，还须系统地学习教育类相关课程，如教育学、教育心理学、教育技术学、课程论、教学论、走进新课程、普通话等，而非师范生在大学期间基本没有学习过教育类相关课程，导致非师范生在教育基础理论上比较欠缺。此外，在实习实训安排上，师范生与非师范生也有较大的差异，一般本科师范生在大三或者大四的时候学校会统一安排一定学时的教学实习和实践环节，非师范生则没有这方面的实习经历和锻炼。

2. 享受政策不同。目前我国的师范生有自费师范生和公费师范生两大类。自费师范生的学费由自己承担，但在校学习期间可以享受师范生专项奖学金；而公费师范生除了在校学习期间可以享受师范生专项奖学金外，其大学四年学费和住宿费由国家承担，毕业后还实行定向就业。非师范生在校学习期间并没有享受这些优惠政策。

3. 考证难度不同。除了教育部规定的教育类研究生和公费师范生可以免试认定中小学教师资格证以外，其他学生（无论是师范生还是非师范生）想要取得教师资格证，都必须参加全国统一组织的考试，但是师范生在大学期间所修专业属于教育方向，所开设的课程也基本包含了考教师资格证所要求的全部内容，这些都对其考取教师资格证会有很大的帮助，因此，师范生在考教师资格证上优势相对会更大些；而非师范生在大学期间所修专业为非教育方向，基本没有学过教育学、心理学、普通话等对考教师资格证有帮助的课程，因此，总体上来看，非师范生考教师资格证的难度要比师范生更大。

4. 教招考试的竞争力不同。在参加教师招考时，通常师范生的竞争力比非师范生更大，主要表现在两个方面：一是，部分学校把本科是不是师范类专业作为招考的基本条件，一旦有这个限制，非师范生就没有机会了。当然，现在很多学校在招考简章中没有这样的硬性限制，这也为非师范生提供了参加考试的机会。二是，在面试环节师范生比非师范生更有优势。面试环节侧重考查毕业生的教育教学基本素养和能力，而在这一方面，师范生在校学习期间接受过系统培训和锻炼，其在教育教学基本素养和能力上比非师范生明显更突出，因此，师范生在面试环节比非师范生更容易脱颖而出。

☞ 【推荐阅读】

教育类研究生和公费师范生免试认定中小学教师资格改革实施方案（节选）

2020 年 9 月，为贯彻落实《中共中央　国务院关于全面深化新时代教师队伍建设改革的意见》，根据国务院常务会议决定，推进师范生免试认定中小学教师资格改革，促进师范生就业，教育部研究制定了《教育类研究生和公费师范生免试认定中小学教师资格改革实施方案》（教师函〔2020〕5 号），以下节选部分内容，供大家学习。

1. 明确免试认定范围

招收教育类研究生、公费师范生的高等学校从 2021 年起，可参加免试认定改革。实施免试认定改革的高等学校应根据培养目标分类对本校教育类研究生、公费师范生开展教育教学能力考核，考核合格的 2021 届及以后年份毕业生可凭教育教学能力考核结果，免考国家中小学教师资格考试部分或全部科目。

本方案所指教育类研究生是指教育学学术学位研究生（专业代码 0401）、教育专业学位研究生（专业代码 0451）和汉语国际教育专业学位研究生（专业代码 0453）。本方案所指公费师范生是指入学前与培养学校以及教育行政部门签订《师范生公费教育协议》，享受国家或地方师范生公费教育政策的师范生。

2. 颁发师范生教师职业能力证书

实施免试认定改革的高等学校要严把人才培养质量关，对教育教学能力考核合格的教育类研究生和公费师范生，由校长签发师范生教师职业能力证书，并加盖学校公章。师范生教师职业能力证书有效期 3 年，内容包含思想品德及师德情况、任教学段和任教科目、有效期起止时间等，由教育部统一制定样式。

师范生教师职业能力证书是教育类研究生和公费师范生免试认定教师资格的依据，免试认定的教师资格种类和任教学科应与师范生教师职业能力证书上的任教学段和任教学科相同。教育类研究生和公费师范生在同一高等学校、同一学历层次学习期间，仅可获取一本师范生教师职业能力证书。师范生教师职业能力证书在有效期内只可使用一次，如申请认定其他学段和学科教师资格，不予免试，须参加国家中小学教师资格考试。

3. 优化免试认定教师资格程序

取得师范生教师职业能力证书的教育类研究生和公费师范生，凭身份证明、学历证书、师范生教师职业能力证书、普通话水平测试等级证书、体检合格证明等材料申请认定相应的教师资格，认定程序不变。可以电子核查的无须提供纸质原件。

根据自愿原则，教育类研究生、公费师范生也可自行参加国家中小学教师资格考试，申请认定相应的教师资格。

（资料来源：教育部网站，2020 年 9 月 4 日）

二、教师招考的报考条件

（一）应聘基本条件

1. 具有中华人民共和国国籍；

2. 遵守《中华人民共和国宪法》和法律；

3. 具有良好的政治素质和道德品行；

4. 具有正常履行职责的身体条件和心理素质；

5. 年满 18 周岁（一般本科毕业生要求 30 周岁及以下，硕士毕业生要求 35 周岁及以下，博士学位研究生放宽到 40 周岁及以下）；

6. 具有符合岗位要求的资格条件和工作能力。

（二）学历学位要求

一般需要具有本科、研究生学历及相应学位。还有一些地区报考小学和幼儿园岗位的只要求具备国家承认的国民教育序列大专及以上学历。

（三）专业要求

一般都要求大学所学专业（以毕业证书上标注的专业名称为准）与所报学科岗位专业对口。如出现本科、硕士研究生及以上专业不一致的，可在本科、硕士研究生及以上专业中选报一个。一些岗位还特别要求师范类专业，那么非师范类专业就不能报考。

（四）教师资格要求

1. 完中、高中、职专的岗位要求相应学科高级中学或中职教师资格证。初中的岗位要求相应学科高级中学、中职或初级中学教师资格证。小学的岗位要求相应学科或相近学科高级中学、初级中学、中职教师资格证或小学教师资格证。幼儿园的岗位要求幼儿园教师资格证。特教岗位要求的教师资格证不限学科类别。

2. 研究生或报考中职学校专业教师岗位的应聘人员，一般要求从报到之日起一年内必须取得相应学科岗位规定的教师资格证。

3.2023届毕业生暂未取得相应学科岗位规定的教师资格证书，一般会要求面试资格审核时提供教育部教师资格考试中心颁发的相应学科种类教师资格考试合格证明或教师资格考试笔试科目成绩均合格证明，并在报到时提供相应学科岗位规定的教师资格证。

特别提醒，以上教师招考的报考条件是参考《福州市教育局关于2022—2023学年福州市直中小学幼儿园教师招聘的公告》，各地教师招考的报考条件因地区实际情况不同可能还会有一些差异，具体报名条件要以当年各地区招聘公告或方案为准。

三、教师招考的报考程序及注意事项

福建省中小学幼儿园新任教师公开招聘，采取笔试与面试相结合的方式进行。各市、县（区）教育局一般委托福建省教育考试院提供教师招聘笔试服务，毕业生参加福建省教育考试院组织的教师招聘笔试，资格初审、复核、面试、考察、体检等工作一般由各市、县（区）教育局组织实施。因此，毕业生需要认真研究各市、县（区）教育局发布的中小学幼儿园新任教师公开招聘公告或方案，并按招聘公告或方案要求进行报考。

在整个教师招考的报考过程中，有几个环节需要特别注意：

1.关于教师招考网上报考时间和平台。由福建省教育考试院向各市、县（区）和省直有关单位（学校）提供教师招聘笔试服务，包含网络报名、命题、制卷及评卷等服务。符合条件的毕业生须通过福建省教育考试院官网（网址：www.eeafj.cn）进行网上报名，报名时间一般在每年的3月。

2.关于教师招考的资格审查。毕业生按要求进行网上报名和网上缴费后，由各市、县（区）教育局及时对网上报名者进行资格初审。资格审核的重要依据是各市、县（区）教育局公布的招考简章，特别是各项报考条件要求。

3.关于教师招考笔试科目和时间安排。教师招考笔试科目一般有两科：教育综合知识考试和专业知识考试。其中，教育综合知识考试的主要内容为时事政治、师德规范、教育法律法规、教育学和心理学基础知识、新课程理念等，主要测试毕业生掌握时事政治、师德和教育法律法规与政策、教育学、心理学等方面基础知识、基本理论以及分析、解决教育教学实际问题的能力；专业知识考试的主要内容为相应学科的专业主干知识和教材教法等，包括新课程理念与教学方式的应用等，主要从教师应有的专业素质和教育教学能力等方面对毕业生进行全面考核。教育综合知识考试成绩占笔试成绩的40%，专业知识考试成绩占笔试成绩的60%。笔试的详细要求详见当年的福建省中小学幼儿园新任教师公开招聘笔试考试大纲。笔试的时间一般安排在每年4月，具体以招考公告通知时间为准。一般上午考专业知识考试，考试时间为2个小时（9：00—11：00），满分150分；下午考教育综合知识考试，考试时间为2个小时（15：00—17：00），满分150分。

4.关于教师招考笔试加分。符合《关于转发〈事业单位公开招聘人员暂行规定〉的通知》（闽人发〔2006〕10号）、《关于进一步完善参加"三支一扶"计划等服务基层

项目高校毕业生有关就业政策的通知》（闽人发〔2009〕221号）等文件中关于笔试加分规定（具体内容见推荐阅读）的考生可提出申请（在笔试百分制中加分）。拟加分对象须在规定时间内（加分受理时间在市教育局网站另行公告通知，敬请考生及时关注，逾期不再受理）向市教育局提交由相关部门颁发的证书（证明）原件及复印件各一份，加分考生材料审核认定后，名单将在网站予以公示。

☞【推荐阅读】

福建省教师招考笔试加分相关政策

关于转发《事业单位公开招聘人员暂行规定》的通知（节选）

为了充分体现对退役运动员、退役士兵所做贡献的肯定和激励，各部门和单位在招聘工作人员时，应对退役运动员和退役士兵予以适当照顾：

（一）对有突出贡献（指获得奥运会前六名、世锦赛世界杯前三名、亚洲体育三大比赛冠军、全运会冠军）的运动员和荣立一等功的退役士兵，事业单位可采取考核方式予以接收聘用。

（二）事业单位根据岗位人员空缺情况，需通过考试与考核相结合方式从退役运动员和退役士兵中补充工作人员的，可提出招聘方案，报经其上级主管部门和同级政府人事行政部门同意，采取面向退役运动员和退役士兵的有限竞争招聘考试方式进行。

（三）退役运动员、退役士兵参加事业单位面向社会公开招聘工作人员考试，享有笔试成绩加分待遇，加分不受笔试满分限制，具体加分标准如下：

1. 曾获得世界体育三大比赛（奥运会、世锦赛、世界杯）第2至6名，亚洲体育三大比赛（亚运会、亚锦赛、亚洲杯）和全运会第2、3名，全国锦标赛、全国冠军赛冠军的运动员加9分；获得省运动会冠军、全国锦标赛、冠军赛第2、3名，亚洲体育三大比赛（亚运会、亚锦赛、亚洲杯）第4至6名，全国年度最高级别比赛冠军的运动员加7分。

2. 服役满13年以上的转业、复员士官加8分；服役满9年至12年的转业、复员士官加6分；服役满6年至8年的复员士官加4分；服役满3年至5年的复员士官加2分；荣立二等功以上转业士官、退役士兵另加3分；荣立三等功退役士兵另加2分；获得优秀士官和优秀士兵荣誉称号的退役士兵另加1分；伤残士兵另加3分；对长期在边防、高原、海岛等艰苦地区以及从事飞行、舰艇工作的退役士兵除享受以上加分外，可再加3分；入伍前是全日制普通大专以上毕业生（国家统招）的退役士兵，退役后除享受以上加分外，可再加5分。

以上各项加分可以累计，但最高不得超过10分。

关于进一步完善参加"三支一扶"计划等服务基层项目 高校毕业生有关就业政策的通知（节选）

为进一步做好我省参加"三支一扶"计划等服务基层项目高校毕业生的就业政策落实和就业服务工作，加强我省农村基层人才队伍建设，建立引导和鼓励高校毕业生面向基层就业的长效工作机制，现就参加"三支一扶"计划等服务基层项目高校毕业生有关就业政策通知如下：

一、服务基层项目主要包括：福建省级和设区市级高校毕业生"三支一扶"计划、福建省高校毕业生服务社区计划、福建省大学生志愿服务欠发达地区计划、大学生志愿服务西部计划（含研究生支教团）。

二、参加服务基层项目服务期为两年及以上期满考核合格的高校毕业生报考省、设区市公务员的，笔试总分加3分，报考县（市、区）、乡（镇）公务员的，笔试总分加5分。参加服务基层项目服务期限为一年，期满考核合格的高校毕业生限报考县（市、区）、乡（镇）公务员，笔试总分加5分。

三、参加服务基层项目服务期为两年及以上期满考核合格的高校毕业生三年内报考我省事业单位工作人员招聘考试，既可按有两年以上基层工作经验报考，也可按应届毕业生身份报考。

四、参加服务基层项目服务期为两年及以上期满考核合格的高校毕业生报考省、设区市事业单位的，笔试总分加3分，报考县（市、区）、乡（镇）事业单位的，笔试总分加5分。参加服务基层项目服务期限为一年，期满考核合格的高校毕业生限报考县（市、区）、乡（镇）事业单位，笔试总分加5分。

5. 关于教师招考的面试。各市、县（区）负责中小学、幼儿园新任教师公开招聘资格复核和面试工作安排，按照笔试成绩从高分到低分，一般以拟聘人数与进入面试人数1∶3的比例确定面试人选，并通过官方网站进行公布。面试内容和方法详见各市、县（区）中小学幼儿园新任教师公开招聘方案。面试时主要侧重考查毕业生的教育教学基本素养，非师范类毕业生在这一方面相对会比较薄弱，如果有机会进入面试，建议有条件的情况下，报一个专题培训班，进行全面、系统的培训和强化，以弥补自身的短板，从而提高在面试环节的竞争力。

6. 关于教师招考的体检和考察。拟聘用人员须参加体检，体检合格的方可聘用。体检按福建省教育厅、福建省卫生和计划生育委员会颁布的《福建省教师资格申请人员体检标准及办法（2018年修订）》规定执行。考察对象按1∶1比例对考试、体检均合格的毕业生组织考察。考察包括核实毕业生是否符合规定的报考条件，确认其报名时提交的信息和材料是否真实、准确，重点考核应聘人员的思想政治表现、专业是否对应、业务能力、工作实绩以及是否需要回避等方面的情况。考察对象被法院列为失信被执行人或被国家有关部门列为失信被惩戒对象的，取消聘用资格。对毕业生的资格审核贯穿招聘全程，一经发现报考人员不符合招聘公告规定或不符合招聘岗位资格条件或提供虚假信息，立即取消考试或聘用资格，已聘用的，解除聘用合同关系。

7. 目前福建省各市、县（区）中小学幼儿园教师招聘岗位类型大部分还是编制内岗位，但也有一些地区开始实行参照事业单位聘用制人员管理，其教师招聘岗位类型为参聘岗位，比如厦门市、福州市部分地区从2023年开始招聘参聘岗位教师。值得说明的是，根据公布的招聘公告相关文件，参聘岗位人员在工资福利、社会保险、职业年金、住房公积金、住房补贴、住房货币化补贴等方面均参照事业单位在编人员管理，按照事业单位在编人员同等标准执行。

8. 从 2022 年开始，福建省各市、县（区）有直接面向 2023 届高校优秀师范毕业生公开招聘小学、幼儿园教师专项计划，对符合报考条件的毕业生，可不参加笔试，直接采用面试考核办法确定聘用人员。但对招聘对象要求相对比较高，一般要求须为以下三种之一：（1）教育部直属师范大学应届公费师范毕业生和教育部直属师范大学应届师范类本科毕业生；（2）福建省内本科高校应届优秀师范毕业生（本专业综合评价前20％）、福建省内本科高校中通过二级认证师范专业的应届优秀毕业生（本专业综合评价前30％）；（3）硕士研究生及以上毕业生。此类新教师专项招聘计划，因没有笔试环节，所以面试环节就非常关键，建议毕业生要根据各地专项招聘公布的面试相关要求，认真准备，用心打磨，争取让自己能够脱颖而出。

☞【案例阅读一】

教师招考经验分享：心中有梦想，眼里有学生

我参加的是莆田市荔城区 2023 年教师招考，所报的学科是小学语文，报名总人数为 234 人，最终录取 23 人。我的教师招考笔试成绩排名第 26 名，面试成绩排名第 5名，综合成绩排名第 14 名，成功入围。现将自己本次教师招考的经验分享如下。

报名时间一般会持续四五天，建议大家前两天先观望，把相关资料填写好，照片上传好，按报名人数的情况综合分析后，过两天再提交审核，适当的选择也许会减小竞争压力。

当然，打铁还需自身硬。如果你想离家近，或者有一次上岸的决心，就放手去认真学，第一天就可以填报心仪的地区。

我生于长于莆田市荔城区，成为一名优秀的人民教师是我在学生时代就有的梦想。于是在 2022 年 12 月左右，我便开始着手备考。自律方面我有所欠缺，所以我报了教师招考的网课在家听。对于确定要参加教师招考的学弟学妹，我建议最好从暑假开始提前复习，越早准备越好，我自认为自己的准备时间还是相对较仓促的。

莆田地区教招考试，笔试和面试成绩各占 50％，都很重要。

一、笔试——重在日积月累、反复复习

笔试分为教育综合知识考试（以下简介"教综"）和专业知识考试（以下简称"专业"）两部分，上午考"专业"，下午考"教综"。

1. "专业"考试

"专业"考试的主要内容为相应学科的专业主干知识和教材教法等，包括新课程理念与教学方式的应用。

我考的是小学语文，属于文科类学科。在复习过程中，最大的体会和经验就是要注重记忆，重在日积月累，一般建议大家至少要进行三轮复习，只有反复复习，才能够达到良好的效果。

第一轮复习，重在知己知彼。建议大家要提前研究所报考地区的考试公告，关注报考相关条件和要求，并全面了解考试内容和范围。此外，还需要根据自己报考的学科，购买相关书籍，熟悉课本内容。争取完整复习两遍所有参考书目：第一遍可以速看，从整体上把握考试内容，有一个大概印象，做到心中有数；第二遍可以结合网课老师的讲解，边听边看边思考，还可以适当整理复习逻辑思维导图和笔记，构建起笔试复习范围的整体框架。

第二轮复习，重在配合练习。完成第三遍复习，一边把握复习书本的知识点，一边分章节来做题，通过配合练习来加深对知识点的记忆。在做题的过程中，要重点关注自己经常出错的题，要反复分析和研究，并做相应的归纳整理。此外，历年真题是非常好的复习资料，要认真做真题，反复研究解题思路，不懂的地方可以及时向老师和同学请教。

第三轮复习，重在精读熟记。完成第四、第五遍复习，精读考试内容，并选最重要的部分来进行重点记忆；每天给自己设置一个小任务，背诵若干个重点内容或主观大题，这很重要。在最后阶段，建议还要去研究题目格式和技巧，计划好考试时的答题顺序，合理安排考试答题时间。

在这里，我要特别提醒一下，新课标在我的备考过程中是最头疼的点，不好背，会考小题，也会考大题，建议一定要按照网课画的重点挖空背诵；大题多做多归纳，一定要尽早开始背，坚持每天 1 个小时，只有真正记下来，走进考场我们才不会慌。

2. "教综"考试

"教综"考试的主要内容为时事政治、师德规范、教育法律法规、教育学和心理学基础知识、新课程理念等。考核的关键点是理解和背诵，很单一，就是要全部都背下来，不早点开始背后面会很崩溃。

至于时政，考前一周机构会归纳相关的重点，"黑哥时政"，全省出名，可以关注，我深受其益。

师德规范和教育法律法规的模块占比较小，网课也没几节，老师会画出相对重要的法条，可以先熟悉，记清楚哪条大概是什么内容，会考查到具体是哪一部法律的哪一条；具体内容为避免遗忘，可以最后一两个月再背诵。看相关网课的那几天先记住大框架，后面集中背诵。

教育学和心理学基础知识分值占比最大，重要性不言而喻。每天都要勤勤恳恳地跟着网课走，老师画出的大题每天背，滚动复习，比较容易混淆的是人物及其观点、著作。

二、面试——教案＋板书＋教姿＋反复练习＋激情展示＋时间把握

关于面试环节，大家记得要提前关注教师招聘网的考试大纲，里面会告知今年所要考的学段，我今年考的是五年级上册的内容。2023 年，福建省统一在 4 月 30 日笔试，5 月中旬出成绩。面试时间则要看报考地区，每个地方都不太一样，莆田市荔城区 6 月 18 日面试。

如何看是否进入面试？比如说荔城区招收 23 人，则按笔试成绩 1：3 进面，也就是说笔试前 69 名都有进入面试的机会。

我的笔试成绩是第 26 名，在 1：1 之外，很危险的位置。综合反思，"专业"中课标大题和作文拖了后腿，"教综"则是多选题错太多，但不是粗心错的，是我确实不会。"教综"考查的知识点一年比一年细致，难度逐年上升，大家一定要尽早准备，滚动背诵"红宝书"，全方位掌握方能胸有成竹。

我的面试成绩是第 5 名，可以说是靠面试逆袭了。莆田市的面试考查的是十分钟的片段教学。首先我找了一位当地的一线教师，向他学习面试技巧，认真打磨每一篇教案，保证质量的同时紧密结合课标要求，争取出彩。板书则全部设计插图，注重排版的美观，如果考室有彩色粉笔，也请大家尽量用上，争取十全十美。

别死记硬背教案，每一篇课文都是"活"的。教案定稿以后，大家要尽快脱稿练习，对着讲两遍熟悉后就丢掉教案，拿着没做笔记的课本试讲，课本是考场会提供给考生的。上淘宝买一块小黑板，在家练习。刚开始脱稿会忘记，但是请珍惜此刻的忘记，这种忘记很痛苦、很窘迫，但很珍贵！忍住去看稿子的欲望，把能想起来的部分都讲完，全部讲完以后再去看稿子，重点标记遗忘的部分。

限时十分钟的情况下，讲七八分钟是可以的，时间刚刚好自然最好，但绝对不能超时。如果评委喊停，不要慌，马上跳到结尾部分，绝对不能缺教学环节，保持镇定迅速结束，把板书补充完整即可。

教姿教态方面，要端正大方，不要乱晃，也不要走到评委面前。网络上的面试教学并不完全正确，教案也是良莠不齐，大家要有独立判断的能力。

面试虽然说要有激情，但我觉得最重要的是，你的心里、眼里要有学生，自然且收放有度。

我是我们考场最后一名考生，早上 6：45 到候考室，考完已经下午 1：30，评委们都开始发盒饭了。等待时间可谓相当漫长，所以保持良好的心态和亢奋的状态尤为重要。我在考场外候考的时候，听到每个人都在扯着嗓子展现自己，可谓气势逼人。如果有一天你也站在考场外，不管抽到几号，不管前面是什么样的对手，请你给自己打气，请你绝对地相信自己，告诉自己我就是最棒的，今天是运气最好的一天，一切都是好兆头，我将势如破竹一举上岸！微笑，放松，把你学到的、准备的展示给评委们，别紧张，告诉自己，做最好的自己，我们就是最美的风景。

（作者简介：林婕，女，2019 届汉语言文学专业毕业生，莆田市荔城区教师招聘考试笔试面试上岸，现就职于莆田市荔城区第三实验小学。寄语：见贤思齐焉，见不贤而内自省也。）

☞【案例阅读二】

教招直面感悟：云程发轫，培风图南

其实，在得知要给学弟学妹们分享教招直面的心得时，我的心情是激动的，在一定程度上这是老师对于我的一种肯定。同时，我也有些忐忑与惶恐，不知道自己的这些心得与经验是否能够真正地帮助到学弟学妹们。因为每个人都是一个独立的个体，每个人

的人生道路也都是不尽相同的，我们无法以自己夹杂着偶然性的经验，去盲目地为别人提供一些方法，所以，与其说是建议，不如说是将自己结合大学四年经历所产生的一些真实想法分享给学弟学妹们。当然，我也希望能够通过这些文字当中蕴藏的点滴，为他们提供一些帮助。

一、关于优秀师范毕业生

　　首先说一下优秀师范毕业生。它并不等同于优秀毕业生，它的对象前提是师范专业的学生，而在我获得这一个荣誉之前，我对它的了解并不算得上是很深入的，直到我看到招聘公告的学历要求后才真正感受到这一份荣誉能够为自己减轻多少应届毕业生所面临的就业压力和焦虑。我并不想把这一份荣誉说得神乎其神，但它确实让我省去笔试，直接进入招聘考试的面试这一环节。而至于招聘公告当中的相关要求，我将较为重要的部分归为以下两个方面。第一个就是硕士研究生或者是教育部直属6所师范院校本科（学士学位）的师范毕业生。这留给我们的选择空间其实是比较狭窄的，你只能选择继续升学，通过进一步深造，在又一个三年后顺利毕业，之后拿到直接进面的入场券。第二个就是省内本科高校应届优秀师范毕业生（本专业综合评价前20％）、省内本科高校中通过二级认证师范专业的应届优秀毕业生（本专业综合评价前30％）。我们学校的学弟学妹们是需要达到前20％这一标准的，这就意味着我们相比其他具备二级认证师范专业院校的同学要付出更多的辛劳和汗水，让自己跻身于本专业前20％这一行列中。我在这次面试的时候，首先感受到的就是这一个身份带给我的机遇。在最终的目标是获得自己心仪的一份工作这一个前提下，我是和其他高校的研究生一起参加的面试，等于说，他们是在已经继续学习了三年之后才获得了这个机会，而我则是在临近本科毕业时就已经获得了这个机会。和他们相比，我的经验虽然欠缺一些，但在年龄上还算是占了些许优势的。其次，客观来说，两项要求对比下来，即使你因为某些原因无法获得继续深造的机会，也可以先尝试着通过成为优秀师范毕业生来为自己增加一些面试的选择和机会，经由不断的经验积攒去获得你心中所期待的那一份录用通知。

　　以上是我的一些直观感受，分析得会比较粗浅，但我想让大家认识到这一个身份对于应届毕业生尤其是师范类应届生的重要性。我很荣幸通过大学四年的努力获得了这一份荣誉，让我在竞争压力巨大的毕业季、求职季能够早早上岸，踏入人民教师这一队伍当中。

　　下面简单分享一下我成为优秀师范毕业生的一些经历。

　　（一）热爱所学，明确价值

　　经过高考，进入了大学这一个新的阶段，学习的意义对于我而言，与之前相比有了一定程度的变化。狭义上的学习意味着我们要学好专业课，到了大学，意味着我们要对所选择的这一门学科和专业进行深入的研究。其中所需要的专业度和深度，相较于之前的十二年，要更加精细、深入。在深入学习这一门专业的过程中，你需要阅读更多的专业书，涉猎更多之前未曾踏入的领域。以我所学的汉语言文学专业为例，不管是语言学类还是文学类的书籍都是需要沉下心去阅读的。在这个过程中，你需要更多的耐心与细致，否则，面对那么庞大的文字量，你很容易觉得枯燥烦琐、冗杂无味。所以，在培养耐心之余，还应该始终保持对所学的热爱。不管当初是主动还是被动选择的专业，在你进入大学的时候，就应该明确自己所学的价值。"喜欢的东西要做到极致。"对自己喜欢和选择的东西保有纯粹与热情，我个人认为是需要做到的。以上是针对这一门专业而言，而在其他课程中，我们也需要一次次地调整好方式和态度去适应。

（二）树立阶段性目标并适时调整

诚然，在刚进入大学校园时，我并没有上述的觉悟，对于大学的学习还一直停留在比较狭隘的层面，这也导致我失去了一些进入部门工作的机会。真正开始改变还是在大一的下学期，我开始慢慢认识到大学不应该跟之前一样仅仅局限于知识的积累，依靠单方面的一味学习，而是应该多方面拓展，注重各方面的优缺互补。我逐渐向各种评优评先的标准靠拢，用那些比较明确的目标去严格要求自己，然后在一个比较大的阶段目标之下逐级分设一些小的目标，朝着那个确定性的目标一步一步行进。这个阶段可以是一个学期或者一个学年，你在每个阶段要完成的目标有哪些，要根据自己的情况适时调整步伐而后达成。

还是以我自身为例，大一时，我为自己设定的目标就是通过普通话和英语四六级考试，而后便会安排相应的计划，花费足够的时间和精力去准备。正是因为提前做了准备，我可以较好地均衡专业课学习与额外目标设定，通过日常一点一点的积累和考试前的冲刺顺利达成目标。

大二时，因为我已通过四六级考试，所以便将70％的精力放在了专业课上，其余的时间则是分配给社团的工作和课外的拓展活动。加上疫情封校的影响，一些娱乐活动也随之淡化，我可以全身心地投入这一学年的各项学习与活动之中，这也使得我在大二时过得非常忙碌与充实。

大三时，我面临的一个重要节点就是教师资格证的笔试和面试，在较为紧张的准备之后我也得以顺利通过。至此，比较重要的技能证书考取基本落下了帷幕。关于教师资格证，它对师范生的重要性不言而喻。如果已经确定未来会走上人民教师这一道路的话，那么没有取得这一证书便等于与你预想的职业无缘。因为我自己的职业目标非常明确，就是成为一名教师，所以通过教师资格证考试成为我大三最重要的努力方向和奋斗目标。

大四时，我们面对的最重要的两项任务是毕业论文和专业实习。除了指导老师的帮助之外，前面三年你所学的一些理论积累在这时能够发挥作用，但你在撰写论文时是否能够静得下心去研读那些文献资料，并加以整理分类和归纳，也是一个比较重要的能力。至于专业实习，我也是秉持着以学习的心态去弥补自身的缺陷这一想法认真应对的。随着实习材料的撰写和上交，自己的大学生活也慢慢接近了尾声。而在这四年里，我一以贯之的原则就是以足够的时间和精力去准备，以平稳的心态去考试和应对，一步一个脚印，踏踏实实做好每个阶段应该完成的事情，这可能也是我都能够一次性顺利完成上述任务，平稳度过大学时光的原因之一。

最后是我个人对这四年的一个总结评价。我知道自己和很多同学相比还不够优秀，那么以我自身作为一个暂时性的参照，除了相应的专业比赛和等级证书这些必需项之外，每年的综测考评、优秀学生奖学金和各项荣誉称号的获得也是在评选优秀师范毕业生时的较为重要的加成。这些是你可以通过努力证明和提升自己综合能力的另一种表现。这些或许不是绝对的评选标准，但能提升自己的专业素养，提高自己各方面的能力，努力成长为一个更好的自己，让自己的大学四年变得有意义，朝着"优秀"二字慢慢靠近，总是没错的。

二、关于优秀师范毕业生教招的直面感悟

以下是我这一次参加直面的一些感受。

我先后参加了两次面试。第一次是 2 月份市属学校的招聘，我非常遗憾自己没有能够一次上岸，但我在经历了第一次的失败后，慢慢沉淀，从而在得知自己还能参加 4 月份区聘的时候紧紧把握住机会，积极备考，最终取得了较为满意的成绩，也选到了心仪的学校和岗位。第一次的失败过后，我也对自己的这一次经历进行了总结和反思。除了抽到首发面试这一因素之外，我觉得最主要的一个原因是没有很好地调节自己的心态，由于过分紧张，自己没有发挥出平时的状态。所以，应试的心态往往起着非常关键的作用，虽然努力和具备能力才是能够顺利通过面试、取得一个好成绩的决定性因素，但拥有一个积极应对的平稳心态，无疑能够最大限度地保证你在正式的招聘考试当中发挥出正常水准。另外，在这里也想提醒学弟学妹们，在平时就应当加强自己在台上的训练。因为在 2 月份面试之前，我自己确实是非常缺乏上台经验的。对此我非常惭愧，除了之前的一次优秀师范生技能大赛和教资面试之外，自己几乎没有积累过什么正式的上台经验，这也是导致我第一次面试时紧张的一个因素。所以趁着现在还有时间，还来得及，大家可以多去参加一些与本专业相关的技能比赛，多积攒一些经验，不断总结、回顾与反思，弥补自己在各个方面的缺漏。

除了以上一些面试时的注意点，我也仔细回忆了一下第二次面试时的一些感受和心得，希望能够为你们之后的面试提供一些思路。

第一个是需要确定面试时涉及的重点篇目。无论是报考小学还是中学，你首先要做的就是对课本了然于心，本单元的单元要素是什么，本课的重难点在哪里，三维目标应该如何设定，我所采用的导入和涉及的模块之间如何设计、衔接。这些在熟悉课本时就应该注意，必要时也可以借助希沃白板、学科网等授课软件和平台，上面有很多案例，在浏览时根据自己的情况进行筛选，然后确定一两份较为优质的进行模仿和学习。站在前人的肩膀上，开阔视野，总比自己盲目摸索来得省时省力。

第二个是试写。当你掌握了一篇课文之后，最好的检验方式就是在规定时间内根据要求书写教案和说课稿，片段的和全篇的都应该考虑到，前者针对篇幅较长的重点课文，后者针对较短的古诗和文言文。我在第一次面试时抽到的是小学阶段的一篇篇幅较长的小说，这个时候就应该根据单元要素，有针对性地对课文重点进行备考；第二次抽到的是一首八年级上册的古诗，试题上就只有那一首古诗原文，其余的就是靠你平时的准备。我举这两个例子是想说明，我们不应该打无准备之仗，因为招聘考试面试时留给你的就只有在备考室那短短的半个小时，你在讲台上给考官展现的时间也只有十到十五分钟，所以在你还能够借助资料的平时，就应该抓紧时间准备，以此应对面试过程中出现的各种试题和情况。另外，各个地区的招聘考试要求不一样，我所在的地区目前只要求片段教学，所以我将重点放在了教案设计上。有些地区对于说课是有要求的，师范专业的学弟学妹们后续应该会安排相关课程的学习，但是可以去提前了解一下说课稿的内容和形式，也可以去看一些当地教育局往年发布的公告，根据实际情况进行准备和调整。

第三个是试讲。理论与实践之间是存在着差距的，所以在完成了第二步之后，我还是建议大家尽可能多地去模拟试讲这一环节。讲课的内容、方式，语速的快慢，音量的大小，举止与板书的得体与否都应该注意，录音、录视频、请同学试听等方式都是可以采纳的，最主要的是找出自己的问题然后加以改正。当然，师范专业的话，学院里面一般都会举办师范生技能大赛，会有相应的老师指导，也可以通过这一个途径让老师进行评点以完善不足。究其根本，还是得靠自己通过各种方式锻炼上台的胆量，保证面试时有一个平稳的心态不至于太过紧张，并实打实地通过训练提升自身的试讲和说课水平。

三、一步一印，踏实前进

最后是我一直以来都想要说的一些话。也许很多人会觉得我很幸运，能够获得直接进入面试的机会，甚至这一路走来我其实也会觉得自己很幸运。但我眼中的幸运不是他人眼中的那一份运气，我庆幸的是自己在这个过程中足够努力、足够坚定地朝着自己所设定的目标勇敢地前行，全力以赴，不留遗憾。在这条路上，我也遇到了很多帮助我的老师、同学和学长学姐们，所以我会常怀感恩之心，不忘他们给予我的指导和鼓励，同时也想把这一份温暖传达给自己的学弟学妹们，给他们提供一些帮助。也许在他人眼中，我一直都是以一种很轻松的状态，轻而易举地就得到自己想要的东西，但我想说的是，比起幸运，每个人都在那些平淡而未曾泛起涟漪的日子里慢慢地努力着，只是看你能否在日复一日的努力当中一如既往地坚定自己的目标，然后在机会来临时及时把握。我的心里面有一杆很清晰的标尺，知道自己这几年一路走来付出了哪些努力，知道自己应该为了哪些目标奋斗。也许你也处在迷茫的阶段，但每个人所走过的道路都不会是一帆风顺的，我们都会经历一些困顿时刻，在跌至谷底之时，会不由自主地生出道途未卜、不知去往何方、奔向何处的无力感，但当你心怀勇敢，一步一个脚印走出新的道路后，会有一种千帆过尽，择而无悔的坚定与释然。

（作者简介：谢佳媛，女，2023届汉语言文学专业毕业生，龙岩市新罗区优秀师范生教师招聘面试上岸。寄语：以云程发轫之志，赴培风图南之途。）

☞ 【拓展阅读】

关于进一步做好福建省中小学幼儿园教师补充工作的若干措施

为进一步健全完善我省中小学幼儿园教师补充机制，吸引并选拔更多乐教适教善教的优秀人才从教，提高新任教师队伍质量，根据《中共福建省委 福建省人民政府关于全面深化新时代教师队伍建设改革的实施意见》和《福建省"十四五"教育发展专项规划》等文件精神，结合我省实际，提出如下措施。

一、保障教职工编制供给，提高编制使用效益

（一）依标足额核定教职工编制。我省中小学教职工编制标准仍按闽政办〔2015〕155号文件执行，各地要依标足额核定教职工编制。要充分考虑构建德智体美劳全面培养的教育体系、高考综合改革、小规模学校、寄宿制学校等附加增编因素，结合实际科学合理核定编制，继续做好中小学教职工编制结构优化、动态调整工作，不断完善资源配置，更好保障基础教育优质均衡发展。

（二）统筹使用教职工编制。推动中小学教师"县管校聘"管理体制改革，各级编制部门要积极协同教育部门在核定的中小学教职工编制总额内，根据学校布局调整、城乡人口流动、学生规模变化等，做好本区域内学校之间、学段之间编制和师资力量的统筹配置。省市县有调剂下达中小学教职工编制的地区，要加快推进编制使用，统筹用好用足用活编制。严禁在有合格师资来源的情况下"有编不补"，严禁任何单位占用或变相占用中小学教职工编制。

二、科学谋划师资配置，优化教师队伍结构

（三）摸清教师岗位需求。各地要充分掌握本地区中小学幼儿园教师队伍状况，结合人口规模和变化情况，摸清城镇乡村不同区域、不同学校的岗位需求，科学预测教师需求的数量和学段、学科、区域、年龄等结构，注重将教师需求与教师培养、补充有效衔接，研究制定本地区年度教师补充计划和中长期教师补充规划，切实提升教师补充工作的精准性。省教育厅将适时建立师资需求预警机制，定期发布全省师范生培养和各市、县（区）师资情况。

（四）加快配齐配足紧缺师资。各地要坚持立德树人、五育并举，有针对性地加强紧缺学科教师补充，着力解决学科结构性矛盾。各市、县（区）每年补充的中小学思想政治、音乐、体育、美术、科学、劳动、特殊教育、信息技术、心理健康等紧缺学科教师，原则上不低于当地补充数量的30％，其中音体美教师原则上不低于当地补充数量的15％。要加快补齐幼儿园教职工缺口，推进学前教育改革发展。教师队伍男女比例严重失衡的地区，可按照"同条件、等比例"原则设置男女岗位，优化教师队伍性别结构。

三、扩大教师补充渠道，吸引优秀人才从教

（五）加大力度补充师范毕业生。各地要将师范毕业生作为中小学幼儿园教师补充的主要来源，积极引导优秀师范毕业生从教。省内本科高校应届优秀师范毕业生（本专业综合评价前20％）、省内本科高校中通过二级认证师范专业的应届优秀毕业生（本专业综合评价前30％），可直接面试考核进入中小学幼儿园教师队伍。各地要完善待遇保障，吸引公费师范生回生源所在市、县（区）任教，并加强各类公费师范生履约管理。支持各地安排一定数量教师岗位专门面向师范毕业生招聘。

（六）拓宽各类人才从教渠道。鼓励各地吸引高水平大学非师范专业优秀毕业生从事教师职业。各地可将本地紧缺学科教师纳入当地急需紧缺人才目录，通过专项公开招聘、面试考核等方式招聘。支持各地安排一定数量岗位专门面向符合任教条件的优秀退役军人和优秀退役运动员招聘。原省级扶贫开发工作重点县招聘教师可适当放宽年龄、专业等条件；对报考人数不足的急需紧缺岗位，可降低开考比例或不设开考比例，划定

成绩合格线；可安排一定数量岗位面向本县或周边县（市、区）户籍人员（或生源）招聘。严禁发达地区、城区学校到薄弱地区抢挖优秀校长和教师。

四、完善教师补充机制，提高新任教师补充质量

（七）落实市县招聘教师自主权。2022年起，省里不再统一组织安排全省中小学幼儿园教师公开招聘工作，由市、县（区）教育部门会同有关部门组织实施。省里每年提供一次新任教师招聘笔试服务，各地可视需要使用笔试成绩。各地要充分尊重和发挥学校在教师公开招聘工作中的重要作用，由学校按公开招聘有关规定提出教师招聘需求和岗位条件，并参与面试、考察和拟聘人员确定。

（八）创新符合教师职业特点的招聘方式。严格实行教师资格准入制度，将具有相应教师资格作为教师招聘聘用的前提条件。有条件的地方可适当提高教师招聘的学历标准。要优化考试、考核的内容和形式，重点考察教师专业素质和职业能力，其中笔试应突出运用学科知识分析和解决教育教学实际问题的能力，面试应突出教学技能。要强化新任教师的思想政治、师德和心理健康考察。鼓励各地探索对音体美、幼儿园教师采取先"技能测试、模拟讲课"再笔试的招聘方式。

五、实施教师补充专项计划，强化乡村振兴人才保障

（九）实施农村紧缺师资代偿学费计划。2022年起，新录用到我省23个原省级扶贫开发工作重点县公办中小学任教的国家"双一流"建设高校毕业生和福建省一流大学建设高校师范专业毕业生（不含各级各类公费师范毕业生），由省级财政逐年退还学费。鼓励各地通过出台优惠政策、完善待遇保障等举措，大力吸引优秀高校毕业生到当地任教。

（十）实施原省级扶贫开发工作重点县补充教师经费补助计划。2022年起，由省级财政对23个原省级扶贫开发工作重点县新补充的公办中小学音体美教师的工资性支出进行补助，按照每位教师每年2万元的标准，连续补助3年，推动当地及时补充音体美教师。

六、压实各级主体责任，规范有序推进实施

（十一）健全长效机制。各地每年要有计划地组织开展中小学幼儿园教师补充工作，确保教师补充工作的连续性。要结合本地区中小学幼儿园教师队伍实际情况和教师岗位特点，不断完善教师补充制度，积极探索符合不同学段、专业和岗位特点的教师补充办法，建立健全教师补充工作长效机制，及时按需精准补充教师，切实提高教师队伍质量，更好保障中小学幼儿园教育事业发展需要。

（十二）强化监督管理。中小学幼儿园教师补充工作政策性强、涉及面广、社会关注度高。各级教育、编制、财政、人社等部门要在党委、政府领导下，提高思想认识，各司其职、密切配合、加强沟通，严格按照公开招聘有关规定规范操作，自觉接受社会各界的监督。高校要强化责任主体意识，提升师范专业办学质量，规范师范生综合评价工作，严禁弄虚作假。在各级各类教师补充工作中存在违规违纪行为的，按《事业单位公开招聘违纪违规行为处理规定》等有关规定追究责任。

（资料来源：福建省教育厅，2022年3月2日）

第五节　参军入伍

《中华人民共和国宪法》规定："依照法律服兵役和参加民兵组织是中华人民共和国公民的光荣义务。"大学生是国家的宝贵人才资源，征集大学生参军入伍，既是建设巩固国防和强大军队的迫切需要，也是服务经济社会发展和维护国家长治久安的客观要求，是一项利国利军利民的大事好事。大学生走入军营，能够改善部队士兵队伍的素质结构，为军队信息化建设注入生机和活力。部队也是青年学生成长成才的大学校，是砥砺品格、增强意志的好课堂，是施展才华、成就事业的大舞台。国防和军队现代化建设，迫切需要一大批有责任、敢担当的有志青年携笔从戎、报效祖国。从 2001 年以来，成千上万大学生携笔从戎，在部队建功立业，有的成长为部队的带兵骨干，成为共和国军官；有的退役后，不改军人本色，展示军人风采，成为各行各业的优秀人才。因此，选择参军入伍会成为大学生一生中最宝贵的人生经历和财富。

青年兴则国家兴，青年强则国家强。青年一代有理想、有本领、有担当，国家就有前途，民族就有希望。中国梦是历史的、现实的，也是未来的；是我们这一代的，更是青年一代的。中华民族伟大复兴的中国梦终将在一代代青年的接力奋斗中变为现实。

——2017 年 10 月，习近平总书记在党的十九大报告中强调

广大青年要坚定不移听党话、跟党走，怀抱梦想又脚踏实地，敢想敢为又善作善成，立志做有理想、敢担当、能吃苦、肯奋斗的新时代好青年，让青春在全面建设社会主义现代化国家的火热实践中绽放绚丽之花。

——2022 年 10 月，习近平总书记在党的二十大报告中强调

一、基本条件

（一）政治条件

征集服现役的高校毕业生必须符合一定的政治条件，具体包括：热爱中国共产党，热爱社会主义祖国，热爱人民军队，遵纪守法，品德优良，决心为抵抗侵略、保卫祖国、保卫人民的和平劳动而英勇奋斗。征兵政治审查的内容包括：应征公民的年龄、户籍、职业、政治面貌、宗教信仰、文化程度、现实表现以及家庭主要成员和主要社会关系成员的政治情况等。

（二）基本身体条件

大学生参军入伍的身体要求一般要符合国防部颁布的《应征公民体格检查标准》和有关规定，具体来说，主要有以下 4 项：

1. 身高：男性 160 厘米以上，女性 158 厘米以上。

2. 体重符合下列条件且空腹血糖＜7.0 mmol/L：

男性：17.5≤BMI<30，其中：17.5≤男性身体条件兵 BMI<27

女性：17≤BMI<24

BMI≥28 须加查血液糖化血红蛋白检查项目，糖化血红蛋白百分比＜6.5％方合格。BMI 等于体重（千克）除以身高（米）的平方。

3. 视力：任何一眼裸眼视力不低于 4.5。任何一眼裸眼视力低于 4.8，须进行矫正视力检查，任何一眼矫正视力低于 4.8 或矫正度数超过 600 度，不合格。屈光不正经准分子激光手术（不含有晶体眼人工体植入术等其他术式）后半年以上，无并发症，任何一眼裸眼视力达到 4.8，眼底检查正常，除部分条件兵外合格。

（三）年龄要求

男性普通高等学校应届本科毕业生、在校生报名年龄一般要求 18～24 周岁，刚入学新生男兵报名年龄一般要求 18～22 周岁。女性普通高等学校应届本科毕业生、在校生报名年龄一般要求 18～22 周岁。

（四）服役时间

在我国义务兵服役时间一般为两年。

二、报名流程

大学生参军入伍一般在每年 3—4 月启动，由国防部征兵办公室组织统一部署，并通过应征地人民武装部和高校征兵工作站（一般设在高校武装保卫部）具体负责组织和实施。高校收到上级征兵通知后，在全校范围进行广泛的宣传和动员，并按规定要求引导应届毕业生、在校生和当年度大学新生做好报名相关工作。符合当年征兵基本条件的应届毕业生、在校生和当年度大学新生可登录"全国征兵网"（网址：www.gfbzb.gov.cn），按要求进行网上报名。

男兵：全年均可报名，上半年报名截止时间为 2 月 10 日 18 时，下半年报名截止时间为 8 月 10 日 18 时。

女兵：上半年报名时间为 1 月 1 日至 2 月 10 日 18 时，下半年报名时间为 7 月 1 日至 8 月 10 日 18 时。

特别提醒：以上内容每年根据国家征兵工作实际情况可能会有一些调整和变化，关于征兵的基本条件和报名流程等具体内容要以当年"全国征兵网"和当地兵役机关公布信息为准。

三、优惠政策

为鼓励大学生参军入伍，国家和地方出台了一系列鼓励措施和优惠政策，主要包括以下十个方面。

1. 优先优待：大学生参军入伍除享受义务兵正常优待外，还享受优先报名应征、优先体检政审、优先审批定兵、优先安排使用的政策，大学生合格一个批准入伍一个。对批准入伍的大学生在安排去向时，优先安排到军兵种或专业技术要求高的部队服役。

2. 国家资助学费。大学生参军入伍服义务兵役、退役后复学或入学，国家实行学费补偿、国家助学贷款代偿、学费减免。学费补偿、国家助学贷款代偿和学费减免的标准，本专科生每人每年最高不超过 12000 元，研究生每人每年最高不超过 16000 元。（专科、本科、研究生阶段选择一个阶段资助）

3. 享受政府发放的优待金和奖励金。大学生参军入伍不仅可获得地方政府给予的家庭优待金，还可以享受一次性奖励金。优待金和奖励金标准每个地方会略有不同，具体以参加应征地武装部通知为准。

4. 选拔培养：（1）对符合士官选取条件的士兵，同等条件下具有全日制大专以上学历的优先选取。（2）中共党员或者入党积极分子，大学本科毕业及以上学历的，入伍一年半以上，被评为优秀士兵，年龄不超过 26 周岁可直接提干。（3）参加优秀士兵保送入学对象选拔，年龄放宽 1 岁（不超过 26 周岁），同等条件下优先列为推荐对象，符合有关条件的，可保送入军队院校培训。本科以上学历的，安排 6 个月任职培训；专科学历的，安排 2 年本科层次学历培训。

5. 退役复学（升学）：（1）考试升学加分。普通高校应届毕业生应征入伍服义务兵役退役后 3 年内参加全国硕士研究生招生考试，初试总加分 10 分，同等条件下优先录取；在部队荣立二等功及以上的，符合研究生报名条件的可免试（指初试）攻读硕士研究生。（2）国家设立"退役大学生士兵"专项硕士研究生招生计划，每年专门面向退役大学生士兵招生。自 2021 年硕士研究生招生起，计划由每年 5000 人扩大到 8000 人，并重点向"双一流"建设高校倾斜。专项计划在全国研究生招生总规模内单列下达，不得挪用。

6. 公务员招考：（1）在招录公务员、参照公务员法管理机关（单位）工作人员，招聘事业单位工作人员时，同等条件下优先录用（聘用）符合政府安排工作条件的退役大学生士兵；退役士兵报考公务员、应聘事业单位职位的，在军队服现役经历视为基层工作经历，服现役年限计算为工龄。（2）每年安排全省公务员招录计划数 10% 的职位，用于定向招录退役大学毕业生士兵。（3）在政法干警招录中，各地拿出政法干警招录培养体制改革试点招录培养计划 20% 左右的职位，用于招录退役大学生士兵，不再实行加分政策。对在服役期间荣立个人三等功以上奖励的退役士兵，报名和录用时在同等条件下优先考虑。鼓励高学历退役士兵报考试点班，并适当增加招录大学生退役士兵的比例。（4）适当提高政法干警招录培养体制改革定向招录退役军人比例，应征入伍的高校毕业生退役后报考试点班的，教育考试笔试成绩总分加 10 分。

7. 事业单位招考：（1）鼓励机关、社会团体、企事业单位在招聘工作人员时，拿出一定比例的招聘岗位面向符合招聘条件的退役大学生士兵实行定向招聘。事业单位根据岗位需要可采取直接考核方式接收符合考核聘用条件的退役大学生士兵，也可采取有限竞争招聘方式专门面向退役大学生士兵招考。（2）复员士官服役 3～5 年加 2 分，6～8 年加 4 分，9～12 年加 6 分；荣立三等功另加 2 分；获得优秀士官（兵）另加 1 分；大学生退役士兵可另加 5 分。

8. 纳入基层服务计划：（1）乡镇补充干部、基层专职武装干部配备时，注重从退役大学生士兵中招录；对返乡务农的退役大学生士兵，鼓励通过法定程序积极参与村居

"两委"班子的选举。（2）在军队服役 5 年（含）以上的退役大学生士兵可以报考面向服务基层项目人员定向考录的职位，同服务基层项目人员共享公务员定向考录计划，优先录用建档立卡贫困户家庭退役大学生士兵。

9. 国有企业招聘：（1）国有、国有控股和国有资本占主导地位的企业在新招录职工时拿出 5% 的工作岗位，在符合政府安排工作条件的退役士兵之间公开竞争，用人单位择优招录。（2）机关、社会团体、企业事业单位在招收录用工作人员或聘用职工时，对退役军人的年龄和学历条件适当放宽。（3）国有企业招聘安排 15% 的工作岗位用于定向招录（聘）退役大学生士兵。

10. 其他就业创业相关政策：（1）高校毕业生士兵退役后一年内，可视同当年的应届毕业生，凭用人单位录（聘）用手续，向原就读高校再次申请办理就业报到手续，户档随迁。（2）退役大学生士兵可参加户籍所在地省级毕业生就业指导机构、原结业高校就业招聘会，享受就业信息、重点推荐、就业指导等就业服务。（3）省和设区市根据实际需要每年组织退役大学生士兵企业专场招聘会。退役后自主创业的大学生，依法享受税收优惠，3 年内免收行政事业性收费。符合支持创业小额担保贷款条件的，每年可向当地创业小额贷款担保中心申请最高 20 万元的小额担保贷款。（4）退役军人可选择接受一次免费培训（免学杂费、免住宿费、免技能鉴定费），并按照规定享受培训期间生活补助。

☞ 【案例阅读】

千锤百炼"火凤凰"
——陆军第 73 集团军某特战旅女子特战分队队长黄红艳

黄红艳，福建南安人，1990 年 8 月出生，2010 年 6 月入党。2008 年 9 月入学福建师范大学福清分校就读。毕业后，于 2012 年 12 月入伍，现任陆军第 73 集团军某特战旅女子特战分队队长，陆军上尉军衔。入伍 8 年，练就了"上天能伞降机降、下海能操艇泅渡、陆上能百步穿杨"的特战技能，出色完成各项重大演训任务，先后 8 次向军委、原总部和军区领导汇报演示，多次被评为"优秀四会教练员""优秀共产党""优秀基层干部""优秀带兵骨干"，荣立三等功 2 次，用青春热血书写了矢志精武、献身强军的华美乐章。2018 年 9 月，黄红艳在陆军特种作战学院带新兵期间，凭借过硬的军事素质和科学的带兵方式赢得学院领导的高度评价，央视《军事纪实》栏目主动派出摄制组到特战学院给她拍摄专题片《特战女教官》，在军内外引起强烈反响。

一、无悔选择，执着追梦穿上"绿军装"

偏爱竞技游戏，酷爱户外运动，从小变着法子玩的黄红艳，也同电视里的许三多一样，一淘气就被母亲追着打，直到大学毕业找了工作，原本以为一切顺理成章不会再有波澜，家人刚刚松了一口气，黄红艳却在这时应征入伍，成为一名特战女兵。好不容易从象牙塔步入正轨，又要从头"折腾"一回，很多人不能理解，但年轻的悸动像被打开了新的闸门，尝试和挑战的想法挥之不去，于是，黄红艳开始了追寻特战梦的旅程。

圆梦的瞬间，令人神往；追梦的过程，历久弥新。初入女子特战分队，她每天都像出膛的子弹，在追梦的路上疾速奔跑——练射击，枪管上挂水壶、放弹壳，在烈日的炙烤下，稳如石墩，半小时纹丝不动；练格斗，在没膝的泥水中摸爬滚打，摔得遍体鳞伤；练攀岩，在粗糙的岩墙上百转千回，磨得血肉模糊。大学闲暇安逸的生活仿佛还在昨天，摆在眼前的却是看不到头的暴晒、汗水、疼痛、伤疤……剧烈的反差有时让人恍惚得感到不真实，但她从不后悔，始终坚信，大学的生活让她获得了知识，这样的生活锤炼了她坚毅的品质，促使她穿上军装的，从来就不是一时的冲动，持久的坚韧才能让她在人生的逐梦路上行稳致远。

二、无惧挑战，一心为战涅槃"火凤凰"

"砰砰砰……"靶场上几抹身影单膝跪地、双膝滑行，紧接着、腾空而跃、侧卧身体、出枪射击，枪响靶落，动作转换之迅速、瞄准击发之果敢，让现场观摩的官兵忍不住连连拍手称赞。这是特战女兵为军委领导汇报表演特种射击课目时的场景。她们先后运用立姿、单跪、双跪、侧卧、俯卧5种射击姿势命中50米至80米距离上的目标，百发百中。"看不出是女兵，有这样出色的成绩，相当不容易。"军委领导观摩后赞赏道。首长的肯定自有千斤的分量，然而只有女兵们知道，她们为此一次次挑战身体极限所付出的艰辛和努力。

黄红艳是那次汇报演示的核心骨干，一直负责强化训练，从"调皮捣蛋"的假小子，到沉着冷静的特种兵，再到身经百战的教练员，"最舒服的日子永远是昨天"这句话一直支撑着她渡过一个个难关。所谓顺其自然其实是竭尽全力之后的坦然；所谓磨难恰恰孕育着机遇、象征着希望，所谓成功不是结局，而是一个新的开始。对于黄红艳来说，挑战自我，其乐无穷；超越自我，永无止境。她常挂在嘴上的一句话就是："要想出头，先吃苦头，女特种兵的成长本就是一个凤凰涅槃的过程。既然要涅槃，浴火就要彻底，不吃些苦头，怎么能当特种兵？"

三、无私奉献，情满强军谱写"时代歌"

回想起备战"特战奇兵-2018"军事比武的经历，黄红艳至今记忆犹新。那段时间，女兵们无休止地在烈日下机降、划舟、攀登、投弹、乘车射击，"黎明前着装、风雨中定型、靶场上开饭、夜幕下归队"是那些日子的真实写照。

强化乘车射击训练期间，身材瘦小的黄红艳因为臂力不足，在车辆颠簸时端枪不稳，严重影响射击精度。为此，她自开"小灶"，每天完成规定训练量后，再加训100个俯卧撑和20组哑铃伸举，增强臂力；睡前一小时用于深蹲起和扎马步，增强腿力。备战期间，迷彩服被汗湿透，还经常"千疮百孔"，作战靴也不知磨坏了多少双，为了不耽误训练，大腿、腰部严重摔伤也没有请假休息，所有的病痛和坚持，都是为了比武时能有十足的把握。谁知，临近比武却因干部不能参加被换下场，她无怨无悔，迅速调整心态，从队员转变为教练员兼保障人员，全力协助其他5名队员在15支参赛队伍中脱颖而出，夺得女子组第一名。

黄红艳给人留下的最直接印象就是皮肤黝黑、娇小精瘦、英气十足——但最让人有感触的，还是因为常年暴晒，缺乏保养而在脸上"刻"下的点点斑痕。在这个"颜值"至上的时代，这难免成为普通人的心理负担，但爽朗的黄红艳从未把它当回事，还是和往常一样自信爱笑。"一样的花季，不一样的青春；一样的美丽，不一样的色彩！"她说，她和战友们远离浪漫选择艰辛，远离呵护选择挑战，远离轻松选择磨炼，是因为"特战女兵的美，不是花裙，不是艳妆，而是一颗荣誉心、一身英武气"。当同龄人在享受色彩斑斓的大千世界时，她们却与 5 公里越野、武装泅渡、滑降、攀岩、格斗等一个个高强度的训练课目为伴，她们从不向亲友诉说训练有多苦，只是说，当特战女兵是她最骄傲的事，是人生中最绚烂、最难忘、最值得拥有的风景。

（资料来源：福建师大福清分校学工处微信公众号，2020 年 7 月 19 日）

☞【拓展阅读】

2023 年大学毕业生参军优待政策

为鼓励高校毕业生积极投身军营，近年来国家接连出台一系列优待政策，具体都有哪些呢？

一、报名优待

1. 放宽年龄限制

普通高等学校本专科毕业生参加男兵征集，年龄放宽至 24 周岁。

2. 优先征集

国家鼓励大学毕业生参军入伍，享有优先报名应征、优先体检政考、优先审批定兵、优先安排使用"四个优先"。

二、全家享荣誉

军属荣誉：全面落实悬挂"军属光荣"牌、上门送喜报、解决家庭实际困难等优属传统和政策制度。优抚医院为现役大学生士兵父母提供优惠体检，享受免收普通门诊挂号费和优先就诊、检查、住院等服务。

三、部队发展

1. 士兵提干

入伍前为普通高等全日制本科以上学历的大学生士兵，在部队有机会提干成为一名军官。

2. 入读军校

普通高中毕业以上文化程度或者同等学力的义务兵有机会报考或保送军校。

3. 选改军士有优势

义务兵服现役期满，根据军队需要和本人自愿，经批准可以选改为军士；服现役期间表现特别优秀的，经批准可以提前选改为军士。具有全日制大专以上学历的士兵，地方高校学习时间视同服役时间。

四、学业发展

1. 退役考研加 10 分

退役大学生士兵在完成本科学业后 3 年内参加全国硕士研究生招生考试，初试总分加 10 分，同等条件下优先录取。

2. 退役考研单独划线

可享受"退役大学生士兵"专项硕士研究生招生计划，该专项计划在全国硕士研究生招生计划总规模内单列下达，单独划定分数线，每年招生规模 8000 人，重点向"双一流"建设高校倾斜（以 2022 年为例，215 人通过"退役大学生士兵"专项计划被湖南省高校录取为硕士研究生，其中，93 人被湖南省"双一流"建设高校录取）。

3. 立功免试读研

在部队荣立二等功及以上的退役士兵，符合研究生报名条件的可免初试攻读硕士研究生（2020—2022 年湖南省共计 5 名退役士兵通过荣立二等功及以上荣誉，免初试被湖南高校录取为硕士研究生）。

4. 优先推荐免试读研

各高校将服兵役情况纳入"推荐优秀应届本科毕业生免试攻读硕士学位研究生"遴选指标体系，同等条件下优先推荐。

5. 免试专升本

退役大学生士兵专升本实行免文化课考试，招生本科高校依据专业人才培养要求，组织相关的职业适应性或职业技能综合测试。荣立三等功及以上荣誉的考生可免于参加职业适应性测试或职业技能测试。

五、经济优待

1. 大学生入伍一次性奖励金

对入伍大学生发放一次性奖励金，每人不低于 5000 元。

2. 学费资助

对应征入伍服义务兵役、招收为军士，退役后复学或入学的高等学校学生实行学费补偿、国家助学贷款代偿、学费减免。本专科生每生每年最高不超过 12000 元，研究生每生每年最高不超过 16000 元。

3. 艰苦地区服役奖励金

到新疆、西藏地区服役的义务兵，给予 10000 元一次性奖励（新疆、西藏以外地区服役的高原条件兵纳入奖励金优待范畴）。

4. 自主就业奖励金

自主就业退役士兵按照每服役一年 4500 元标准，发放一次性经济补助。

六、退役就业

1. 退役后视同应届毕业生

入伍大学毕业生退役后一年内，可视同当年的应届毕业生，享受应届毕业生录（聘）用同等政策，凭用人单位录（聘）用手续，向原就读高校再次申请办理就业报到手续、户档随迁；可参加户籍所在地省级毕业生就业指导机构、原毕业高校就业招聘会，享受就业信息、重点推荐、就业指导等就业服务。

2. 保留人事劳动关系

大学毕业生入伍前是机关、团体、事业单位或者国有企业工作人员的，服役期间保留人事关系或者劳动关系，退出现役后可以选择复职复工。

3. 服役时间计算工龄

放宽退役大学生士兵（包括大学毕业生入伍后退役和在校生、新生入伍后退役复学完成学业人员）参加招录（聘）的年龄和学历限制，其服役经历视同基层工作经历，服役时间计算工龄。

4. 就业渠道多元

加大面向退役士兵、村（社区）干部、大学生村官招录乡镇（街道）公务员和招聘乡镇（街道）事业编制人员力度，比例达到招录（聘）人员总数的30％以上。其中，专职人民武装干部主要面向退役士兵定向招考。

七、退役创业

1. 退役创业场地优待

依托政府投资或社会共建的创业孵化基地和创业园区，设置退役大学生士兵创业专区或创业专席，按规定落实经营场地、水电减免、投融资、人力资源、宣传推广等优惠服务，逐步建立包含场地资金扶持、示范项目培育、创业人才培训、法律政策咨询等促进退役大学生士兵创业的工作机制和服务平台。

2. 退役创业优惠扶持

对从事个体经营的退役大学生士兵，除国家限制行业外，3年内免收部分行政事业性收费，实行税费减免；自主创办小微企业或合伙创办企业的，可申请创业担保贷款，并按规定予以贴息。

热血军营，期待你的加入。

（资料来源：央广军事微信公众号，2023年7月20日）

第六节　志愿项目

为了拓宽就业渠道，引导更多的大学毕业生转变就业观念，面向基层就业，党和政府出台多项优惠政策，鼓励和号召毕业生到基层去、到西部去、到农村去、到祖国和人民最需要的地方去建功立业。近几年，国家和地方继续加大力度，组织实施各类国家地方志愿项目，每年选派一批毕业生到基层开展志愿服务。志愿项目主要包含大学生志愿服务西部计划、"三支一扶"计划、大学生志愿服务欠发达地区计划、大学生服务社区计划等。

志愿者事业要同"两个一百年"奋斗目标、同建设社会主义现代化国家同行。志愿服务是社会文明进步的重要标志，是广大志愿者奉献爱心的重要渠道。

——2019年1月7日，习近平总书记在天津考察时的讲话志愿服务是社会文明进步的重要标志。党的十八大以来，广大志愿者、志愿服务组织、志愿服务工作者积极响应党和人民号召，弘扬和践行社会主义核心价值观，走进社区、走进乡村、走进基层，为他人送温暖、为社会作贡献，充分彰显了理想信念、爱心善意、责任担当，成为人民有信仰、国家有力量、民族有希望的生动体现。希望广大志愿者、志愿服务组织、志愿服务工作者立足新时代、展现新作为，弘扬奉献、友爱、互助、进步的志愿精神，继续以实际行动书写新时代的雷锋故事。

——2019 年 7 月，习近平总书记致中国志愿服务联合会第二届会员代表大会的贺信

要在全社会广泛弘扬奉献、友爱、互助、进步的志愿精神，更好发挥志愿服务的积极作用，促进社会文明进步。

——2022 年 4 月，习近平总书记在北京冬奥会、冬残奥会总结表彰大会上的讲话

一、大学生志愿服务西部计划

（一）项目简介

"大学生志愿服务西部计划"简称"西部计划"，是由团中央、教育部、财政部、人力资源和社会保障部等根据国务院常务会议和全国高校毕业生就业工作会议精神，联合组织实施的大学生基层就业计划。从 2003 年开始，每年都招募一定数量的普通高等学校应届毕业生或在读研究生，到西部基层开展为期 1～3 年的志愿服务工作，鼓励志愿者服务期满后扎根当地就业创业。

西部计划实施 20 年来，已累计招募选派遣 46.5 万余名大学生志愿者在 2000 多个县（市、区、旗）基层服务，综合成效明显。作为实践育人工程，引导具有理想主义情怀的青年人，通过火热的西部基层实践进一步坚定理想信念，锤炼意志品格，升华志愿情怀；作为就业促进工程，引导和帮助高校毕业生树立正确的就业观，并为他们搭建到西部去、到基层去、到祖国和人民最需要的地方去干事创业的通道和平台；作为人才流动工程，鼓励和引导东、中部大学生到西部基层工作生活，促进优秀人才的区域流动；作为助力扶贫工程，以西部计划志愿者为载体推动校地共建，引导高校资源参与到当地的脱贫攻坚工作中。

西部计划是国家重大人才工程"高校毕业生基层培养计划"的子项目，是引导和鼓励高校毕业生到基层工作的 5 个专项之一。党中央、国务院高度关心西部计划志愿者，高度重视西部计划和研究生支教团工作。习近平总书记曾多次做出批示或给志愿者回信，肯定志愿者们在西部地区辛勤耕耘、默默奉献，为当地经济社会发展、民族团结进步做出了贡献，勉励越来越多的青年人以志愿者为榜样，到基层和人民中去建功立业，让青春之花绽放在祖国最需要的地方，在实现中国梦的伟大实践中书写别样精彩的人生。

（二）工作内容

西部计划主要服务内容包括乡村教育、服务乡村建设、健康乡村、基层青年工作、

乡村社会治理、服务新疆、服务西藏 7 个专项。福建省派遣西部计划大学生志愿者主要服务地包括宁夏、西藏、新疆等。截至 2019 年，福建省共派遣近千名大学生志愿者赴西部开展志愿服务工作，为西部地区经济社会的发展做出了重要的贡献。西部计划志愿者服务期具有一定的灵活性，服务期为 1～3 年，服务协议一年一签。

☞【推荐阅读】

西部计划主要服务内容

参加西部计划后，主要从事的服务内容包括以下 7 个专项：

1. 乡村教育：如果你是师范类专业，或者你有赴西部支教的梦想，你可以在乡镇及以下中小学从事教学等基础教育工作。本专项包括研究生支教团。

2. 服务乡村建设：如果你是涉农、涉林、资源环境、信息技术、电子商务等专业，你可以在乡镇及以下农业、林业、牧业、水利等基层单位参与农业科技与管理、现代农民培育、乡村公共基础设施建设等工作。

3. 健康乡村：如果你是医学类专业，你可以在乡镇卫生院、村卫生室等乡村基层医疗卫生机构从事卫生防疫、监测、管理、诊治、关爱乡村医生等工作。

4. 基层青年工作：如果你符合西部计划选拔标准，担任过各级团学组织负责人，你可以在县级及以下共青团、青年之家、团属青年社会组织从事团的基层组织建设、基层党务、促进就业创业、预防违法犯罪、志愿服务等青年工作。

5. 乡村社会治理：如果你符合西部计划选拔标准，且所学专业为法律、经济、中文、社会工作、行政管理、历史、政治、体育等相关专业，你可以在乡镇部门单位和乡镇社会工作服务站、养老服务点等，围绕乡村社会稳定、乡村民生改善、乡村养老育幼、乡村人居环境治理、乡村儿童关爱、乡村文化、乡村体育、平安乡村、乡村社区治理、乡村普法宣传等乡村基本公共服务和公共事务开展工作。

6. 服务新疆：如果你想在大美新疆奉献青春，且符合西部计划选拔标准，你可以围绕新疆和兵团经济社会发展需要，在县乡基层单位参与乡村教育、服务乡村建设、健康乡村、基层青年工作、乡村社会治理等工作。

7. 服务西藏：如果你想在雪域高原建功立业，且符合西部计划选拔标准，你可以围绕西藏经济社会发展需要，在县乡基层单位参与乡村教育、服务乡村建设、健康乡村、基层青年工作、乡村社会治理等工作。

（资料来源：西部志愿汇微信公众号，2023 年 4 月 21 日）

（三）报名办法

大学生志愿服务西部计划项目一般在每年 4 月启动，由上级团组织统一部署，并通过高校团委具体负责组织和实施。高校团委收到实施方案后，在全校范围进行广泛宣传和动员，并按规定要求引导应届毕业生做好报名相关工作。应届毕业生可通过微信公众号"西部志愿汇"（菜单栏中的"我要报名"）或登录西部计划官网（http://xibu.

youth. cn），在西部计划报名系统中进行注册报名。按要求完成报名后，下载打印报名表，并统一交给毕业班辅导员，由毕业班辅导员汇总后统一提交所在院系团委审核盖章，最后把报名相关材料以院系为单位上报所在高校项目办（一般设在校团委）审核备案。

（四）选拔流程和注意事项

1. 各招募项目办负责本省（区、市）报名志愿者的选拔统筹工作，按照公开招募、自愿报名、组织选拔、集中派遣的方式进行招募，并指导报名毕业生所在高校项目办开展审核、笔试、面试、心理测试等选拔工作，同时做好入选志愿者集中体检及公示，确保西部计划各项工作有序实施。选拔主要考察是不是高校应届毕业生或在读研究生、能否在到岗之前获得毕业证书或学位证书、能否通过体检以及在校期间的综合表现情况如何等，同等情况下，有志愿服务经历的优先录用。对拟录用志愿者经公示无异议后，还要按规定签订招募协议，方便办理就业派遣相关手续。

2. 西部计划一般包括全国项目和地方项目，两者同定位、同任务、同管理、同政策，区别在于志愿者在岗服务期间所获补贴的经费来源不同。以 2023 年为例，全国项目实施规模为 2 万人，地方项目实施规模在 4 万人左右（含延期服务的志愿者）。全国项目在报名期间，只要确定服务省和服务专项类型的意向即可。具体服务岗位由服务省项目办在你到达服务地后，根据你所报意向并结合你的专业特长统一协调分配。西部计划地方项目是西部计划的重要组成部分，地方项目按照全国项目的运行模式和工作要求组织实施，所需经费由地方承担，责任主体为省（区、市）项目办。

（五）资金保障和政策支持

1. 西部计划作为中央举办、地方受益的国家项目，所需经费由中央和地方财政共同承担。中央财政按照西部地区每人每年 3 万元（南疆四地州、西藏每人每年 4 万元）、中部地区每人每年 2.4 万元的标准给予补助，通过一般性转移支付体制结算方式拨付省级财政部门。地方各级财政要统筹中央财政补助资金和自身财力，按月发放志愿者工作生活补贴，承担志愿者社会保险单位缴纳部分（个人缴纳部分从志愿者工作生活补贴中代扣代缴）。按照人社部发〔2009〕42 号文件要求，各地可参照当地乡镇机关或事业单位从高校毕业生中新聘用工作人员试用期满后的工资收入水平，确定西部计划志愿者工作生活补贴标准，并为在艰苦边远地区服务的志愿者提供艰苦边远地区津贴。

2. 服务 2 年以上且考核合格的，服务期满后 3 年内报考硕士研究生的，初试总分加 10 分，同等条件下优先录取。

3. 参加西部计划项目前无工作经历的志愿者服务期满且考核合格后 2 年内（研究生支教团志愿者自研究生毕业时开始计算），在参加机关事业单位考录（招聘）、各类企业吸纳就业、自主创业、落户、升学等方面可同等享受应届高校毕业生的相关政策。

4. 服务期满考核合格的，按规定符合相应条件的，可享受相应的学费补偿和助学贷款代偿政策。

5. 服务期满考核合格的，依实际服务年限计算服务期及工龄（参加工作时间按其到基层报到之日起算），并在服务证书和服务鉴定表中体现。

6. 服务期满 1 年且考核合格后，可按规定参加职称评定。

7. 出省服务的和在本省服务的志愿者享受同等优惠政策。

二、"三支一扶"计划

（一）项目简介

"福建省毕业生'三支一扶'计划"简称"三支一扶"，是根据国家人事部等八部委《关于组织开展高校毕业生到农村基层从事支教、支农、支医和扶贫工作的通知》（国人部发〔2006〕16 号）文件精神，由福建省委组织部、省人力资源和社会保障厅等部门联合组织开展高校毕业生到农村基层从事支医支农支教和扶贫工作。其主要目的就是引导和鼓励高校毕业生到农村去、到基层去、到祖国和人民最需要的地方去，经受锻炼，增长才干，为实施乡村振兴战略、打赢脱贫攻坚战、坚持高质量发展落实赶超做贡献。从 2006 年开始，福建省每年都招募一定数量的高校应届毕业生到基层开展志愿服务工作，鼓励志愿者在基层建功立业。根据福建省人力资源和社会保障厅提供的数据，2021 年、2022 年和 2023 年分别计划招募 674 名、1008 名和 1092 名"三支一扶"毕业生到基层从事支教、支农、支医和扶贫等志愿服务。可见，福建省毕业生"三支一扶"计划的招募人数呈现逐年增加的趋势，就是希望通过"三支一扶"计划，引导和鼓励更多高校毕业生志存高远、脚踏实地，积极投身基层建设，服务基层发展，努力把个人的理想追求融入党和国家事业之中，为党、为祖国、为人民多做贡献。

（二）招募对象和条件

招募对象为省内全日制普通高校毕业生、省外全日制普通高校福建生源毕业生（不含成人教育培养类别等非本专科全日制高校毕业生），并具备以下条件：

1. 思想政治素质好，组织纪律观念强，有理想、有本领、有担当；服从分配，志愿到农村基层从事"三支一扶"工作；遵纪守法，敬业奉献，作风正派；在校期间无违法违纪违规行为（在校期间受过严重警告及以上处分的，报名审核不能通过）。

2. 学习成绩良好，具备服务岗位相应的专业知识［在读期间必修（主修）科目补考 3 门或 3 次（含 3 门或 3 次）以上的，报名审核不能通过］。

3. 往届高校毕业生年龄不超过 25 周岁，研究生学历放宽至 28 周岁，应届高校毕业生无此要求。

4. 具有正常履行职责的身体条件，保证两年服务期内能正常履职。如不能保证两年服务期的完整性，期满考核将评定为不合格，不享受期满考核合格人员的优惠政策。

5. 报名人员须在 8 月 31 日前取得毕业证书（研究生放宽至 12 月 31 日），报名支教岗位的非师范类毕业生应具有相应教师资格证书。若未获得毕业证书和相应资格证书，将取消"三支一扶"计划派遣资格。

6. 符合招募岗位需求的其他条件。已参加过"三支一扶"等基层服务项目的高校毕业生不再列入招募对象范围。在同等条件下，优先招募派遣共产党员毕业生、服务单位所在地生源毕业生和退役大学生士兵、残疾毕业生、少数民族毕业生。

特别提醒：福州市、泉州市、龙岩市、三明市、莆田市市级"三支一扶"计划同步报名（具体详见各有关设区市"三支一扶"计划实施方案或招募公告），省级和市级岗位不能同时报名，只能选择其中一个岗位报名。

（三）报名办法

"三支一扶"计划一般在每年 3—4 月启动，由福建省大中专毕业生就业工作领导小组办公室统一部署，并通过高校学生工作处具体负责组织和实施。高校学生工作处收到实施方案后，在全校范围进行广泛宣传和动员，并按规定要求引导应届毕业生做好报名相关工作。符合招募条件的高校毕业生，在规定的报名时间内登录公共服务网，进入"服务平台"，通过"个人注册"生成的账号、密码登录报名。毕业生按照招募岗位的资格条件和专业要求，选择一个岗位报名，翔实准确地填写报名信息并上传相关材料（含个人近期一寸免冠照片、"支教"岗位非师范类毕业生须上传本人教师资格证书、困难状况佐证材料、获得荣誉证书、优先派遣佐证材料等）。按要求完成报名后，毕业生还应及时关注公共服务网反馈的资格审查信息，在规定时间内修改完善后提交。

（四）审查考核和注意事项

由报名毕业生所在高校负责省内全日制普通高校毕业生资格审查和考核评分工作。资格审查内容主要包括生源地审核、学历审核、在校表现情况审核等。考核评分内容主要侧重专业成绩排名情况和社会工作情况两个部分。通过量化评分、组织体检、人选备案和人选公示等 4 个环节确定派遣人选，并在福建省毕业生就业创业公共服务网和各设区市人事人才网公示 3 个工作日，公示无异议的，确定为正式招募人员。

☞ **【推荐阅读】**

福建省"三支一扶"计划省内高校毕业生考核评分办法

一、专业成绩排名情况（满分 15 分）

按照报名人员所有学年学科总成绩在专业排名情况，进行量化评分（如报名审核阶段，应届毕业生最后一学期/学年成绩未出的，按照已有学年学科总成绩排名评分，评分按照四舍五入取值，汇总表填报应精确到小数点后两位）：专业成绩排名前 5%，得 15 分；专业成绩排名每增加一个百分点，分数减少 0.2 分，如 6% 得 14.8 分、7% 得 14.6 分，以此类推，59% 得 4.2 分，60% 得 4 分，专业成绩排名 61%（含）以外，不得分。

二、获得荣誉（奖学金、奖项）情况（满分 10 分）

根据报名人员在校获得荣誉（奖学金、奖项）情况，进行量化评分：

（1）获得国家级赛事奖项，获得省级及以上荣誉（奖学金），青年马克思主义培养工程省级班结业学员，得 10 分。

（2）获得市级荣誉（奖学金），青年马克思主义培养工程市级班结业学员，得 8 分。

（3）获得省级赛事（活动）奖项，获得校级荣誉（奖学金，含校级以上家庭经济困难学生奖学金），青年马克思主义培养工程校级班结业学员，得 5 分。

获得荣誉包括在校获省级及以上、市级、校级优秀学生干部、优秀学生、优秀团干、三好学生、优秀毕业生荣誉称号。获得奖学金不包括捐助类奖学金、助学金，国家励志奖学金等校级以上家庭经济困难类奖学金按照校级奖学金评分，获得家庭经济困难类奖学金报名人员已享受困难状况加分，也不再重复加分。获得奖项包括政府部门主办省级及以上职业技能大赛、职业规划大赛、创新创业大赛三等奖及以上、大中专毕业生创业省级资助。荣誉（奖学金、奖项）以提供的证书为准（校级以上荣誉、奖学金、奖项证书应有政府部门公章，校级证书应有学校公章，不包括院校部处、二级学院或院系所发证书）。

以上荣誉（奖学金、奖项），按照就高原则评分，不累计加分。报名人员专业成绩排名、获得荣誉（奖学金、奖项）情况应是在报名学历期间取得。

（资料来源：福建省毕业生就业创业公共服务网，2023 年 5 月 12 日）

（五）政策保障

"三支一扶"计划的政策保障主要包括在岗待遇和期满政策两个方面。

1. 在岗待遇

"三支一扶"高校毕业生志愿服务在岗期间可享受以下待遇：

（1）服务期间，按福建省上年度全口径城镇单位就业人员平均工资 60％确定生活补贴标准和社会保险缴费基数（不低于 2022 年 1 月 4324 元），按月发放生活补贴，统一办理基本养老保险、基本医疗保险、失业保险、工伤保险和生育保险及人身意外伤害保险。服务单位比照本单位相同岗位在编工作人员落实"三支一扶"高校毕业生同等福利待遇。

（2）新招募且在岗服务满 6 个月以上的"三支一扶"高校毕业生，按照每人 3000 元标准发放一次性安家费补贴。

（3）参加"三支一扶"计划的高校毕业生，其在校期间的国家助学贷款本息，由服务县（市、区）财政按每年 2000 元代为偿还。

（4）服务期间，由各级政府人社部门所属人才服务机构提供人事档案保管服务。服务满 1 年且考核合格后，可按规定参加职称评定。服务期间按规定解除协议的，实际服务并缴纳养老保险费的年限可计算为连续工龄。

（5）符合《中华人民共和国执业医师法》及卫生健康委员会医师资格考试报名有关规定的支医人员，由服务地相应医疗机构出具试用期考核合格证明，当地县级卫生行政部门负责帮助办理参加执业医师资格考试的有关手续，确保他们能顺利参加考试。

各地、各高校可根据实际，制定鼓励引导高校毕业生参加"三支一扶"计划的政策措施，进一步提高保障水平。

2. 期满政策

"三支一扶"高校毕业生服务期满后自主择业。服务期满考核合格的，享受以下政策待遇：

（1）参加"三支一扶"计划前无工作经历的高校毕业生服务期满考核合格的，在 2 年内参加事业单位招聘、各类企业吸纳就业、自主创业、落户、升学等方面可同等享受应届高校毕业生的相关政策。

（2）在全省公务员录用考试中，安排当年招录计划数 10％ 的职位，定向考录当年服务行将期满和服务期满的"三支一扶"等服务基层项目高校毕业生。

（3）当年服务行将期满和服务期满的"三支一扶"高校毕业生，报考省、设区市事业单位的，笔试总分加 3 分；报考县（市、区）、乡（镇）事业单位的，笔试总分加 5 分。承担"三支一扶"计划招募任务的县（市、区），在开展事业单位招聘时应根据当年期满人员数量拿出一定数量或比例的岗位，采取"专门岗位"或"专项招聘"方式，面向"三支一扶"高校毕业生招聘，聘用后不再约定试用期。对于服务期满考核合格的，在福建省乡（镇）事业单位编制内新增工作人员时可以直接聘用，由接收单位报县（市、区）人社部门核准，聘用后不再约定试用期。

（4）服务期满考核合格，符合报考条件，在服务期满后 3 年内报考全国普通高校硕士研究生，初试总分加 10 分；在同等条件下招生单位优先录取。对于已被录取为研究生的应届高校毕业生参加"三支一扶"的，学校应为其保留学籍至服务期满。高职（高专）毕业生参加"三支一扶"计划的，服务期满考核合格，可免试入读福建省成人高等学历教育专科起点本科。

（5）本科及以上学历毕业生参加支医服务的，期满且考核合格后由县级卫生健康主管部门统一安排参加住院医师规范化培训。

（6）当年服务行将期满和服务期满的"三支一扶"高校毕业生，有就业意愿的，由服务地县（市、区）人社部门所属人才服务机构有针对性地提供就业指导和推荐服务。在服务乡镇新增编外人员时可以直接聘用，在服务地县（市、区）用人单位新增编外人员时，同等条件下优先聘用。有创业意愿的，由服务地县（市、区）人社部门所属人才服务机构有针对性地提供创业公共服务，按规定享受相关扶持政策。

（7）服务期满被机关事业单位录（聘）用或进入国有企业就业的，其服务期间计算工龄，支教服务期间计算教龄，其参加工作时间按其参加"三支一扶"计划到基层报到之日起算。

（8）服务期满被录用为公务员的，试用期工资可高于直接从各类学校毕业生中录用公务员的试用期工资，按相同学历新录用公务员转正定级工资标准低 1 个级别工资档次的数额确定；被事业单位聘用的，岗位工资按所聘岗位确定，薪级工资比照本单位相同学历新聘用人员定级工资标准确定。

凡通过享受政策待遇，被录（聘）为公务员和事业单位工作人员的服务基层项目高校毕业生，不再重复享受报考公务员和事业单位专门职（岗）位、报考事业单位加分和基层事业单位考核聘用等就业优惠政策。

三、大学生志愿服务欠发达地区计划

（一）项目简介

"福建省大学生志愿服务欠发达地区计划"简称"欠发达地区计划"，既是大学生志愿服务西部计划的地方项目，也是根据《中共福建省委组织部　省人力资源和社会保障厅等五部门关于印发〈福建省高校毕业生基层成长计划实施方案〉的通知》（闽人社文〔2018〕110号）等文件精神，由共青团福建省委、福建省教育厅、福建省财政厅、福建省人力资源和社会保障厅等四部门联合组织开展招募高校毕业生到欠发达地区从事志愿服务工作。其主要目的就是引导和鼓励高校毕业生到农村去、到基层去、到祖国和人民最需要的地方去，奉献青春，建功立业，为建设新福建、实现中国梦贡献自己的力量。多年来，一批又一批福建青年学生志愿者去西部、到基层，追求理想、无私奉献、历练成长，让青春之花在祖国和人民最需要的地方绽放。大学生志愿者以良好的精神状态、务实的工作作风践行了志愿服务的初心，更赢得了服务地党政领导和当地群众的认可和赞许。

（二）招募对象和条件

按照公开招募、自愿报名、组织选拔、集中派遣的方式，从省内全日制普通高校、省外全日制普通高校福建生源应届高校毕业生和近年来未就业高校毕业生及家庭经济困难、就业困难毕业生（不含成人教育培养类别等非本专科全日制高校毕业生）中招募大学生志愿者。志愿者应具备以下条件：

1. 热爱祖国，坚决拥护党的领导，对习近平新时代中国特色社会主义思想有强烈的理论认同、实践认同和情感认同。

2. 具备奉献精神，能切实履行志愿者光荣职责。

3. 具备服务岗位所需的相应的专业知识。

4. 符合体检标准，年龄不超过25周岁，研究生学历放宽至28周岁。

5. 已参加过"欠发达地区计划""三支一扶""社区服务计划"等基层服务项目的高校毕业生不再列入招募对象范围。

（三）服务内容

"欠发达地区计划"是根据全省统一安排，每年招募一定数量大学生志愿者到三明、南平、龙岩、宁德欠发达地区纳入县级基本财力保障范围的县（市、区）的乡镇开展为期2年的农业科技、医疗卫生、基础教育、基层青年工作等方面的志愿服务。

（四）报名办法

"欠发达地区计划"一般在每年3—4月启动，由团省委、省委组织部、省教育厅、省财政厅、省人力资源和社会保障厅等部门联合发文，并通过高校团委具体负责组织和实施。高校团委收到实施方案后，在全校范围进行广泛的宣传和动员，并按规定要求引导应届毕业生做好报名相关工作。符合招募条件的高校毕业生在规定报名时间内可登录福建省毕业生就业创业公共服务网（网址：http://220.160.52.58/），点击福建省大学生志愿服务欠发达地区计划专题网站，进入"服务平台"，通过"个人注册"生成的账号、密码登录报名。高校毕业生在网上报名时必须认真阅读报名公告，严格按照招募岗位的资格条件和专业要求，翔实准确地填写报名信息，同时，对本人所提交信息的真实性负责，不得弄虚作假。

（五）审查考核和注意事项

"欠发达地区计划"报名的高校毕业生的资格审查、考核评分工作，一般由毕业生所在高校团委负责。资格审查内容主要包括生源地审核、学历审核、在校表现情况审核、年龄审核、基本信息审核等。考核评分内容主要侧重专业成绩排名情况和获得荣誉（奖学金、奖项）情况两个部分。初选环节按照量化评分和招募派遣人选产生办法，通过报名系统对报名毕业生进行量化评分，在满足招聘岗位要求的前提下，依据评分结果确定初步体检人选。经过初选、体检、上报和公示4个环节确定派遣人员，并在福建省毕业生就业创业公共服务网和各设区市项目办官网公示3个工作日，公示无异议的，确定为正式招募人员。

特别提醒的是《福建省大学生志愿服务欠发达地区计划省内高校毕业生考核评分办法》与《福建省"三支一扶"计划省内高校毕业生考核评分办法》基本一致，具体内容详见上文。

（六）政策保障

"欠发达地区计划"的政策保障主要包括在岗待遇和期满政策两个方面：

1. 在岗待遇

（1）根据《福建省大中专毕业生就业工作领导小组关于做好2022年普通高等学校毕业生就业创业工作的通知》（闽毕就〔2022〕2号）文件中的相关规定，调整志愿者的生活补贴，并统一办理基本养老保险、基本医疗保险、失业保险、工伤保险和生育保险。

（2）到三明、南平、龙岩、宁德各县（市、区）的乡（镇）参加"欠发达地区计划"的大学生志愿者，其在校期间的国家助学贷款本息，由服务县（市、区）财政按每年2000元代为偿还。

（3）各高校可根据自身特点，结合实际制定鼓励引导高校毕业生参加"欠发达地区计划"等服务基层项目的具体措施。

（4）各地、各高校可根据实际，制定鼓励引导高校毕业生参加"欠发达地区计划"等服务基层项目的具体措施，提高保障水平。鼓励有条件的单位，比照所在服务单位相同岗位工作人员，落实享受同等福利待遇。

（5）服务期间，由各级政府人社部门所属人才服务机构提供人事档案保管服务。服务满1年且考核合格后，可按规定参加职称评定。服务期间按规定解除协议的，实际服务并缴纳养老保险的年限可计算为连续工龄。

2. 期满政策

"欠发达地区计划"大学生志愿者服务期满且考核合格的，经"欠发达地区计划"省项目办审核，颁发《福建省高校毕业生服务基层项目证书》，享受以下政策待遇：

（1）参加"欠发达地区计划"前无工作经历的高校毕业生服务期满且考核合格的，在2年内参加事业单位招聘、各类企业吸纳就业、自主创业、落户、升学等方面可同等享受应届高校毕业生的相关政策。

（2）当年服务行将期满考核合格和服务期满考核合格的"欠发达地区计划"等服务基层项目高校毕业生，可报考全省招录公务员"四级联考"中面向服务基层项目高校毕业生的专门职位。

（3）当年服务行将期满考核合格和服务期满考核合格的"欠发达地区计划"大学生

志愿者，报考省、设区市事业单位的，笔试总分加 3 分；报考县（市、区）、乡（镇）事业单位的，笔试总分加 5 分。各市、县、区相关事业单位公开招聘工作人员，应拿出一定比例的岗位，采取"专门岗位"或"专项招聘"方式，面向"欠发达地区计划"大学生志愿者招聘。对于服务期满两年考核合格的，在我省乡（镇）事业单位编制内新增工作人员时可由接收单位直接报县（市、区）人社部门办理事业单位人员聘用相关手续，在原服务单位直接聘用的不再约定试用期。

（4）服务期满考核合格，符合报考条件，在服务期满后 3 年内报考普通高校硕士研究生，初试总分加 10 分；在同等条件下招生单位优先录取。对于已被录取为研究生的应届高校毕业生参加"欠发达地区计划"的，学校应为其保留学籍至服务期满。高职（高专）毕业生参加"欠发达地区计划"的，服务期满考核合格，可免试入读我省成人高等学历教育专科起点本科。

（5）当年服务行将期满考核合格和服务期满考核合格的"欠发达地区计划"大学生志愿者，有就业意愿的，由服务地县（市、区）人社部门所属人才服务机构有针对性地提供就业指导和推荐服务。有创业意愿的，及时纳入当地"大学生创业引领计划"等，有针对性地提供创业公共服务，按规定享受相关扶持政策。

（6）服务期满考核合格，被机关事业单位录（聘）用或进入国有企业就业的，其服务期间计算工龄，支教服务期间计算教龄。

（7）服务期满考核合格，被录用为公务员的，试用期工资可高于直接从各类学校毕业生中录用公务员的试用期工资，按相同学历新录用公务员转正定级工资标准低 1 个级别工资档次的数额确定；被事业单位聘用的，岗位工资按所聘岗位确定，薪级工资比照本单位相同学历新聘用人员定级工资标准确定。

凡通过享受政策待遇，被录（聘）为公务员和事业单位工作人员的"欠发达地区计划"大学生志愿者，不再享受报考公务员和事业单位专门职（岗）位、报考事业单位加分和基层事业单位考核聘用等就业优惠政策。

四、大学生服务社区计划

（一）项目简介

"福建省高校毕业生服务社区计划"简称"社区计划"，是根据《中共福建省委组织部 省人力资源和社会保障厅等五部门关于印发〈福建省高校毕业生基层成长计划实施方案〉的通知》（闽人社文〔2018〕110 号）文件精神和省政府做好高校毕业生就业工作的部署要求，由福建省民政厅、中共福建省委组织部、福建省教育厅、福建省财政厅、福建省人力资源和社会保障厅等五部门联合组织开展招募高校毕业生到城市社区从事社区志愿服务工作。其主要目的就是引导和鼓励高校毕业生到城市社区一线参与社区治理，服务社区治理，为完善城市社区治理体制、推进国家治理体系和治理能力现代化贡献自己的力量。

（二）招募对象和条件

"社区计划"的招募对象为省内全日制普通高校、省外全日制普通高校福建生源毕业生（不含成人教育培养类别等非本专科全日制高校毕业生），并具备以下条件：

1. 思想政治素质好，组织纪律观念强，有理想、有本领、有担当；服从分配，志愿到社区从事工作；遵纪守法，敬业奉献，作风正派；在校期间无违法违纪违规行为。

2. 学习成绩良好，具有相应的专业知识，善于沟通，有较强的口头表达和文字表达能力。

3. 往届高校毕业生年龄一般不超过25周岁，研究生学历放宽至28周岁，应届高校毕业生无此要求。

4. 具有正常履行职责的身体条件，保证两年服务期内能正常履职。如不能保证两年服务期的完整性，期满不予以考核，不享受期满考核合格人员的优惠政策。

5. 毕业生须在规定时间内取得毕业证书；未获得毕业证书的，将取消派遣资格。

同等条件下，优先招募派遣低保、低收入家庭、就业困难的高校毕业生，以及岗位所在地县（市、区）、乡镇（街道）生源的毕业生，退役大学生士兵，残疾毕业生，少数民族毕业生。

（三）工作任务

"社区计划"是根据全省统一安排，每年招募一定数量高校毕业生，一般安排到纳入县级基本财力保障范围的县（市、区）的城市社区从事社区工作，服务期限为2年。

（四）报名办法

"社区计划"一般在每年4月启动，由福建省民政厅统一部署，由各级民政部门牵头，组织、人社、财政、教育部门配合实施。具体招募方案一般会在福建省民政厅网站、福建省人力资源和社会保障厅网站、福建省毕业生就业创业公共服务网和当地相关网站向社会发布。高校收到招募方案后，在全校范围内充分利用校内广播台、校园网、公告栏、海报等媒体，广泛宣传"社区计划"招募信息和优惠政策，并按规定要求引导应届毕业生做好报名相关工作。符合招募条件的高校毕业生，在规定期限内选择合适的岗位报名。具体报名方式，详见各设区市当年度高校毕业生服务社区计划招募方案，一般会公布在设区市民政局官方网站。

☞ **【推荐阅读】**

福建省各地市解读高校毕业生服务社区计划政策的咨询电话及发布网址

福州市民政局：0591-83216873，http://mzj.fuzhou.gov.cn/

漳州市民政局：0596-2023605，http://mzj.zhangzhou.gov.cn/

泉州市民政局：0595-22500623，http://mzj.quanzhou.gov.cn/

三明市民政局：0598-8238822，http://mzj.sm.gov.cn/

莆田市民政局：0594-8589619，http://mzj.putian.gov.cn/

南平市民政局：0599-8060697，https://www.nprc.net/

龙岩市民政局：0597-2215067，http://lymzj.longyan.gov.cn/

宁德市民政局：0593-2533111，http://mzj.ningde.gov.cn/

平潭综合实验区社会事业局：0591-23158309，https://www.pingtan.gov.cn/

（五）审查考核和注意事项

"社区计划"报名高校毕业生的审查考核工作，一般由设区市民政局负责。资格审查内容主要包括报名信息填写是否准确规范、是否符合招募条件等。考核标准一般是按毕业生提供的报名材料进行量化考核，然后根据量化考核分数从高分到低分按照招募人数确定体检人员名单（在考核办法这一块，各设区市之间有一定差异，有的地方还要求进行笔试，具体考核标准以各设区市当年度高校毕业生服务社区计划招募方案为准）。经过报名核查、组织体检、确定人选和签订协议等环节确定招募人选，并面向社会公示3个工作日，公示无异议的，确定为正式招募人员。

（六）待遇保障

1. 服务期间待遇

（1）服务社区高校毕业生服务期间生活补贴标准及社会保险缴费基数根据《福建省大中专毕业生就业工作领导小组关于做好 2022 年普通高等学校毕业生就业创业工作的通知》（闽毕就〔2022〕2 号）规定确定。同时，由服务所在县（市、区）民政局依托当地人社部门所属人才服务机构，统一办理社会保险（基本养老、基本医疗、失业、生育、工伤）和人身意外伤害保险。

（2）实行家庭经济困难学生助学贷款国家代偿政策。服务社区高校毕业生在校期间的国家助学贷款本息，由省级财政按每人每年 2000 元代为偿还。

（3）服务期间，由各级人社部门所属人才服务机构提供人事档案保管服务。服务满1 年且考核合格后，可按规定参加职称评定。服务期间按规定解除协议的，实际服务并缴纳养老保险的年限可计算为连续工龄。

各地、各高校可根据实际，制定出台鼓励引导高校毕业生参加服务社区计划的政策措施，进一步提高保障水平。

2. 期满政策

服务社区高校毕业生服务期满后自主择业。服务期满考核合格的，享受以下政策待遇：

（1）参加服务社区计划前无工作经历的高校毕业生，服务期满且考核合格的，在 2 年内可同等享受应届高校毕业生参加事业单位招聘、企业吸纳就业、自主创业、落户、升学等方面的相关政策。

（2）当年服务行将期满考核合格和服务期满考核合格的服务社区计划高校毕业生，可报考全省招录公务员"四级联考"中面向服务基层项目高校毕业生的专门职位。

（3）当年服务行将期满考核合格和服务期满考核合格的服务社区计划高校毕业生报考省、设区市事业单位的，笔试总分加 3 分；报考县（市、区）、乡（镇）事业单位的，笔试总分加 5 分。承担服务社区计划招募任务的县（市、区），在开展事业单位公开招聘时，可根据当年期满人员具体情况，安排一定比例的岗位，设置专门岗位面向服务社区计划高校毕业生招聘。对于服务期满考核合格的，在我省乡（镇）事业单位编制内新增工作人员时可以直接聘用，由接收单位报县（市、区）人社部门办理事业单位人员聘用相关手续，在原服务单位直接聘用的不再约定试用期。

（4）对于已被省属高校录取为硕士研究生的应届高校毕业生参加服务社区计划的，学校应为其保留入学资格或学籍至服务期满。

（5）当年服务行将期满考核合格和服务期满考核合格的服务社区高校毕业生，有就业意愿的，由服务地县（市、区）人社部门所属人才服务机构有针对性地提供就业指导和推荐服务。有创业意愿的，及时纳入当地"大学生创业引领计划"等，有针对性地提供创业公共服务，按规定享受相关扶持政策。

（6）服务期满考核合格，被机关事业单位录（聘）用或进入国有企业就业的，其服务期间计算连续工龄。

（7）服务期满考核合格，被录用为公务员的，试用期工资可高于直接从各类学校毕业生中录用公务员的试用期工资，按相同学历新录用公务员转正定级工资标准低1个级别工资档次的数额确定；被事业单位聘用的，岗位工资按所聘岗位确定，薪级工资比照本单位相同学历新聘用人员定级工资标准确定。

凡通过享受政策待遇、被录（聘）为公务员和事业单位工作人员的服务基层项目高校毕业生，不再重复享受报考公务员和事业单位专门职（岗）位、报考事业单位加分和乡镇事业单位考核聘用等就业优惠政策。

☞【案例阅读一】

志愿者分享：基层服务，活出年轻人该有的样子

"我愿意成为一名光荣的志愿者。我承诺：尽己所能，不计报酬，帮助他人，服务社会，践行志愿精神，传播先进文化，为建设团结互助、平等友爱、共同前进的美好社会贡献力量。"2019年7月27日，300名怀揣服务基层梦想的青年人一同在福建省团校进行宣誓，刚走出校园的我感到激动又迷茫。在参加基层服务项目福建省大学生志愿服务欠发达地区计划，成为志愿者的一年时间里，我感受到青春团结起来的巨大能量，年轻人的激情所迸发出的无限可能，也让我明白奋斗是青春最亮丽的底色，年轻就要活出年轻人的样子。

用不长的两年时间，做一件终生难忘的事。2019年6月，我带着"优秀毕业生"的称号从母校毕业，结束了我的大学生活。7月，报名参加"欠发达地区计划"，来到龙岩市永定区仙师镇党政办，开始了我的基层服务生活。作为一名志愿者、一名中共党员，我在政治上要求积极进步，认真学习习近平新时代中国特色社会主义思想和党的十九大精神，日日更新知识，每日在学习强国平台学习。2019年10月，作为仙师镇党委代表队一员，我参加了永定区"学习新思想　初心永不忘"学习强国擂台赛。同时，通过认真学习团中央关于服务欠发达地区计划志愿者有关文件精神，结合志愿服务展开工作，我在思想政治素质方面有了质的提升。

在提高思想高度的同时，我端正自己的学习态度，认真学习党的方针政策和各项法

律法规，细心向身边的领导同事学习业务知识和处理问题的方式方法，在实践中求真知，在思考中总结提升，不断提高自己的业务水平。我充分利用业余时间来充实自己，没有放弃学习自己的专业心理学领域和感兴趣的教育领域，业余用尽可能多的时间学习、实践，保持自己的专业能力水平。我自觉抵御拜金主义、享乐主义的侵蚀，遵守各项规章制度，自觉抵制不良习气。虽然离家不远，但还是长住乡镇，厉行节约，艰苦奋斗，发扬党的优良作风，做到吃苦在前，享受在后。同时，待人诚恳、友善，尊敬领导，团结同志，能够较好地处理与领导和同事的关系。

仙师镇领导十分重视基层服务项目，为我提供了良好的工作环境，让我能够更好地投入工作。在党政办，我主要协助办公室主任做好各类公文的登记、上报、下发；记录会议、整理材料，协助办公室主任做好接待工作，接待来访群众。除此之外，我加入仙师镇金寨村包村工作队，在做好本职工作的同时服从领导的安排，深入基层锻炼做好包村的工作：

1. 防疫工作。2020年2月初新冠疫情暴发，全国拉响疫情警报，大年初四仙师镇出现疑似病例，镇政府紧急召回全镇职工并部署防疫工作，我的工作是在外值班测体温，并且一对一跟踪武汉返乡人员和境外返回人员。

2. 做好新农村医保卡和社会养老保险工作。在开展农村医保卡和农村养老保险工作中，做好宣传、入户登记、信息采集登记、资料整理等工作。周末加班将金寨村新农合参保率由40%提高到85%以上。

3. 防汛工作。金寨村是仙师镇最偏远的乡村，村中房屋多为土木结构，危房、高陡边坡较多。村民大多由于工作等原因在县城居住，村中留下的基本是老人。在平时，包村工作队需要摸排危房户，拉警戒线，宣传防汛知识。在防汛期间，工作队需要驻村，负责巡查安全、转移危房户村民、拉响防洪警报，保证村民的生命安全。

4. 扶贫工作。扶贫无小事，2020年是脱贫攻坚工作收官之年，扶贫工作更要用心、耐心。在扶贫办工作时，我协助办好国家扶贫日活动，帮助参加激励性项目的贫困户填写申请表，解释政策，发放鸡苗和树苗，为精准扶贫贡献自己青年人的力量。在包村的工作中，我多次下村入户，为村民宣传政策，了解他们的需要，帮助他们进行饮用水检测和住房安全鉴定等工作。

志愿服务经历是我人生当中相当难忘的时光。村里的贫困户拉着我的手对我说："小郑，真的很感谢政府的关心，多亏了党和政府支持，我们的生活才越过越好。"我在疫情防控期间挂钩的武汉返乡人员在解除隔离时对我说："咱们仙师镇政府有你这样的干部，真的让人很欣慰，仙师镇政府真的做到为民服务。"我真切感受到参加"欠发达地区计划"是终生无悔的决定，服务基层这段经历让我更加深入认识了共产党人为人民服务的精神，获得了渺小人生中最难忘的两年，收获团结青年人的力量服务基层带来的前所未有的成就感和幸福感。"知明行笃，立诚致广"，母校这八字校训深刻存在于我的人生观中，学校教会我知识，如今我将它付诸行动，我将扎根基层，问民之需，解民之忧，服务人民，让奋斗成为我生命中最亮丽的底色，在最闪亮的日子，活成青春该有的样子。

（作者简介：郑燕雯，女，2019 届心理学专业毕业生，同年参加福建省大学生志愿服务欠发达地区计划，成为一名光荣的志愿者，志愿服务单位：龙岩市永定区仙师镇党政办。寄语：等风来，不如追风去，心有所想就积极争取，奋力追梦，乘风破浪，方能砥砺无悔青春。）

☞ 【案例阅读二】

志愿者分享：你的坚持，终将美好

2013 年 9 月，我独自来到了福清这个陌生小城市，开启了自己为期四年的大学生活。大学以前，老师们都非常重视成绩，我在高一时属于火箭班里和一名女生轮流考倒数第一的学生，高一下学期分到文科班后，我在火箭班成绩也一直在中等偏下，基本属于在本一线左右徘徊的学生。果不其然，高考时我的分数比本一线低 5 分。所以，相比于班级里能够考到本一院校的同学，我因为成绩不好，无法引起老师的重视，甚至有些许的自卑，在班级里安静得似乎只有点名的时候才有人知道我的存在。因此，来到大学，我就希望自己能够有所改变。

一、学习永远是第一要务

大学期间，我的专业成绩其实只有中等水平。我们学校财务管理专业的学生生源好，学习氛围浓厚，大家竞争很激烈。我凭借着高中时候的功底，在大一这一学年就把大学英语四级和六级都通过了。至于奖学金，只在大一时获得校优秀学生三等奖学金，大三时获得校社会工作奖学金。大学期间，我也通过了财务管理专业在校期间可以考的会计从业资格证书和会计初级职称。不过，相比我们专业的学霸，我的成绩真的不值一提。但从过来人的角度，我还是建议学弟学妹：学习永远是我们的第一要务，这一点任何时候都不能忘记。如果你真的喜欢自己的专业，在校期间请一定要把自己的专业学好，因为这很可能会成为你未来职业发展最核心的竞争力。

二、在学生工作中历练成长

初入大学的我，决心要改变自己大学以前偏向文静的性格。我积极地参加校团委学生干部的选拔和班级团支书及班长的竞选，最后成为一名校学生社团联合社的干事，开启了自己将近两年的校学生干部的生活。在担任校学生社团联合社和校团委办公室干事期间，我和小伙伴们一起举办了很多活动，认识了很多不同院系的小伙伴，性格有了很好的改变，也学习了很多办公知识。直至现在，我对于公文编辑等办公室事务的严谨仍受益于当时担任校团委干事期间所学到的知识。在大三时，我回到班级担任团支书，组织了班级的第一次也是最后一次班游，这次班游成为同学们一次难忘的回忆。当然，作为新时代的大学生，我们应该有青年人应有的担当，不论在学校、学院，还是在年级、班级，希望大家都能积极主动承担社会工作，这既是我们作为集体一员不可推卸的责任，也是我们自身实现全面发展的需要。

三、提早明确职业规划并为之努力

说实话，在职业规划这一点上我很惭愧，因为大学四年一晃而过，我的职业规划也并

不明确和坚定。我自己没有积极地了解且家人没有办法给予我太多的指引，我还记得自己第一次知道"公务员"这个名词是当年我妈妈找了一个刚考上公务员的姐姐帮我报大学志愿。直到大二下学期暑假将至，与2016年毕业的一名财务管理专业选调生学姐交流，才渐渐确定了自己考公的想法，但真正开始落实学习也已经是2016年9月（大三时）。由于天资不够聪颖，学习起来自然费劲。作为文科生，我的行测成绩一直不好，申论成绩还不错，报考时候由于家里所在的县城没有岗位，我又不想去三明的偏远县城，大四上学期国家公务员考试（国考）时就报了福州仓山区的岗位，虽然考了128.6分，但还是落榜。就这样，晃晃悠悠地到了大四下学期，陆陆续续地参加了福建省公务员考试（省考）、事业单位考试等，省考进入了面试但是由于笔试分差太大，纵使面试成绩是全场第一依旧无力回天。虽然我大学在校期间考公的职业目标没有能够实现，但在这一过程中我目标很坚定，行动很努力，并且积累了一定的考试经验，这也为我今后实现自己的职业规划奠定了坚实的基础。

四、选择志愿服务，实现厚积薄发

我觉得考公是一个系统工程，决定它的成败有很多因素：你所学的专业、你的笔试能力和面试水平、你的复习和坚定的毅力……当然，还需要有一定的运气，可以说，选择考公就像千军万马过独木桥一样。所以，真正在学校期间，通过一次国考和一次省考就能考上公务员的人真的很厉害，也很幸运，但这样的人毕竟是少数。更多的人，还需要毕业后通过不断学习、积累和坚持，来实现自己的考公目标。于是，在大四准备公务员考试期间，我也尝试积极报名参加"三支一扶"、大学生志愿服务欠发达地区计划等基层服务项目。之所以我会选择报名志愿者，主要原因有两个方面：一是国家倡导和鼓励更多的大学生到基层去、到农村去、到祖国和人民最需要的地方去建功立业，作为一名青年大学生，我觉得能够响应国家的号召，到最需要的地方，用自己所学去做一些力所能及的志愿服务工作，是一件特别有意义的事情。二是选择志愿服务有助于更好地实现自己考公的职业规划和目标。国家为志愿服务期满、考核合格的志愿者提供了多项优惠政策保障，其中在公务员招录考试时会面向服务期满、考核合格的基层项目服务人员提供专门岗位，在事业单位招录考试中可享受一次笔试加分。得益于在校期间参与了很多志愿活动及良好表现，我很幸运地补录取为福建省大学生志愿服务欠发达地区计划成员，服务于三明市某乡镇，算是解了毕业后就业的燃眉之急。虽然从短期来看，选择志愿服务，可能在经济收入上会有些损失，但也必有所得。从一个人长远的发展来看，两年志愿服务的时间不仅会成为自己人生最宝贵的经历，也会使自己在未来的人生道路上行稳致远。

五、与学弟学妹分享考公的经历与经验

毕业之后，我越来越坚定自己考公的目标，在服务基层的同时，我的业余时间都用于行测和申论的复习。在两年服务期内，我有一年半左右的时间没有完整的周末，每个周日都自己进行模拟考试，来锻炼和提升自己的做题能力。2018年由于机构改革，事业单位未进行招录，因此没有办法参与事业单位考试，我只参加了省考，笔试成绩岗位第二，面试后综合成绩差0.6分，和岗位失之交臂。2019年省考笔试成绩岗位第四，无缘进入面试，并且服务期满，我只能留在原来的单位做编外临时聘用人员，同时参与了事业单位、省考、国考等前后 6 场考试。可能是由于前期不断努力地积累，厚积薄发，从 2019 年 7 月开始参加的两场事业单位考试及国考我都进入了面试，好运就这样慢慢地来了……但我更相信，这是我坚持努力的结果。

对于考公，我想和大家说，这是全国第一大考，录取率要比高考低得多。备考的过程很艰辛，付出的时间、精力和金钱都是很多的。备考时，下班之余的所有时间都属于考试，为了将学习的理论知识更好地付诸实践，时常要参加考试，所需的费用也占到生活成本的很大一部分。同时，对于心理素质的考验也很大，无论岗位报名人数多与少，只有进入面试才有机会考上，只有综合成绩第一才能考上。所以，自己的成绩才是最重要的，而成绩背后有太多不为人知的艰辛。

对于备考，从宏观的层面来说，我有以下三点意见：一是明确目标。越早确定目标并且付诸实践，是对自己的人生负责，一个知道自己想要什么的人是无敌的，目标明确的人才会为自己想要达到的目标倾尽全力而不患得患失。二是不断努力。成功不可能轻而易举。冰心说过："成功的花，人们只惊美她现时的明艳！然而当初她的芽儿，浸透了奋斗的泪泉，洒遍了牺牲的血雨。"三是持续坚持。开始很容易但坚持很难，从确定目标到加以努力落实再到持续坚持，都是实现目标的不同阶段，也是取得成功不可或缺的过程。

同时，至于笔试科目，说实话，我没有什么特别可提供的经验，之所以三四年才上岸，也是因为笔试成绩一直不够高。从微观的层面来说，唯一的秘诀就是多做题，在完成了理论知识学习之后，只有通过大量地练习真题才能够了解出题者的思路，提高做题的敏捷性和准确性。题目在各大公考培训机构的 App 里都可以找到，免费使用。至于面试环节，唯一的秘诀就是多开口练习，对于初次进入面试的新手，我建议去培训机构培训，了解各种题型及答题思路，并且通过现场的全真模拟来感受一下紧张的氛围。在面试过程中，大家的作答内容其实大同小异，考官听了几十号考生的作答也都听觉疲劳，因此，在保证答题不偏、思路清晰、内容可以的情况下，洪亮的声音、落落大方的仪态、自如的表达，都是加分项。多开口之余要想能够有进一步的提升，就很有必要从各面试题中提取共性的答题内容加以应用，这样就能够在面试时缩短思考时间，让自己的嘴滔滔不绝。其实，面试并不可怕，考官也只不过是借此机会观察这位考生的心理素质，不需要高大上的语言，思路清晰、表达流畅、面带微笑，短短的十几分钟，考官和你就确认过眼神，这是国家需要的人。

最后，我想告诉大家，别人的成功不可复制，也不用羡慕，做好你自己。所谓厚积薄发就是朝着目标不断坚持努力，脚踏实地，在机会来临时才有资格、有本事抓住机会实现飞跃。当所有的努力都到位了，成功会迟到，但不会不来；在人生的阶段性目标实现后，也依旧要一直向好。要相信，你的坚持，终将迎来美好！

（作者简介：蒋新新，女，2017 届财务管理专业毕业生，同年参加福建省大学生志愿服务欠发达地区计划，成为一名光荣的志愿者，2019 年 7 月志愿服务期满。2020 年 1 月，参加事业单位考试，被三明市某区属事业单位录取；2020 年 8 月，参加国家公务员考试，被录取为三明市某县税务局科员。寄语：一个知道自己想要什么的人是无敌的，坚持、努力，脚踏实地，逐步实现目标，并且一直向好。）

☞【拓展阅读一】

让青春之花绽放在祖国最需要的地方

又到一年毕业季，站在人生的重要路口，使命、责任、梦想，这些人生的关键词对于广大高校毕业生来说，愈发真切而厚重。

习近平总书记强调："到基层和人民中去建功立业，让青春之花绽放在祖国最需要的地方，在实现中国梦的伟大实践中书写别样精彩的人生。""从实际出发选择职业和工作岗位，热爱劳动，脚踏实地，在实践中一步步成长起来。"

广大 2023 届高校毕业生矢志奋斗，主动将人生理想融入国家和民族的事业中。他们中，有人步入军营勇担使命，有人扎根海岛教书育人，有人锤炼过硬本领技能报国。人民日报教育版，我们记录其中几人的故事，展现新时代大学生脚踏实地、拼搏奋斗的青春风貌。

——编者

奔赴海岛，教书育人——浙江师范大学毕业生马依情

人民日报记者：黄超

还有一个多月，马依情就要去浙江舟山岱山县教育局报到，成为海岛上的一名乡镇信息技术教师。这几天，她从学校辗转两趟火车，花了 10 多个小时回到老家重庆石柱县的一个偏远山村，"父亲身体不好，我回家看看，也打算提前备课磨课，做好从教前的准备"。

22 岁的马依情，是浙江师范大学计算机科学与技术专业 2023 届的毕业生，教师是她很早就喜爱并确认的职业方向。"小时候家乡的教育资源相对匮乏，但我遇到了许多好老师。当时，县里小学教师大部分是中学或中专学历，我的语文老师本科毕业却选择扎根山乡。初中物理老师也是知名大学毕业，同样选择来到山区从教。"

一段实习经历更坚定了她从教的决心。"去年，我到衢州龙游县的一所中学实习。那里属于浙江山区，孩子们非常朴实，非常渴望知识、渴望到大山之外去看看。每每看到他们求知的眼神，我都会觉得自己的工作很有意义。"马依情说。

为什么志在基层？为什么去条件相对艰苦的地方从教？谈及自己的就业选择，马依情很坚定："小时候，我接触不到计算机。直到初中毕业那年，学校才刚刚完善机房建设。我想通过自身所学，为海岛的孩子讲授信息技术这门课，让他们了解计算机科学知识，看到更广阔的世界。"

在招聘会上，马依情带着简历走向岱山县的展台。"找工作对我来说是一次重要的人生选择，扎根海岛做一名乡镇教师，这就是我的无悔选择。"马依情说。

学校计算机科学与技术学院辅导员杨东介绍，近年来，他们积极引导毕业生到基层一线就业，特别是针对家庭经济困难等重点群体毕业生，开展了"宏志助航"就业帮扶

计划。"马依情就是其中之一。我们了解到她的自身实际，组织了针对性的培训，既提高她的求职能力，也帮助她实现职业梦想。"杨东说。

前不久，马依情到岱山海岛上骑行，提前了解当地风土人情。"这里生活条件比预想中要好，基础设施建设很好，硬化道路、居民健身器械等都是崭新的。"对于未来，她憧憬满满。

教育报国守初心，不辞长作海岛人。从山城到海岛，虽相隔千里，但对三尺讲台的赤诚和热爱，将如一盏明灯点亮马依情的人生长路，始终激励她在她所热爱的教育事业中深耕细作、发光发热。

参军入伍，淬炼青春——遵义医科大学毕业生吴华佐

人民日报记者：丁雅诵

"青春有很多色彩，但让我念念不忘的，还是那抹军绿色。"大学毕业，再次站在人生的十字路口，遵义医科大学珠海校区本科毕业生吴华佐还是选择回到军营，淬炼青春。

大一时，吴华佐主动报名参军入伍。经过考核，他穿上了向往已久的军装。"成为一名军人，是我从小的梦想。每当看到军人挺拔的身姿、听闻他们的先进事迹，我都会由衷地感到钦佩与敬爱。"吴华佐说。

当兵有甜也有苦。第一次入伍，吴华佐在广东。"外训场地烈日炎炎，训练期间，身上全是痱子，每出一滴汗，都让人难以忍受。"他回忆道。但越是艰苦的环境越能磨炼坚强的意志品格，在吴华佐的日记里，有这样的文字：没有过不去的坎，没有克服不了的困难，把每一次磨炼都当作机遇，方能百炼成钢。

两年后，吴华佐退伍返校，继续学业。回到学校的他不忘军人本色，积极投入征兵宣传、入伍政策讲解、组建国旗护卫队、筹建橄榄绿军事爱好者协会等工作中去。

作为珠海校区国旗护卫队的教官，吴华佐很是自豪。"我们组建了一支30多人的队伍，每周进行3天左右的训练。怎样站立、踢正步、展旗、收旗，每一个动作都不能有丝毫懈怠。"他说，"当我们的国旗护卫队第一次参与学校大型活动，并且圆满完成升旗任务时，我的内心感到无比光荣。"

回到学校，部队的号角声仍时常萦绕在吴华佐心头。今年上半年，他再次应征、重回军营，来到驻蓉某综合训练基地。有人不解，当兵那么苦，为什么还要去？吴华佐的回答十分坚定："为了祖国的和平安定，为了人民的幸福安康。"

如今，吴华佐已投入新的训练当中。他始终以一个老兵的标准要求自己，不仅在训练场上干劲十足，还主动担任队列和体能小教官，为战友们讲解示范动作要领。"二次入伍，又是一趟新的旅程。"吴华佐说，"我希望能用自己的忠诚、担当与奉献，为实现强国梦强军梦贡献自己的力量，让青春在祖国最需要的地方闪光。"（时磊参与采写）

自主创业，传承非遗——内蒙古民族大学毕业生魏红玉

人民日报记者：闫伊乔

"将皮毛和彩石一环一环缝制在一起，这就是我们鄂温克族文化中寓意着幸福吉祥的手工艺品——'太阳花'。"内蒙古民族大学2023届毕业生魏红玉向游客们讲述着

"太阳花"这项非遗手工艺品背后的故事。

生长在呼伦贝尔草原的魏红玉，仍然记着小时候妈妈和姥姥手把手教自己缝制"太阳花"的场景。2018 年，初入大学的魏红玉在田野调查中了解到"太阳花"手工艺制作面临的困境：传承人老龄化、技艺培训难、产品缺乏创新和推广平台……"作为一名热爱传统文化的青年人，我要用自己的力量为非遗传承做一份贡献。"魏红玉在心中暗下决心。

在学校的支持下，魏红玉与 50 多名同学共同组建了内蒙古民族大学匠心非遗团队，利用假期到各地走访调研，搜集整理民间艺人制作的"太阳花"半成品，助力产品与市场需求更好对接。"我们在设计中加入驯鹿、雪花等文化元素，制作出更多更富创意的产品。同时，帮助一些手工艺人开设线上销售渠道，为'太阳花'手工艺品的传承、传播创造更多可能性。"如今，在同学们的努力下，"太阳花"逐渐成为呼伦贝尔草原上的网红产品。

了解到当地冬天极寒、不利劳作的情况，魏红玉与同学们邀请到"太阳花"制作的工艺大师在各地开展教学，帮助更多人掌握这项技能、增加经济收入。

"起初，培训过程长、工作量大，很多人不能沉下心来学习，三天打鱼两天晒网。"面对这样的困境，作为团队负责人，魏红玉积极与农牧民沟通，向他们介绍"太阳花"手工艺制作的发展前景。

如今，当地已有上百名妇女参与到"太阳花"手工制作中来，实现了在家门口就业。"一边聊着天儿，一边就把活儿干了，学到了手艺，助力了非遗传承，还把钱挣了，多好！"66 岁的张翠英通过学习制作"太阳花"，生活发生了变化。

几年过去了，从最开始的无人问津，到如今有越来越多旗县主动联系魏红玉，邀请匠心非遗团队到当地开展培训。魏红玉越发确信，自己找到了一生的追求："作为新时代的年轻人，要扛起责任，让非遗文化更好地传承。我会继续努力，坚定文化自信、担当使命、奋发有为！"

练好本领，技能成才——广东轻工职业技术学院毕业生卢琬

人民日报记者：吴月

面对激烈的竞争，能否找到心仪的工作？广东轻工职业技术学院毕业生卢琬的回答十分肯定："经过学校几年的培养，我不仅找到了一份喜爱的工作，也坚定了技能成才、技能报国的决心。"

炎炎夏日，广东立德胶业精密组件有限公司车间里，穿着无尘服的卢琬正仔细查看模具试模情况，与技术员交流项目细节。工艺参数如何设定？模具是否需要调整？22 岁的她是所在工程组里最年轻的成员，谈起技术却很有底气。

成为一名高素质技能型人才，一直是卢琬的心愿。"大一刚入学，班主任向同学们介绍了高分子材料加工技术专业老师们的研究方向。一下课，我就冲到讲台前毛遂自荐：'老师，我想参加科研项目！'"卢琬笑着回忆。抱着多学知识的想法，她加入了专业老师的课题组，围绕可降解包装材料的科研项目阅读了大量文献。

如何在实践中运用所学、提高技能？学校的第四实训楼见证了卢琬流下的汗水。

"大二整个暑假，我都'泡'在实训楼里。"卢琬介绍，为研发出理想的生物可降解薄膜，她与团队同学们利用所学知识制备双向拉伸膜，再进行性能测试、数据分析，而后进一步调整加工工艺参数。

经过一次次产品制备、工艺优化，最终，在老师指导下，卢琬和团队的同学们研发出具有耐高温等性能的生物可降解包装薄膜。

今年3月，卢琬和同学们获得了"挑战杯"中国大学生创业计划竞赛银奖。就在那时，她也顺利接到心仪工作的邀约。"学校注重产教融合、科教融汇。大学里接触科研、创新创业的经历，为我求职打下良好的基础。未来，我希望在工作中脚踏实地，充分发挥所学，成为一名技术骨干。"卢琬说。

前不久，卢琬回学校领取毕业证书。回望实训楼，大学时为梦想拼搏的经历浮上心头："一天深夜，我最后一个离开实训楼。看到我，学院老师说了4个字：未来可期。"

"那时的我还有些懵懂。"卢琬说，"现在我懂得，作为一名高职院校的学生，有宏大的志向，有过硬的本领，就有可期的未来。"

（资料来源：《人民日报》，2023年7月2日第5版）

☞ 【拓展阅读二】

去一个更需要我的地方

林晓莉是福建师范大学外国语学院2014届毕业生，荣获2022年全国高校毕业生基层就业卓越奖。

2014年，来自厦门特区的南方姑娘林晓莉，选择了一条少数人走的路——参加共青团中央主办的大学生志愿服务西部计划，就此开始了她与雪域高原割舍不断的缘分。

当时，踏实认真的林晓莉被选为福建省志愿服务队的副队长。一入西藏，各种高原反应接踵而至，恶心头疼、胸闷气短、呼吸困难……志愿者们立刻体会到了现实与理想的差距。林晓莉努力克服自身各种不适，帮助队友们张罗入住、吃饭等各种问题，积极照顾身体不适的队友。

培训后，林晓莉被分配到西藏自治区林芝市第二高级中学服务。因为师资力量不足，她作为一名英语专业毕业生，却被安排去支援地理学科的教学。在平均海拔超过3000米的青藏高原，高寒缺氧导致的身体不适，异地他乡造成的心理压力，跨学科教学带来的难题，让首次进藏的林晓莉尝到了苦头。但是看着学校里孩子们满是冻疮的手，面对一双双淳朴又渴求知识的眼睛，这位生长在特区厦门的福建姑娘，愣是凭着"爱拼才会赢"、不服输不怕苦的韧劲，咬牙扛住了种种压力。

她立足西藏少数民族学生的学情，结合内地先进的教学理念和方法，不断提高专业素养，认真设计，用心备好、上好每一堂课，批改好每一次作业，积极送教入乡，到学生家中家访，在传道授业解惑中为学生们打开一扇知识的窗户。功夫不负有心人，她所带班级的成绩节节攀升，她也得到了学生、家长和同事们的认可。同时，她还积极参与庆祝西藏自治区成立五十周年活动、2015年全国地方外办主任会议等重要工作，先后被授予"林芝市优秀西部计划志愿者""西藏自治区优秀大学生志愿服务西部计划西藏专项志愿者"等荣誉称号。

2016 年，两年的服务期结束，大家都以为林晓莉要回到家乡厦门，她却毅然选择继续留在西藏，守护雪域高原的一朵朵"格桑花"。

林晓莉通过留藏人才考试留在了林芝市教育系统，先后在林芝市米林县中学和林芝市第二高级中学工作。她多年担任备课组长，积极带头进行教研教改，借力援藏教师因材施教，提出新的英语词汇教学方法，教学成绩突出，授课班级成绩均名列前茅，深受学生喜爱。她在林芝市市级教研活动中开展"高考复习词汇备考策略"主题讲座，微课"人教版新教材必修一 Welcome Unit：Reading for Writing"被林芝市教育局评为"基础教育精品课市级优课"，多次被授予"校优秀共产党员""校先进教育工作者""巾帼建功标兵""优秀教师"等荣誉称号，荣获"教学质量奖"等。

现任林芝市第二高级中学办公室副主任的林晓莉，挑起了更多担子，承担着校园文化建设、师生档案信息管理、对外联络等工作。2022 年林芝市发生新冠疫情，同事们每天都能在校园内看见林晓莉忙碌的身影：统计采购和运送防疫物资信息，准备活动和会议方案，检查物资储备情况，组织教职工参与核酸检测等，林晓莉用心做好"每一件小事"。

从八闽大地到雪域高原，林晓莉跨越万水千山，只为践行自己的初心与誓言——将青春之花绽放在祖国最需要的地方。

（资料来源：福建师范大学微信公众号，2023 年 8 月 11 日）

第七节　求职就业

从国家在高校实行"自主择业、双向选择"的就业制度以来，面向市场，到企业求职就业不仅成为整个社会覆盖范围最广的就业形式，也成为绝大多数毕业生的就业主要去向和选择。根据麦可思研究院 2023 年调查数据，2022 届高校本科毕业生选择求职就业的人数占 62.2%，而 2022 届高职院校毕业生选择求职就业的人数占到 60%，可见，直接求职就业仍是大多数毕业生最主要的就业选择。同时，受疫情影响，毕业生在求职就业时，对社会大环境和经济形势的感知越来越明显，求稳心态日趋突出，国企和相对稳定的工作单位更受青睐。

大学生就业，今年面临一些困难，疫情的影响。但是党和政府还是全力以赴，把它作为今年经济工作的重中之重，解决民生问题的重中之重，争取使我们的大学生都能找到工作。我们大学生的择业观也要摆正。找到自己的定位，投入踏踏实实的工作中，实现自己的人生理想。

——2020 年 7 月，习近平总书记在吉林省考察时指出

各级党委和政府要高度重视高校毕业生就业问题，高校毕业生要转变择业就业观念，只要有志向就会有事业，只要有本事就会有舞台。希望大家找准定位，踏踏实实实现人生理想。

——2020 年 7 月 23 日，习近平总书记在吉林考察时的讲话

从高校毕业生角度来看，在求职就业过程中，最重要的是要客观地认识自己，坚持个人价值与社会价值相统一，善于结合国家社会发展需要和自身实际条件，找准工作岗位。在对求职就业的地区、企业、福利待遇和发展空间等因素进行权衡的过程中，要善于抓住主要矛盾和关键点，把关注的重点放在当前锻炼有平台、未来发展有空间上，找一个最适合自己的工作岗位，沉下心，从基层一点一滴做起。从企业角度来看，改革开放为各类企业的发展创造了良好的外部条件，国有企业、外商投资企业和民营企业等都得到突飞猛进的发展，并已成为推动中国经济社会发展的重要力量。各类企业在实现自身发展的同时，也为社会提供了大量的就业机会。但由于各类企业的性质和文化存在差异，其不仅在用人需求、用人标准和招聘方式上有所区别，而且在福利待遇和发展前景上略有不同。

国有企业，简称国企，是指国务院和地方人民政府分别代表国家履行出资人职责的国有独资企业、国有独资公司和国有资本控股公司。国有企业作为一种生产经营的组织形式，同时具有商业性和公益性的特点，它既是国民经济发展的中坚力量，也是中国特色社会主义的支柱。例如国家电网，中国电信，中国移动，中国石油，烟草专卖局，国资控股的航空公司、轨道交通有限公司等，都是比较常见的国有企业。选择国有企业，工作总的来说相对稳定，薪资福利待遇也较好，因此，想进入国有企业的人很多，相对来说竞争压力比较大。而且国有企业的招聘程序比较规范和严格，许多国有企业根据自身企业文化和特点，形成自己的招聘要求和风格。一般有编制的国有企业招聘还需要通过正规的笔试、面试、体检和公示等招聘环节，而且对毕业生所学的专业会有明确的要求。国有企业的招聘公告按要求都要向社会公布，具体招聘要求和流程，建议毕业生通过国有企业官方网站查询。

民营企业，简称民企，是在我国境内除了国有企业和外商投资企业以外的所有非公有制企业的总称，包括个人独资企业、合伙制企业、有限责任公司和股份有限公司等。民营企业作为改革开放后我国最重要的一种企业形式，既是中国经济社会快速发展的主要推动力，也是吸纳大学生就业的主力军。例如华为、阿里巴巴、京东、联想、国美、万达、小米、永辉等，都是比较常见的民营企业。大到华为、阿里巴巴等国内外知名企业，小到各种个体企业和乡镇小微企业，可以说，民营企业已经覆盖到我们生活的各行各业，我们的生活已经越来越离不开这些民营企业。民营企业在招聘过程中更加关注毕业生的专业能力和综合素质，希望毕业生能够在最短的时期内在企业找准自己的定位，尽快融入企业，发挥作用。一般大型民营企业规模大，机制健全，更重视企业文化，薪资福利待遇也相对比较好。而中小型民营企业规模小，机制灵活，更重视企业效益，相

对来说工作压力会更大些，经常一个人要从事多个岗位的工作，工作强度大，但锻炼和提拔的机会也更多。现在民营企业主要是通过网络招聘与现场面试相结合的方式来招聘新人，其用人招聘的信息一般会通过学校就业指导中心、校园宣讲会、招聘会和各类人才招聘网站进行发布，建议毕业生多关注学校就业指导中心和各类人才招聘网站发布的招聘信息，并提前准备好相关个人简历参加应聘。

外商投资企业，简称外企，是指依照中国法律在中国境内设立的，由中国投资者与外国投资者共同投资，或者由外国投资者单独投资的企业。根据外商在企业注册资本和资产中所占股份和份额的比例不同等因素，当前在我国的外商投资企业主要有合资经营、合作经营、外资企业和外商投资合伙四种类型。外商投资企业作为一种企业形式，也是中国经济的重要组成部分。它跟国有企业、民营企业一样，都是我国企业的主体。例如鸿海精密、大众汽车、苹果、通用汽车、正大、汇丰银行、丰田汽车、三星电子、宝马、家乐福、肯德基、麦当劳、必胜客、可口可乐等都是比较常见的外商投资企业。选择外商投资企业，总的来说工作环境比较开放，而且每一个外商投资企业都非常重视企业文化建设，在企业内部具有浓厚的企业文化氛围，在薪资福利待遇方面也比较让人满意，但相对而言其工作的强度和压力也很大。另外，外商投资企业在用人招聘环节准入门槛也比较高，很多外商投资企业对毕业生就读的院校层次、外语听说读写水平和综合素质能力等条件有更高的要求。外商投资企业的用人招聘信息一般也是通过学校就业指导中心、校园宣讲会、招聘会和各类人才招聘网站进行发布，至于具体招聘要求和办法，建议毕业生通过上述渠道进行查询。

☞ 【案例阅读】

工作七年感悟：鲜衣怒马少年时

时光如梭，毕业七年一晃而过，回想自己的大学时期，很多场景至今仍历历在目。能够有这样的一个机会，通过文字分享自己的职业发展感悟和成长体会，真的很高兴。这篇文章既是我自己的切身感悟，也是我对未来的展望。但对学弟学妹而言，这仅仅是你们思考和探索自己职业规划的开始，希望我的经历、感悟和体会对大家能有所启发、有所帮助。

一、职业发展感悟

（一）方向选择比努力重要

毕业生最大的问题就是不知道该如何抉择自己人生的第一份工作。结合我自身和同学圈子的例子来看，很多优秀的同学都是在第二份，甚至第三份工作才真正认清自己想要找份怎么样的工作，是满怀家国情怀，修身治国，致力社会公益，还是只是找份糊口的工作？在房贷、车贷压迫下，更多同学妥协于现实生活。

犹记得我当时机缘巧合选择了一个酒水国企，从业代到主管，四年时间一步一个脚印走到区域经理的位置，奈何整个行业已是夕阳行业，产能过剩，行业裁员。自己一阵迷茫，看着当年住隔壁铺的兄弟，进了一个互联网公司，虽然公司体量不大，但他跟着公司一起成长，已经是华南区总监，拿到了价值两百万元的原始股，再见面格局、圈子已是不同，不禁让我感慨万千，三省吾身。所以第一份工作选择什么行业、什么企业就显得非常重要，要结合个人兴趣、家庭资源，更要看重行业的潜力、可持续发展性，再选择数一数二的领头羊企业，方向选择比努力重要。参考我的职业生涯发展经历：从人生实现第一个营收100万元到组建30个人的团队、营收4000万元，在传统行业用了4年，而在进入滴滴快车后的第一个年头，单人负责净营收就超过了5亿元，团队10余人负责两个地级市年营收超25亿元，服务15万车辆、400万用户，可窥一斑。借用小米雷军的话来说，就是：站在风口，猪都能飞起来！

（二）努力拼搏，厚积薄发

用我很喜欢的一句话来讲，就是：战术千万条，肯打第一条。关于职场的方法论就不跟大家多说了，网上已经有很多了，最重要的一点就是要清晰地知道自己想要什么，给自己定一个3~5年的规划，常立志不如立长志，选好要走的路，朝着这个方向努力奔跑。年轻的时候更要看重积累，厚积薄发，付出一定的自律代价，愈自律，愈自由！

二、个人成长体会

（一）保持旺盛的学习力和好奇心

如今的时代，无论是个人能力提升还是工作业务拓展，核心就是保持旺盛的学习力和对这个社会的好奇心。可以是三个月读一本书，或者订阅一个专业公众号，保持系统学习的能力，须警惕碎片化信息；积极参与公司、人脉圈子的培训。要保持对这个社会的好奇心。这是个最好的时代，移动互联网发展，各大垂直类大V很多，人脉圈子和社会阶层的壁垒可以通过学习力打破。在荆棘遍布的人生道路上，也可以走出一条康庄大道；面对一时的失败、挫折，可以懊恼，但不要退缩，那些孜孜不倦的前辈们是我们的标杆；个人能力的进步、成功的经验，是可以积累的。

（二）保持对行业和社会的独立思考

从快消品行业出来后，我在两个互联网行业公司（阿里旗下）待了3年。很庆幸当时有勇气跳出来，从零开始，避免了温水煮青蛙。来到大平台，对我来说是全新的开始，遇到这些优秀无比的同龄人，让我对这个世界有了更多期许。我的见识和欲望都在不断累积，知识和经验快速积累。我可以运用自己组建的团队，响应政府社会的号召，每天让数以百万计的人安全出行，平安到家；寒窗苦读17年，不只是为了完成一年二三十亿元的营收目标，赚取一点工资、股票，更应该对行业、市场，乃至社会有所推动。我们量小力微，但凝沙成塔，这是我进入阿里旗下公司最大的收获，希望能为公司"活过102年"的愿景，能为这个行业、社会略尽绵薄之力。

（三）保持积极的心态和健康的身体

积极的心态像太阳，照到哪里哪里亮。在我们的工作和生活中，难免会有很多不顺心和不如意的地方，但一件同样的事情，从不同的角度看会有不同的效果。因此，不论面对顺境还是遭遇逆境，我们都要保持积极的心态，只要心态良好，就会为我们的生活和工作增添无限的希望和强大的动力。当然，除了积极的心态外，我们还要保持一个健康强壮的身体。从某种程度上讲，健康的身体既是革命的本钱，也是我们一切的基础，没有它，我们的生活和工作都将失去意义。特别是进入互联网行业后，我自己有一个切身的体会：身体真的很重要。因此，即使工作再忙，事情再多，也要坚持健身，锻炼身体就像母校操场上标语所写的：每天锻炼一小时，健康工作一辈子！

三、后记

希望与看到这篇感悟的学弟学妹们做个约定，当我们有机会见面时，你能成为你自己心中的勇士，或许你已经考上梦想中的学校，或许你拿到了顶级工作机会开始披荆斩棘。未来人生的道路，会有迷茫，有的在现实的重压下，遍体鳞伤又竭尽全力；有的在乐观开朗的面具下，孤独又脆弱。我也曾经是你们中的一员，你们会是将来的我们，但一定是比我们更优秀的后浪。鲜衣怒马少年时，不负韶华行且知，与君共勉！

（作者简介：王双雄，男，2013届市场营销专业毕业生，曾在青岛啤酒、滴滴科技等公司就职，现就职于阿里巴巴及其蚂蚁集团旗下本地生活赛道公司，负责泉莆两地连锁品牌运营。座右铭：心有猛虎，细嗅蔷薇。）

☞ **【拓展阅读】**

行行出状元！"95后"快递小哥被评"高层次人才"，获百万元房补

最近，"95后"快递小哥李庆恒被评定为杭州市高层次人才，并获得杭州市一百万元购房补贴，引发了社会关注。网友表示，"工作不分高低，行行出状元"，"不唯学历论人才，有眼光"。为什么快递小哥能被评为高层次人才？他有怎样的技能？

一、快递分拣5年多，他熟背全国城市区号、邮政编码

李庆恒从事快递分拣员工作已经有5年多的时间。每天晚上，是他最忙碌的时候。因为分拣员要把收来的快递赶在清晨前分好，公司才能以最快的速度发送出去。

日积月累、熟能生巧，李庆恒练就了一个本事：无论快件上标的是城市、区号、邮编还是航空代码，他都能准确无误地进行分拣。记者随便报出一个地址，李庆恒马上就能说出地址对应的城市信息。

背熟了，速度就快，就能早点回家，这是李庆恒最初的想法。可为了背熟这些数据，他没少下功夫，甚至有些走火入魔。有时在马路上看到汽车车牌，他会把相关城市的所有信息在脑子里面过一遍。

看到李庆恒有这个绝活，公司开始派李庆恒参加各种技能比赛。李庆恒也不负众望，拿了不少奖。而能让李庆恒评上杭州市高层次人才，还是因为一次重要的职业技能比赛。

二、快递职业技能竞赛拿第一，获杭州市高层次人才认定资格

2019年8月，李庆恒再次被公司选为"浙江省第三届快递职业技能竞赛"的参赛者。因为比赛要考投递、包装，没有实操经验的李庆恒，开始跟着一线快递员学习快递派送的技巧。

准备比赛那段时间，李庆恒每天早起背诵邮政编码、电话区号、航空代码，下班后再抽出两个小时来练习实际操作。功夫不负有心人，李庆恒最终拿到了"浙江省第三届

快递职业技能竞赛"的第一名。为此，浙江省人社厅给他颁发了省级"技术能手"的奖状。

当公司告诉他，可以凭借这个奖去评杭州市高层次人才时，李庆恒不敢相信。李庆恒说道："我以为就是出国留学的高学历海归人才，才能评得上。快递小哥平时送送快递，怎么可能跟人才搭边呢？完全想不到。我半信半疑走流程去评，最后评下来，我完全不相信这是真实的事情，很激动，很意外。"

三、未来打算安家在杭州，他有了更高的新目标

按照杭州市高层次人才政策，评上 D 类高层次人才，不仅可以优先摇号选房，还可以领取 100 万元的购房补贴、3 万元车牌补贴，并享受"杭州人才码"5 大类、27 小类百余项服务。

李庆恒说："对于我来说 100 万元简直就是天文数字。我爸是工地上的农民工，我妈在厂里边上班，一辈子辛苦下来的钱都不够在杭州买一套房，这个购房补贴他们有点不太相信。"

能被认定为杭州市高层次人才，也让李庆恒对这座城市有了新的认识。他说，这个城市很和蔼，让他感受到了人人平等的感觉。

这两天，李庆恒看上了一个即将开售的新楼盘，100 万元足够首付了。他计划在这个楼盘中买一套属于自己的房子。此外，他还有一个更大的目标，希望能评上行业的高级工程师。

三百六十行，行行出状元！为奋斗者点赞！

（资料来源：人民日报微信公众号，2020 年 7 月 6 日）

第八节　自主创业

随着高校毕业生人数的逐年增加，总体来说大学生面临的就业形势越来越严峻。高校毕业生的就业问题一直以来都是党和政府最关注的焦点。2014 年 9 月，在夏季达沃斯论坛开幕式上发表的讲话中，李克强总理首次提出了"大众创业、万众创新"这一概念，倡导要在全国掀起"大众创业""草根创业"的新浪潮，激发全民族的创业精神和创新基因，自此以后，"大众创业、万众创新"的理念日益深入人心。从国家推行和倡导"大众创业、万众创新"的政策以来，高校作为培养创新创业人才的主战场，要不断创新教学理念，开设创业课程，改革教学方式，提供创业平台，营造创业氛围，不断提升大学生的创新意识和创业精神，使大学生真正成为推进"大众创业、万众创新"的生力军。根据麦可思研究院 2023 年调查数据，2022 届高校本科毕业生将自主创业作为就业去向的人数占 1.2%，而 2022 届高职院校毕业生将自主创业作为就业去向的人数也占 3.2%，并且随着毕业时间的延长，毕业生自主创业比例会持续上升。可见，自主创业逐渐成为高校毕业生的一种就业去向和选择。

今天，我们比历史上任何时期都更接近实现中华民族伟大复兴的光辉目标。祖国的青年一代有理想、有追求、有担当，实现中华民族伟大复兴就有源源不断的青春力量。希望你们扎根中国大地了解国情民情，在创新创业中增长智慧才干，在艰苦奋斗中锤炼意志品质，在亿万人民为实现中国梦而进行的伟大奋斗中实现人生价值，用青春书写无愧于时代、无愧于历史的华彩篇章。

——2017 年 8 月，习近平总书记回信勉励第三届中国"互联网＋"大学生创新创业大赛"青年红色筑梦之旅"的大学生

青年人是全社会最富有活力、最具有创造性的群体，也是推动创科发展的生力军。要为青年铺路搭桥，提供更大发展空间，支持青年在创新创业的奋斗人生中出彩圆梦。

——2022 年 6 月，习近平总书记在香港科学园考察时的讲话

在新时代培养担当民族复兴大任时代新人的背景下，自主创业之所以能够成为高校毕业生的一种就业选择，主要原因有以下三点：一是，自主创业可以最大限度地激发毕业生的创新精神和创业热情，有助于全面提升能力。在创业的过程中毕业生的组织协调能力、沟通表达能力、团队协作能力和心理承受能力不断增强，毕业生得到全面发展。二是，自主创业可以实现毕业生个人价值和社会价值的统一。创业是一个施展自身才华的大平台。毕业生选择自主创业，一方面可以充分利用自己所学，发挥自己的聪明才智，通过自主创业创造财富，实现个人价值；另一方面，自主创业也可以使毕业生更好地融入社会，做大做强自身的创业项目，不仅可以为其他毕业生提供更多的就业机会和岗位，也可以承担更大的社会责任，真正实现个人价值和社会价值的统一。三是，自主创业作为一种就业方式，在一定程度上可以起到缓解和分流就业压力的作用。就业是最大的民生，面对当前严峻复杂的就业形势，既要千方百计稳就业促就业保民生，又要支持和鼓励毕业生积极创业，通过不断增强创业政策扶持力度，完善创业政策保障体系，为毕业生营造良好的创业环境，从而实现以创业促发展带就业的良性循环。

阿里巴巴集团创始人马云曾说过："对所有创业者来说，永远告诉自己一句话：'从创业的第一天起，你每天要面对的是困难和失败，而不是成功。我最困难的时候还没有到，但那一天一定会到。困难是不能躲避的，也不能让别人替你去扛，任何困难都必须你自己去面对。'"虽然毕业生成功自主创业的案例有很多，这些成功案例形成巨大的光环效应，激励着更多的毕业生坚定自主创业的选择，但成功的背后有许多经验和教训，创业之路并非都一帆风顺，更多的是充满荆棘和艰辛。在这条机会和挑战并存的创业道路上，毕业生要想脱颖而出，实现成功创业，除了要有创业的激情和不懈的努力以外，需要准备的创业条件和基础还有很多，例如创业心理准备、创业知识准备、创业技能准备、创业项目选择、创业资金保障、创业团队组建等，其中创业项目选择、创业资金保障和创业团队组建最为重要。

1. 创业项目选择。选择一个合适的项目既是创业成功的重要起点，也是考验毕业

生创业智慧的最关键因素。毕业生在创业前期，要认真学习国家和地方政府的各项优惠创业政策，并结合自身条件和已有的社会资源，对创业项目做初步的探索。建议最好能够结合社会的现实需求，并充分利用大学生创业相关优惠政策，进行创业项目选择。在项目的选择过程中，毕业生要对项目进行全面、深入、细致的市场调查，充分论证项目的可行性，最好能够形成创业计划书。所选择的创业项目不仅要有现实的市场需要，还要有长远的发展前景。在具体创业项目方向的选择上，可以结合自身的专业、兴趣和特长等因素，选择自己最熟悉、最有优势的就业形式，例如软件开发，网页制作，网络服务，智力服务，连锁加盟，开主题餐厅、特色书店、淘宝店，做微商等。

2. 创业资金保障。准备足够的启动资金既是创业成功的必要条件，也是毕业生在创业过程中最大的挑战。俗话说：“巧妇难为无米之炊。”对于大多数毕业生来说，刚刚从学校毕业，光靠自己很难能够完成创业资金的原始积累。如果没有资金的支持，再好的项目或者想法也很难能够真正实行。建议毕业生通过两个方式解决创业资金问题：一是，拓展资金筹措思路，积极寻找外部资本的支持。毕业生可以结合自身条件和项目实际，通过申请学校创业资金、银行贷款、风险投资、众筹投资和寻求家庭资助等途径筹措创业资金。二是，自力更生，边工作边创业。毕业生可以在毕业后先找一份与项目有关的工作，充分依靠自身的努力，通过工作完成创业启动资金的积累。同时，还可以在工作过程中更加深入地了解与项目相关的信息，储备必要的创业基础，这样可以大大提高自身创业成功的概率。选择边工作边创业，不仅可以解决创业资金积累的问题，而且可以做到进可攻退可守，能够把创业的风险和压力降到最低程度。

3. 创业团队组建。组建创业团队既是创业成功的重要保障，也是毕业生在创业过程中最大的优势。没有完美的个人，只有完美的团队。自主创业是一个复杂的系统工程，不仅需要有好的创意项目，有充足的资金保障，更需要有一个志同道合、精诚团结的创业团队。一个人能力再强，单枪匹马也很难完成创业目标，因此，建议毕业生充分利用在校时间组建自己的创业团队。团队成员不仅要目标一致、志同道合，而且最好在专业知识、能力、兴趣、爱好和特长等方面能够形成互补，只有这样，才能充分发挥创业团队的最大优势，为创业成功提供重要的团队保障。同时，在创业过程中，不仅要努力培养团队成员的团队精神和团结协作意识，而且要充分发挥团队成员个人的聪明才智，凝心聚力，集思广益，共同为创业项目的发展贡献力量。

☞ 【案例阅读一】

青春创业　助力母校

2013年暑假的一次偶然机遇，使我开始了人生第一份工作——家教兼职。此时，我浑然不觉这将为我今后事业埋下伏笔。

在2013年至2016年在校期间，我曾不断地参加校园内外各类社会实践活动，期望着能闯出一片属于自己的天地。由于专业关系且大学期间恰逢一波“牛市”，我与同学一道买了些许股票，为日后的创业积攒了部分原始资本。毕业之前，我并未想到创业，起初只想待在国有企业安安稳稳度过一生。直到某天，一位大学同学联系我，提出想与我一起创业，开设一家教育机构，当时一番合计之后一拍即合。母校在得知我们在毕业后有创业想法之后，也给予了大力的支持，为我们提供创业基地以供我们开展紧锣密鼓的先期筹备工作。几个初出茅庐的年轻人在一阵"手忙脚乱"中租了设备、借了教室，我们创业的第一个暑假培训班就这样顺利开班了。虽然当时团队里有两个具有家教经验的"老师"，但因我们毫无办学经验，第一个暑假班就只招了 20 多个学生，其中几个是朋友的孩子过来捧场，并未收学费，忙活了一个暑假最终也只能勉强以保本状态结束；但我们这几个年轻人最大的特点就是都来自普通家庭，从小到大练了吃苦耐劳的本事，有韧劲且不服输。我们深刻总结了第一次办培训班的经验教训，经过反复不断的讨论，最后发现应该到学校找有课堂教学经验的老师取经。恰巧之后在一次饭局上认识了一位任职于某市直小学的教师，经过一番交流之后，她表示愿意辞掉现有工作加入我们的创业团队。于是在第二个暑假来临之前，我们在校外租了一个场地，作为培训点，而我们也将更多的精力投入该培训点的业务发展，加之福州市为支持大学生创业，专门出台系列优惠政策，由此，2016 年 5 月 10 日，心莘教育正式成立。

在培训点逐渐发展的过程中，不断有志同道合的年轻人被吸引到我们团队中来，最早的几位合伙人也由于考研、性格等各种因素而陆续退出了，其中，让我们团队最难以接受的理由是怕累。我认为，干任何事情在初始阶段都难免辛苦劳累，现在不吃苦以后哪来甜；人如果失去了梦想，无异于"咸鱼"，累点、苦点都不算什么，都是人生实现梦想过程中必经的历练。从前的我与很多年轻人一样，总觉得早起太痛苦了，但自从拥有值得自己奋斗的事业之后，早起对我而言再正常不过了，因为每天叫醒我的不是闹铃，而是梦想！毕竟，青春是用来奋斗的！

还记得那年夏天对于我们创业的生死存亡来说尤为关键。为了争取更多的生源，我们坚持每天放学前半个小时就在附近学校门口蹲点发传单。学生们一走出校门，几个合伙人就走上前去递上精心准备的传单，一句句"同学你好"，一遍遍"心莘教育"，没有一丝懈怠。有的学生甚至看都没看一眼就随手扔在了地上，我很是心疼，立刻走过去拾了起来，重新整理好后以满面笑容再次递给其他学生。

这四年来，我们不断汲取他人经验及加强员工自身培训，不断地改进管理体系及教学方法。功夫不负有心人，我们从最初的万达校区发展到现在拥有滨江、龙山、石门、罗源等 7 个校区。尽管一开始还有些茫然，尽管为了梦想疲惫不堪，几个"90 后"的年轻人，在最美好的年纪，一直带着希望远行，怀揣着梦想起航。我们创业的目标是做一个受人尊重的教育企业，我们的梦想，是我们的企业有朝一日能够像俞敏洪的新东方教育一样——上市。

自公司成立以来，我们积极响应、贯彻落实母校大学生自主择业政策，利用母校提供的大学生就业创业园，依托母校优势资源，全面加强师资团队力量建设，提升教学水平。同时积极履行社会责任和回馈母校，对于想要勤工俭学的大学生，提供实习和兼职岗位，开展带薪培训，帮助其掌握上岗技能。公司还设有大学生创业专项基金和大学生慰问基金，帮助困难大学生解决生活和创业上的难题。自公司创业以来，累计提供大学生就业岗位 200 余个，帮助 15 个大学生完成创业起步阶段。

又到一年毕业季，众多的高校毕业生既要收起离别的伤感，更要走出象牙塔，步入社会，真正担负起对自己的责任、对家庭的责任、对社会的责任。全国高校毕业生每年都大量地增长，在这个被称为"史上最难就业季"的时期，我们看到一些高校毕业生勇敢地选择走上更为艰难但也许有更大机遇的创业之路。与此同时，政府和学校推出了很多帮扶政策帮助大学生创业。但是，高校毕业生是否创业，不应该"赶时髦"，更不应该"盲人摸象"，而应该基于对自己的兴趣、能力、技术、资金等的充分考虑，对创业的艰辛及风险做出充分的估计。奋斗是青春最亮丽的底色，无论成功还是失败，创业经历都必将会成为一笔弥足珍贵的人生财富和一段令人难忘的人生回忆。

（作者简介：林俊雄，男，2016 届财务管理专业毕业生，同年创办福州市心莘教育咨询有限公司，任总经理，至今已有 7 家分公司，分布福州各区。寄语：如果你想得到，你就会得到，你所需要付出的只是行动。）

☞ 【案例阅读二】

活着，就是为了改变世界

聚美优品的 CEO 陈欧也是一名标准的大学生创业者，他的大学生创业经历要追溯到他的上一个创业项目 GG 游戏平台。陈欧 16 岁的时候考上了新加坡南洋理工大学，作为一个资深游戏爱好者，在大四的时候陈欧决定在游戏领域创业，凭着有限的资源做出了后来影响力巨大的 GG 游戏平台。

作为当时没有任何资源的大学生创业者，陈欧那时的创业经历是非常艰苦的。据陈欧回忆，那时候他为了节省成本，不得不每天都吃最便宜的鱼丸面，最后吃得都有些"脑残"了。

后来，陈欧出售 GG 平台，获得了千万级别的收益，也为自己后来的创业道路做了很好的铺垫。而他创造的 GG 游戏平台，目前仍然是东亚地区最受欢迎的游戏平台之一，全球拥有超过 2400 万用户。

谈到创业的动力，陈欧跟记者说："以前在斯坦福上大学，我们商学院有种风气：change lives，change organizaion，change the world。也就是改变生活，改变组织，改变世界。这种风格深刻地影响了我，创业也正是为了实现这一目标。"

其实在更早之前，陈欧的创业理想就已经萌芽。"大三大四，快毕业的时候，大家都在找工作，但是我真的不知道自己要做什么，我不想继续读书，然后硕士、博士毕业之后再去找工作，那样的按部就班不适合我。互联网的创业故事激励了我，我选择了创业。"于是大学四年级时，陈欧仅靠着一台笔记本，创办了在线游戏平台 Garena，成功积累了第一桶金。

聚美优品无疑已经改变了人们的生活，而陈欧也希望通过自己的经历改变更多的人，给他们带去更多"正能量"。"我希望更多的年轻人都能参与到创业中来，一起去努力、奋斗，去创造价值。就像今天的聚美一样，每天有上百万用户上聚美买东西，给人们的生活带去更多的美，更多便利。"

然而不是所有年轻人都适合创业。陈欧总结了创业需要具备的"三力"："一是魄力，因为创业需要勇气，你需要承担风险，需要狠下心做些别人不敢做的事。第二个是判断力，因为作为一个创业者、企业家，需要对企业方向做一个判断，一定要有正确方向，才能避免整个公司犯下致命的错误。像我刚回国时做的是游戏业务，最后我转型过来做了化妆品电商，找对了方向。最后一点是领导力，这是最重要的一点。公司创始人需要团结很多的人，整合很多资源。如果没有领导力，公司团队必然会一盘散沙，缺乏凝聚力，更谈不上创新，最后的失败就是必然的。"

大学生的创业总会充满激情，但创业过程可能十分不易，甚至会异常艰难，它尤其考验创业者的个人能力、综合素质，创业者需具备吃苦耐劳、坚忍不拔的品质；创业之路也不是适合所有的学生，创业之前一定要认真地问一下自己"是否真的适合创业"。

（资料来源：王清春，孙景福，王国辉. 大学生职业生涯与发展规划［M］. 天津：南开大学出版社，2019）

☞ 【拓展阅读】

福建省进一步支持大学生创新创业若干措施

为深入学习贯彻党的二十大精神，全面贯彻落实党中央、国务院决策部署，大力营造有利于大学生创新创业的良好环境，提升大学生创新创业能力和活力，加快创新创业人才培养，促进更高质量和更充分就业，结合福建省实际，现提出如下措施。

一、提升大学生创新创业能力。将创新创业教育融入高校人才培养全过程，健全课堂教学、自主学习、结合实践、指导帮扶、文化引领融为一体的高校创新创业教育体系。实施大学生创新创业训练计划，开展创新创业培训。实施高校教师创新创业能力和素养提升计划，完善高校"双创"指导教师到行业企业挂职锻炼的保障激励政策，将高校教师指导创新创业、推进创新创业成果转化等工作业绩纳入学校绩效考核。实施高校"双创"校外导师专项人才计划，探索实施驻校企业家制度。"十四五"期间，重点建设300门左右省级创新创业教育特色示范课程，每年遴选不少于2000项省级大学生创新创业训练计划项目。（责任单位：省教育厅、人社厅，各设区市人民政府、平潭综合实验区管委会。以下均须各设区市人民政府、平潭综合实验区管委会落实，不再列出）

二、推进创新创业平台建设。支持校校、校企、校地、校所共建创新创业实验室、创新创业园、创新创业基地、大学生创新创业实践教学基地等，争创国家级创新创业学院、创新创业教育实践基地。加快建设海峡两岸青年大学生融合发展和创新创业创造中心。鼓励符合条件的企业建设产教融合型企业试点，建设学科交叉和协同创新科研基地等创新平台，积极服务大学生创新创业。大学科技园、大学生创业园、大学生创客空间等校内创新创业实践平台面向在校大学生免费开放。由政府投资开发的创业孵化器、众创空间等创业载体应免费提供不少于30％的场地给创新创业大学生使用。"十四五"期间，重点建设20个左右省级创新创业学院，依托高校和企业建设50个左右省级创新创

业教育实践基地。（责任单位：省教育厅、发改委、工信厅、科技厅、人社厅、国资委、市场监管局）

三、完善"互联网＋"大学生创新创业大赛可持续发展机制。坚持政府引导、公益支持，加强组织领导和综合协调，拓宽办赛资金筹措渠道，落实配套支持政策和条件保障，办好中国国际"互联网＋"大学生创新创业大赛福建省赛。鼓励大学生参加创新创业类赛事，激发大学生创造力。全省各类创新创业大赛应对大学生创业者给予倾斜。鼓励企业和社会资本设立大赛项目专项发展基金，给予获奖团队奖励和创业支持。汇集政府、企业、高校及社会资源，对各类赛事中涌现出的优秀创新创业项目加强后续跟踪支持，推动项目孵化落地，形成大学生创新创业示范效应。（责任单位：省教育厅、发改委、人社厅、财政厅、工信厅、团省委）

四、促进大学生创新创业成果转化。鼓励高校、科研院所建设专业化技术转移机构，加强面向大学生的科技成果转化培训，做好知识产权确权、保护等工作，拓宽成果转化渠道，在有关行业企业推广应用大学生创新创业成果，为大学生创新创业成果转化提供全链条服务，对工作成效显著的技术转移机构予以奖励。对大学生创业企业购买重大科技成果落地转化项目，择优按技术交易额 30％予以补助，最高可获得 300 万元。支持各地积极举办大学生创新创业项目需求与投融资对接会。健全大学生创新创业成果对接机制，支持大学生创新创业团队参与项目成果对接会。（责任单位：省科技厅、教育厅、知识产权局、工信厅、市场监管局）

五、提升大学生创新创业服务水平。提升企业开办服务能力，为大学生创业提供高效便捷的登记服务。各地、各高校和科研院所的实验室以及科研仪器、设施等科技创新资源可面向大学生开放共享，按照成本补偿和非营利性原则收取费用。鼓励企业利用自身技术、人才、场地、资本等优势，为大学生建设集研发、孵化、投资等于一体的创新创业培育中心、互联网"双创"平台、孵化器和科技产业园区。由财政资金支持形成的科技成果符合条件的，鼓励以合适方式许可给大学生创业企业使用，降低大学生创业企业获取专利技术门槛。支持行业企业面向大学生发布企业需求清单，引导精准创新创业。鼓励国有大中型企业面向大学生发布技术创新需求，开展"揭榜挂帅"。有条件的地方可对高校毕业生到孵化器创业给予租金补贴。（责任单位：省市场监管局、科技厅、教育厅、国资委、财政厅）

六、落实大学生创新创业财税扶持政策。高校毕业生在毕业年度内从事个体经营，符合条件的，在 3 年内按一定限额依次扣减其当年实际应缴纳的增值税、城市维护建设税、教育费附加、地方教育附加和个人所得税；对增值税小规模纳税人适用 3％征收率的应税销售收入，免征增值税。对国家级、省级科技企业孵化器和大学科技园以及国家备案众创空间按规定免征增值税、房产税、城镇土地使用税。做好纳税服务，建立对接机制，强化精准支持。探索建立政府股权基金投向种子期、初创期企业的容错机制，支持符合条件的私募创业投资基金按规定享受税收优惠，鼓励辖区私募基金积极投向大学生创新创业项目。（责任单位：福建省税务局、省财政厅、福建证监局、厦门市税务局、厦门证监局）

七、加大大学生创新创业普惠金融支持力度。鼓励金融机构按照市场化、商业可持续原则对大学生创业项目提供金融服务。落实创业担保贷款政策及贴息政策，高校毕业生可申请上限 30 万元的创业担保贷款，并由各级财政按照规定给予贴息支持。对 10 万元以下贷款、获得市级以上荣誉称号以及经金融机构评估认定信用良好的大学生创业者免除反担保要求；对高校毕业生设立的符合条件的小微企业，最高贷款额度为 300 万元；对符合条件个人创业担保贷款借款人合伙创业的，根据合伙创业人数适当提高贷款额度，最高不超过符合条件个人贷款总额度的 10%；对获得创业担保贷款的按规定给予贴息，对还款积极、带动就业能力强、创业项目好的借款个人和小微企业，可继续提供累计不超过 3 次的创业担保贷款贴息。逐步实现创业担保贷款在"金服云"平台上的"一站式"线上服务。鼓励银行业机构综合考虑创新创业大学生的融资需求，在风险可控条件下简化审批材料、优化审批流程，为符合条件的大学生创新创业提供及时的信贷服务。（责任单位：省财政厅、人社厅、金融监管局，人行福州中心支行、福建银保监局、厦门银保监局）

八、引导社会资本支持大学生创新创业。充分发挥社会资本作用，以市场化机制促进社会资源与大学生创新创业需求更好对接，引导创新创业平台投资基金和社会资本参与大学生创业项目早期投资与投智，助力大学生创新创业项目健康成长。加快发展天使投资，培育一批天使投资人和创业投资机构。发挥财政政策作用，落实税收政策，支持天使投资、创业投资发展，推动大学生创新创业。（责任单位：省财政厅、福建省税务局、省金融监管局、福建证监局，厦门市税务局、厦门证监局）

九、完善大学生创新创业保障政策。落实大学生创业帮扶政策，毕业 5 年内高校毕业生首次创业并正常运营 6 个月以上，符合条件的可享受一次性创业补贴。加大对创业未成功大学生的扶持力度，对符合条件的创业未成功大学生及时发放失业保险金，并按规定提供就业服务、就业援助和社会救助。鼓励有条件的地区探索建立包含创业风险补贴、商业险保费补助等方式的大学生创业风险救助机制。创业毕业生及其聘用员工均应参加企业职工基本养老保险。大学生创业人员在不重复参保的情况下可以在户籍所在地、居住证所在地、就业地选择申请参加职工医保或居民医保，无障碍按规定实现医保关系转移接续，确保大学生创业人员无后顾之忧。（责任单位：省人社厅、民政厅、医保局）

十、加强大学生创新创业宣传引导。依托福建"24365"大学生就业创业服务平台和"福建省毕业生就业创业公共服务网"，做好创业扶持政策、产业激励政策、创业信息的发布和解读工作，及时将创新创业教育优质资源、行业需求等信息推送给大学生。实施普通高校毕业生就业创业促进行动，促进校地、校企就业创业供需对接。培育选树大学生创新创业典型，组织遴选一批优秀案例和优秀成果，及时总结推广。（责任单位：省教育厅、人社厅）

（资料来源：中国福建微信公众号，2023 年 1 月 13 日）

☞ 【思考题】

1. 结合你自身情况，谈谈你最理想的就业方向选择及其原因。

2. 当前毕业生能够申请参加的基层志愿项目有哪些？请选择一个项目简要介绍优惠政策。

3. 你认为自主创业最需要的条件是什么？

☞ 【参考文献】

［1］习近平．高举中国特色社会主义伟大旗帜　为全面建设社会主义现代化国家而团结奋斗：在中国共产党第二十次全国代表大会上的报告［M］．北京：人民出版社，2022．

［2］习近平．习近平对研究生教育工作作出重要指示强调：适应党和国家事业发展需要　培养造就大批德才兼备的高层次人才［N］．人民日报，2020-07-30（1）．

［3］习近平．在全国教育大会上强调：坚持中国特色社会主义教育发展道路，培养德智体美劳全面发展的社会主义建设者和接班人［N］．人民日报，2018-09-11（1）．

［4］2023 年研究生报考人数统计［EB/OL］．［2023-01-06］．在职研究生招生信息网，https://www.eduego.com/zywenti/101384.html? utm_qudao＝wenda_baidu&utm_qita＝article．

［5］麦可思研究院．2023 年中国本科生就业报告［M］．北京：社会科学文献出版社，2023．

［6］麦可思研究院．2023 年中国高职生就业报告［M］．北京：社会科学文献出版社，2023．

［7］国家公务员局．中央机关及其直属机构 2023 年度考试录用公务员公告［EB/OL］．［2022-10-24］．中央机关及其直属机构考试录用公务员专题网站，http://bm.scs.gov.cn/pp/gkweb/core/web/ui/business/home/gkhome.html．

［8］福建省公务员局．福建省 2023 年度考试录用公务员公告［EB/OL］．［2023-01-06］．福建省公务员考试录用网，https://gwykl.fujian.gov.cn/portal/news/bulletin2023．

［9］事业单位公开招聘人员暂行规定［EB/OL］．［2017-11-10］．中华人民共和国人力资源和社会保障部，http://www.mohrss.gov.cn/．

［10］银行［EB/OL］．［2023-05-11］．百度百科，https://baike.baidu.com/item/%E9%93%B6%E8%A1%8C/392719? fr＝ge_ala．

［11］福建省 2023 年度选调生选拔工作公告［EB/OL］．［2022-11-21］．福建人才联合网，http://xds.fjrclh.com/newsdetail.asp? id＝275．

［12］福建省教育厅　福建省人力资源和社会保障厅关于做好 2023 年全省中小学幼

儿园教师公开招聘工作的通知［EB/OL］.［2023-03-13］.福建省教育厅网站，http://jyt.fujian.gov.cn/jglb/jsgzc/jszk/202306/t20230616_6188563.htm.

［13］《关于促进新时代退役军人就业创业工作的意见》［EB/OL］.［2018-08-02］.中华人民共和国退役军人事务部网站，http://www.mva.gov.cn/fuwu/xxfw/jyfw/201905/t20190529_29683.html.

［14］大学生应征入伍政策［EB/OL］.［2023-09-15］.全国征兵网，https://www.gfbzb.gov.cn/.

［15］关于印发《2022—2023年度大学生志愿服务西部计划实施方案》的通知（中青联发〔2022〕2号）［EB/OL］.［2022-04-12］.中国共青团网，https://www.gqt.org.cn/xxgk/tngz_gfxwj/gfxwj/202210/t20221012_790003.htm.

［16］福建省2023年省级"三支一扶"计划招募公告［EB/OL］.［2023-05-09］.福建省毕业生就业创业公共服务网，https://220.160.52.58/fjbys/szyftzgg/20230509/29982.html.

［17］2023年福建省大学生志愿服务欠发达地区计划实施方案（闽大学生志愿办〔2023〕4号）［EB/OL］.［2023-04-23］.福建省毕业生就业创业公共服务网，https://220.160.52.58/fjbys/fwtzgg/20230423/29900.html.

［18］福建省民政厅等五部门关于组织实施2023年高校毕业生服务社区计划的通知［EB/OL］.［2023-04-12］.福建省民政厅网站，http://mzt.fujian.gov.cn/gk/tzgg/202304/t20230412_6148042.htm.

［19］福建省进一步支持大学生创新创业若干措施［EB/OL］.［2023-01-04］.福建省人民政府网站，http://www.fujian.gov.cn/zwgk/ztzl/tjzfznzb/zcwj/fj/202301/t20230 118_6095943.htm.

［20］国务院办公厅关于进一步做好高校毕业生等青年就业创业工作的通知［EB/OL］.［2022-05-13］.中国政府网，https://www.gov.cn/zhengce/zhengceku/2022-05-13/content_5690111.htm.

第四章 就业过程指导

小事小节是一面镜子，能够反映人品，反映作风。小事小节中有党性，有原则，有人格。

——习近平

求职择业是毕业生踏上社会的第一次选择。求职过程中，虽然最重要的是大学生自身的素质和技能，但求职活动是否准备充分、求职技巧是否运用得当，也是不可忽视的一个重要方面。"工欲善其事，必先利其器。"因此，在求职活动中，大学毕业生要根据自身的素质、特点、客观条件和就业期望等，选择适合自己的求职方法，在求职活动中精心准备，巧妙运用各种条件，从而提高求职成功率，一击即中。

要注重高校毕业生就业工作，统筹做好毕业、招聘、考录等相关工作，让他们顺利毕业、尽早就业。

——2020年2月，习近平总书记在统筹推进新冠肺炎疫情防控和经济社会发展工作部署会上强调

第一节 求职信息搜集与处理

一、求职信息搜集途径

（一）网络媒体

互联网是毕业生在信息时代搜集信息的一种高效、快捷、便利的途径，而且随着人才市场化、信息化运作的进程不断加快，网络的普及程度越来越高，网上求职、网上招聘已经成为一种时尚。目前，几乎所有的省、市政府和高校都建立起了毕业生就业信息网站，毕业生可以从中查询到职业需求信息，又可以将个人求职信息诸如专业、特长、个人情况、在校的学习成绩与毕业成绩等输入网络系统，供用人单位在招聘时参考选择。

（二）校内人才市场应聘

由学校就业指导中心或相关组织发布信息，或组织"双向选择会"，由此形成校内人才市场。由于帮助大学毕业生顺利就业是学校就业指导中心的工作，学校就业指导中心发布的信息已经过多方的了解与搜集，在信息的可靠性与质量上一般可以保证，这是大学生首先应充分利用的就业信息。但是，这是每个大学生都可以获得的信息，自己的首选也可能是他人的首选，毕竟，好单位和好岗位竞争往往都比较激烈。

（三）校外人才市场或人才交流会应聘

这一般是行政组织或单位联合组织举办的活动，目的是使用人单位与大学生得以双向选择，供需见面。这类活动招聘单位多，地区广，专业齐全。大学生不仅可以直接获得许多招聘信息，还因为供需见面，可以抓住时机，果断决策，甚至签订协议。去校外人才交流会不只是为了寻找职位空缺，还可以调查公司的情况、发现招聘人员特点、练习面试技能以及练习与人交流的技能等。

（四）社会实习、实践活动

大学生寒暑期的社会实践活动单位、毕业实习单位等一般都是专业对口单位。在这个过程中，毕业生不仅能使自己所学的知识直接用于管理、生产或其他社会服务，还可以更为直接地了解服务单位的用工情况。同时，用人单位对自己也有了一定的了解，假如单位中意你而你又积极主动，应该说这是一个绝好的机会。每年毕业生通过这种渠道就业的也不少。

（五）熟人介绍求职

熟人包括亲戚、朋友、同学、老师等。他们提供的信息往往是独有的，可能是其他同学不能获得的。因为是熟人，他们提供的信息大都为了帮助你，一般也是可信的、具体的，但是其信息量小，没有比较、挑选的余地。

（六）电话、求职信或登门拜访

到用人单位了解招聘信息，是最直接、最准确、最及时也是最有效的方法，毕业生应该主动争取。但需要注意的是，在登门拜访时不要让自己的父母、同学陪同前往，因为有家长、同学陪同，会给用人单位留下求职者不成熟、依赖性强的印象。

（七）传统媒体

传统媒体是相对于近几年新兴的网络媒体而言的传统的大众传播方式，即通过某种载体定期向社会公众发布信息或提供教育娱乐平台的媒体，主要包括报刊、户外广告、广播、电视和自媒体以外的网络等传统意义上的媒体。

报纸杂志可提供大量招聘信息，如《中国大学生就业》《就业时报》《中国教育报》的《招生考试就业》专版等。有些高校利用校报或专门印制《就业指导报》等发布有关就业信息。另外，新闻媒体发布的一些工程项目信息，也隐含着大量职业供给信息。

（八）职业介绍所求职

职业介绍所以中介服务机构组织的面貌出现。一般情况下，这些中介机构是经过当地政府人事部门或其他有关部门批准，专门从事职业中介服务的机构。其业务是搜集、整理、储存和发布人才供需信息，开展职业介绍。当然这类职业介绍所面向全社会，并不是针对大学生，而且是有偿服务，因此必须对有关信息进行甄别、筛选。

二、如何甄别网络求职信息的真实性

（一）看发布招聘信息网站的权威性

选择权威、靠谱、大型一点的招聘平台和组织，比如学校的就业网站、政府相关求职网站、在工信部门登记的一些招聘网站。这些平台有监管部门，也有一定的信息审核机制，相对来说更可信赖一些。

（二）看招聘企业的资质真实与否

除了一些大型知名企业，对于一些没有听说过的企业，需要查看企业的资质是否真实。可以在国家企业信用信息公示系统查询公司是否真实存在，是否存在经营异常、违法失信行为。也可以通过天眼查、企查查等软件查一查，输入公司名，看看显示的信息和招聘信息是否一致。最基本的信息，比如公司地点、行业、注册资本，如果对得上，那就能证明公司是真的存在的。注意：一定要输入公司全称，一定要注意 ICP 备案号的真实性。ICP（Internet content provider），即网络内容提供商，可以理解为向广大用户提供互联网信息业务和增值业务的电信运营商，是经国家主管部门批准的正式运营企业或部门。还可以查看企业是否有官网，如有，看官网是否有发布招聘信息。可以拨打企业联系电话，核实招聘信息。另外，常有一些冒充大型企事业单位发布的虚假信息，这类信息多以国字号或者重要地名开头。

（三）看招聘联系方式真实与否

一般企业都有以其域名命名的招聘邮箱，如不是，需要注意 126 等域名的邮箱，虚假招聘信息常用这种域名邮箱。而且要注意联系电话与企业地址是否相匹配。

（四）看招聘内容特别是岗位描述的真实性

有些虚假招聘的岗位职责内容非常含糊、不具体，让人看不懂到底要做些什么工作；而且动不动就用到"急聘""高薪"这样的文字，任职门槛又非常低，比如不限专业、不限学历或者学历要求很低，年龄范围很广，或者只要有手机或者电脑就可以做，还可以在家里做，这样的信息也需要多加小心。另外，一些公司常常把想招的岗位用其他岗位进行替代，以吸引更多的求职者，如招聘"客服"可能说成是招聘"行政文员"，招聘"销售"可能说成是招聘招聘"内勤"。这样的招聘信息往往只是吸引求职者眼球，因企业急缺这种岗位人才，而往往难以招聘到，故出此招。

（五）看薪酬待遇与岗位、企业和企业所在城市普遍情况是否相匹配

如果一个企业比同行业企业的薪资高出很多倍，或者明显超过市场平均值，并且该企业并非知名企业，那么大家也不要轻易地投递简历，因为没有什么工作是可以轻松拿高薪的。福利好，待遇高，门槛低，公司不知名，骗人的可能性特别大。

（六）看求职流程是否属实

求职流程在求职过程中很重要。正规公司一般会在招聘信息中同时发布招聘流程，但一些虚假信息要么不同时发布招聘流程，要么就是招聘流程看起来很正规，但实际上漏洞百出。比如，对于要求求职者携带必备生活用品到某某地方去进行面试、实习之类

的，一定要提高警惕。

（七）实地考察

实地考察是最有效的甄别方式。条件允许的情况下，建议一定要去用人单位所在地实地考察一下；如果是在比较偏远的地点，或者居民楼等一些不太适合办公的地方，也要尽量避免上当受骗。另外，用人单位非常热情，要派专车接送的也不要相信，我们只是应届毕业生，没有什么资本让用人单位如此看重。

（八）了解企业的口碑、业内评价

可以多多利用网络或人脉，去查找和打听企业的相关信息，了解企业的口碑、业内评价。比如可以通过百度搜索关键词来查询了解公司的评价情况，例如，在百度搜索框输入公司名称加"骗子"两个字，如果招聘公司有负面评价，就会显示出来。

总之，处处留心，便能最大可能地规避求职过程中的风险。

三、求职信息的处理

多收集招聘信息→列表整理→有效排序→了解重点单位→向意向单位发送个人资料→询问结果→避开陷阱，提高竞争力。

（一）多一条信息，多一次机会

尽可能通过多种渠道收集与自己专业相关的招聘信息。就信息范围而言，不能局限于"热门"单位和周边较近的地区，这样会大大降低就业的成功率。同时，注意信息的时效性，一定要收集最新的信息，淘汰过时信息，为此应注意信息发布的时间及有效时限。即使已经进行了面试，还要继续收集，直到与招聘单位签订就业协议。一般来说，协议具有法律效应，协议双方都应遵从。有的应聘者即使在签订协议后仍在继续收集招聘信息，希望找到更理想的单位，因而出现违反协议做出经济赔偿的情况，这也应引起我们注意。

（二）列表整理，掌握重点

一些招聘单位利用不同渠道发布招聘信息，我们也可能从不同渠道获得同样的信息，应在广泛收集的基础上剔除重复性的信息，以免重复劳动，花费不必要的精力。可以将收集到的所有就业信息进行比较，初步筛选之后，把重点信息选出，标明并注意留存，一般信息则仅做参考。

（三）有效排序，有所取舍

将招聘单位排序的作用是调配自己的力量，选择适合自己的就业信息。最感兴趣的单位和最有成功可能的单位是自己应花较多精力和时间去积极争取的；在招聘活动有冲突时，可以有所取舍。

（四）深入了解，便于沟通

深入了解重点单位的性质、地点、招聘岗位职责和负责人姓名、职务、特点。这种了解很重要，可以使自己的介绍更具针对性，使对方感觉你正是他们所需要的人才；而且，了解负责人姓名和职务后，在称呼对方时便可更显尊重、亲切，了解接待者的特点，也便于顺利沟通。

（五）有针对性地发送个人资料

对所有感兴趣的单位发送简历和求职信，但是求职信必须具有针对性，不能千篇一律。发信时应做记录，以免重复发信或忘记及时询问结果。因为这样会使招聘单位感到你不重视，从而失去被接纳的机会。

（六）用合适的方式及时询问结果

根据招聘单位要求，采用电话、电子邮件、信件或亲自登门询问的方式，在其规定时间内及时询问结果。

（七）避开陷阱，提高竞争力

要注意仔细考察那些把工资待遇说得很高的、工作条件说得很好的招聘单位，或要求你先缴纳中介费、保证金的单位，或急于签订就业协议的单位，警惕求职陷阱。同时，还要根据职业信息的要求及时调整自己的知识、技能结构，提高自己的工作能力，弥补原来的不足，最终提高自己的竞争力。

总之，一个毕业生是否会搜集、利用就业信息，在其择业过程中会起到重要的作用。搜集的就业信息越多，就业机会就越多。信息处理得好，就能事半功倍。毕业生求职的成功与否，就业的质量如何，个人的素质和能力是决定性的因素。但在人生前途选择的重要关口，发现和挖掘机遇、把握机会、牢牢抓住择业最佳时机等都是顺利就业的关键所在。在这个发展迅速的社会，任何事都可以创新，搜集和处理信息的方法也不是一成不变的，"没有最好，只有更好"。只要充分认识到就业信息的重要性，在认真掌握以上方法的基础上，勤奋努力，就一定能创造性地走出一条属于自己的成功之路。

四、就业求职陷阱及对策

毕业生求职陷阱是指违法人员或犯罪分子利用毕业生求职心切而采用非法手段，侵害毕业生财产权益和人身权益的非法活动。毕业生求职陷阱通常表现为骗取毕业生的财物、个人信息、低廉或者免费的劳动甚至侵害毕业生人身自由或者其他人身权益等。

（一）收费陷阱

不法分子往往利用毕业生急切的求职心态，以各种理由收取费用，进行诈骗，包括培训费、服装费、风险押金等。比如，以新人培训后才能上岗、培训时需缴纳相关费用等为借口，骗取毕业生的财物，培训后再以不合格为借口辞退。

对策：遭遇上述情况的，可以向当地人力资源和社会保障行政部门进行举报。此外，公务员、事业单位的考试一定要到政府官网上进行报名，切莫通过其他网络入口。

☞ 【推荐阅读】

按照《劳动合同法》规定，用人单位不得以任何名义向求职者收取体检费、押金、报名费、手续费、存档费、服装费和保证金等费用。入职体检通常都是要求求职者自行到二甲以上医院进行，正规单位不会代收体检费用。

☞【案例阅读】

长春市某大学计算机专业学生张某从 10 月中旬起已投出了 60 多份简历，均石沉大海。11 月 20 日，张同学打开自己的邮箱，发现了一封来自广东省粤海电子科技有限公司的回信，信的大概意思是：企业看到她的个人简历之后十分满意，已决定录用她，并为她建立了个人档案，2006 年毕业之后，即可到该公司上班，工资待遇每月 3000 元。为了避免张同学进行多项选择，公司决定先向她收取 200 元的抵押金，并附上了公司的账号。"当时我真的太高兴了，就像看到了曙光，我一直就想到南方发展。看到要求交抵押金时，我确实犹豫了，但是转念又一想，不能因为 200 元钱而失去这么好的机会啊，所以第二天我就把钱汇过去了。当我在 23 日打那个公司的电话询问钱是否到账时，发现所有的电话不是关机就是占线。直到现在，我也没有联系到这家公司。"张同学说。

（资料来源：陇桥就业微信公众号，2020 年 2 月 24 日）

（二）培训贷陷阱

"培训贷"是指某些培训机构将高薪就业作为诱饵，向求职人员承诺培训后包就业，但须向指定借贷机构贷款支付培训费用。然而，培训结束后，该机构并不会兑现承诺，求职者还会因此欠下一大笔债务。

对策：要增强辨别和防范意识，参加培训前一要看培训机构是否具备培训资质，二要看经营范围是否包含培训内容，三要看承诺薪资是否与社会同等岗位条件薪资水平大体一致。同时，要注意保留足够的材料，一旦发现被骗，请立即向有关部门报案。

☞【案例阅读】

大学毕业后待业了半年之久的李玉怎么也没想到，自己第一份"从天而降的工作"，结局却是苦涩收场，一地鸡毛。

李玉向媒体讲述，今年 3 月，她接到一个陌生来电，对方表示其为一家网络科技公司，总部设在北京，在山西太原新成立了分公司。他们从招聘软件上看到李玉的求职信息，邀请她参加公司的实习生招聘面试。

由于这家公司"不仅不需要项目经验、工作经验，甚至不要求专业，只要感兴趣就可以入职"，当时尚无工作的李玉便欣然前往。"试岗"之后，李玉接受了对方开出的"实习工资每月两千，转正至少五千"的条件，签订了一份"实训协议"，正式"入职"该公司。

据该"实训协议"内容信息，"甲方是一家互联网软件产品开发和外包服务的科技企业，业务发展需要招聘培养软件技术方向实习生进行技能人才储备"。但引起记者注意的是，所谓的"实习工资"在这里也变成了"生活补贴"，为每月 2000 元，总计发放 3 个月，共 6000 元。

在该"实训协议"中，公司承诺为实习生"提供正式的工作机会"，"薪资在5000～12000 元之间"。这一承诺对李玉这样急于获得工作机会的毕业生而言，自然极具吸引力。但所谓的"实习实训"并非免费，协议中规定，"人才培养费用共计 24800 元"，需要乙方支付。

与李玉同期进入公司的林希向媒体讲述了贷款经过。"他们让我提供银行卡，实际是用来在某金融应用上办理贷款。"林希说，"公司的工作人员在旁边指导我办理申请，里面有很多合同都没来得及看，对方直接让我略过，整个贷款流程几分钟就办完了。"

林希出示给记者的借款合同长达 15 页，其中显示，这笔贷款实质上属于消费贷款，贷款用途为"其他消费贷款"，本金 2 万余元，还款分期为 2 年共 20 余期，年利率 7.5%。收款方则是某教育公司。

至于还款，林希表示，"人事说转正之后工资至少 5000 元，分期还款可以从工资里扣除"。这笔贷款债务就此绑在林希等人身上。

之后，上述收款方某教育公司也很快步入几人视线。

同期参与"实习实训"的梁安妮告诉记者，办完手续后，"原公司安排我们到河北石家庄参加培训，负责培训的公司就是这家教育公司"。

根据培训参与者的描述，教学质量和环境并不理想。李玉说："培训的质量太差，大家很快就有了离职的打算，不到一周的时间，都纷纷选择了离职。"

上述几人最终选择了与公司"和解"。受访者提供的双方退费协议显示，几人最后分别实际缴纳了 3000～5000 元不等的费用。公司承诺为他们取消分期的贷款手续，之前的"实习实训"协议作废。

（资料来源：共青团中央微信公众号，2023 年 7 月 21 日）

（三）传销陷阱

传销是国家明令禁止的违法行为，特征是发展"下线"，通过骗取他人加入，缴纳各种形式费用来牟取钱财。有些非法的传销机构，披着合法的公司外衣，打着对外招聘的幌子，要求职者上岗后先购买公司的产品或者缴纳入会费，再进行销售。

对策：要了解国家禁止传销的有关法律法规，掌握识别传销的基本方法；自觉抵制各种诱惑，坚信"天上不会掉馅饼"，树立勤劳致富、拒绝传销的防范意识。如果遭遇传销公司，不要轻信传销者的发财梦而被洗脑，也不要因为自己受骗上当再想办法去骗别人；若被传销公司限制人身自由，要保持冷静，利用一切办法与外界取得联系，发出求救信号，同时想办法尽快脱身并报警。

☞ 【案例阅读】

一家自称某电信服务代理商的公司，在网络招聘平台广泛发布招聘信息。该公司对所有应聘者一概录用，并要求应聘者入职时办理每月 159 元、押金 1440 元、合约期为 24 个月的 5G 员工卡通信套餐，应聘者唯一的工作就是每月招聘不少于 10 名新人，以此不断发展"下线"。

此案造成很多人员被骗，有的受害者甚至深陷其中，在该公司被打击处理后依然不认为自己已落入骗局并从事了违法活动。

对此，有关部门向受害者讲解国家禁止及打击传销活动的法律规定，剖析传销陷阱及其严重危害，让受害者认识到传销活动无论包装成什么样子、变换成什么形式，都改变不了其违法犯罪的实质。

（资料来源：福州人社微信公众号，2023年6月11日）

（四）扣留证件陷阱

《劳动合同法》规定："用人单位招用劳动者，不得扣押劳动者的居民身份证和其他证件，不得要求劳动者提供担保或者以其他名义向劳动者收取财物。"而在现实中却普遍存在一些用人单位扣留毕业生证件的情况，理由是防止求职者干一段时间就跳槽。无论用人单位给出何种理由，这种行为都是违法的。

对策：任何单位和个人都没有权力扣留他人证件原件，证件只用于招聘企业核实求职者身份和成绩，正规企业是没有必要保留原件的。所以，去面试的时候，最好只带上证件的复印件，若招聘企业要求带原件，给招聘单位展示之后一定要拿回来。需要提供证件复印或者影印件的，要在合适位置注明具体用途。

☞ 【案例阅读一】

翁女士今年5月面试了福建某公司，入职的时候，公司以"办理入职手续和社保"为由，扣押了她的一些证件材料的原件，其中包括翁女士本人的注册造价工程师资格证、二级建造师资格证、中级工程师证、毕业证等。但是，入职不到一星期，翁女士便通过同事了解到，这家公司的效益很差，经常拖欠工资，于是就不打算继续工作下去，要求公司把自己的证件还回来，但该公司却一直不肯归还，除非翁女士能提交5000元"违约金"。

（资料来源：厦门湖里派出所微信公众号，2019年2月18日）

☞ 【案例阅读二】

不久前，张女士成功面试了一家电子商务公司，在咨询入职手续办理细节时，被告知须上交毕业证原件。张女士询问上交的具体用途，公司工作人员称要查验其信息，且毕业证要一直在老板那里保管，直到张女士离职时才予以归还。由于对这一要求存疑，张女士最终拒绝了该公司的职位。

（资料来源：广东共青团微信公众号，2023年7月21日）

（五）中介陷阱

非法中介机构虚构用人单位或与不良用人单位私底下合作，先用"包推荐上岗"或"高薪招工"引求职者上钩，收取报名费、推荐费、体检费等费用，要么迟迟不给推荐，不了了之，要么勉强推荐上岗后又以种种借口解聘求职者。

对策：需通过正规的人力资源服务机构、招聘网站进行求职。正规的人力资源服务机构应具有营业执照、人力资源服务许可证、固定的工作场所、年报公示情况（可通过各级人社部门门户网查询）等，切忌因贪图高薪、省事而忽略了对人力资源服务机构的了解。

☞ **【案例阅读】**

求职者小周大学毕业后急于寻找一份满意的工作。经人介绍，在网上与 A 中介机构建立了联系。A 机构称缴纳 6.5 万元中介费便可安排小周去 B 集团做销售，月薪 2 万元，提成另算。小周在 A 机构的网页上没有看到其人力资源服务许可证及相关信息，当他询问情况时，A 机构搪塞说许可证正在办理中，肯定都是没问题的。碍于朋友情面，小周便没有再深究，很快与 A 机构签署了服务协议并支付了中介费。随后，A 机构告知小周，B 集团因故不招人了，安排小周去另一家 C 公司工作。小周入职 C 公司后，发现工资仅有 4000 元，日常工作压力非常大，还不给自己缴纳社保，与当初介绍的情况完全不一样。当小周想请 A 机构再介绍一份工作或退还中介费时，却发现已经联系不上该机构了。

（资料来源：日照人社微信公众号，2023 年 6 月 11 日）

（六）实习、试用期陷阱

试用期的人员与正式人员的工资、福利待遇都有很大差别，往往低很多。一些不法用人单位正是为了降低用人成本，减少赔付成本，以滥用试用期为手段，规避法律，侵害毕业生的合法财产权益。有的用人单位超过法定上限约定长时间试用期，或重复约定试用期。有的以试用期为由，支付的工资低于当地最低工资标准，或不缴纳社会保险。有的让毕业生先顶岗实习，并提出岗位急需用人，要求最好提前一年上岗实习，承诺实习期满考核合格者留用；但在学生实习一年后，以各种理由辞退毕业生；其实是为了长时间使用无偿或廉价的劳动力，"假试用，真使用"。

对策：按照规定，任何单位和企业的实习试用员工，公司都应对其支付薪资；试用期期间，应缴纳社保，工资水平不低于单位相同岗位最低档工资或不低于劳动合同约定工资的 80%，并不低于当地最低工资标准。大学生在求职时一定要仔细阅读劳动合同，尤其是关于劳动报酬、工作内容、合同期限和社会保障等方面的细节。

同时，要注意就业协议书不能代替劳动合同，单凭就业协议书，学生正式报到就业后的劳动权利无法得到保障。所以，找工作时要特别注意企业是否准备劳动合同，避免利益受损。

☞ **【推荐阅读】**

《劳动合同法》第十九条规定：劳动合同期限三个月以上不满一年的，试用期不得超过一个月；劳动合同期限一年以上不满三年的，试用期不得超过两个月；三年以上固定期限劳动合同和无固定期限的劳动合同，试用期不得超过六个月。试用期包括在劳动合同的期限中，同一用人单位与同一劳动者只能约定一次试用期。

☞ 【案例阅读】

　　小茹刚拿到毕业证没两天，就接到一家公司的入职邀请函，让其到公司面谈。公司在向小茹介绍其规模、业绩、发展前景、工资和福利如何好之后，说可以签无固定期限的劳动合同，这让小茹心动了。在签劳动合同时，公司又提出必须先试用9个月。

　　小茹心想只要将来工作稳定，试用期长点无所谓。谁知9个月的试用期快满时，小茹被辞退，原因是她不符合录用条件。后来，小茹了解到，近两年有十几名大学毕业生在该公司都有如此遭遇。

（资料来源：西城人社微信公众号，2023年7月19日）

（七）盗窃作品陷阱

　　由于聘请专家或者专业人才的费用较高，有些设计公司或者营销公司为了节约成本，通过大规模招聘的方式来获取好的创意或者方案。这类招聘往往要求应聘者做案例，进行创意反馈。由于这些公司并无实际岗位，求职者会因此失去了别的工作机会。

　　对策：求职者事先要和公司约定好策划或者创意的劳动版权问题，声明自己的创意或者策划不得随意使用。同时，一定要留心，创作完的任何作品，在提交时都要写上自己的姓名和日期，如果还不放心可以拍照留存以防公司"骗才"。

☞ 【案例阅读】

　　小张是广告设计专业毕业生，一天在报纸上看到某广告公司招聘广告设计师的信息，于是按上面提出的要求精心设计了几份广告创意，连同简历一起寄到该公司，但没有音讯。一个月后，小张突然在一本杂志上看到了自己的广告创意，而署名作者却是那家公司，小张这才意识到自己的创意遭到了剽窃。

（资料来源：吴秀娟，钟莹，郑栋之. 新编大学生就业指导［M］. 上海：上海交通大学出版社，2018）

（八）招聘陷阱

　　有的不法分子以公司招聘的名义通知毕业生前往某偏僻之处面试，再以公司位置偏僻为由主动派车接送，在偏僻处抢夺毕业生财物或者进行其他暴力犯罪活动。或者面试地点定在酒店大厅、餐厅、茶馆等公共场所，没有固定办公场所，利用伪造的公司资质进行招聘，骗取求职者的财物等。

　　对策：面试前先问清楚面试地点，凡无固定办公场所、临时租用简陋的办公场所或是在偏僻的地方，求职者要谨慎前往，加以防范，更不要将自己的贵重物品（如手机、手提电脑等）借给"公司"使用。

（九）虚假高薪陷阱

　　用人单位为了吸引求职者，发布的招聘信息显示提供高薪，但实际的工作岗位和薪资待遇却与招聘信息明显不符。

对策：选择单位官网、微信公众号等正规渠道查看招聘信息。要清楚自身实力，不要轻易受到高薪的诱惑。上岗前要签订劳动合同，并明确岗位和薪酬。另外，招聘职位与实际工作内容明显不符的话将构成欺诈，可以向当地劳动监察部门举报。

☞ 【案例阅读】

在有些网站和社群，往往能看到许多出国务工的高薪招聘信息，这对于初入社会的年轻人来说，充满着巨大的诱惑力。而这些诱惑背后，却是一个个血淋淋的诈骗陷阱。

21 岁小伙张某，被网友以高薪工作诱骗至缅北。他不想当骗子，更不想连累家人，在数十人的围观中，被"铁网友"一刀剁掉 4 根手指。

2019 年，小名在打游戏时认识一个网友，网友以高薪客服的工作为诱饵，将小名骗进了缅北的电信诈骗窝点。诈骗集团收走了小名的身份证和手机，还逼迫他签订不平等的"合同"，要求他偿还公司 15 万元的欠款，就这样小名被迫干起了诈骗。根据小名的陈述，许多被骗过去的人会想办法逃离，但逃跑被抓回来的人都会被铐上手铐，被围着拳打脚踢。他们甚至还看到过因为逃跑被关水牢、被枪打死的。

根据凤凰卫视报道，所谓的杀猪盘、网络诈骗公司背后，是在东南亚存在了近十年、涉及数百万人的庞大博彩产业链。这些网络博彩公司，在缅甸等东南亚国家拥有所谓的"合法"经营许可，于是便利用身处境外的便利进行电信诈骗。在这个灰色产业链中，大量客服便是链条中最重要的环节之一。这也是为何在许多招聘网站和论坛上，能看到大量相关的招聘信息。这些信息一般具有两个特点：高薪、低门槛。而且他们会对这些招聘信息进行修饰，比如说是类似 IT 行业，对工作经历和学历要求不高，只要会打字就可以，等等。等求职者不远万里来到所谓的办公地点时，却发现自己走进了诈骗窝点。

不要轻信境外高薪务工等招聘话术，否则极有可能陷入不法分子的圈套，被胁迫从事电信网络诈骗等违法犯罪活动，甚至被非法拘禁、遭遇毒打。

（资料来源：广东第二师范学院就业指导中心微信公众号，2023 年 3 月 25 日）

（十）虚假兼职

虚假兼职，一般都不用求职者到办公地点，而是鼓吹只需要在家完成、到时计件算钱。用人单位通过不停地"炒"试工者的"鱿鱼"，达到免费或廉价使用劳动者的目的。

对策：不要轻信既轻松又赚钱的"好差事"（比如刷单返利），应树立正确的求职观、就业观。同时，要注意保护个人信息，不要轻易泄露银行卡、网银和支付宝密码等信息，不要随意打开陌生网址链接。

☞ 【案例阅读一】

小王工作之余想做一份兼职，其中抄写员这一岗位吸引了他：没什么要求，只要会写字就行，而且能在家办公，给出的福利待遇也很诱人。小王心动了，就领到了将某份资料抄写 50 份的任务。大概抄了半个月，小王终于完成了 50 份的抄写。当小王把抄写完的稿件送到公司时，却被说抄写太潦草，不合格，一分钱都没得到。

（资料来源：厦门湖里派出所微信公众号，2019 年 2 月 18 日）

☞ **【案例阅读二】**

伪装成正规企业的 A 公司在招聘平台发布"文员"职位招聘信息，声称"可在家办公，日结高薪，月入过万，工作轻松自由"。

求职者小赵在网上向 A 公司投递简历后，很快就被告知可以进入工作试用期了，并被要求下载一款 App 从事"刷单"工作。这项工作需要小赵在各大电商平台购买指定商品，商品大多为充值卡、网络服务等虚拟产品。小赵在购买商品后，需要通过付款截图和订单号联系公司获得收益。

起初，小赵还会得到小额收益，但当加大刷单商品金额时则被企业告知，由于系统或银行问题暂时无法返款，需要再多刷几笔订单才可集中返还收益。小赵因为想要拿回支付商品的本金并获得收益而被套取了更多钱款，最终损失达数万元。

（资料来源：福州人社微信公众号，2023 年 6 月 11 日）

（十一）虚假招聘盗取求职者信息

很多不法分子利用了求职者急于找工作的心理，骗取他们的私人信息，例如手机号、家庭住址、身份证号码、银行卡号码等，从而侵害求职者利益。

对策：求职切不可过于急于求成。求职过程中，一定要保护好个人信息，特别是家庭住址、身份证号码、银行卡号码等信息。多一分心眼，多一分警惕！

☞ **【案例阅读】**

张某是某大学的应届毕业生，某天接到一通自称某单位人事的电话，电话中，人事通过聊天的方式，套取张某的个人姓名和身份证号码，并利用此开通网络借贷账户。起初，张某并没有任何防备，等第二天手机上接到借款信息的时候，才发现问题。大吃一惊之下，迅速向派出所报了警。

现在这种骗术十分流行，有的人无意间被骗子探听到个人信息，就出现了类似的骗局。骗子获取大量个人信息，然后把信息出售或者非法提供给他人。这种情况给毕业生带来的后果，轻则是被各种电话、短信骚扰，重则是被违法犯罪分子假冒身份到银行申办信用卡，进行疯狂透支消费。

（资料来源：河北师大学工微信公众号，2023 年 3 月 31 日）

（十二）色情陷阱

对于大学生来说，找工作时一定要注意色情陷阱：企业谎称的月薪过万的"男女公关"，实际的工作内容极有可能就是从事性服务，所谓的月薪过万无非就是从事性服务时客人给的小费。

对策：当遇到这种情况时，一定要提高警惕，发现情况不对就赶紧辞职离开，以免深陷其中。

☞ 【案例阅读】

　　A 公司通过某网络招聘平台发布"高薪招聘客房服务员"的信息，且明确"欢迎 26 岁以下，身心健康，能自由支配时间，面临各种困难、需要高收入的佳丽应聘"。青春靓丽的女孩小丽应聘后，被 A 公司负责招聘的人员约至某酒店客房进行"面试"。没什么求职经验的小丽虽感觉面试地点及方式有些奇怪，但还是经不住优厚条件的诱惑去参加了面试。

　　面试中，A 公司招聘人员隐晦地说，"我们这边是招高薪岗位，美女应该清楚是做什么吧"，并提出了"每月 5 万至 10 万元起薪，包吃住、日结工资"等具有相当吸引力的"福利待遇"，还不断打听"是否已婚""有没有交男朋友"等个人隐私信息。此时，小丽才意识到这份工作"不简单"，于是找借口及时离开，避免遭受侵害。

（资料来源：福州人社微信公众号，2023 年 6 月 11 日）

总之，在求职前或求职过程中，应主动学习《劳动法》等相关法律法规，提高自己的求职素质和独立思考的能力，把握底线，切莫急于求成、急功近利。遭受侵害时，要充分利用法律武器。最关键的是要提高自身的防范能力：

1. 从招聘广告开始防范风险。

2. 验证用人单位相关资质。"四看"：看公司规模，看营业执照，在企业信用网上看企业是否存在违规经营及经营异常记录，看合同。

3. 在应聘过程中防范风险：保护个人隐私，保存好招聘信息、录用通知书、就业协议等证据。

4. 谨慎对待收费体检和外地上岗。

5. 权益受到侵害时及时举报。

☞ 【推荐阅读】

警惕！这 6 个招聘陷阱，找工作时千万注意

一、警惕"黑中介"

"黑中介"是指某些非法机构以介绍工作为名，向求职者变相收取各种名目费用。求职者要核实中介机构营业执照的经营范围是否包括职业介绍业务，是否具备人力资源服务许可证。

二、警惕"假兼职"

"假兼职"是指某些诈骗人员打着"高薪兼职""点击鼠标就赚钱""刷单返现"等幌子进行金融诈骗。求职者不要轻信既轻松又赚钱的"好差事"，应树立正确的求职观、就业观。同时，要注意保护个人信息，不要轻易泄露银行卡、网银和支付宝密码等信息，不要随意打开陌生网址链接。

三、警惕"乱收费"

"乱收费"是指用人单位或者中介机构以工作为名收取报名费、服装费、体检费、培训费、押金、岗位稳定金、资料审核费等费用。

求职者谨记，应聘工作本身并不需要任何费用，对于将先交报名费、培训费等作为条件的招聘面试都要谨慎对待。入职体检通常都是要求求职者自行到二甲以上医院进行，正规单位不会代收体检费用。

四、警惕"扣证件"

"扣证件"是指用人单位或中介机构借保管或经办社会保险、申办工资卡等业务名义，扣押求职者身份证、毕业证、学位证等个人证件原件。

任何单位和个人都没有权力扣留他人证件原件，求职者不要将证件原件交付他人，如有需要，仅向有关人员出示即可。需要提供证件复印或者影印件的，要在合适位置注明具体用途。

五、警惕"培训贷"

"培训贷"是指某些培训机构将高薪就业作为诱饵，向求职人员承诺培训后包就业，但须向指定借贷机构贷款支付培训费用。求职者要增强辨别和防范意识，参加培训前要注意以下几点：

（一）要看培训机构是否具备培训资质。

（二）要看经营范围是否包含培训内容。

（三）要看承诺薪资是否与社会同等岗位条件薪资水平大体一致。

（四）要注意保留足够的材料，一旦发现被骗，请立即向有关部门报案。

六、警惕非法传销

非法传销是指组织者或经营者通过发展人员，要求其缴纳费用或者以购买商品等方式，取得加入或发展他人的资格，牟取非法利益的行为。

求职者要了解国家有关禁止传销的法规规定，掌握识别传销的基本方法，自觉抵制各种诱惑。

（资料来源：央视新闻微信公众号，2023 年 2 月 10 日）

第二节　求职材料的准备

目前的就业市场竞争激烈，强手如云，大学生想要在就业竞争中处于有利地位，除了自身条件要优秀外，还需要具备一定的求职策略和技巧。求职材料是广大毕业生和单位取得联系，"投石问路"的最常用的办法之一。在求职择业过程中，求职材料有着举足轻重的作用，推荐、面试、录用都离不开它，求职材料的好坏直接影响就业能否成功。因此，制作一份具有说服力、吸引用人单位的求职材料是求职前的必要准备。

求职材料主要包括推荐材料、求职信和简历等。

一、推荐材料

（一）就业推荐表

就业推荐表是由学校毕业生就业指导服务中心统一印制的，是学校向用人单位推荐毕业生的书面材料，主要包括基本情况、在校从事社会工作情况及个人特长、在校奖惩、综合素质评价、学校推荐意见等信息。

就业推荐表填写的注意事项如下：

1. 认真填写，不能涂改

就业推荐表具有代表校方的作用，有关部门加盖了公章。因此，填表的时候一定要细心、认真。个人信息、院系推荐意见等部分，一旦有涂改的地方，就可能引起用人单位的误解。因此，发现错误时，应当换一张重新填写。

2. 叙述自己的突出优势

自己具有的一些突出优势可以在相应的栏里展示，比如发表的重要作品、突出的外语能力或工作经历等。

3. 保证推荐表的唯一可信性

推荐表的原件不可仿制，更不可谎称遗失而重新补办。这样做会影响学校的声誉从而造成不良影响。毕业生在"双向选择"的过程中可以使用推荐表的复印件进行"自我推销"。只有与用人单位签订协议时，才可向用人单位或人事主管部门交出推荐表的原件。因此，一定要保管好推荐表。

就业推荐表是毕业生和用人单位达成意向后，毕业生在签订就业协议前递交给用人单位的一份正式文件，用人单位应该妥善保存。毕业生如果因种种原因和用人单位解除了录用关系，应该索回就业推荐表，以便与下一个单位签约；遗失后要及时到学校就业主管部门补办手续，以免耽误求职。（毕业生就业推荐表范例详见附录。）

（二）推荐信

推荐信是一个人为推荐另一个人去接受某个职位或参与某项工作而写的信件，是一种应用写作文体。特定含义下指本科生或硕士研究生到其他（一般是国外）大学研究生院攻读硕士或博士学位时，请老师所写的推荐信。推荐者最好是在学生所选择的专业领域内的、有一定社会影响力的专家、学者。如果没有，也没有关系，也可以请任课老师、辅导员等人撰写推荐信。

1. 写作要素

（1）推荐人的身份，在何种身份下认识该申请人，认识多长时间或何时认识该申请人，曾在何课程上教过该申请人。

（2）申请人的表现、学习能力、论文情况、成绩、全班人数和该申请人排名。

（3）申请人的工作能力、领导能力和团队合作能力等。

（4）申请人的英语水平。

（5）申请人是否适合该课程和在该校学习。

2. 写作结构

（1）第一部分：推荐人与申请人的关系。推荐人在什么环境下认识申请人，以及相识多久。

（2）第二部分：推荐人对申请人的资格评估。推荐人初识申请人时，对他有何特别的印象。举例证实推荐人对于申请人的评估结果。

（3）第三部分：对于申请人个人特质的评估（如沟通能力、成熟度、抱负、领导能力、团队工作能力等），或是有哪些需要改进的地方。

（4）结论：推荐人对于申请人的整体评估。评估申请人完成学业以后，未来在个人和专业上的发展；评估申请人会为团队带来什么贡献。

☞ **【推荐阅读】**

推荐信（范例一）

尊敬的院校领导：

您好，我是×××大学的×××教授。我很高兴向您推荐我的学生×××，并且相信她能够出色地完成在贵校硕士课程的学习。

我是×××同学本科期间班主任，并在×××课程中教授过该学生。从大一至大三，我见证了×××在学习、科研、实践等方面取得的进步。该生从大一期间就进入实验室参与科研项目，并在本科期间发表论文，其科研能力、实验操作能力都比较出色。且该生对待学习态度端正，成绩位于专业第一；在×××的学习中，在时间紧任务重的情况下，熟记100余种植物拉丁学名，取得年级最高分98分，具有强大的学习能力，已顺利通过英语四、六级。该同学积极参加社会实践，曾担任学习部副部长、班级学习委员。在我教授×××的过程中，该生积极与我沟通有关学习的任务，合理安排好外出实习时间，可见该生具有较强的工作协调能力，对班级负责上心，在本课程作业完成、课程考试方面均有出色表现。在与同学的相处中，该生乐于助人，待人和善，遇事沉着，细心规划。

鉴于该生具有较大的发展潜力和较好的培养前途，且有进一步深造的强烈要求，本人向贵校强烈推荐该同学，希望该同学能有机会到贵校继续深造，将来成为对国家有用的人才。

推荐人：×××

××年××月××日

（资料来源：保研轻询微信公众号，2023 年 2 月 18 日）

推荐信（范例二）

尊敬的领导：

您好！首先感谢您在百忙之中抽出时间来阅读我学生××的推荐信！这对一个即将迈出校门的学子而言，将是一份莫大的鼓励。

该学生是××大学的一名应届毕业生，专业是信息工程。我是××同学第四学年的班主任，并在大二下学期担任了他专业基础课信号与系统课程实验的指导老师。

该学生在大学期间，在各方面都能严格要求自己，积极要求上进。他学习踏实努力，在班级 50 名的学生中，一直保持前 5 名的好成绩，在学年 250 人中，也总是能排在学年前 30 名，与学校三等奖学金有着不解之缘。他熟练掌握 C 语言、Dreamweaver 等专业软件的操作方法，在实验课程中动手能力强。英语成绩优秀，在大学期间通过了英语四级（606 分）和英语六级（577 分）。

进行专业学习的同时，该学生还注重课外知识的积累。他爱好文学，并且选修了多门经济学课程，如西方经济学、投资学、工程经济学等。在工程经济学课程中，他组织了一次高校奶茶店联盟的校园创业设计活动，获得老师和同学们的一致好评。

在完成学业任务的情况下，该学生还积极参加社会实践和课外兼职实习。曾经担任过××公司的校园推广代理、××计算机培训机构的宣传员，参加过××通信公司的暑期实习，并且在学校教务处担任教师助理，有较强的工作能力和处事能力。

与此同时，该学生一直积极努力地提高自己的政治思想觉悟。他参加了多期学校的党课培训，并且已经通过学校的考核成为一名预备党员。该学生人品端正，有爱心，责任心强，能明辨善恶是非。在个性上沉稳踏实，勤奋努力，在平时的学习生活中为人谦虚，尊师敬长，团结同学，具有很强的团队合作能力和很好的服务精神。

总之，我愿意推荐××同学到贵单位工作。同时，我也相信他能胜任以后的工作岗位！感谢您对这位申请人做慎重的考虑。

推荐人：×××

××年××月××日

（资料来源：快提升学习资料微信公众号，2020 年 8 月 10 日）

二、求职信

求职信是求职者写给用人单位的信，目的是让对方了解自己、相信自己、录用自己，它是一种私人对公并有求于公的信函。求职信的格式有一定的要求，内容要求简练、明确，切忌模糊、笼统、面面俱到。

（一）求职信内容

1. 标题

求职信的标题通常只有文种名称，即在第一行中间写上"求职信"三个字。

2. 称谓

称谓是对收信人的称呼，写在第一行，要顶格写收信者单位名称或个人姓名。单位名称后可加"负责同志"，个人姓名后可加"先生""女士""同志"等。在称谓后写冒号。

求职信不同于一般私人书信，收信人与求职者未曾见过面，所以称谓要恰当，郑重其事。

3. 正文

正文要另起一行，空两格开始写求职信的内容。正文内容较多，要分段写。

第一，写求职的原因。首先简要介绍求职者的基本情况，如姓名、年龄、性别等。接着要直截了当地说明从何渠道得到有关信息以及写此信的目的。

第二，写对所谋求职务的看法以及对自己能力客观公允的评价，这是求职的关键。要着重介绍自己应聘的有利条件，特别突出自己的优势和"闪光点"，以使对方信服。

第三，提出希望和要求，如"希望您能为我安排一个与您见面的机会""盼望您的答复""静候佳音"之类的语言。这段属于信的内容的收尾阶段，要适可而止，不要啰唆，不要苛求对方。

4. 结尾

另起一行，空两格，写表示敬祝的话。如"此致"之类的词，然后换行顶格写"敬礼"或祝"工作顺利""事业发达"之类的话。

5. 署名和日期

写信人的姓名和成文日期写在信的右下方。姓名写在上面，成文日期写在姓名下面。姓名前面不必加任何表示谦称的限定语，以免有阿谀之感，或让对方轻看你的能力。成文日期要年、月、日俱全。

6. 附件

有说服力的附件是对求职者鉴定的凭证，所以求职信的附件是不可忽视的组成部分。

附件可在信的结尾处注明。如：附件 1. ××××××　2. ××××××　3. ×××××××……然后将附件的复印件单独订在一起随信寄出。附件不需太多，但必须有分量，足以证明你的才华和能力。

（二）注意事项

1. 篇幅简短，重点突出

篇幅简短、重点突出的求职信更能引起用人单位的注意，收到的效果会更好。

2. 匹配岗位，突出个性

面对不同的招聘单位和不同岗位，求职信在内容侧重点上要有所不同，必须有很明确的针对性，切忌千篇一律，没有自己的特色。只有突出自己的个性，并很好地找到招聘岗位要求和自身条件的匹配点，才能被招聘者赏识。

3. 实事求是，适度修饰

适度的谦虚会让人产生好感，但过分的谦虚则容易给人留下缺乏自信的印象；与此相反，虚假浮夸的表述很容易被招聘者识破。因此，陈述要客观真实，适度修饰。由于文化上的差异，一般对外资企业需要充分地展示自己的能力，充满自信，而对国家机关和国有企事业单位则应适当内敛，着重介绍自己的知识水平和能力。

4. 语句通顺，文字流畅

求职信一般要求打印，做到文字工整、美观。不要出现错别字，语句应流畅通顺，文字应通俗易懂，切忌用华丽的辞藻进行堆砌，少讲大话、空话和套话。

5. 避谈薪酬，适度说明

如果没有被要求，不宜在求职信中谈论薪酬待遇。如果招聘者要求自己写明预期薪酬，那么就适度地说明，例如不低于×××等，或者参照行业薪酬标准的中等水平，并且注明这是可以协商的。

6. 仔细检查，修改完善

写完后认真阅读修改，可以请周围的人帮助修改，避免有歧义的表述、重点不突出或者表述层次不清等疏漏，使求职信更能准确地表达求职者的信息。

☞ 【推荐阅读】

求职信（范例）

尊敬的公司领导：

感谢您在百忙之中抽出时间来翻阅这份凝聚了我美好梦想与热切希望的求职信。我从××招聘网上获悉贵公司正在招聘外贸业务员，对此我自信能够胜任。

我叫吴静，女，21岁，毕业于福建师范大学，主修商务英语。

作为一名商务英语专业的学生，我热爱我的专业并为其投入了巨大的热情和精力。在校期间，我很好地掌握了专业知识，取得了外贸业务员证考试、国际人才考试中级等，多次获奖学金，曾作为学校代表与南非理工大学开展交流会，并在会上作为宣讲人介绍我们学校，具有一定的实际操作能力和技术。大学期间曾学习日语，也自学了法语，有基本的读写能力。在大学生涯中，多次荣获校级"三好学生"标兵（每年全院共3人获奖）、校"优秀学生干部"称号。除了学习本专业的知识，我还积极参与各类创新创业大赛，如"挑战杯""教职杯""祥龙杯"等，都取得了不错的成绩，并获评校

"创新创业积极分子"。

我始终相信"一分耕耘，一分收获"，我的做事理念大致为"两心一宗旨"：责任心、上进心，为集体服务的宗旨。这一理念来自我的助导，她曾教导我们："学生干部不是高人一等的荣耀，而是弯腰为他人的奉献。"在校期间，我担任过企划部部长、文娱部副部长、评议部副部长、班级副班长等职务。三年的学生干部经历造就了我认真负责的工作态度和善于沟通协调的能力。同时，我熟练操作各类办公软件，自学并通过全国计算机二级考试，有较强的组织能力与团队精神。

随信附上我的个人求职简历。怀赤诚以待明主，持经纶以待明君，扬帆远航，赖您东风助力，乘风破浪，盼复为谢！

此致

敬礼！

求职人：吴静

××年××月××日

（作者简介：吴静，女，2020届商务英语专业毕业生，曾任国药集团厦门生物平台业务主管，现就职于 Accenture & Google。寄语：看过一个视频，同一水平线上有两颗弹球，起点终点一样，一个跌宕起伏，一个一路平坦。最后竟然是跌宕起伏的球先到终点，且更有弹力、走得更远。我想自己应该是跌宕起伏的那个，我也希望自己是跌宕起伏的那个。依旧相信自己的"人生海浪学"，起起伏伏，一切都是最好的安排。）

三、简历

个人简历是用于应聘的书面交流材料，它向未来的雇主表明自己拥有能够满足特定工作要求的技能、态度、资质和自信。个人简历中包含求职者的基本信息，如姓名、年龄、籍贯、政治面貌、学历、联系方式，以及自我评价、工作经历、学习经历、荣誉与成就、求职意向等。

（一）简历内容

1. 基本信息

包含姓名、联系方式（手机号、微信、邮箱三个建议都写，因为不知道对方会常用什么方式）、居住地和个人照片，而出生年月、籍贯、政治面貌、婚姻状况、身体状况、兴趣爱好等则视个人以及应聘的岗位情况而定，可有可无。

2. 求职意向

写明希望进入的单位名称及应聘岗位。切忌在同一份简历上写多个求职意向，尤其是多个毫无关联的求职意向，这容易让人事（HR）认为你对人生没有规划，怀疑你投递他们岗位的诚意。

3. 教育背景

用逆时的顺序写明毕业院校、专业及所学课程（可选择与目标岗位相关的3～6门课程）、一些对工作有利的辅修课程以及毕业设计等。如果总评成绩（GPA）优异或排名较高，可以特别注明。

4．本人经历

（1）校园经历（复试简历侧重点）

这一部分可以选择性地写一些社会实践、学生工作等相关经历。在学校有参与过项目的同学可以着重描述相关项目，以及自己在这个项目里所做的事情。这个经历是为了方便接收简历的对方对你的实践过往有一个大致的了解，描述的时候可以加入客观数据进行总结。

（2）实习/工作经历（工作简历侧重点）

用逆时的顺序来描述，写明时间、公司（全称）、岗位。

日常工作：对日常工作进行描述，着重突出自己这个岗位是做什么的，如果有作品可以附上链接（PDF 格式文件可以直接跳转链接，方便查看）。

项目经历：在实习中如果参与过项目那最好不过，描述形式就是项目描述＋你在其中主要做了什么＋数据说明＋链接。

5．获奖情况

用逆时的顺序列出所获奖励的名称、颁奖单位和时间。可以突出不同领域的奖项，并体现含金量，比如前百分之几、第几等。校级往上的都可以写，院里的最好是具有特色并且含金量高的，含金量不高的就不要写了。

6．个人技能

（1）认证证书：普通话证书、计算机证书、教师资格证等专业技能证书。

（2）语言证书：英语四、六级考试（以最高成绩为准，比如过了四级也过了六级，那就写"CET-6 ×××分"，分数高的一定要写。这是简历上你英语能力的最好体现），小语种同理（如果有证书就写，没有就别写了）。

格式：×××考试-级别

例如：韩语 TOPIK-3 级/日语 JLPT-N3

7．自我评价

自我评价短小精悍最好，以总结为出发点，切忌废话，写虚的东西没有意义。例如"具有较强的学习能力"，在没有成绩佐证的情况下这句话不会有任何作用。

8．封面

可以在个人简历上设计封面，也可以省去封面。有部分人力资源主管不喜欢封面，在选择封面时须慎重考虑。封面一般要简洁，可以在封面上出现个人信息，方便用人单位查阅。并且封面的风格要符合应聘公司的文化和背景，也要凸显自己的个性和风格。

（二）简历制作原则

1．简洁原则

就业专家认为，一般情况下，简历的长度以 A4 纸 1 页为限，简历越长，被认真阅读的可能性越小。高端人才有时可准备 2 页以上的简历，但也需要在简历的开头部分有资历概述。

2. 清晰原则

清晰的目的就是便于阅读。就像是制作一份平面广告作品一样，简历排版时需要综合考虑字体大小、行和段的间距、重点内容的突出等因素。

3. 真实性原则

不要试图编造工作经历或者业绩，谎言不会让你走得太远。

4. 针对性原则

不要"一张简历走天下"，人岗匹配很重要。假如 A 公司要求具备相关行业经验和良好的销售业绩，你在简历中清楚地陈述了有关的经历和事实并且把它们放在突出的位置，这就是针对性。

5. 价值性原则

使用语言力求平实、客观、精练，简历篇幅视工作年限控制在 1～2 页：工作年限 5 年以下，通常以 1 页为宜；工作年限在 5 年以上，通常为 2 页。

注意提供能够证明工作业绩的量化数据，同时提供能够提高职业含金量的成功经历。独有经历一定要保留，如著名公司从业、参与著名培训会议论坛、与著名人物接触的经历，将最闪光的拎出即可。

6. 条理性原则

要将公司可能雇用自己的理由，用自己过去的经历有条理地表达出来。以个人基本资料、工作经历（包括职责和业绩）、教育与培训这三大块为重点内容，辅之以核心技能、背景概括、语言与计算机能力、奖励和荣誉。

7. 客观性原则

简历上应提供客观的证明或者佐证资历、能力的事实和数据。另外，简历要避免使用第一人称"我"。

（三）制作简历的注意事项

1. 将"个人简历"换成个人姓名

建议求职者将简历上方的"个人简历"4 个字换成自己的姓名。招聘者在挑选求职者进入下一轮笔试或面试时，经常会遇到人数不够的情况。他们不可能再重新从上千份简历中找出符合条件的求职者，他们一般只会凭第一遍看简历时的印象进行筛选。如果求职者简历最明显的位置上写的是自己的姓名而非毫无用处的"个人简历"4 个字的话，人力资源主管就能更轻松地记住该求职者的姓名，并找到他的简历。

2. 最好不超过两页纸

用人单位通常只想通过个人简历大概地了解应聘者的一些初步情况。大学生缺乏实际操作经验，他们的能力高低难以通过简历表现出来，写得再多再详细也是纸上谈兵，没有实际工作成果，不足以让用人单位信服。而且用人单位会收到许多应聘者的简历，长篇累牍式的简历让招聘者看得头昏眼花。所以建议求职简历以一页纸为佳，如果经历比较丰富，第二页要超过三分之二，那也最好不要超过两页纸；或者可以第一页是基础简历，第二页是求职信。两页纸虽然简单，但那些真正用心制作的学生几乎每次投递都有机会去面试。在向外资或合资企业投递的简历中可附英文简历，国内的企业则不必附带。

3. 注意简历模板和版式要求

（1）选择适合的模板。一定要选择背景干净、模块清晰、适合从左到右阅读习惯的简历模板。

（2）不宜太花哨。很多人的简历制作得不错，但太花哨，全都是密密麻麻的粗体字、斜体字和艺术字，整体一看很粗糙。因此，尽量避免一份简历中使用多种字体，少用斜体和下划线，可以适当运用粗体强调特别突出的重要的东西，但注意不要重点标记过多。而且，写完后要注意检查所有简历要素的字体是否协调一致。

（3）注意留白。不要将内容安排得太满太密，适当留白。

（4）编排整齐。使用统一的项目符号对齐。

4. 用优质纸张打印简历

许多求职者为了节约成本，会选择便宜、粗糙的纸张打印简历。专家提醒说，求职者的简历到了公司后，公司还会再将简历进行多次复印，以供多位不同的人力资源主管或公司上层领导查看，用粗糙的纸张打印出来的简历可能最初效果还不错，但经过多次复印后就会模糊不清了。所以，简历最好选用优质纸张打印。

5. 求职意向明确到岗位

求职意向一定要明确到岗位。一些学生把岗位的意向写得非常抽象或笼统，比如"企事业单位及政府机关"，还有的学生把求职意向一栏空出来到求职现场再填，这样给用人单位的印象是：你其实并不明白你要做什么、能做好什么。

6. 突出对求职有用的兴趣特长

无论行政机关还是民营企业的人力资源主管，都十分重视员工的兴趣和特长，因为一个人的兴趣和特长不仅能体现个人的性格特点，而且在必要的场合，如单位举办的球赛、演出等活动中能起到重要作用。因此，求职者一定要重视该项内容的填写。同时，还应该注意突出对求职有利的兴趣、特长，避免对求职不利的兴趣、特长。

7. 实践经验应具体明确

人力资源主管都非常重视求职者的实践经验，因此，在描述实践经历时切忌含混不清，一定要将自己的实践经验明确地描述清楚；可以运用 STAR 原则，利用数字和使用积极行为动词等。但注意经历描述不要太过详细，不要像流水账一样全部附加，也不要使用长的段落，每个经历可以用三个短句具体描述，前面加项目符号，力求美观易懂。

（1）运用 STAR 原则

S＝situation（背景情况），你完成某事或者做出某决定是在怎样的背景下，当时你具有怎样的资源，面临怎样的问题；

T＝target（目标任务），此件事情最终的目标是什么；

A＝action（采取行动），如何行动的（如何利用资源、克服困难、解决突发状况等）；

R＝result（获得结果），获得的结果是什么。如果是失败的事例，那么说明结果之后还需要分析失败的原因，并总结得到的经验教训。

例如：

2020年7月××学院第六届"互联网＋"大学生创新创业大赛参赛队伍负责人。

①动员班级同学参赛，组织策划创新创业项目，协调5名同学分工合作，改进项目计划书和答辩PPT。

②代表团队作为项目主讲人，在决赛中表现突出，获校二等奖（木学院参加该赛事最佳成绩）。

（2）利用数字

要注重数据思维，将学习工作成果以数据的形式呈现，如"阅读量10万＋""粉丝量100万＋"。以奖学金为例，不能只说获得一等奖学金，若在后边根据实际情况补充"全校仅有前0.5％的学生可获得"，这样就能更加直观地说明你所获奖项的含金量。

再如"曾在某学校担任过老师，经常得到校领导和学生的一致好评"，可以改成："曾在某中学担任某科老师，在半学期内，带领班上学生平均成绩从期中考试的62.3分涨到期末考试的85.5分，在全年级10个班级中，排名由第6名升至第2名"。

（3）使用积极行为动词

在描述实践经历时，还可以使用以下积极行为动词：

组织	评估	谈判	达到	扩大	撰写	分析
推动	安排	指导	统筹	构建	贯彻	控制
改进	制造	创造	增加	证明	论证	发起
盈利	设计	鼓舞	发展	解释	研究	指挥
发明	销售	影响	引导	鼓励	管理	支持
建立	激励	写作	监督	使适应	降低成本……	

8. 不违背真实原则的变通

简历的真实性原则，是指真实地填写自己的各项信息，不能杜撰个人能力和经历。在不违背真实原则的基础上也可做变通。比如知识结构项中可以包括你"学"过但是没有"考"过的各种课程。有的学生在得知某企业的招聘信息后，知道其岗位要求的知识结构自己还欠缺某部分，但是可以通过自学获得，于是在简历中先填写这部分，在投送简历以后再努力学习，这样并不违背简历的真实性原则。真实性原则基础上的变通，都必须在个人的可控范围之内，他人或外在条件所控制的，是不可以乱写的。

9. 利用好求职信和推荐信

求职信在整个求职资料中占很重的分量，所以求职者可以为求职单位写一封特定的求职信。但是，针对求职者在简历中附加的求职信千篇一律，难以吸引人力资源主管的这一现象，我们建议求职者干脆不写求职信，而改用推荐信。不论是本科生还是硕士研究生，如果能让自己的指导老师写一封推荐信，特别是在自己的老师还是本行业知名专家的情况下，那么一封内容简单的推荐信往往能收到求职信所不能达到的良好效果。

表4-1提供了普通简历与优秀简历的对比，以供参考。

表 4-1 普通简历和优秀简历的对比

要素	普通简历	优秀简历
校徽	大部分都有	通常没有
标题	"简历"或"个人简历"	有自己的名字、应聘岗位等
相片	形式花哨，千姿百态	实在
个人信息	极为全面，甚至像人口普查，有的像征婚启事	简单，三行搞定最主要信息，包括联系地址、电话、邮箱
教育背景	加上很多课程名	由近及远写毕业院校，不写课程名，注明 GPA 及排名
实习经历	较多，是一些事情的堆积，而没有轻重之分，也不对其进行详细介绍	实习经历有主次之分，在一家公司实习的关键事件不超过 5 项，按 STAR 原则填写
校内工作	大篇幅书写与专业无关的学生工作经验和社会实践经验	表述简洁明快，清晰自然
获奖情况	罗列，没有归纳	除了描述之外，还有奖项的归纳、分析
个人技能	罗列，没有突出自己的特点，有人把自己不太会的也列上了	针对性强，够一定水准的才写上去
个人爱好	具体描述，内容不少	选择性地添加、描述
项目经历	较多，是一些大小事情的堆积，而没有轻重之分，也不对其进行详细介绍	选择与应聘岗位相关的项目经历，严格按照 STAR 原则填写
学术研究	长篇累牍，散乱无章	按照学术论文的书写规范，标明第几作者，被 EI 检索/SCI 收录/TEEE 收录
专利成果	长篇累牍，散乱无章	注明专利名称，按 STAR 原则填写
竞赛实践	长篇罗列，各种性质的竞赛混在一起	针对性地选择与应聘岗位相关的竞赛，并选择关键性竞赛做详细描述
页数	2 页甚至更多，放大字体和行间距，最后 1 页不足一半	整页，通常为 1 页，最多 2 页
文字风格	平铺直叙，大段描述	动宾短句，分点描述
真实度	一般不造假	不造假，有表达的技巧
精确度	不大使用数字	数字敏感性较高，善于使用数字做论据
排版	不讲究，有拼写、语法错误，字体不一致等问题	十分讲究，一丝不苟
主观感受	杂乱无章	精美悦目，有主有次

（资料来源：北森生涯学院）

（四）如何写好自我评价

1. 凸显优势

个人简历内容要充实，至少要能在一定程度上反映出应聘者的真实情况。在自我评价中不仅要凸显应聘者的优势，还要注意言语不能浮夸，要始终保持一种真实的态度。

2. 立志表决心

一份个人简历中不能只是提到自己的优势，还要向用人单位表决心，说出你在未来工作中的打算，比如可以迅速地适应各种环境，以充沛的精力去努力工作，做到与公司同步发展，并尽全力为公司盈利，让自己成为用人单位的得力助手。好的自我评价在一份简历中是一个很大的加分项，当然要避开消极的话语，不要否定自己，没有自信。要利用自我评价的正面价值，还要有效地克服自我评价可能的负面作用。

3. 自我评价评析

（1）糟糕的自我评价

本人乐观开朗，积极好学，健谈，有自信，具有创新思想；对待工作认真负责，细心，能够吃苦耐劳，敢于挑战，并且能够很快融于集体。思想上积极要求上进，团结同学，尊敬师长，乐于助人。为人诚恳老实，性格开朗，善于与人交际。工作上有较强的组织管理和动手能力，集体观念强。

评析：自我评价套话的问题在于"每个人都可以写这样的话"。

检查自我评价的第一个标准是：不是每个人都可以用这些话评价自己。

（2）不是那么糟糕的自我评价

本人时常浏览各大社交网站，掌握热点事件。精通剪辑软件 PR，并参与拍摄、剪辑多部短视频，具备独立拍摄、剪辑短视频的能力。运营私人账号，曾达到过万的浏览量。了解粉丝群体组成，能即刻掌握粉丝喜好并做出正向宣传。

评析：言之有物。但整段文字的逻辑感不强、重点不够突出，显得比较乱，因此说"不是那么糟糕"。

因此，第二个标准就是：自我评价有没有突出你的"卖点"。"卖点"必须是你整份简历内容的总结提炼，必须与应聘方向相匹配。

（3）加分的自我评价

例一：本人对视频拍摄剪辑工作有极大的热情；精通剪辑软件 PR，并参与拍摄、剪辑多部短视频。运营私人账号，曾达到过万的浏览量。具备网络推广经验，了解粉丝群体组成，能即刻掌握粉丝喜好并做出正向宣传。

评析：这段文字的层次感更强，表达了三个意思，即①热爱视频拍摄剪辑；②有能力、有网络影响力；③能做好网络推广。

例二：本人善于用外语沟通交流。曾作为校学生代表与南非理工大学开展交流会。

自学能力强，勇于钻研新事物，曾自学网课一个月，从网页小白蜕变成能自己编写代码、设计网页的熟手，并取得网页设计比赛校一等奖的佳绩。

勇于创新，思维活跃。曾多次参加全国创新创业大赛，作为队里的主讲人上台宣讲。

有较强的组织能力与团队精神。在校期间担任校企划部部长等职务，多次组织学校大型千人晚会活动。

评析：整段文字在归纳总结自我优势的同时，用事例佐证，与简历其他内容遥相呼应，有说服力，更能让面试官印象深刻。

因此，第三个标准就是：自我评价是否呼应上文、简单易懂、有说服力。（个人简历范例详见附录。）

四、网申材料

网申，即网络在线申请。网申是大家进入大型企业面临的第一关，并且是淘汰率最高的一关。很多同学都对网申非常担心，因为这一轮的不确定性很高，毕竟是系统筛选＋人为考察。

（一）网申种类

网申可以分为三种：

1. 直接发邮件型；

2. 招聘网站投递型；

3. 企业专属网申型。

直接发邮件的形式，其实现在企业比较少用，因为不利于企业人事在看简历内容前进行初筛和管理，但仍有一些企业使用。其他两种形式现在非常普遍，只要点击链接、在线填写即可。

（二）邮箱投递注意事项

1. 关键字眼匹配

如果网申时一定要通过邮件发送简历，那必须根据招聘信息调整自己原来做好的简历，比如简历内容要和招聘信息中所对应职务描述的关键字眼进行匹配。简单说，就是把一些招聘信息里的内容搬到自己简历里，如专业术语等，让人力资源主管一眼就看出你与招聘岗位的匹配度。

同时，建议简历文档命名为"学校、专业、学历、姓名＋应聘岗位"（有些招聘信息中有具体说明）。很多招聘网站通过系统过滤简历，如果简历中关键词不突出的话，很难被用人单位检索到。

2. 另存 PDF 格式

简历内容调整好后，建议将简历再保存一份 PDF 格式。因为不同电脑打开 Word 文档时，经常出现格式错乱现象，但 Word 格式也要发，方便人力资源主管需要时复制部分信息。所以，除了 Word 版本，建议同步发送一个 PDF 版本的。注意不要用压缩包发送，最好作为 2 个附件单独发，因为很多人力资源主管习惯直接点击附件，在线预览。

3. 明确邮件主题

在发电子版简历到人力资源主管邮箱时，邮件主题建议命名为"学校、专业、学历、姓名＋应聘岗位、联系方式"这种形式，以便于人力资源主管一打开邮件就能了解求职者的姓名及求职意向，如"某某大学＋英语专业本科＋李三应聘招聘专员，1365665××××"。这样的命名方便人力资源主管下载你的简历后很快进行阅读或者联系你。如果招聘单位另有邮件格式要求，按照招聘信息上的要求更改。

4. 注意邮件正文

邮箱投递除了要按要求写好邮件标题外，建议还要在邮件正文中写一小段"感谢语＋应聘理由"，然后就可以发送出去。给面试官的邮件正文切忌空白和写太长，简明扼要即可，不要大篇幅地抒发感情。把事情说清楚，不拖泥带水，是职场中变得干练的第一步。这能给面试官留下好印象，是很加分的。

（1）一句话自我介绍

邮件抬头可以写面试官、人力资源主管，如果招聘单位海报上写明了某某先生/女士，也可以直接写这样的称呼。

例如：

面试官：您好，我是××大学××专业的应届毕业生张三。

（2）一句话说明从哪里看到的招聘信息

这样不仅表明了你的来路，也有助于人力资源主管分析各个招聘渠道的效果。

例如：

我在学校的就业信息网/校园招聘会/××网站……看到贵公司的招聘信息。

（3）一句话重申你的求职岗位是什么

直奔主题，别啰唆。有的同学在邮件中写了一大堆自己的个人成长经历，就是不知道他目的为何。而且，人力资源主管都很忙，如果他看了半天不知道你想应聘什么岗位，可能就直接关闭你的邮件了。帮助他们节约时间，就是头功一件。

例如：

我想应聘××岗位。

（4）不超过三句话说清楚你的竞争优势

例如：

我认为自己很适合这个岗位，理由如下：

①从专业匹配度和个人成绩来看：我专业对口，学习成绩优异，多次获得国家级奖学金和××大赛第××名，在××期刊发表过××篇文章，拥有良好的学习能力和研究能力。（提炼个人简历的核心亮点）

②从实习情况来看：大学期间，我曾在××公司××岗位实习，对该岗位的工作有一定的了解，具备良好的团队协作能力，实习期间表现优异，得到领导和同事的一致认可。（提炼实习经历或校园经历的核心亮点）

③从个人选择和岗位要求来看：毕业后我求职的首选城市就是××市（公司所在地），能适应出差需求……（对照招聘岗位上的职责要求写）

（5）简单结尾，表示感谢

例如：

感谢您的阅读，期待您的回复。

我的联系方式：159××××××××

落款：学校＋姓名

日期

（资料来源：中国大学生就业微信公众号，2020 年 7 月 14 日）

5. 避免重复投递

发送简历成功后，邮件会有提示，并且很多企业邮箱会通过自动回复表示已收到，因此求职者不可为了增加点击的可能性而重复发送，避免引起人力资源主管的反感。

6. 最佳投递时间

最佳投递时间：周三上午 9:30—11:00。

星期一：一周才开始，人事专员要总结上周的工作，也要安排本周的计划，基本上午开会，下午在消化。这天人事专员看简历的心情非常浮躁，所以对简历的分量也要求很高。

星期二到星期四，是简历到达的合适时间，其中周三到达最佳。

星期五：人事专员基本上都要做一周总结或者外出参加一些会议，而且临近周末上班心都比较散。所以星期五收到的简历当天基本不看，通常积压到下周才会看，但是通过周末两天邮件的累积，你的简历早就被淹没在邮件列表的最后了。

星期六到星期日：人事专员休息，非工作日投出的简历很可能与周末的垃圾邮件混杂在一起，结果被星期一来上班的人事专员不耐烦地点个全选，统统删了。

因此，投递简历最好挑人事专员上班的时间，这样你的邮件通知就会在电脑的桌面上直接跳出来。其中，上午比下午效果好，而上午又以 9:30—11:00 为佳，下午以 13:30—15:30 为佳。这是因为太早了，人事专员没进入工作状态，太晚了，人事专员等着休息下班，早没了看简历的心情。

（三）如何应对在线网申

1. 重视网申

首先，无论出身名校与否，都应该重视网申这回事。有些企业对学校和专业基本不会过多地要求，能力就是一切，因此不要认为自己是名校出身就会十拿九稳，也不要认为自己是个二本就低人一等：北大清华的学生照样有通不过网申的，也会有二本学校的学生成功争取到二面甚至最终拿到录用通知的。不要因为网申要花费较长的时间，就草草了事、不给予重视，这样只会让你离好机会越来越远，过后看着舍友拿到录用通知才来后悔。谨记：千金难买早知道，万金难买后悔药。

2. 做好准备

多多关注各类秋招、春招信息，掌握更多网申技巧；并且，注意一定要认真仔细地阅读企业发出的网申攻略，包括使用的浏览器等，细节往往决定成败。

网申有它的技巧，更重要的就是同学们的态度与硬实力的比拼。要细看企业发出的要求。另外，如果能上传自己的简历更好，这份简历一定要花些心思，它也是后面争取更多机会的基础。但上传时，要认真检查是否符合企业的筛选规则、与岗位的匹配度，注意要根据不同的企业及岗位对简历内容进行修改、完善。

3. 找准定位

至于一些对自己的就业方向还是一片茫然的同学，该怎么办？第一步从专业入手，第二步问问自己到底喜欢什么，为什么喜欢，凭什么喜欢，搞清楚这些再去匹配自己的职业。

搞清楚自己的方向后，就可以通过招聘网站或"校招管家"查询企业校招信息，进行投递了。记住，用优势和兴趣进行就业定位就是好的定位！

4. 抓住黄金时间

一个大型企业发布校招公告的同时就会开放系统接受网申，而网申的有效期一般会是 15～30 天。建议在网申开放日到截止日之间的 30%～70% 这段时间去网申，即所谓的"黄金时间"。以一个月为例，第 7～23 天，即中间两周这段时间为黄金时间。

为什么是这段时间？说网申越早越好，并不是指网申开放后第一、二天就网申。系统刚开放，可能很多人涌入，开放五六天后再去会比较好。然后，你还可以通过各种渠道向前面已经网申的同学了解情况，留给自己几天时间去准备。

一定要谨记的是，千万不能在最后几天才去网申。一方面，有可能遇到系统拥堵的情况，或者其他突发情况，如果因为这些问题无法按时提交申请就得不偿失了。另一方面，企业不是等到网申截止后才开始筛选，而是开放网申时就开始筛选候选人了；而企业在网申环节有可能设置通过人数，选够人了，后面的可能就不看了。例如今年公司想筛选 1 万人进入笔试，那选够了，后面的就不看了。

5. 匹配关键词

现在很多网申筛选都是"机选＋人选"结合：人选的重点是看实习经历、开放性问题等；而机选主要通过学校、专业、绩点、英语等关键词进行打分，关键词分等级，例如"985"学校 10 分，"211"学校 8 分，普通本科院校 6 分，先根据这些硬性指标用系统刷掉大部分人。

所以，在网申过程中，个人资料的填写至关重要，很多信息可以在已准备好的简历中复制，但要根据网申岗位的工作特点做出修改，特别是要有一些与岗位相关的关键词。比如申请管理培训生岗位，一般要在简历资料中出现"领导、管理、团队、合作、沟通、表达、学生干部、优秀、奖学金"等关键词，这样主要是为了增加简历顺利通过筛选的概率。

网申参考关键词：

（1）学校

大学越知名，得分越高。基本可以按"985"/"211"/普通本科/专科来划分，等级越高，分数越高，所以学校全名很重要，不要写错。

（2）学历

按照博士、硕士、大学本科、专科划分。

（3）专业

如果应聘岗位有写明专业要求，则一定要准确填写自己的专业，突出匹配度。所得的专业相关认证也可填写。

（4）英语

一般按照雅思/托福、专八/专四、四六级这样划分。企业一般都对四六级有要求，所以一定要写清楚。如果有不错的雅思、托福成绩，BEC 这些能体现口语水平的就更要写，能加分。

（5）绩点/专业排名

大学学习水平的标准是绩点，所以如果绩点高，一定要写。如 GPA 3.0/4.0、均分 95 分、专业排名前 20％等。

（6）实习经历

这个主要看公司大小、实习岗位、实习时长，如果你的实习企业跟所应聘企业属于同类企业，是 500 强企业，并且实习岗位与所应聘岗位匹配，得分就很高。可分为 500 强企业同类岗位、小公司同类岗位、大公司不同岗位。实习时长越长也会越好，可分为半年、三个月、一个月。

（7）学生干部经历

分为主席/书记、副主席/副书记、部长/副部长、干事，还可分为校级、院级、系级。等级越高，得分越高，所以大家一定要写清楚。

（8）曾获奖励

大学期间大家都会参加一些比赛/评选，这些也是有等级的。有国家级、省级、市级、校级、院系级。不同等级得分不同，所以也要写清楚。

（9）技能证书

除了英语，有些专业是会要求考些证书的，例如会计，有分初级会计师、中级会计师、注册会计师等。如果你获得了相关证书，在应聘相关岗位时一定要写上，有加分。

（10）岗位关键词

上面 9 类关键词应该都是比较显而易见的，而岗位关键词则是大多数人都会忽略的。岗位关键词是从你所应聘岗位的岗位要求、岗位职责中提取出来的，每个岗位的关键词都不一样，要靠你自己提炼总结，并在网申中写出这些关键词。

例如：

联想 8 月 14 日启动网申了，去它的官网找了销售管理培训生的岗位要求，是这么写的：

我们需要求职者：

1. 是优秀应届大学本科或硕士毕业生；

2. 专业不限，对营销及销售充满兴趣，乐于应对挑战、注重结果、享受成功；

3. 勤奋刻苦、诚信正直、心态积极、追求卓越；

4. 具备杰出的人际交往技能，善于团队合作。

那么从上面这个要求来看，除了看到学历关键词，其实热爱营销、注重结果、勤奋刻苦、人际交往、团队合作等都是这个岗位的关键词。这些关键词都要尽量在实习经历、社团经历、开放性问题等模块中体现出来，这非常重要。如果前面的 9 类关键词你缺了一些，那么岗位关键词就是你能弥补的。

（资料来源：求职研究院微信公众号，2020 年 2 月 22 日）

6. 保持完整度

网申内容模块大概分为10部分（见图4-1），网申时，有些系统会显示目前内容完整度的比例，有些没有。如果想增加网申通过概率，那一定要尽量填满各个部分，能写多的尽量写多一点，尤其是重要的部分必须填，例如实习经历。内容越完整，通过概率则越高。企业在筛选时，完整度很低的根本就不看，例如完整度低于60％的机选就刷掉了。

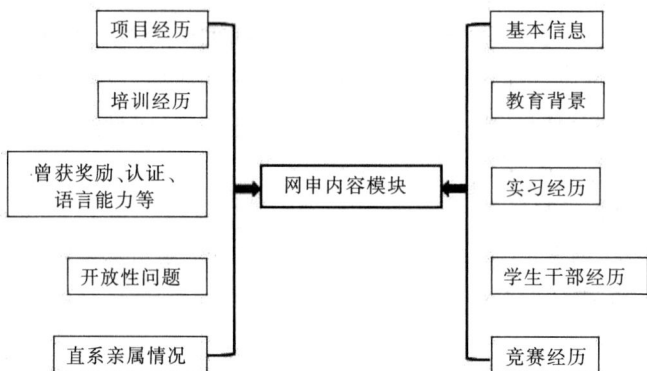

图 4-1　网申内容模块

7. 如何应对网申测试

做自己就行，千万不要撒谎，因为测试的题目里面很可能含有测谎的陷阱。

以宝洁公司为例，参加宝洁公司的网申就会遇到两个测试——性格测试和图形推理测试（类似公务员考试的行测）。

（1）性格测试

不需要准备，如实回答。这种性格测试通过大量的题可以测出你是不是在说谎，它会把同一个问题换多种问法在不同的地方出现，让你无法防备。如果你前后不一致就说明你没有说实话，肯定会被淘汰的。

同时，提前了解一下该公司的企业文化和员工风格。有些公司喜欢个性张扬的、有主见的，有些喜欢低调沉稳的。比如普华永道就比较偏爱张扬一点的，雀巢喜欢低调一点的。

（2）图形推理测试

一共15题，每题有150秒的时间，到时间自动跳到下一题，而且没法往回走；测试时要注意网速和时间控制，因为保存选项也需要一点时间，所以最好在剩下15秒的时候就按"下一题"。

怎么准备？很多人是上网下一个宝洁图形推理99题，考的时候85％的题都在里面，反复做了再去考的把握就很大。还有一个办法就是：多找几个同伴一起做，遇到难题迅速统一最可能的答案。

☞【课堂活动】

图形推理随堂测试

1. 从所给的四个选项中，选择最合适的一个填入问号处，使之呈现一定的规律：

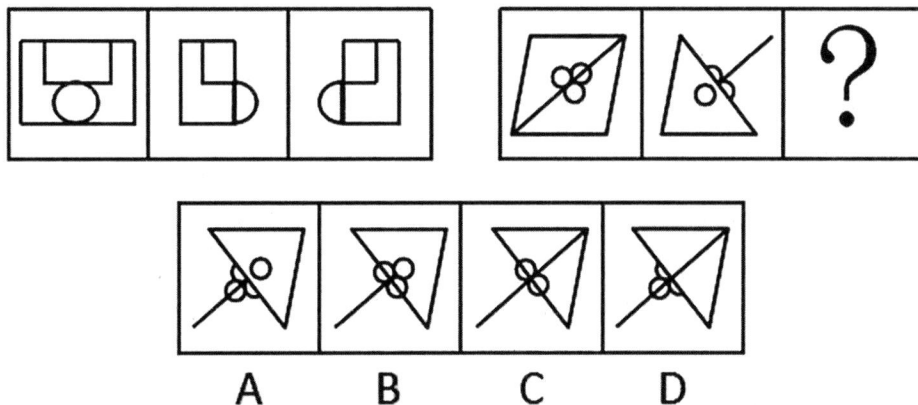

A　　　B　　　C　　　D

2. 下图左边是由9个小方块堆叠而成的立体图形，右边哪项不是其视图？

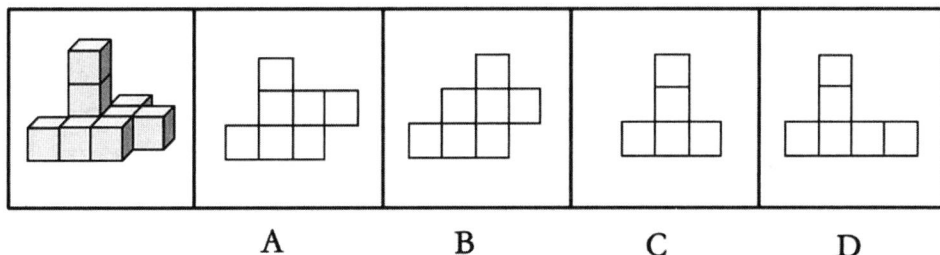

A　　　　B　　　　C　　　　D

3. 把下面的六个图形分为两类，使每一类图形都有各自的共同特征或规律，分类正确的一项是：

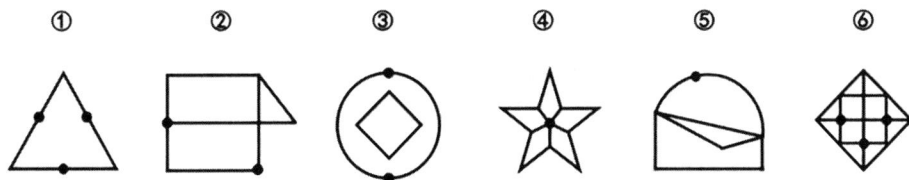

① ② ③ ④ ⑤ ⑥

A. ①④⑥，②③⑤
B. ①②③，④⑤⑥
C. ①⑤⑥，②③④
D. ①③⑤，②④⑥

(参考答案：AAD)

8. 如何应对开放性题目

网申时，每道开放型问题都有其独特的考查点和目的。对于"你的职业规划是什么""大学中你印象最深刻的经历"等问题，很多大学生应聘者觉得思绪万千却又无处下手。具体来说，这些问题侧重考察个人的合作能力和技巧、工作的抗压能力、是否有不利于工作的性格缺陷等。从你的回答中对方可以判断出你的价值观，即在你眼里什么最重要。

所以，这一部分一定要填。在网申前，也可以多在网络上搜索一些攻略，多学习一些"标准答案"的回答思路及逻辑。填写时，也可以与身边的同学一起交流一下答案，吸收一些同学的建议，这样能更快地提高回答水平。

（1）摸清题目套路

很多公司的开放式问题都大同小异，大致有申请理由、列举事例、个人兴趣等。下面列举一些常见的题目，供大家参考：

●典型例题1：你为什么申请这个岗位？

这几乎可以算作最常见的开放式问题，可以结合自身性格、强项、企业文化、岗位要求等来回答。尽量突出你适合该岗位的特质和做好这份工作的信心。

●典型例题2：请说出你遭遇到……方面成功/失败的事例。

此类问题考察你分析、解决问题的能力，回答此类问题有一个基本思路，即STAR原则。例子要专业一些，比如从社会实践中找例子，一般比从生活圈子中找例子要好。

●典型例题3：请谈谈你未来3～5年的规划。

对于一个未踏进职场的学生而言，有非常明晰的职业规划也不大现实。对方之所以这样问是希望挖掘你应聘的深层次动机，看你是否具有稳定性。建议回答不要过于具体，如"3年后成为主管，5年后成为经理"等，在不清楚对方岗位等级和晋升条件的情况下，此类过于具体的回答都不甚明智。

●典型例题4：请谈谈你喜欢的休闲方式，如进行体育活动/看书……

此类问题考察你生活中的状态如何，是否能平衡工作与娱乐，你的性格是否适合该项工作等。

（2）推敲弦外之音

不要认为直接把自己的事例往上套就可以了，一定要看清楚题目背后的用意，是问你哪方面的能力素质，是沟通能力、领导能力、抗压能力还是团队协作能力，一定要在回答中表现出公司所要求的那些素质。此外，还可以根据公司文化来调整你回答问题的角度。

●典型例题1：你认为大学时代成功/失败的一件事是什么？

通过此类问题，人力资源主管旨在了解你的价值观，即对你来说什么才是成功，进一步来讲就是什么对你来说是重要的。

●典型例题2：举例说明你如何说服一个难以说服的人。

此类问题旨在了解你的沟通能力和影响能力。

（3）做好备份

备份内容包括哪家公司、具体问题、自己的回答。因为网申提交后可能服务器就直接跳转到结束页，看不到自己做过的页面了。所以，做备份可以方便以后回答类似问题，而且，如果网申通过，开放式问题的内容在后面的面试中很可能被问到，一定要记得自己都写了些什么。

（4）条理清晰

标示出重点或小标题以利对方阅读。不一定要机械地"一、二、三"分条写，但一定要有逻辑，有条理。

（5）控制字数

对于字数，既不要超出限制也不要大大地节省。一般来说，注明需要用 300 字来回答的问题，只写 100 个字恐怕很难符合要求。

（6）利用 Word

内容写在 Word 里，可以利用拼写检查。还有一个好处是可以保存答案，即使断网，也可以把 Word 中保存好的答案再贴上去。

（7）格式检查

用 Word 写完之后建议复制到记事本里，可以看出格式有没有问题。直接把内容从 Word 贴到网申表格里可能会出现格式变化，而记事本里出现的格式和网申表格中的是一样的。

（8）利用网络

比较著名的有宝洁的八大经典面试问题，这 8 个问题基本涵盖了开放式问题的主流思路，比较值得参考，详细的回答范例可以在网络上找得到。

宝洁的面试由 8 个核心问题组成。宝洁公司招聘题号称由高级人力资源专家设计，无论你如实还是编造回答，都能反映你某一方面的能力。题目如下：

①Describe an instance where you set your sights on a high/demanding goal and saw it through completion.（请举例说明你曾给自己确定了一个很高的目标，然后达到了这个目标。）

问题分析：这个问题考察应聘者制定高目标的勇气及完成高目标的执行力。关键词为：high/demanding goal、saw it through。

②Summarize a situation where you took the initiative to get others to complete an important task or issue, and played a leading role to achieve the results you wanted.（请举例说明你曾在一项团队活动中如何团结他人，并且起到领导者的作用，带领团队最终获得所希望的结果。）

问题分析：这个问题考察应聘者的领导能力。关键词为：took the initiative、get others to complete、leading role。所以要重点描述自己如何吸引他人参与、团结并鼓励他人、带领团队达到目标这个过程。

③Describe a situation where you had to seek out relevant information, define key issues, and decide on which steps to take to get the desired results.（请你描述你经历过的一种情形，在这种情形中你必须去寻找相关的信息，发现关键的问题事项，并且自己决定依照哪些步骤来获得期望的结果。）

问题分析：这个问题考察应聘者的分析能力、判断能力及决策能力。关键词为：seek out relevant information、define key issues、decide on the steps。面试官实质上是希望了解你分析处理一件事情的全过程，与上一个题目考察你如何争取别人的协助是完全不同的。所以，要把描述的重点放在你做整个事情的经过上，而不是和什么人一起做。

④Describe an instance where you made effective use of facts to secure the agreement of others.（请举例说明你是怎样通过事实来说服他人的。）

问题分析：这个问题考察应聘者以事实说服他人的能力。关键词为：facts、secure agreement。对于这个问题的回答应该直截了当，先将不同的意见罗列出来，以及其他人不同意的理由，然后逐条以事实来说服他人。

⑤Give an example of how you worked effectively with people to accomplish an important result.（请举例说明在完成一项重要任务时，你是怎样和他人进行有效合作的。）

问题分析：这个问题考察应聘者的团队合作能力。关键词为：worked effectively with people。在回答这个问题时，建议从"我做了什么"和"别人做了什么"两个角度来描述。

⑥Describe a creative/innovative idea that you produced which led to a significant contribution to the success of an activity or project.（请举例说明你的一个有创意的建议曾经对一项活动或计划的成功起到了重要的作用。）

问题分析：这个问题考察应聘者的创新能力。关键词为：creative/innovative idea、significant contribution。在回答这个问题时，应将描述重点放在你的创新意识、创新依据、有了创新的想法之后如何去实现，以及这个创新想法所起到的作用。

⑦Provide an example of how you assessed a situation and achieved good results by focusing on the most important priorities.（请举例说明你是怎样评估形势，将精力集中在最重要的事情上从而获得你所期望的结果的。）

问题分析：这个问题考察应聘者分析事情和找到问题关键点的能力。关键词为：assessed a situation、focused on the priorities。在回答这个问题时，应该将重点放在最重要的事情的分析过程上。

⑧Provide an example of how you acquired technical skills and converted them to practical application.（请举例说明你是怎样获得一门技能并且将它用于实际工作中的。）

问题分析：这个问题考察应聘者的学习能力。关键词为：convert technical skills to practical application。在回答这个问题时，应将重点放在获得新技能的过程、方法及将其应用于实际工作的过程上。

☞ 【案例阅读】

逆袭：梦想就在路上

你想知道一个二本生是如何获数家世界 500 强录用通知的吗？考研战败后如何逆袭为公司最年轻的主管的？又是怎么在 3 个月内从面试者变为面试官的？

求职前状况：二本生，考研战败，非达官贵人之女。

就职后现状：2 个月破例转正（国企一般实习期为 3～6 个月），毕业后 2 个月升职为公司（世界 500 强之一）最年轻的主管。

一、求职第一步：树立信心，勇于挑战

如果有人能获得大公司的录用通知，那为什么不能是你？在莘莘学子中，我可能只是一个平凡无奇的人儿，但是我始终相信我值得更好的！

拿一个很简单的例子来说，你们知道建发吗？厦门最大的世界五百强，今年排名第 234 位。据说进去的 80％都是厦大的，要不然就是其他"985""211"名校的研究生，又名"厦大的后花园"。而我开始求职的时候，由于考研错过了秋招，只能去捡春招所剩无几的名额。但是我还是不信邪，我知道能拿到建发的面试机会非常难，但是我也知道只要我有面试机会我就一定会通过。

我凭借着机智的小脑瓜推测了一番，去把厦大的公众号翻了个遍，果然看到了一个建发的内招群。进群后有回答问题的环节，如果你回答得快且好，就可以拥有面试的资格。

后来得知，我是那届里面唯一一个，不是"985""211"学校学生，不是研究生，却一路通过 5 轮春招面试，拿到录用通知的普通二本学生。

这只是一个例子，求职有很多方法，最重要的是，你千万不要觉得自己比名校的学生差。多去挖挖渠道，你就有机会把很多不可能变成可能。

二、求职第二步：搜集信息，观察市场

求职 App，市面上多如牛毛，如何甄选，如何使用？1. 选大流；2. 重本地；3. 判公司。

1. 选大流：前程无忧，智联

这两个 App，里面有中国 500 强、世界 500 强的排名，且可以点进去查看是否在本地招聘。广告打得很响的"BOSS 直聘"，用小拇指想想也知道，一个公司的大老板都有时间招你一个应届生，这家公司能有多大？（先别怼我为什么一直推大公司，且看第三点。）

2. 重本地：厦门人才网、本地高校的就业指导网

这里面有很多本地优秀国企、民企的招聘信息。且可以百度"某某地百强企业"（例如厦门百强企业），榜上有名的企业一般薪资待遇都不错。

一定要在厦门人才网放简历，你别看它的官网花里胡哨的，但是它真的很有用：放个简历，每天都有公司给你打电话，而且一般质量不会很差。

3. 判公司：企查查、看准

网站"企查查"：用于审核该公司的注册资金、经营情况、法律风险等。官方的宏观数据有些人可能看得一脸蒙，我说个最简单的，注册资金小于 1000 万元的基本不考虑。怎么判断的呢？举个例子，现在市面上普通一套房子都是百来万的，没有 1000 万元意味着公司的资金流很有限，至于员工的生存，两个字——"看命"。虽然说公司的钱不是你的钱，但是一旦公司没钱，你哪来的钱？尤其是存在一个很现实的大背景，疫情防控期间经济衰退，多少工厂一夜间说倒就倒。我很多同级的同学，年前找好的工作，去上了两天班，年后被通知不用来了，公司倒闭了。

App"看准"：一个"神助攻"App，里面有很多面试经验贴。注意哦，不是普罗大众的经验，而是一输入公司名，就有你要应聘的这家公司的面试经验贴，这不是就跟考试前事先知道了题目一样吗？而且里面还有该公司老员工的工作心得，对公司、对领导、对岗位的一系列亲身体会。（有些小公司或是改名的公司搜不到。）

三、求职第三步：内外兼修，方能成功

1. 外："人要衣装，佛要金装"

（1）门面：得当的简历

小技巧 1：附上微信的二维码，方便企业快速联系到你

对我印象好的高级面试官，有的当场就加了我的微信，直接现场认定我通过面试。这时候帮领导省事，也是对你印象好的第一步。

小技巧 2：彩色打印，蓝色透明文件夹装简历

我现在的上级对我印象最深刻的就是这个细节，来来往往的面试者没有一个人给他们这种"运筹帷幄"的感觉。

试想一下：一份彩色打印、蓝色透明文件夹装着的简历，和一份皱皱巴巴、乌漆墨黑的简历，你对哪一个印象更好？

小技巧 3：精简文字，突出重点

哪些是你的优势，哪些是你想向面试官展示的，哪些是你想让面试官第一眼就看到的，一定记得加粗字体。

（2）形象：穿正式一些

面试没有强制要求正装，但是请不要随便穿个 T 恤和破洞牛仔裤就来面试。都是要步入社会的成年人，商务礼仪是你要学的第一步。

2. 内："没有金刚钻，就别揽瓷器活儿"

简历、面试的真实性：

案例一：

面试者："我英语很好。"

面试官："来段英文自我介绍吧。"

同学们，就算你发音不标准，也要背得熟练一点，不然磕磕巴巴的，你不尴尬，面试官都尴尬了。

案例二：

简历上写你准备的某某活动的主办方、主导者……

但是，当面试官让你讲述准备活动的细节时，你却紧张得半天说不出个有逻辑的话，就很"打脸"。

（作者简介：吴静，女，2020 届商务英语专业毕业生，曾任国药集团厦门生物平台业务主管，现就职于 Accenture & Google。寄语：看过一个视频，同一水平线上有两颗弹球，起点终点一样，一个跌宕起伏，一个一路平坦。最后竟然是跌宕起伏的球先到终点，且更有弹力、走得更远。我想自己应该是跌宕起伏的那个，我也希望自己是跌宕起伏的那个。依旧相信自己的"人生海浪学"，起起伏伏，一切都是最好的安排。）

第三节　职业形象包装

一、仪容包装

仪容通常是指人的外观、外貌，包括人的发型、面容等。其中的重点，则是人的容貌。仪容体现了每个人的精神面貌，好的面貌在面试时可以给人带来清新的感觉和美的享受，在职场上会给人清爽、利落、得体的印象。

从高等学府走出来的毕业生，职业性的仪容不求华丽、时尚、风光、个性，但求职业化，核心是六个字：干净、整洁、文雅。

日常的仪容包装，包括发式设计和面部化妆。

（一）发式

人的仪容包装要从"头"开始，发型设计可以使人活泼年轻，也可以让人变得端庄文雅。个体形象给人的整体印象，主要是靠发型。女生留刘海就会显得年轻，男生剪过头发马上就会显得精神。

1. 脸型与发式

（1）椭圆形脸是标准脸型，可选任意发式。

（2）长脸的人显得面部消瘦，发型应适当遮住前额，使脸型变短些，脸部两侧应有头发，加宽脸型。长脸的男生一般不适合"四六开"或"中分"发型。

（3）圆脸的人双颊显得宽一些，应将头发梳高，与宽脸相协调；寸头适合于面部饱满的圆脸男生。

（4）方脸应设法掩饰棱角，额部窄的脸型应增加额头两侧头发的厚度，前额较宽可以梳"三七开"的分头。

2. 季节与发式

（1）夏天可留短发。女生如果是长发，夏天可以梳起或盘起，使人显得精神和清爽。

（2）冬季衣着较厚，女生留长发既显得美观又能保暖。

（3）男生四季都应以短发为主，可以体现朝气蓬勃的精神面貌。男生头发长度的原则，应该是前不顶眉、侧不掩耳、后不碰领。

总之，不管是男生还是女生，不管平时怎样打理头发，最好在衣兜里装一把小梳子和一面小镜子。面试前，最好整理一下头发。因为路上风吹雨淋、公交车上的拥挤，都有可能把你的发型弄乱。

3. 饰物与发式

女生可在头发适当部位用头花、发卡等装饰，不仅可以增添魅力，还可以对整体美起到画龙点睛的作用。

4. 洁净与发式

一头整齐、洁净、油黑乌亮的头发本身就构成美的形象。尤其男生，如果前发不附额、侧发不掩耳、后发不及领，会给人以精明干练的感觉。

5. 发式禁忌

（1）有立发

有立发指若干头发倔强地站立。有些"爆炸式"等新潮头发，不适合非艺术类的人士，尤其是在机关、大中型企业、外企公司等，个性的过分张扬，会给职业文化环境带来负面影响和评价。

（2）头发脏乱

头发黏糊糊的，或者使用护发用品后形成白屑，或者头发看上去不是丝，而是缕，或者头发蓬乱，会让人感到不卫生、无修养，估计面试的人都不敢靠近你。

（3）有异味

顶着多日不洗的头发，头汗或头垢散发出异味，既影响个人形象，别人也不愿与你交往。

（4）染彩发

女生不可染彩发，染彩发是标新立异、显示个性的时尚行为，而一般机关和事业单位、大中型企业都注重庄重大方，否则会引来不必要的非议。

（5）太特别

男生头发不必过长，过长会显得衰老憔悴，但也不应太短，不到万不得已不要剃"光头"。当然，艺术类人士的发型可以更为自由、个性化。

（6）过多饰物

女生头发饰物不可过多，不可过于光亮耀眼，否则给人一种俗气的感觉，反而失去自然美。头发饰物的色彩、样式要与年龄、肤色、衣服颜色相一致。

（二）面部化妆

人的美丽是由眼、耳、口、鼻、眉精妙地组合搭配后，写在脸上的生动乐章。所以女生可适当地化妆，来弥补自己的先天不足。化妆一般包括护肤、美发、修眉、画眼线、画唇线、呵护手部。学生可以主要描画眉毛，显得清秀。唇色淡的可以上一点淡色口红，唇线不明显的可以画画唇线，用简易妆容把自己打扮得更漂亮。

求职面试时，女生不要化浓妆，因为学生的基本形象就是朴素大方，浓妆艳抹反而会给面试官一种不好的感觉。所以化妆既要给人以深刻印象，又不要显得脂粉气十足。男生不能留胡子，尤其是不能稀稀缕缕地只留几根，否则会显得老气和怪异。

二、仪态包装

仪态，是人的姿势、举止、动作和样子。

古语说得好："世事洞明皆学问，人情练达即文章。"言谈举止是一个人教育、修养、文化水平的反映。在人们的职业生涯中，人际交往讲究彬彬有礼。如果你待人接物得体，有朋自远方来，因以礼相待而感到如沐春风、宾至如归，会为你和你的亲人朋友平添生活和工作的快乐。反之，若置礼宾规范于不顾，自以为是、我行我素，必授人以笑柄。

首先，让我们来学习仪态包装，包括站姿、坐姿、蹲姿和步态的基本训练，使你掌握生活及工作中的礼仪风范，为你平添优雅、风度和自信，成为人群中的亮点。

（一）站姿

俗话说"站有站相，坐有坐相"，站姿是人的最基本姿态。男人"站如松"，女人"亭亭玉立"，是人们对男女标准站姿的形象描述。端庄的站姿可以充分表现人体的静态美，是形成端庄仪态的起点，给人以最直观的整体视觉印象。

1. 站姿要领

（1）规范站姿

正确的礼仪站姿是抬头、目视前方、挺胸直腰、肩平、双臂自然下垂、收腹、双腿并拢直立、脚尖分呈 V 字形、身体重心放到两脚中间。

男生：两脚分开，比肩略窄，将双手自然下垂。

女生：双腿并拢，脚尖分呈 V 字形，双手自然下垂或合起敛于腹前。

（2）叉手站姿

两手在腹前交叉，右手搭在左手上，直立。男生可以两脚分开，距离不超过 20 厘米。女生可以用小丁字步，即一脚稍微向前，脚跟靠在另一脚内侧（见图 4-2）。这种站姿端正中略有自由，庄重中略有放松。在站立中身体重心还可以在两脚间转换，以减轻疲劳，这是一种长久站立时选用的站姿。

图 4-2　叉手站姿

2. 站姿禁忌

在公共的正式场合，站姿有以下几点禁忌：

（1）双手叉腰；

（2）双手抱于胸前；

（3）手插入衣袋；

（4）东倒西歪；

（5）懒散地倚在墙或椅子上；

（6）做小动作，如抖脚、翻弄随身物品、摆弄打火机、玩弄衣带、咬手指、抓头、弄鼻、拽发辫等；

（7）与人勾肩搭背；

（8）弯腰驼背。

站姿要考虑安全因素，不能倚靠在机器上侧立；迎宾或站柜台，不能将两脚相搭。

（二）坐姿

坐姿是人最常表现的一种工作和生活姿态，端庄的坐姿一般被形容为"坐如钟"，同时也让人觉得很舒适，淡定自如，防止死板。当面试官示意落座后方可坐下，应试者应当有良好完美的坐姿，以使面试中的沟通和接触能够顺利进行。

1. 坐姿要领

抬头挺胸，背部与臀部成一直角，目光平视，双手自然摆放在双膝上；双膝并拢，两腿自然弯曲；无论是椅子还是沙发都不宜坐满，只坐二分之一或三分之二为宜。

男生：采用规范的坐姿，上身与大腿、大腿与小腿皆成直角，小腿垂直地面。双膝分开，但不得超过肩宽。另可采用前伸式、前交叉式坐姿（见图 4-3）。

图 4-3　男生坐姿：标准式、前伸式、前交叉式

女生：穿裙子时可以采用双腿叠放式坐姿，即双腿一上一下交叠在一起，交叠后的两腿之间没有任何缝隙，双腿斜放于左/右一侧，斜放后的腿部与地面呈 45 度夹角，叠放在上的脚尖垂向地面。图 4-4、图 4-5 展示了女生各式标准坐姿。

图 4-4　女生坐姿：合并式、斜放式、叠放式

图 4-5　女生坐姿：前伸后驱式、交叉式

　　入座姿态：要以轻柔和缓的效果为宜。走到座位前转身，右脚向后撤半步、轻松坐下后，右脚与左脚并齐（见图 4-6）。女生如果穿裙子，用手把裙子向前拢一下之后入座。

图 4-6　坐姿步骤

离座姿态：要自然稳当，右脚向后退半步，两手在两膝上轻轻用力，而后站起。注意：起立的动作最重要的是稳重、安静、自然，不要发出任何声音。

2. 坐姿禁忌

（1）面试时最忌讳的坐姿就是把腿跷起来。因此，面试时一定要有意识地提醒自己，千万不要跷腿，否则会给面试官留下你这个人自高自大、没有修养的印象。

（2）两膝左右分开，两脚呈八字形，女生若这样坐有失雅观。

（3）脚尖朝内，脚跟朝外，内八字坐法，或脚勾椅子腿，会显得行为俗气。

（4）双手夹在大腿中间、垫在大腿下、手心向上歪歪斜斜、双手平放在椅子的扶手上，会显得心态不够自然。

（5）坐下后一会向东一会向西、半躺半坐、前仰后倾，会显得情绪躁动不安。如果坐的是一张直背椅，千万不要"瘫"在椅背上。

（6）不可猛起猛坐，弄得座椅乱响，显得冒失。

（三）蹲姿

蹲姿是人在处于静态时的一种特殊姿势。在某些场合，合理的蹲姿加上尊重的态度和表情，能展示出更为良好的素质。

1. 蹲姿要领

下蹲时一脚在前，一脚在后，两腿向下蹲，前脚全着地，小腿基本垂直于地面，后脚脚跟提起，脚尖着地（见图4-7）。女生应靠紧双腿，男生则可适度地将其分开。臀部向下，基本上以后腿支撑身体。

蹲下的时候，蹲下的站位、探出的是左脚还是右脚、蹲下的方式等都是与所处场景有关的。比如，拾取左侧掉落物，可左脚后探半步再蹲下。

2. 蹲姿禁忌

（1）弯腰捡拾物品时，两腿叉开，臀部向后撅起，是不雅观的姿态。两腿张开平衡下蹲，其姿态也不优雅。

（2）下蹲时注意内衣"不可以露，不可以透"。

图 4-7　蹲姿

（四）步态

步态是人行走的姿态，端庄的步态属于健美的姿态，可以呈现出"动态美"。正确的行姿可以表现一个人朝气蓬勃、积极向上的精神状态。

1. 步态要领

行走时，应上身挺直，头部端正，下颌微收，两肩齐平，挺胸，收腹，立腰，双目平视前方，精神饱满，表情自然。左脚起步时身体向前方微倾，走路要用腰力，身体重心要有意识地落在前脚掌上。两腿有节奏地向前交替迈出，并大致走在等宽的直线上。走时步履轻捷，两臂随身体自然摆动。

步度标准：行走时两脚之间的距离大约是自己的脚长。

步位标准：脚落地时放置的位置，应在一条直线上。

男生：步履雄健有力，不慌不忙，展现雄姿英发、英武刚健的阳刚之美。

女生：步履轻捷优雅，步伐适中，不快不慢，展现出端庄的阴柔之美。

2. 步态禁忌

（1）大步流星：行走时步幅过大或迈步过急，显得不稳重。

（2）左右摇摆：身体行走时双臂摆动幅度过大，摇头晃肩，显得浪荡。

（3）磨磨蹭蹭：行走像平时散步，显得无所事事，漫不经心。

（4）匆匆忙忙：行走时步子小而急，显得心态浮躁。

（5）八字步：脚步呈内八字或外八字，显得不雅观。

（6）其他不雅的走姿：重心不稳、弯腰驼背、步履拖沓、背手、插兜、抱肘、叉腰、拖拉着鞋发出"嚓嚓"声响等。

三、仪表包装

俗话说"三分长相，七分打扮"，"人靠衣，马靠鞍"，可见着装还是一门不简单的艺术。这里的仪表包装主要是指服饰包装。

职业服装是职业人的典型形象，是职业人职业素质、职业品位、职业特征的外部表现。各国的医生、警察、军队以及部分服务行业都有统一的服装，就是因为职业装有强调职业特殊社会地位的功能。统一职业装，也是对从事这些职业的人的道德约束，同时也是社会管理的一种有效方法。

职业装"包装"的关键点是服装的色彩搭配。

（一）着装的配色原则

1. 呼应配色

呼应配色是指配色要考虑全身服装的色彩协调，服装的色彩要整套上下呼应或内外呼应。服装的色彩呼应一般是上衣浅、下衣深，外衣深、内衣浅。如果与此相反搭配，以深浅反差不太大为宜，否则上深下浅会使人感觉头重脚轻，内深外浅会使人感觉压抑。

2. 适当配色

适当配色是指配色要考虑全身服装的色彩种类。全身服装的色彩搭配，一般不能超过三种颜色，即"三色原则"。所以，购买单件衣裤时，不能只考虑喜欢和好看，要考虑自己是否存有与之色彩相配的其他服装，因为服装美不美，还在于服装色彩搭配后的整体视觉效果。

3. 点缀配色

点缀配色是指配色要考虑全身服装的装饰色。装饰色可根据实际需要使整体服装达到或生动，或活泼，或立体，或端庄的不同效果。如身穿深色服装用浅色胸花来装饰，可以起到画龙点睛的作用。女生如果身着低领的上衣，可以在脖子上系一条色彩明快的纱巾或戴条项链点缀。女生的手提包一般与衣裙色彩协调一致最好，穿套装时，手提包的色彩对全身整体服装效果可起到点缀作用。

4. 衬托配色

衬托配色是指配色要考虑全身服装的基色。基色主要是指裤子和裙子的颜色。一般来说，黑、白、灰是配色中的公共安全色，它们最容易与其他颜色搭配，不会引来非议和反感，配色效果也会较好。其中，女生的基本衣橱色为黑、白、灰，男生的基本衣橱色为黑、藏青、深灰、浅灰。

5. 得体配色

得体配色是指配色要考虑人的体型，即人体的高矮胖瘦，这些都可通过色彩搭配来体现美观。个矮的人的上衣和裙子、裤子、袜子最好是一个色系的底色，深浅可不同，这样可使身材不因色彩发生长度上的视觉断开，上衣也不可过长，否则会更显矮。个矮的人适合穿短上衣或者色彩一致的套装、长裙、长裤等。袜子的颜色应比裤子或裙子的颜色深，穿西装不能穿白袜子。体态较胖的人，不应穿浅色、横格横条纹、带腰带、带大花、紧身的衣服；体态过瘦的人，不应穿深色竖条纹、太贴身、过于宽大的衣服。大个子最好不提较小的手提包，小个子最好不提较大的手提包。

6. 时节配色

时节配色是指配色要考虑颜色的性质，冬季适合暖色，夏季适合冷色。

总之，服装美不美"先看颜色后看花"，色彩对于服装来说重于衣料，没有不美的色彩，只有不美的搭配，服装色彩的搭配是一门学问。掌握这门艺术，不仅要考虑到服装色彩、款式、饰物搭配，还要考虑到年龄、职业、场合这些因素，只有把握这两方面，方能显现服装的职业和生活艺术魅力。

（二）着装的 TPO 原则

TPO 是英文的时间（time）、地点（place）、场合（occasion）三个词的首字母缩写，是指人们在着装搭配时，应当注重的三个客观要素。

1. 时间原则

这里的时间既是指每天早、中、晚，也是指春、夏、秋、冬四个季节。如果经济条件允许，原则上在不同时间里应穿着不同的服装。例如，白天穿睡衣上街，会让人感到此人不自重、过于放任。有的人大冷天穿得很单薄上班或外出，不仅与大家不协调，而且自己往往要抱臂耸肩以取暖，会产生行动上不方便的后果和不愿意做事的心理，同时给人很不舒服的形象，多数还会引发感冒、鼻炎、风湿等病症，这种"美丽冻人"的做法可谓得不偿失。

2. 地点原则

为了营造人们视觉与心理的和谐感，应配之以与特定的环境相协调的服饰。职业人要注意以下几种场合的着装：

（1）办公室或服务窗口

在机关、企业办公室、对外营业窗口等岗位从事服务工作的职工，在上班地点要着职业正装。身着漂亮整洁的职业装，不仅会给同事或客户留下大方、得体、高雅、规范的职业形象，而且会促使职工自觉保持办公环境卫生。所以，一般单位和企业都会在多数职工经过的地方，安放一面大镜子，以使职工每日都能检查自己的职业形象。一个企业或部门中的主管、核心人士，其职业服装会对大多数职工产生较大影响。

（2）特定工作地点

工人在大中型工厂的车间机器旁，警察在马路交通岗上，医生在医院里，为了方便管理、保证工作安全、提高职业工作效率，上班期间一般要求穿统一工装或职业装。

（3）消遣地点

身着西装革履步入星级高档酒店，会产生一种人境两相宜的效果。集体野游时，大家都身着休闲装或旅游服，如果其中一人身着西装革履，不仅与地点产生极不协调的反差，而且自己行动起来不方便。

（4）求职应聘地点

穿着打扮可反映出一个人的修养和生活风格，在竞争激烈的商业社会，着装也未必千人一面、千篇一律，应聘不同的岗位，衣着应适合职业环境的要求。例如，去应聘车间里搞安装之类的具体操作岗位时，应穿得朴素点，以宽松方便活动为宜；而去广告公司应聘，则不应穿古板落俗的衣服，可以时尚一些。

3. 场合原则

特定的场合都有人们约定俗成的穿着惯例，这些惯例具有深厚的社会基础和人文意义。如果服饰与场合不符合，会引起人们的反感甚至厌恶。职业人在以下几种场合的着装要特别注意：

（1）大型会议场合

参加职工大会、报告会等正式会议时，应该身着正装，以体现严肃认真和规范的职业形象。有较高身份地位的公众人物，常常要在大型会议上亮相或讲话，其服装所体现的职业形象更是不可忽视的，它可以帮助人们识别领导者的生活品位、个性爱好、内涵气质，有提高社会影响力和感召力的作用。

（2）集体活动场合

如厂庆、店庆、歌舞会、婚礼这种喜庆的场合，最好不穿黑色，着鲜艳和时尚的服装，可以体现高兴的心情，帮助营造喜庆的气氛；如果是参加葬礼或悼念活动，不要身着红色、印着大花等鲜艳的服装，以表示参加者沉痛和哀悼的心情为宜。如果参加体育活动，最好身穿运动装、休闲装，可达到舒适、方便、与环境协调的效果。教师、职业培训师、心理咨询师等，不宜穿鲜艳的、暴露的、印着大花的、过于有个性的服装，以免分散学生的注意力，对自身职业形象产生负面影响。集体活动场合不宜穿拖鞋。

（3）外交场合

各国习俗差别很大，中国人在外交场合要着职业正装。在国外与人约会、谈判等交往场合，如果穿的衣服不整洁，领口、袖口不干净，会被视为对人不尊重。相反，认真梳妆打扮，会表示对对方很重视，能体现中国人好客、文明、礼貌的传统。

1983年6月，美国总统里根出访欧洲各国，他在严肃的正式场合穿了套花格西装，引起西方舆论一片哗然，有媒体评论他没有给予欧洲伙伴应有的尊重和重视。可见职业着装在人际交往，包括外交中的作用都是不可轻视的。一个人的服饰不符合一定的场合要求会引起误会，造成对职业形象的不良影响。

（三）穿西装、套装的礼仪

西装、套装是最具有职业感的职业性、代表性服装，身穿一套合体的西装或套装去参加正式的公开场合、面试，或者进行交际活动等，都可使穿着者显得潇洒、精神、风度翩翩，也表示对交往者的尊重。人们常说："西装七分在做，三分在穿。"为了提高服装的交际效果，穿西装、套装要讲究以下一些礼仪：

1. 系好领带

有人说："领带是服饰的灵魂。"西装的"V"字形翻领最显眼，因为它使领带处于人体的中心部位。领带不可太细，过细显得小气；领带也不可太长或太短，长度一般为130～150厘米，以系好后领带箭头垂到裤腰处为标准。领带夹放在衬衣从上往下数的第四粒组扣处，以系上西装扣子后，看不到领带夹为宜。

2. 袖长适中

袖长直接影响西装的整体形象，西装袖子的长度以达到手腕为宜，西装衬衫的袖长比上衣袖子长出1～2厘米，衬衫白领露出部分与袖口部分相对应，可有一种匀称感。西装袖口处的商标要及时摘除。

3. 适当系扣

穿着西装在较隆重的场合必须系扣。双排扣的西装，纽扣一定要全部扣上；对于单排两个扣的西装，可以扣上面一个；三粒扣不能只扣中间一粒。

4. 限制口袋

为了防止西装变形，上衣两侧的两个衣袋只能作为装饰用，不可装东西，有必须携带的东西可以放在西装上衣内侧衣袋里。西装上衣胸部的衣袋，可以装折叠成花式的手帕，其他东西不可装入。任何时候都不要把手插在西装上衣的两侧口袋里。穿套装时，手不可插在裤子或裙子的衣袋里，这会给人教养不够的印象。

5. 穿着体面

穿着是否体面要看整体效果。如果穿西裤，西裤不宜太长，袜子的颜色应比西裤的颜色深，不能穿白色袜子。皮带与皮鞋的颜色应该相同，切忌穿着太显眼的皮带，衬衫必须放到西裤内。女生面试，身着套装或连衣裙比较体面，可以选深颜色的正装，以给人稳重大方之感。穿着超短裙、露胸露背的上衣，或过于夸张和怪异的服装出席正式场合将会被视为无礼。如果有职业表演需要的例外。

6. 讲究面料

无论男女，西装的面料都应该以轻、薄、软为好。女式西装样式比男式更多，选择面料时，要考虑三不原则：不起球、不起皱、不起毛。有时受经济条件局限，以选择样式为主，不一定选择价格太高的面料。以高价高质量的面料为主时，样式则简单为好，更能突出面料的质地。

四、礼仪包装

（一）入场礼仪

1. 敲门

面试室的门一般是开着的，由引导员事先询问面试官"可以入场了吗?"，得到许可后，引导员会轻声告知等候的面试者可以入场了。这时，面试者最好保持微笑站在门口，并在听到入场指令后，轻敲两下门，然后进入面试室。如果在等候时，发现门是关着的，则需轻敲三下门，听到面试官回应（如"请进"）后再进入面试室。如果没听到面试官说"请进"的口令，面试者应等待 3 秒钟再次敲门，音量适度提高一点；如果仍没有听到面试官应答，则需要在门口等待。

2. 入场

进入面试室后，面对面试官，侧身轻关房门。无论面试者进来前门是开着还是关着，面试者都要关门，这体现面试者的修养。关门时声音不能太大，要用手扶着门柄关门。关门时要尽量避免整个背部对着面试官。

3. 行走

抬头挺胸，自然摆臂，保持微笑走到台前。

4. 问好

入场问好的关键在于声音和热情。建议面试者以高而有力的声音和脸上的微笑，展现出自己的自信，给面试官留下良好的第一印象。一般的问候方式是行鞠躬礼并说"各位面试官好，我是×××"，或是说"各位面试官，大家上午好（下午好)！我是×××"。

（二）鞠躬礼仪

在我国，鞠躬常用于下级向上级、学生向老师、晚辈向长辈表达由衷的敬意，亦常用于服务人员向宾客致敬，有时还用于向他人表达深深的感激之情。

基本动作规范：

（1）行礼时，立正站好，并拢双脚，保持身体端正。

（2）面向受礼者，距离为两三步远。

（3）男生的双手自然下垂，贴放于身体两侧裤线处；女生的双手下垂搭放在腹前（右手搭在左手上）。

（4）伸直腰，以腰部为轴，整个肩部向前倾 15°以上（具体视行礼者对受礼者的尊敬程度而定），视线由对方脸上落至自己的脚前 1.5 米处（15°礼）或脚前 1 米处（30°礼）（见图 4-8）。

图 4-8 鞠躬

（三）介绍礼仪

介绍是人与人之间相识的一种手段，你可以通过落落大方的介绍，来显示出良好的风度。

1. 自我介绍

自我介绍是交际场合中常用的介绍方式，在某种意义上可以说它是打开与人交往大门的一把钥匙。去某单位应聘时，自我介绍应详细些，不仅要讲清姓名、身份、目的和要求，还要介绍自己的学历、经历、专长、兴趣、能力等。要至少讲出三条自己的优点，从而取得对方的信任，为应聘创造条件。

（1）自我介绍注意事项

①合理分配时间

合理安排时间，详略得当。可以按 1：3：1 的比例，介绍个人基本信息、介绍相关经历、总结关键词或愿景。

②准备两个时间版本的自我介绍

面试的自我介绍一般持续 1～3 分钟，可以提前准备好 1 分钟和 3 分钟两个时间版本的自我介绍。

1 分钟版本：突出最"有料"的一点，言简意赅把同岗位相关的最重要经历和优势表达出来。

第一，总结自己的个人信息，让别人了解你。包括自己的姓名、毕业学校和专业，一些同岗位相关的信息都可以说。但是，简历上比如民族、年龄、政治面貌等信息可以不用说。

第二，介绍重要的个人经历、业绩和重要的优势能力（同岗位相关），让面试官知道你为什么比别人更适合这个岗位。

第三，表达愿景，即表达自己希望加入公司的意愿，唤起面试官对你的兴趣。

3分钟版本：在1分钟的版本上做适当的拓展，可以在个人和优势上讲更多的内容。

第一，总结自己的个人信息，让别人了解你。包括自己的姓名、毕业学校和专业，一些同岗位相关的信息都可以说。但是，简历上比如民族、年龄、政治面貌等信息可以不用说。

第二，介绍自己的经历情况，包括工作经历、项目经历、工作业绩，让面试官了解你的工作经验和过往的成功经历。

第三，介绍自己的能力和优势在哪里，让面试官了解你为什么比别人更适合这个岗位。

第四，介绍个人兴趣、爱好、特长，让面试官了解你工作之外的另一面。但这些内容一定要积极向上，最好是与岗位相关，这样在面试中才有价值。比如你要面试的岗位是公众号编辑，那你可以说自己喜欢看知乎、豆瓣、公众号文章等。

第五，表达愿景，即表达自己希望加入公司的意愿，唤起面试官对你的兴趣。

③避免"背诵"式陈述

自我介绍的内容在应聘前应加以准备和练习，在简历的基础上可以使用灵活的口头语言进行再组织，并补充一些简历上没有体现的内容。学会用眼神与面试官交流，语速合适，切忌以背诵的口吻介绍自己，否则易被面试官理解为"做作"乃至"做假"。

④突出和应聘岗位相关的信息

自我介绍的内容不宜过多停留在诸如姓名、教育经历等部分上，应在有限的几分钟内，充分描述与应聘岗位相关的优点。

⑤看面试官的反应下菜碟

如果发现面试官有些心不在焉，那很可能是对你现在正在陈述的事情完全没有兴趣，那得想办法转移话题；如果对方一直在侧着头听你说，一方面可能是因为他很认真，另一方面也可能是因为你的声音太小了。

⑥牢记"3p"原则

在自我介绍时，应该记住"3p原则"，即积极（positive）、个性（personal）、中肯（pertinent）。回答要沉着，突出个性，强调自己的专业与能力，语气中肯，不言过其实；同时，还要调适好自己的情绪。

⑦以道谢结尾

在自我介绍结束后不要忘了道声"谢谢"，同时也把提问权还给面试官。这些小细节往往会影响面试官对应聘者的印象。

（2）自我介绍给自己"加戏"

①解名字

可以介绍姓名的音、义、形，但是切忌长篇大论。也可以说明父母取名时的期望，或说明名字的典故，或说明自己名字和某些名人有相似之处，让面试官在最短时间内记住你。

例一："大家好！我叫周云华，我的名字很好记，周润发的周，刘青云的云，刘德华的华。我这样介绍自己的名字，是希望各位考官可以记住我。"

例二："大家好！我叫崔骥骥，骥骥在古代有两个含义：一是千里马，二是贤才。我本人也是属马的，我希望自己今天的表现可以得到各位伯乐的赏识。"

②贴标签

求职者可以给自己贴个标签，也就是在自己名字前面加一个定语。这个定语既要反映求职者某方面的特长，又要和应聘岗位描述是相匹配的，这样可以加深面试官的印象。

例如：

林同学应聘美术设计，她可以说："我每次做设计都会逼自己出两版方案，最终选择更好的那个。我是一个可以在设计上逼死自己脑细胞的人。"

显然，"逼死自己脑细胞"是这位同学给自己贴的标签，说明她对作品设计有很高的要求，她愿意挑战自己的潜能，是一个追求完美的人。

③讲故事

在贴标签之后，一定要讲一个细节生动有趣的故事，对前面说的标签进行"画面化"阐释。因为故事最能打动人，让人记忆深刻。

例如：

周云华同学应聘美术设计，她可以给自己的标签讲一个故事。比如："我之前在一家公关公司实习，担任设计师，帮甲方客户设计全国校园巡展的全套视觉产品。我遇到了一个要求多多、比较苛刻的甲方，他表述出来的需求是不断变换的，单就一款海报，我就前后总共设计了 5 版，每次都要推倒重来，我连续一周加班到晚上 12 点。说实话，当时心里还是挺崩溃的，认为自己是被甲方虐待得最惨的设计师。在多次和客户沟通中，我反复确认他们的需求，也帮助对方理清了需求，最终我的设计成果得到了客户的肯定。在项目完成后，甲方对接人单独请我吃了一顿饭，还送了一份她自己 DIY 的小礼物作为答谢。我的直属领导还说，我是公司里唯一一个收到过甲方小礼物的设计实习生。"

口说无凭，作品为证。在讲述故事的过程中，周同学可以适时拿出自己的设计作品集，将故事里相关的设计——指给面试官看，还可以对 5 版设计的风格做解释说明。

在这个故事中，周云华同学通过三方面的细节来打动面试官。一是设计能力，她可以独立完成 5 版全新的创意。二是沟通能力，反复确认客户的需求，帮助对方理清需求。三是敬业精神，连续一周加班到深夜 12 点。显然，这样一个有血有肉的故事比单纯说"我精通 PS""我可以独立完成设计""我有很好的沟通能力""我设计的作品总能得到客户的认可"这些话更有说服力。

（资料来源：国聘微信公众号，2021 年 2 月 25 日）

④讲亮点

如果有独特的经历，那么自我介绍不妨跳出大众化的介绍模式，把自己经历中独一无二的亮点介绍出来，这样会让面试官觉得很新鲜很有趣，比如特别的志愿者、创业或实习经历。

例如：

一位人力资源主管曾面试过一个应聘 BD（商务拓展）岗位的男生，在自我介绍中，这个男生讲起自己体重一度超过 200 斤，健康差、颜值低，在同龄人中有很强的挫败感，后来开始坚持长跑，每天 5 公里，风雨无阻。4 个月后，体重成功下降到 150 斤，足足减了 50 斤。目前整个人神清气爽，活力十足，还计划参加马拉松。他觉得，自从他体重降下来，他的人生就像开了挂一样……

他的介绍成功引起了人力资源主管的兴趣。在人力资源主管看来，一个能长期坚持某种爱好的人、一个有自我控制力的人，一定也能很好地完成工作。人力资源主管在心里就给他加了不少的分。

（资料来源：面试求职那些事微信公众号，2017 年 7 月 19 日）

⑤自带道具

道具包括自己设计的产品等，比如应聘软件设计类用手机展示 App。注意自带的道具应不大，便于携带。

⑥拉关系

在自我介绍时，巧妙地将自己和应聘单位扯上关系。

例如：

某位同学在面试中国银行的时候，他的自我介绍是围绕中国银行三个英文字母展开的，BOC（Bank of China），分别代表 balance（平衡）、opportunity（机遇）、collaboration（协作），然后将自己的经历融合进去，让面试官眼前一亮。

⑦善用概括总结

抛出一个有趣的点概括总结自己的特点或个人经历，既能吸引面试官的注意力，又可以让面试官加深对自己的印象。

例如：

一名求职者应聘某团队的产品运营实习生，她说她的个人经历可以用一个公式来概括，那就是"2+2+1"。

公式里的第一个"2"，是她参加过 2 次全国大学生创新挑战赛，都获了奖。

公式里的第二个"2"，是她参加过 2 次社会实践项目，都是与公益相关的志愿者服务。

公式里的最后一个"1"，是说她有组织策划线下活动并成功执行的经验，还举了一个详细的例子。

之后，她对"2+2+1"的每一项内容都做了具体阐释，应用了 STAR 原则，介绍得非常清楚。

（资料来源：面试求职那些事微信公众号，2017 年 7 月 19 日）

（3）自我介绍时，千万不要犯的六大错误

错误一：语言技能不过关。

错误二：逻辑能力不过关。

错误三：自我介绍超过 5 分钟。

错误四：眼神飘忽，不直视面试官。

错误五：把自己描述得特别厉害，过分抬高面试官的期望。

错误六：自曝短处。

☞ 【推荐阅读】

自我介绍（范例一）

大家好！我叫张磊，我的名字很好记，弓长张，黄磊的磊。我是××大学行政管理专业 2020 届的本科毕业生，很荣幸能够有机会参加贵公司的面试，我应聘的岗位是人力资源专员。

我觉得我能胜任这个岗位的理由有以下三个方面：

从知识层面上说，我学习过人力资源的相关知识。我对人力资源这个方向非常感兴趣，因此大学期间系统学习相关知识，了解人力资源的六大模块、三大支柱，本科的毕业设计是"企业胜任力模型"。

从技能层面上说，我的沟通能力比较强。大学期间曾经获得学校的"演讲十佳"，在学校就业指导中心做了 2 年的兼职：第一年参与了企业宣讲会场地的安排，高峰时，每日与 50 余家单位沟通；第二年接待学生办理签约手续的工作，每日接待学生近百人。

从才干方面来说，我是一个非常有责任心的人。大二时担任班长，为加强班级凝聚力建设，组织班团日 12 场、班级出游 2 次。尽管学业很忙，但依然努力做好班级建设，对于其他班委没有完成的工作也积极补位，最终班级获得"优秀班集体"称号。

最后，再次感谢贵公司能够给我这个宝贵的面试机会，谢谢大家！

自我介绍（范例二）

大家好！我是吴静，口天吴，安静的静，可能是因为小时候比较爱哭，父母希望我安静点，就给我名字里加了个"静"字，可是他们好像忽略了我的姓氏，"吴"通"无"，就是没有的意思啊。所以，我生性活泼，爱与人交流，就选择了外贸这个行业。

相比于其他面试者，我可能没有实习经历，但是接下来我将结合贵公司的精神和文化品格向大家证明我有多适合贵公司。

公司精神：合作、务实、高效、创新。

文化品格：追求卓越、勇担责任、开放包容。

首先是合作和勇担责任方面。三年的学生干部经历，培养了我较强的团队精神和组织能力。我曾多次担任主要负责人，组织学校大型千人活动，例如元旦嘉年华、校园十佳歌手赛、社团纳新等。

接下来是开放包容方面，体现在思想文化和日常生活中。这可能也是我为什么会选择外贸这个行业的原因，我喜欢接触不同的文化、不同的思想，因为我觉得每一个有趣的想法一定都有它独特的灵魂。大学期间，我曾担任校学生代表与南非理工大学开展交流会，并在会上作为宣讲人开展介绍我们学校的演讲。

日常生活中，我是一个非常随性的人，人称"差不多小姐"。但是在工作和学习方面我却恰恰相反，这就提到了务实和追求卓越。工作和学习中我是一个非常求稳和追求完美的人，从来不打没准备的仗。可以举作业的一个小例子，比如我们之前的《综合商务英语》这本书，书很厚，知识点很多且杂，老师就会希望我们在上课前先自学一下，做一些归纳和整理。有的同学就会省事地抄个目录应付老师，但是我不太一样，我会在这上面花很多时间，梳理出一个知识框架，类似于思维导图那样的，每次都会被老师作为范本来讲解。因为在我看来，既然你有时间有精力可以做得更好，甚至是最好，那为什么不呢？

接着是高效方面。由于大学期间，我将大把的时间都放在了学生工作上，相较于其他同学，我的学习时间少了很多，这时候我就会想办法提高自己的学习效率，因为这样期末才能拿奖学金。

除了平时的学生工作和学习之外，课余时间我也特别喜欢参加创新创业类的大赛，例如全国大学生挑战杯、祥龙杯、教职杯等，也都取得了相对较好的成绩。我这人很喜欢自己钻研新的事物，大学期间，我曾对网页设计感兴趣，就花了一个月的时间，对，就是不分昼夜的那种，疯狂学习教程，然后报名参加了一个网页设计大赛，竟然获得了一等奖。

以上是我的自我介绍，谢谢！

附：之前线上面试中自我介绍用到的简易图表

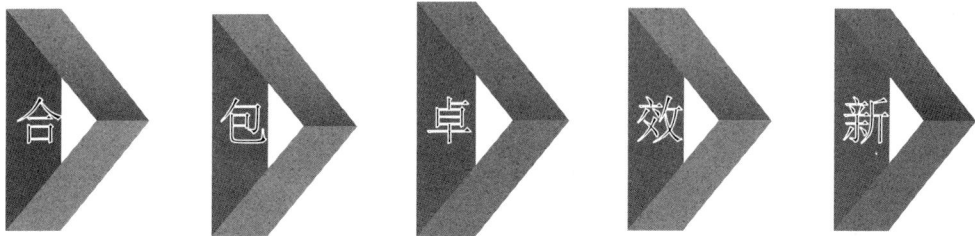

合	包	卓	效	新
合作和勇担责任	开放包容	务实和追求卓越	高效	创新
三年的学生干部经历	思想文化和日常生活（南非理工大学交流会）	知识框架思维导图	年年奖学金三好学生优秀学生干部标兵	创新创业类大赛自学网页设计

（作者简介：吴静，女，2020届商务英语专业毕业生，曾任国药集团厦门生物平台业务主管，现就职于 Accenture & Google。寄语：看过一个视频，同一水平线上有两颗弹球，起点终点一样，一个跌宕起伏，一个一路平坦。最后竟然是跌宕起伏的球先到终点，且更有弹力，走得更远。我想自己应该是跌宕起伏的那个，我也希望自己是跌宕

起伏的那个。依旧相信自己的"人生海浪学"，起起伏伏，一切都是最好的安排。）

2. 相互介绍

（1）尊者居后原则

把地位低者介绍给地位高者；

把年轻者介绍给年长者；

把客人介绍给主人；

把男士介绍给女士；

把迟到者介绍给早到者。

（2）介绍时动作

手心向上，介绍时一般应站立，特殊情况下年长者和女士可除外，在宴会或会谈桌上可以不起立，微笑点头示意即可。

（四）沟通礼仪

1. 称呼与问候

（1）提前了解面试官的姓名。

（2）可称呼面试官的行政职务、技术职称、广泛性尊称（如老师、先生）等。忌使用"哎"等替代性称呼、容易引起误会的称呼（如地方性称呼）、不适当的简称（如张人大、马校、范局）等。

2. 沟通注意事项

（1）三到——眼到、口到、意到

①眼到

要有目光的交流，注视别人目光应友善，采用平视，必要的时候仰视，与人目光交流时间 3～5 秒，其他时间看嘴巴和眼部中间的位置，注视对方的时间是对方与你相处时间的三分之一。

②口到

讲普通话，热情正确称呼，表示对交往对象的尊重，体现社会风尚，反映个人修养。

③意到

通过微笑把友善、热情表现出来，不卑不亢，落落大方，不能假笑、冷笑、怪笑、媚笑、窃笑。

（2）注意尊重对方

不随意打断对方，不随便补充对方，不任意纠正对方，不贸然质疑对方。

3. 沟通禁忌

（1）不要非议公司；

（2）不要涉及公司秘密与商业秘密；

（3）不能随便非议交往对象；

（4）不在背后议论领导、同行和同事；

（5）不问收入；

（6）不问年龄；

（7）不问婚姻家庭；

（8）不问健康问题；

（9）不问个人经历。

（五）面试礼仪

大学生面试时应面带笑容，这种职业性微笑会给面试带来和谐友好的气氛。

1. 提前到场

提前到场体现了面试者对面试官的尊重、对公司的重视，更是对求职本身的重视，很大程度上是良好职业素养及礼节礼仪的表现。

最好提前半小时左右到达面试场所。一是防止因交通拥堵等错失面试的机会；二是可以提前熟悉环境，放平心情；三是可以探听下前面的面试情况。但是也不宜提前太早到场，太早的话可能会打乱对方的安排。

2. 保持安静

面试前，最好把手机关机，万一忘记，也可以在现场当着面试官的面关掉，表明"我的眼里只有你"。

3. 不要携带过多的物品

通常只带一个文件夹或文件包就可以了，万不可出现这种情况：拿着一个大包往桌上一放，先掏出一本课本，再掏出一个手机，最后才掏出一份皱巴巴的简历。

（六）握手礼仪

握手，是人与人在交往上近距离的亲密接触，因此，对体察彼此的交际心理起着非常重要的作用。眼睛失明、耳朵失聪的海伦·凯勒曾经谈过她与别人握手的感受：有的人握手可以使你感到拒人于千里之外，有的人握手却使你感到温暖；有的人的手像凛冽的寒风，有的人的手却充满阳光。海伦·凯勒只能通过握手感受到别人的心，她的描述无疑是真切的、准确的。

1. 握手正确方法

行握手礼时，不必相隔很远就伸直手臂，也不要距离太近。一般距离一步左右，上身稍向前倾，伸出右手，四指齐并，拇指张开，双方伸出的手一握即可，不要相互攥着不放，也不要用力使劲（见图 4-9）。若和女士握手，不要满手掌相触，而是轻握女士手指部位即可。

正确的握手方法是：握手时长宜短，要热情有力，要目视对方。女子同外国人握手时，手指与肩部要自然放松，以备男宾可能要行吻手礼。

图 4-9　握手

2. 具体方法

（1）一定要用右手握手。

（2）要紧握对方的手，时间一般以 1～3 秒为宜。当然，过紧地握手，或是只用手指部分漫不经心地接触对方的手都是不礼貌的。

（3）被他人介绍之后，最好不要立即主动伸手。年轻者、职务低者被介绍给年长者、职务高者时，应根据年长者、职务高者的反应行事，即当年长者、职务高者用点头致意代替握手时，年轻者、职务低者也应随之点头致意。和女性握手，一般男士不要先伸手。

（4）握手时，年轻者对年长者、职务低者对职务高者都应稍稍欠身相握。有时为表示特别尊敬，可用双手迎握。男士与女士握手时，一般只宜轻轻握女士手指部位。男士握手时应脱帽，切忌戴手套握手。

（5）握手时双目应注视对方，微笑致意或问好，多人同时握手时应按照一定的顺序进行，切忌交叉握手。

（6）在任何情况下拒绝对方主动要求握手的举动都是无礼的，但手上有水或不干净时，应谢绝握手，同时必须解释并致歉。

3. 不礼貌握手

（1）男士戴着帽子和手套。

（2）长久地握着异性的手不放。男士与女士握手时间要短一些，用力更轻一些。

（3）用左手同他人握手。

（4）交叉握手，不要越过其他人正在相握的手同另外一个人相握。

（5）握手时目光左顾右盼。

4. 握手禁忌

（1）不要用左手相握，尤其是和阿拉伯人、印度人打交道时要牢记，因为在他们看来左手是不洁的，只能用于洗澡等。

（2）不要在握手时戴着手套或墨镜，只有女士在社交场合戴着薄纱手套握手才是被允许的。

（3）握手时另外一只手不要插在衣袋里或拿着东西。

（4）不要在握手时面无表情、不置一词或长篇大论、点头哈腰、过分客套。

（5）不要在握手时仅仅握住对方的手指尖，好像有意与对方保持距离。正确的做法是要握住整个手掌。

（6）不要在握手时把对方的手拉过来、推过去，或者上下左右抖个没完。

（7）不要拒绝和别人握手，即使有手疾或汗湿、弄脏了，也要和对方说一下"对不起，我的手现在不方便"，以免造成不必要的误会。

（8）不要在握完手之后当着别人的面擦手。

（七）递物礼仪

递物与接物是常用的一种动作，应当双手递物、双手接物（五指并拢），表现出恭敬与尊重的态度。递物的注意事项有以下几点：

（1）两臂夹紧，自然地将两手伸出。

（2）在接待工作中，所有物品都要轻拿轻放，客人需要的东西要轻轻地用双手送上，不要随便扔过去，接物时应点头示意或道声谢谢。

（3）递上剪刀、刀子或尖利的物品，应把安全的一侧递给对方，让对方方便接取。

（4）递笔时，笔尖不可以指向对方。

（5）递书、资料、文件、名片等，字体应正对接受者，要让对方马上可以看清楚。这些微小的动作能显示出你的聪明与教养。

（八）名片礼仪

1. 准备名片

（1）名片不要和钱包、笔记本等放在一起，原则上应该使用名片夹。

（2）名片可放在上衣口袋（但不可放在裤兜里）。

（3）要保持名片或名片夹的清洁、平整。

（4）若职务、地址、电话有变动，应及时更换名片。

2. 名片的使用

（1）保持名片的清洁、平整。

（2）下级或访问方先递名片，同时应说些"请多关照"之类的寒暄语。

（3）妥善保管。

3. 接收名片

（1）必须起身接收名片。

（2）应双手接收。

（3）不要在接收的名片上面做标记或写字。

（4）不可来回摆弄接收的名片。

（5）接收名片时，要认真地看一遍。

（6）不要将对方的名片遗忘在座位上，或存放时不小心落在地上。

4. 互换名片

（1）递名片

双手拿出自己的名片，将名片的方向调整到最适合对方观看的位置，不必提职务、头衔，只要把名字重复一下。顺序要先职务高后职务低，由近而远，圆桌上按顺时针方向开始，再用敬语"认识您真高兴""请多指教"等。

（2）接名片

双手接过对方的名片（见图4-10），要简单地看一下内容，轻声念出对方名字，不要直接把名片收起来不看，也不要长时间拿在手里不停摆弄，更不要在离开时把名片漏带，应将名片放在专用的名片夹，或放在其他不易折的地方。

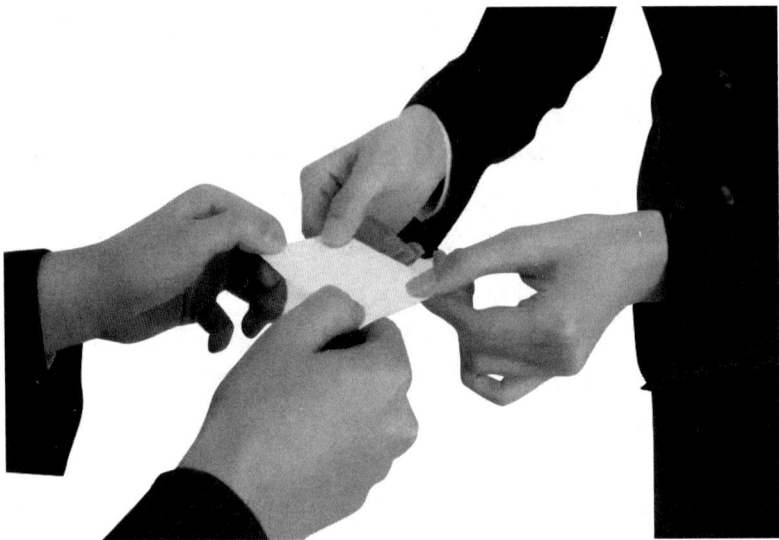

图4-10　接名片

5. 传递名片

（1）递名片的次序是由下级或访问方先递名片，如是介绍时，应先由被介绍方递名片。

（2）递名片时，应说些"请多关照""请多指教"之类的寒暄语。

（3）遇到名片上的生僻字，应事先询问。

（4）在会议室如遇到多数人相互交换名片时，可按对方座次排列名片。

（5）会谈中，应称呼对方的职务、职称，如"××先生""××小姐"等，而尽量不使用"你"字或直呼其名。

（九）退场礼仪

1. 结束语

在面试的最后，面试官会请面试者离场，此时建议面试者有一个30°左右的鞠躬礼（幅度不用太大），并以"好的，谢谢"或"面试官辛苦了"表达谢意。

2. 退出面试室

退场时的行走速度不要太快。关门时一定要注意轻轻关稳后再松手，避免过于放松而在离场后，门"砰"的一声响，还是要始终如一，在面试官面前保持稳重大方得体的形象。

☞ 【案例阅读】

一家公司的公关部招聘一位职员，许多人参加了角逐。

公司的面试流程十分烦琐，一轮轮淘汰下来，最后只剩下 5 个人。5 个人个个都优秀，都有较好的外表条件和学识，都毕业于名牌大学。公司通知了这 5 个人，并告诉他们聘用哪个人还得由经理层会议讨论后才能决定。

于是 5 个人安心地回家，等待公司最后的决定。几天后，其中一位的电子邮箱里收到一封邮件，邮件是公司人事部发来的，内容是："经过公司研究决定，你落聘了，但是我们欣赏你的学识、气质，因为名额有限，实是割爱之举。公司以后若有招聘名额，必会优先通知你。你所提交的资料录入电脑存档后，不日将邮寄返还于你。另外，为感谢你对本公司的信任，随寄去本公司产品的优惠券一份。祝你前程似锦。"

她在收到电子邮件的一刻，知道自己落聘了，十分伤心，但又为公司的诚意所感动，两天后，她收到了寄给她的材料和一份优惠券。她十分感动，顺手花了 3 分钟时间用电子邮件给那家公司发了一封简短的感谢信。两个星期后，她接到那家公司的电话，说经过经理层会议讨论，她已被正式录用为该公司职员。

后来，她才明白，这是公司最后的一道考题。公司给其他 4 个人也发了同样的电子邮件，也送了优惠券，但是回信感谢的只有她一个。她能胜出，只不过因为多花了 3 分钟时间去感谢。

（资料来源：职业规划与发展平台微信公众号，2017 年 12 月 5 日）

第四节　面试的形式与技巧

面试需要的是一种双赢的局面。在这个过程中，求职者应该更多关注的，是用人单位的"买点"，而非自己的"卖点"。面试是用人单位选才的重要形式，每一名即将毕业的大学生只有了解和掌握它的技巧，才能为求职的顺利进行提供良好的保证。对于用人单位而言，面试可以从众多候选人中选拔最适合的人选，完成本单位人力资源的优化配置，节省企业的人力资源成本，实现社会效益与经济效益的最大化；对于大学生而言，面试可以更多地了解自己，了解用人单位，寻找人职匹配的最佳结合点。

一、面试的种类及技巧

面试作为用人单位考察求职者最重要的工具之一，形式多种多样，方法不拘一格。

（一）按问题的标准化程度来划分，有结构化面试、非结构化面试和半结构化面试

1. 结构化面试：在工作分析的基础上精心设计与工作有关的问题和各种可能的答案，并根据被试者回答的速度和内容对其做出等级评价的面试。这是一种比较规范的面试形式，有效性和可靠性较高。但不能进行设定问题外的提问，限制了面试的深度，而且问题均为事先准备好的，整个过程显得不自然，提问可能显得唐突。

主要有三个方面的内容：

（1）面试程序结构化，即主考官对于要做些什么、注意些什么、要达到什么目的，都有明确而具体的准备；

（2）面试题目结构化，即在面试过程中主考官对于要考察应试者哪些方面的素质，围绕这些要素测评提何问题、何时提、如何提等提前做好设计；

（3）面试结果结构化，即主考官对求职者在面试中的表现如何评定等级或分数，在面试前均设计了统一标准。结构化面试是用人单位特别是大中型单位比较普遍采用的面试方法。

2. 非结构化面试：事先没有确定面试中的测评要素，也不对求职者使用有确定答案的固定问题的面试形式。这种面试形式主要是一些小型用人单位经常采用，部分大中型用人单位在对候选人进行初筛时（如大型人才招聘会上）也经常使用。

3. 半结构化面试：介于结构化面试与非结构化面试之间的一种面试形式。

（二）按主考官与求职者人数来划分，有个体面试、小组面试和群体面试

1. 个体面试：由一名主考官与一名求职者面对面交谈，从中进行考察的面试形式。这种形式较常见，主考官掌握面试的主动权，具有较强的主观性。

2. 小组面试：由两名以上的考官组成考官团队，根据已准备的各类问题，通过对求职者提问而进行考察的面试形式。小组面试中一般用人单位事先确定一个主考官，主要由主考官提问，求职者回答，其他考官则充当观察者与考核者的角色，不参与提问，偶尔与主考官交流后，由主考官补充提问。比较典型的小组面试是在国家公务员或事业单位考试中出现。针对有工作经验的求职者，小组面试很可能采取不同考官连续向同一求职者发问或追问的方式，这种面试形式往往给求职者带来较大的压力。

3. 群体面试：两名（含两名）以上的主考官面对两名（含两名）以上的求职者，通过讨论、游戏、分析案例、回答提问或发表演讲等方法，对求职者进行考察的面试形式。用人单位时间紧迫或求职者人数众多时经常采用这种形式，主要考察求职者的整体能力。

（三）按面试情景性来划分，有无领导小组讨论、案例分析、分角色小组讨论、"文件筐"测验、模拟面谈

1. 无领导小组讨论：将一定数目的求职者组成一组，进行与工作有关问题的讨论，讨论过程中不指定领导，让求职者自行安排组织，主考官通过观察来综合评价考生之间的差别。该面试方式主要考察求职者的组织协调能力、口头表达能力及辩论的说服能力等，能力和素质是否达到拟任岗位的要求，以及进取心、自信程度、反应灵活性、情绪稳定性等个性特点，是否符合拟任岗位的团体气氛。考察标准主要包括语言表达能力、逻辑思维能力、参与有效发言次数、说服他人的能力、提出见解的水平以及倾听和尊重他人意见的素养等。

2. 案例分析：主考官给予求职者与工作相关的实际案例并给出一定要求，由求职者提出解决方案的面试形式。

3. 分角色小组讨论：一定数目的求职者按拟任岗位，模拟扮演不同角色，要求通过团体协作以完成团体目标的面试形式。

4. "文件筐"测验：由求职者扮演某一领导角色，在规定时间内负责处理各类信件、通知、下级报告与上级指示等，以测评求职者综合能力的面试形式。

5. 模拟面谈：求职者以拟任岗位的身份，与主考官所指定的一名遵循标准化行为的助手进行面谈，主考官通过求职者在面谈中的反应对其进行评价的面试形式。

（四）按面试所使用的媒介来划分，有现场面试、电话面试和视频面试

1. 电话面试。当招聘者面对较多简历无法一一面试的时候，会先通过电话面试来筛选求职者。电话面试短则 5 分钟，长的会有 20～30 分钟，取决于招聘者对求职者的判断。招聘者通过电话来了解求职者的大体情况，如教育经历、工作经历等。在整个电话面试的过程中，求职者应保持自信，语速适中，态度表现职业化，这无疑是成功的关键。

2. 视频面试。视频面试是指用人单位与求职者足不出户，利用连通了互联网的电脑，通过视频摄像头和耳麦，用语音、视频、文字等方式进行即时沟通交流的招聘面试行为。跨地域的招聘工作，通过视频，可以节省大量的差旅费用。传统的招聘是求职者到达用人单位与用人单位进行沟通，而视频面试可以直接与远方的用人单位进行沟通，突破了距离这一因素的限制。此外，视频还可以同步影像及声音，让用人单位对求职者的了解进一步加深，在一定程度上也会提高求职面试的效率。

二、面试的内容

面试的目的是对求职者能力进行综合性测评，内容一般包括通用能力（任何岗位都需要的能力）和专业能力（针对特定岗位或特殊用人需要而应具备的能力）。

（一）通用能力

1. 个人信息。这指的是求职者的个人基本情况，包括姓名、性别、年龄、学历、主要学习与工作情况等。

2. 仪表风度。这指的是求职者的体格外貌、穿着举止和精神风貌等。

3. 工作经验。这指的是求职者在以往曾经做过的工作或担任过的职务、取得的成就、工作的满意度、工作的收获、人际关系等。

4. 工作态度与求职动机。这指的是求职者对工作的积极性与主动性，既考察求职者对现在学习工作的态度，也考察求职者对未来工作的期望。

5. 进取心。这指的是求职者对于未来的职业发展有明确的规划以及能提前确定事业发展的目标并为之付出不懈努力的精神状态。

6. 语言表达能力。这指的是求职者对语言的逻辑性、感染力、影响力、清晰度与准确性等方面的控制能力。

7. 应变能力。这指的是求职者的思维敏捷性和机智程度。

8. 综合分析能力。这指的是分析、概括、归纳和把握问题实质的能力。

9. 情绪稳定性。这指的是求职者对自身思想行为的自控能力和耐性。

10. 人际交往能力。这指的是求职者的社会交往能力和人际关系处理能力。

（二）专业能力

1. 专业知识。这主要指求职者对专业知识了解的广度和深度。

2. 专业技能。这主要指求职者在专业方面的实际操作能力。

三、常见面试类型及应对技巧

（一）结构化面试技巧

1. 三个提前准备工作

结构化面试流程见图 4-11，应对结构化面试，必须做的三个提前准备工作如下。

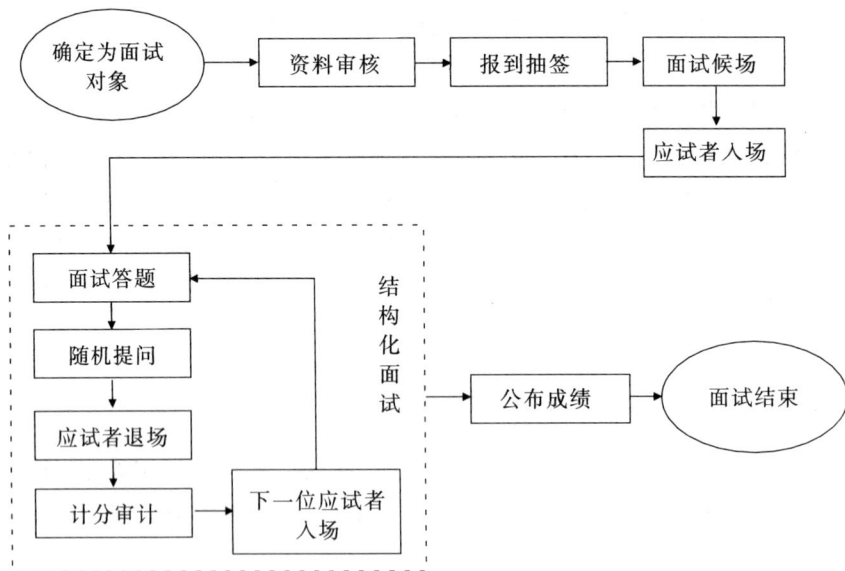

图 4-11　结构化面试流程

第一个准备工作：提前了解单位。在面试前了解求职单位的历史、发展状况、主营业务、产品品牌、客户群体、企业文化等信息，辨别企业目前经营是否正常；了解单位的发展动向，在面试回答问题时尽量向单位期望的方向靠拢。

第二个准备工作：了解应聘岗位。在投递简历前，关注所投岗位的招聘需求和岗位职责，例如学历、技能、工作经验、素质等要求。对于技术岗的面试，考官会针对岗位进行与专业知识相关的提问，因此要进行相关的复习和准备；职能类岗位需要了解该岗位的日常职责、相关政策法规等内容。

第三个准备工作：了解行业的现状、未来的发展趋势、行业内领先公司等信息，能帮助判断自己是否真的适合该行业的工作，能否在该行业中实现自己较为长远的职业目标；同时，针对考官提出的"对行业状况的了解"之类的问题，可以宏观分析目前行业大趋势，使自己在面试中显得更加具有大局观。

2. 面试注意事项

①谦逊有礼，说话得体

应试者从进入面试考场到面试完毕都要礼貌待人，给考官留下良好印象。进入面试现场时，应试者应主动向考官问好，但礼貌的表达要适度，过于拘谨会显得紧张或不自信，过于夸张则会显得言不由衷，都会影响考官对考生的看法。在答题时，注意说话得体，表达准确无语病、简洁大方、语言流畅，切忌语言磕巴、停顿、重复、有多余口头禅、表达错误等。

②仔细聆听，耐心分析

仔细聆听考官的问题，正确分析问题的意图，寻找特殊经典事例，将回答内容按逻辑进行有条理的整合，结构化阐述。很多时候，考官更想听不一样、让人眼前一亮的事例。

③开放思维，换位思考

面试过程中，不必过分拘泥于"面试回答模板"，应该根据实际情况灵活地进行回答。要学会换位思考，多角度看问题和思考问题，找到与考官看法一致的立场。

④心态平稳，承受压力

结构化面试过程中，考官经常会提出一些带有"刁难"甚至是"挑衅"意味的问题，面对压力问题，必须保持良好、平稳的心态，不被考官打乱节奏，用委婉大度的方式缓和面试气氛，切记不可针锋相对。

⑤善于总结，直面质疑

在列举完每个典型事例后，要进行总结和复盘。同时还要思考一下以下问题："事情的背景是什么？目标是什么？如果这件事情再让我做一次，有哪些可以优化的点，哪些地方需要进行改进？从这件事情中，我学到了什么？"这些也是考官可能会问到的问题，对事情进行总结，才能让你站在更高的角度去看问题，让自己能从中收获更多。

⑥整体重点突出，合理控制时间

每个问题的重点都是不一样的，结构化面试中想要得高分就一定要抓住问题的关键点。但需要注意的是，在突出重点的时候，可以有创新，但不可特立独行，过于偏激。要挖掘题目中的关键词和关键信息，不仅从最直接最容易发现的角度来构建内容，而且可以从隐含意思的角度来谈谈看法，体现角度或方式方法的新颖及独特。在大同小异的整体作答思路中具有创新性思维的考生也颇受考官青睐，但需要注意的是创新不是特立独行，不可偏激，依然要符合主流价值观和大众道德认知。

同时，注意合理控制时间。超时是严重的"犯规"（考官通常不会允许），时间剩余太多则会显得回答不充分，因此要合理安排时间。通常每个问题的作答时间在 5 分钟以内，最好的时间分配是，准备作答控制在 1 分钟以内，回答 3 分钟左右。当然，具体的时间分配还要根据每个题目的要求来定。例如在考试中可能出现如下试题："请做自我介绍，时间 1 分钟。""请以'奋斗'为题做 5 分钟的演讲。""请介绍一下你自己，时间 3 分钟。"

（二）无领导小组讨论技巧

无领导小组讨论流程见图 4-12。

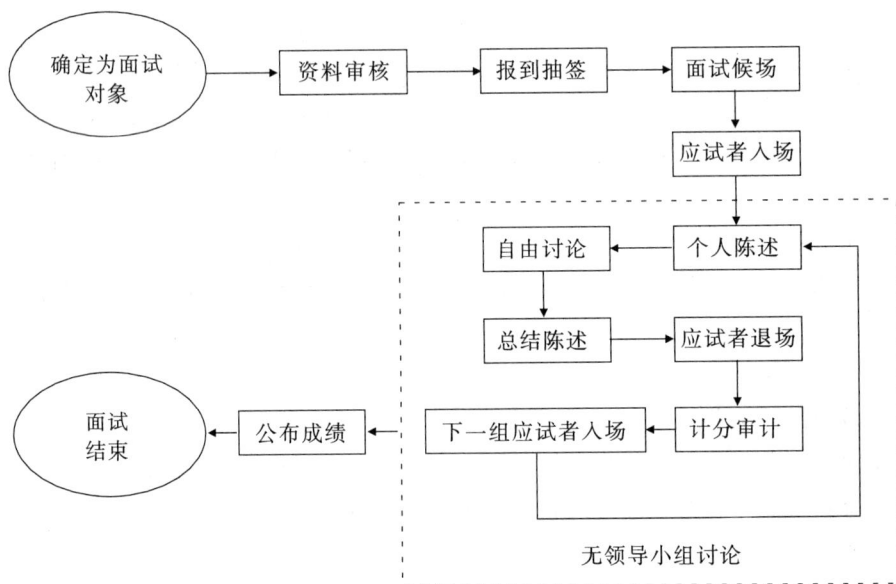

图 4-12　无领导小组讨论流程

1. 各个角色如何把握？（见表 4-1）

表 4-1 无领导小组讨论角色分配

角色类型	角色职责及特征	扣分项	突围攻略	其他注意事项
领导者	抓住关键，提出整体思路；组织协调，控制进度；把握方向，防止走偏	不能服众；思路紊乱；强势压阵	◆注重互动与反馈；◆发现成员闪光点并适度引导；◆让每位成员都拥有发言机会；◆进行阶段性总结，保证讨论方向一致，并及时发现漏洞	◆主动参与，积极发言，条理清晰；◆充分展现职业素养，举止谈吐从容，语速及语气得体，不做很多不自然的或者潜意识的小动作，说话要注意语气、音量；◆不要太强势，仔细倾听他人意见并给予反馈；◆尊重队员，善于肯定他人，不刻意打断他人讲话，礼貌插入观点；◆注重发言质量，表达出自己的思想，给出标新立异的解决方案；◆有较强的时间意识
时间管理者	划分时间；管理时间；推进议程	死盯着手表，不参加讨论，纯粹"打酱油"；忘记时间限制	◆引导大家合理利用时间，使讨论效果达到最大化；◆使所有人在有限的时间内都能说上话；◆适当打断发言超时、啰唆、偏题的同学；◆为总结者预留好演练时间	
记录者	记录观点；归纳整理	装模作样，乱涂乱画；颠三倒四；丢三落四	◆科学记录、条理清晰；◆莫遗漏重点；◆若最后还没有总结者则顺势争取总结者角色	
建议者	"点子王"，思维活跃，富有创意；对某个领域很熟悉	沉默寡言；提出的观点皆为无效观点	◆有观点一定要提出，并让面试官记住你是该观点的提出者；◆珍惜每一次的发言机会，逻辑清晰	
总结者	语言表达能力强；有全局意识；抓住重点，逻辑清晰	长篇大论；错误连连；磕磕巴巴	◆厘清小组讨论脉络，简洁、精辟、准确；◆时间若有富余，可问团队成员是否有补充；◆感谢团队成员	

个人具体评分标准参见表 4-2。

表 4-2　无领导小组讨论评分表

测试指标		分析能力（20分）	领导能力（20分）	应变能力（15分）	沟通能力（15分）	合作能力（15分）	组织协调能力（15分）
评分等级	优	15~20分	15~20分	10~15分	10~15分	10~15分	10~15分
		理解问题准确、迅速，见解独到。能镇定自若、有风度地回答小组成员的提问	能活跃气氛，带动组内其他成员积极参与讨论，并将有分歧的观点引向自己的方向，最终得到支持	能积极灵活地应对各种变化和意外情况。善于提出新的可行的见解和方案。能对他人提出的质疑或反驳及时准确地给予回应	表达清晰简洁，善于运用语音、语调、目光和手势。在他人发言时，认真倾听；强调自己观点时有说服力	从大局着手，关注整个小组讨论的统一结论。甚至最终放弃个人意见，服从小组结论	能积极与小组成员进行有效沟通，达成统一意见
评分等级	中	8~14分	8~14分	6~9分	6~9分	6~9分	6~9分
		理解问题到位、适当，能心平气和地发言和提问	努力统一观点，最终达成一致	可以应对变化和意外情况，提出新的可行的见解和方案，并在一定程度上反驳对方的质疑	表达思路清晰，能将自己的观点顺利表达出来，能听取别人的意见	积极维护个人所在一方的观点，但有时会有过激行为	能和小组成员进行沟通
	差	0~7分	0~7分	0~5分	0~5分	0~5分	0~5分
		思路混乱，不知所云，情绪激动，爱打断他人的发言，甚至出言不逊，辱骂对方	喋喋不休，却没有自己的明确观点	不能灵活应对各种变化，无法提出可行的见解和方案	不善言谈，思维和观点混乱或模糊	对他人攻击自己一方的观点无动于衷，置身事外	不和他人交流，不参与讨论

2. 问题分析

（1）开放式问题

此类问题的答案范围可以很广、很宽，主要考察应试者思考问题时是否全面，是否有针对性，思路是否清晰，是否有新的观点和见解，本身并无标准答案。

例如：你认为什么样的领导是好领导？

关于此类问题，应试者可以从很多方面来回答，如领导的人格魅力、领导的才能、领导的亲和力、领导的管理取向等，可以列出很多优良品质。开放式问题不容易对应试者进行评价，因为此类问题不太容易引起应试者之间的争辩，所以能够考察应试者的能力范围较为有限。

（2）两难问题

所谓两难问题，是让应试者在两种各有利弊的答案中选择其中的一种，主要考察应试者的分析能力、语言表达能力和说服力等。

例如：你认为以工作取向的领导是好领导，还是以人为取向的领导是好领导？

此类问题一方面，对于应试者而言，不仅通俗易懂，而且能够引起充分的辩论；另一方面，对于评价者而言，不仅在编制题目方面比较方便，而且在评价应试者方面比较有效。但是，此类问题需要注意的是，两种备选答案一定要有同等程度的利弊，其中一个答案不能比另一个答案有很明显的选择性优势。

（3）多项选择问题

此类问题是让应试者在多种备选答案中选择其中有效的几种或按备选答案的重要性进行排序，主要考察应试者抓住问题本质方面的能力。此类问题对于评价者来说，比较难以出题目，但对于评价应试者各个方面的能力和人格特点则比较有利。

（4）操作性问题

操作性问题，是给应试者一些材料或者道具，让他们利用所给的这些材料，设计出一个或一些由考官指定的物体。该类问题主要考察应试者的主动性、合作能力以及在实际操作任务中所充当的角色。如给应试者一些材料，要求他们相互配合，构建一座铁塔或者一座楼房的模型。

此类问题，对应试者操作行为方面的考察要比其他方面多一些，情景模拟的程度要大一些，较少考察言语方面的能力。同时考官必须很好地准备所能用到的一切材料，这对考官的要求和题目的要求都比较高。

（5）资源分配问题

此类问题适用于指定角色的无领导小组讨论，是让处于同等地位的应试者就有限的资源进行分配，从而考察应试者的语言表达能力、分析问题能力、概括或总结能力、发言的积极性和反应的灵敏性等。

例如，让应试者担当各个分部门的经理，并就有限数量的资金进行分配，如果要想获得更多的资源，必须有理有据，必须能说服他人。所以此类问题可以引起应试者的充分辩论，也有利于考官对应试者进行评价，但是对题目的要求较高，即题目本身必须具有角色地位的平等性和准备材料的充分性。

☞【课堂活动】

无领导小组讨论现场模拟

班级同学按照人数分成若干小组，小组成员根据讨论主题先进行 2 分钟独立思考，然后将答案写在纸上，亮出来。随后，大家就问题展开 10 分钟的小组讨论，得出统一结论。最后 3 分钟，由每个小组派出一个代表总结陈词。

讨论主题：成功的领导者是怎么样的？（国考无领导小组面试题）

做一个成功的领导者，可能取决于很多的因素，比如：

善于鼓舞人；

能充分发挥下属优势；

处事公正；

能坚持原则又不失灵活性；

办事能力强；

幽默；

独立有主见；

言谈举止有风度；

有亲和力；

有威严感；

善于沟通；

熟悉业务知识；

善于化解人际冲突；

有明确的目标；

能通观全局；

有决断力。

请你从上面所列的因素中分别选出一个你认为最重要和最不重要的因素，并说明理由。

（三）电话面试注意事项

1. 环境准备

保持通话环境的安静：最好找一间安静的房间。

2. 硬件准备

准备好所需要的设备，提前做好测试。保证随时有电有信号，话费充足。

3. 材料准备

了解岗位描述和所应聘的公司，提前准备好应对典型的面试题目，比如能否马上上岗或对薪资的预期值。电话面试时，最好有简历或网申材料在手边，以保证自己的回答与对方手里的资料一致。另外，准备好笔和纸以便做记录，提前约定好面试时间，询问联系方式和联系人。

4. 保持微笑，注意身体姿势

身体坐直，面带微笑回答问题。不要以为是电话面试，就可以斜坐在沙发上，跷着腿回答问题，一定要以重视、严谨的态度来对待电话面试。也不能一边使用电脑上网，一边回答电话面试。

5. 接听时注意礼貌用语

礼貌用语也是职业化的一种表现。接听电话时要用"您好"等礼貌用语，绝不能说"喂"，否则印象分会大打折扣。

6. 注意语速和音量

电话面试时的语速不必太快，无论对方在电话面试时是语速很快，还是不紧不慢，你的回答语速都不必太快，要口齿清晰，语调轻松自然。如果你太紧张，可适当用深呼吸来调节情绪，使自己放松下来，冷静、自信是电话面试成功的关键。

7. 积极回答问题

电话面试的双方是对等的，对方在问了你一堆问题后，也会反问你是否有什么需要了解的情况。你不问问题不好，显得你不太关心这个岗位；问得太多也不好，你可以问下一步的招聘流程、面试时间、岗位期望的上岗时间等。此时，最好不问薪酬，在双方合作的意向还没有进入实质性阶段时，问薪酬显得过于急功近利。

如实回答问题。如果没有听清问题，可以再问一次；如果觉得说得不好，可以再重复总结一次。在总结的时候，分点陈述。例如，对方让你进行自我介绍，你也没有拿着简历，回答了之后觉得不太好，可以再总结："总之，我主要的优势是：（1）在相关行业同类岗位有 6 个月的实习经验；（2）在大学期间，我就一直关注这个专业领域；（3）我认为自己具备岗位要求的责任心与沟通能力。"这个补充的总结会给对方留下条理清楚、自信的印象。

8. 电话面试结束时，要感谢对方

面试结束时，要感谢对方来电，感谢对方的认可，表达进一步合作的愿望。如可以这么说："感谢您的来电，谢谢您对我的认可，我希望能有机会与您面谈，您有任何问题请随时来电话。"如果对方直接约定面试，一定要拿笔记下时间、地点，重复一次进行确认，保证准时参加面试。

（四）视频面试注意事项

1. 环境的准备

选择一个网络信号强、安静、没人打扰的房间。网络远程面试时，透过摄像头，展现出的背景关系到面试官对你的第一印象。你若面试教育类岗位，可以选择摆放整齐的书架为展示的背景；你若应聘设计类、技术类岗位，可以选择摆放着艺术作品，特别是你自己设计的成果作品的展示柜为背景；若都没有，则可选择干净的白墙为背景。总之，选择可以为你面试加分的背景为佳，切不可选择卧室中的床幔或堆放零乱的杂物柜为背景。

2. 设备的准备

一是事先了解面试的平台（QQ、钉钉、微信、企业微信等），下载好相应 App，并熟悉运用；二是网络信号要好，有线网络比无线网络好，千万不可出现网络卡顿；三是谨防万一断电导致没信号，从实践反馈来看，首选笔记本电脑，其次是台式电脑（带摄像头）、手机、平板电脑；四是在面试接通前，调整好摄像头的位置，找准能展现美

感的最佳角度；五是耳麦的准备，最好戴上耳机，不用扬声器外放。

所有设备提前测试是否流畅，提前3～5分钟准备好等候。为避免出现技术上的问题，在面试一开始的时候马上礼貌性询问面试官是否能清楚看到你、听到你。如果出现技术问题建议暂停面试，否则面试官将会因为听不清而难以给你回复，导致面试失败。

3. 个人形象的准备

任何一个公司在面试的时候都不会想要透过邋遢的外表和不合理的言语行为来看到一个人内部的才华，个人形象礼仪极其重要。

一修仪容，干净整洁有型的头发占据了形象的制高点，女生要略施粉黛，男生要剃须刮胡子，男生女生均要呈现出健康、有活力的脸色气色。

二修仪表，尽量选择跟单位文化相符合的服饰，如果实在拿捏不准，就选正装，即西装、套装，表达出你对这次面试的重视，万万不可上面西装、下面睡裤，万一摄像头一转，"露馅"就尴尬了，职场着装穿的是"战袍"。

4. 材料及问答的准备

除了要准备好笔、纸、个人设计作品、荣誉证书、身份证件等外，还要准备应对一些可能会被问到的问题。

（1）自我介绍。

（2）专业学习情况、核心技术技能、在校成绩、担任学生干部职务、实习工作等情况。

（3）关于求职单位方面的信息：通过公司官网、官微，搜索与公司相关的新闻和介绍，了解行业的趋势；通过岗位描述和岗位要求，思考公司为什么要招这个岗位，从而做针对性准备。

（4）关于职业方面的问题：你的职业价值观，能否适应出差，为什么要选择这家单位，你的个人职业发展规划（毕业生在求职前一定要对这样的问题有所考虑，并不仅仅是因为面试时可能被问到，而且是因为对这个问题的思考有助于为自身树立目标）。

（5）准备询问面试官的问题：晋升路径、培训安排等。

四、面试注意事项

（一）厘清思路，多维答题

1. 冷静思考，厘清思路

一般来说，面试官提出问题后，应试者应稍做思考，不必急于回答。即便是面试官所提问题与你事前准备的题目有相似性，也不要在面试官话音一落时，立即答题，因为那让人感觉你可能不是在用脑答题，而是在背事先准备好的答案。如果是以前完全没有接触过的题目，则更要冷静思考。磨刀不误砍柴工，匆忙答题可能会不对路或是没有条理性、眉毛胡子一把抓，经过思考，厘清思路后抓住要点、层次分明地答题，效果要好很多。

2. 辩证分析，多维答题

辩证法是哲学的基本原理和方法，应试者应具备一定的哲学知识和思维。回答问题不要陷入绝对的肯定和否定，应多方面进行正反两面的考虑。从以往面试所出的一些题目来看，测评的重点往往不在于应试者答案的是与非，或是对观点的赞同与反对，而在于分析说理让人信服的程度。所以要辩证地分析问题，解决问题，而不要简单地乱下结论，有时还要从多个角度去思考，具体情况具体分析。

（二）面试中，忌不良用语

1. 急问待遇。谈论报酬待遇无可厚非，只是要看准时机，一般在双方已有初步意向时，再委婉地提出。

2. 报有熟人。"我认识你们单位的××。""我和××是同学，关系很不错。"这种话面试官听了会反感，如果面试官与你所说的那个人关系不怎么好，甚至有矛盾，那么你这话引起的结果就会更糟。

3. 不当反问。面试官问："关于工资，你的期望值是多少？"应试者反问："你打算出多少？"这样的反问就很不礼貌，容易引起面试官的不快。

4. 不合逻辑。面试官问："请告诉我你一次失败的经历。""我想不起我曾经失败过。"如果这样说，在逻辑上讲不通。又如，"你有何优缺点？""我可以胜任一切工作。"这也不符合实际。

5. 本末倒置。例如，一次面试快要结束时，面试官问应试者："请问你有什么问题要问我们吗？"这位应试者欠了欠身，开始了他的发问："请问你们的单位有多大？招考比例有多少？请问你们在单位担当什么职务？你们会是我的上司吗？"参加面试，一定要把自己的位置摆正，不能像这位应试者，他提出的问题已经超出了应当提问的范围，会使面试官产生反感。

（三）树立对方意识

应试者始终处于被动地位，面试官始终处于主动地位。他问你答，一问一答，正因为如此，应试者要注意树立对方意识。

首先要尊重对方，对面试官要有礼貌，尤其是面试官提出一些难以回答的问题时，应试者脸上不要露出难看的表情，甚至抱怨面试官。当然，尊重对方并不是要一味地逢迎对方，而是对对方人格上的尊重。

其次在面试中不要一味地提到"我"的水平、"我"的学识、"我"的文凭、"我"的抱负、"我"的要求等。"我"字太多，会给面试官目中无人的感觉。因此，要尽量减少"我"字，要尽可能地把对方单位摆进去。"贵单位向来重视人才，这一点大家都是清楚的，这次这么多人来竞争就说明了这一点。"这种话既得体，又确立了强烈的对方意识，是很受面试官欢迎的。

最后，应当是面试官提问，你才回答，不要面试官还没有提问，你就先谈开了，弄得面试官要等你停下来才提问，既耽误了时间，同时也会给人带来不快。另外，面试完后，千万不要忘记向面试官道声"谢谢"和"再见"。

五、应试者消除紧张的技巧

由于面试成功与否关系到求职者的前途，因此大学生面试时往往容易产生紧张情绪。有些大学生可能由于过度紧张而导致面试失败，因此必须设法消除过度的紧张情绪。

1. 面试前可翻阅一本轻松活泼、有趣的图书

这时阅读可以转移注意力，调整情绪，克服面试时的怯场心理，避免等待时紧张、焦虑情绪的产生。

2. 面试过程中注意控制谈话节奏

进入面试场所致礼落座后，若感到紧张先不要急于讲话，而应集中精力听完提问，再从容应答。一般来说，人们在精神紧张的时候，讲话速度会不自觉地加快，讲话速度过快，既不利于对方听清讲话内容，又会给人一种慌张的感觉，往往还容易出错，甚至张口结舌，进而强化自己的紧张情绪，导致思维混乱。当然，讲话速度过慢，缺乏激情，气氛沉闷，也会使人生厌。为了避免这一点，一般开始谈话时可以有意识地放慢讲话速度，等自己进入状态后再适当加快语速。这样，既可以稳定自己的情绪，又可以避免面试的沉闷气氛。

3. 回答问题时，目光可以对准提问者的额头

有的人在回答问题时眼睛不知道往哪儿看。经验证明，目光不定的人，使人感到不诚实；眼睛下垂的人，给人一种缺乏自信的印象；两眼直盯着面试官，会被误解为向他挑战，给人以桀骜不驯的感觉。如果面试时把目光集中在对方的额头上，既可以给对方以诚恳、自信的印象，也可以鼓起自己的勇气，消除自己的紧张情绪。

4. 正确对待面试中的失误和失败

面试交谈中难免因紧张而出现失误，也不可能面试一次就一定成功。此时，切不可因此而灰心丧气。要记住，一时失误不等于面试失败，重要的是要战胜自己，不要轻易地放弃机会。面试没有成功，要分析具体原因，总结经验教训，以新的姿态迎接下一次面试。

☞【案例阅读】

面试"干货"

本人经历：成功面试过20家以上厦门百强企业，获10家以上中国500强企业录用书，获5家以上世界500强企业录用书。（在没有找到合适的公司之前，一直坚信自己属于更好的！）

Level 1：各地百强企业

1. 可以在百度上搜索所有该专业、该就业岗位的笔试、面试题目，因为百强企业一般都是通过百度直接筛题来面试，我不止一次遇到过自己准备的原题。

2. 对面试的公司、岗位有一定的了解和理解。了解公司在于能用简短的100字左右叙述该公司做什么、有何成就、在什么领域、未来发展方向等，岗位的理解在于把岗位的工作内容拆分成自己的语言，因为基本面试必考你对这个岗位的理解。举个例子，我面试外贸业务员，我会说："我将该岗位的工作内容大致分为两个方向：一是对人，

二是对事。'人'是指最重要的通过网络、专业展会等方式和客户的沟通，以及可能涉及工厂、货代、报关行、保险、银行以及公司内部各部门的交流。'事'是专指处理一些外贸文件，例如报关单、报检单、投保单、提运单等。"这里的秘诀，在于把公司对外张贴的岗位工作内容加上自己的理解，形成自己对该岗位的理解。小提示：分点，会让人听得比较有逻辑感。

3. 一定要准备向企业问的问题。说到这个，不要单单只会问薪资待遇，这个固然重要，但是最好放在最后问，因为第一个问题的质量，往往也是面试官对你的一个考验，这是面试中少有的主动权回到你手上的时候，一定要好好把握。建议问培养机制、考核机制和专业培养的一些问题（外贸业务员一般可以问公司参展的次数，新人有没有机会参展之类的），当然，薪资待遇、底薪无责任制、加班问题，这些坑也一定要落实清楚。尤其小心民企！

Level 2：中国 500 强/世界 500 强

首先，你要知道，如果你选择了面试这样的公司，你一定要有心理准备，落选是难免的。这样的公司在岗位紧缺的时候，第一步是靠简历筛人，也就是网上流传的非"985""211"不要。

但是，只要你觉得自己够优秀，机会总是靠自己挖掘的。（面试该类公司，Level 1 级别的准备工作依然要做，下面的只是升级版准备。）

1. 智联、前程无忧 App 的中国 500 强/世界 500 强的名单刷起来。一般在秋招、春招的时候，系统会自动推送，注意查收或是翻历史记录。再不济的话，就是自己百度名单，先看本地的，因为一般本地起家的 500 强，在本地招聘的人数都会更多。厦门本地起家的世界 500 强（指总部在厦门的）有建发、国贸、象屿，比较好的中国 500 强或是本地国企有金鹭、海投、生科、宏发、天马等。

2. 除了上述 App，还有一个最重要的渠道，就是各公司春招、秋招的群，里面会有专门的公司内部人员来回答你对公司对岗位的任何问题，同时也会有一些小福利。例如每天整点的抢答问题环节，一般多为逻辑题或是公司的信息题，第一个答对的可以获得面试直通卡，有的甚至是直达最终轮面试。还可以搜一搜当地"985""211"高校公众号的信息，里面可能有内推群，这种群又比秋招群更高一个级别，里面简直是福利满满，还可以结识很多同级的高材生。

3. 安排好简历内容的顺序。举个例子，和你竞争的人里大部分都是"985""211"学校学生，那你在哪方面没有那么有优势呢，当然是成绩呀（当然，那种获得过国家奖学金一等奖的，可以跳过这个环节）。所以像我这种大学没有专注学习的就不要像往常一样把成绩放在第一栏了，我的做法是用四小点概括了我自身的优势并用一句话讲述一个例子予以证明。原因：其一，面试官看成绩在第一栏的简历已经看得头晕眼花了；其二，大家都喜欢看故事。简而言之，例子会勾起面试官的兴趣。

4. 简历通过之后，只是胜利了 10%，重头戏还是在后面。先说好，面试该类公司，整个面试周期比较长，也可以理解。第一，和你竞争的人那么多，公司招聘人还是需要一定的审核时间的。第二，此类公司通常有 3～5 轮的面试环节，主要有笔试（专业知识的考核）、心理测试、行测逻辑题、人事部的面试、应聘部门的面试等。

5. 接下来针对上述所说的行测题和面试题重点讲解一下。行测逻辑题主要是公务员和 500 强企业必考的题目，这个可以专门花几天的时间研究一下，我觉得蛮有意思的，当然因人而异，实在没兴趣的可以靠蒙，就是正确率会比较低，那你要保证在其他环节多拿一点分就好，这个环节的占比没有很大。

6. 最重要的面试环节。首先肯定是自我介绍，这点非常重要，千万不要用百度上那种让面试官听出茧子的自我介绍，如果你都有幸挤到最后的面试环节了，麻烦你一定要认真对待！这时候最重要的就是别出心裁，想面试官所想。

我的策略是结合该公司的企业精神或是文化品格（大公司官网一搜就有），做自我介绍。（插一句，这时候和 Level 1 的策略不同在于你必须让面试官觉得你和该企业相对匹配，你就是他们要找的那个人！）

例如，我会先背出公司的精神，让面试官觉得我对该公司有做相关的功课（疫情防控期间，我是参与线上面试，我还为面试官准备了一个自我介绍的简易图表，为了方便面试官在听不清的情况下，还能大概知道我讲了什么）。而后，我会针对这些精神和品格，匹配我自己的案例，去证明我有这样的精神品格。

总而言之，需要你站在面试官的角度想，如果是你会希望遇到什么样的面试者，为对方省力就是给自己加分！

我自己做事的风格就是一定要与众不同，别出心裁。如果我和所有人都做得一样，那我就失去了做的意义，可能这也是我面试每家企业都顺利通过的原因吧。（很多公司的领导在面试后对我印象好，还会主动加微信，因为我总有令他们眼前一亮的细节。）

最后，祝看到这份求职心得的你们，都能如愿找到心仪的工作，未来可期，一起加油！

（作者简介：吴静，女，2020 届商务英语专业毕业生，曾任国药集团厦门生物平台业务主管，现就职于 Accenture & Google。寄语：看过一个视频，同一水平线上有两颗弹球，起点终点一样，一个跌宕起伏，一个一路平坦。最后竟然是跌宕起伏的球先到终点，且更有弹力，走得更远。我想自己应该是跌宕起伏的那个，我也希望自己是跌宕起伏的那个。依旧相信自己的"人生海浪学"，起起伏伏，一切都是最好的安排。）

第五节　笔试的准备与技巧

笔试是用人单位选才实践中最古老的手段之一，也是最基础的手段之一，即使在日新月异的当代，笔试仍然被用人单位青睐。求职者力图在笔试中获得较好的成绩，除了明确笔试的种类与题型外，还应充分做好笔试准备，掌握笔试的复习技巧与答题技巧，保持良好的心理状态，以便在考场上出色发挥，进而从众多的求职者中脱颖而出。

一、笔试的种类

（一）智力测试

对用人单位来说，智力作为最基础和通用的能力，一方面决定着人才其他能力的高低和培养的快慢，更重要的是智力高的人才其学习和工作效率高、潜力大，因此，智力高的求职者普遍受欢迎，所以智力测试是用人单位常用的笔试种类。经过一百多年研究和实践，心理学家总结出许多测试智力水平高低的方法，比较常用的有比奈西蒙智力量表、韦克斯勒成人智力量表、瑞文标准推理测试、斯坦福—比奈智商测验、差别性智力测验与雇员智力测验等。

（二）知识测试

知识是通过后天的实践和学习获得的，其中，通过自己的实践活动获得的知识是直接知识，通过学习研究他人的知识所获得的知识是间接知识。而知识指是求职者对客观世界和专业领域的主观认知能力的体现。总的来说，知识面广而深的求职者可以在较短的时间内适应岗位需求，完成从求职者向岗位人的转变，融入用人单位中，节省用人单位在培训人员方面的时间与成本。所以用人单位须对求职者的知识掌握程度进行测评，主要包括综合能力测试与专业知识测试两种。

综合能力测试，主要考察应聘者各方面的综合素质及能力，涵盖语言能力、数字处理能力、逻辑推理能力、综合分析能力等。一般国内企业通常使用行政能力测试，大型外企则偏爱英语阅读能力 SHL（外企笔试常见试题）。

专业知识测试，主要就是考察应聘者在担任某一岗位时所需要的专业知识以及胜任该岗位所能用到的各种专业能力，例如公检法等岗位的招聘笔试往往是考察应聘者的法律知识，机械维修类岗位的笔试往往就是考察应聘者的机械维修知识。

（三）技能类笔试

技能类笔试主要是用人单位用于测试应聘者的实际工作能力和岗位的专业操作能力。这样的笔试一般都是针对特定的岗位来进行的，例如用人单位招聘一名会计，就会对会计的专业技能进行测试，例如某些账目的处理。

（四）职业性格测试

很多企业会让求职者进行相应的职业评测，针对他的选项来判断这个人的职业倾向、基本素质，以此评估求职者是否符合公司岗位的需求，并进行人员的合理配置。比方说，某位求职者不易妥协、常说"应该"及"不应该"、黑白分明、对自己和别人要求甚高及感情世界脆弱，综合起来就反映出此人具有追求完美的性格特征，企业就可能安排此人承担原则性较强的工作，而不适宜就任灵活性较大的营销员。通过性格测试，可使用人单位进一步确保人力资源优化配置，实现人与岗位的合理匹配，体现人才优化、岗位优化，从而有利于建立起一支精干、稳定、高素质的员工队伍。比较常见的性格测试方法有卡特尔 16PF 人格测试与 MBTI 职业性格测试等。

（五）兴趣测试

兴趣是指个体以特定的事物、活动及人为对象，所产生的积极的和带倾向性、选择性的态度和情绪。由于兴趣规定了个体积极探索事物的认识倾向，因此为认知和行动提供了动力，如果一个人所具有的兴趣同工作内容相一致，那么他在工作中会表现出强烈的工作动机，从而成功的概率就大大增加。用人单位根据求职者的兴趣配置岗位，有利于发挥人的才能，创造健康的心理氛围和稳定的工作情绪，保证工作绩效，所以职业兴趣测试也是用人单位经常使用的测评方法之一。目前最经常使用的是库德职业兴趣调查表、霍兰德职业兴趣调查表和斯特朗－坎贝尔兴趣调查表等测试工具。

（六）职业价值观测试

职业价值观就是一个人对职业的认识和态度以及他对职业目标的追求和向往，是具有明确的目的性、自觉性和坚定性的职业选择的态度和行为，对一个人职业目标和择业动机起着重大的影响作用。不同求职者的价值观不相同，同一个用人单位内制定了同一个规章制度，如果两个员工的价值观相反，那么就会采取完全相反的行为，将对组织目标的实现起着完全不同的作用。用人单位为了保证员工价值观与其组织的主流价值观保持一致，也经常进行价值观测试。

二、笔试的准备

正所谓"凡事预则立，不预则废"，求职者为了能在笔试时发挥水平，并为用人单位所独钟，在笔试前就要做充分的准备，主要包括以下三点。

（一）丰富自身知识技能储备

古语云"书到用时方恨少，事非经过不知难"。笔试考查求职者知识技能的积累情况，这是考试前"临时抱佛脚"所不能补救的。为了应对笔试，求职者一方面在平时就应加强自身知识储备，既注重掌握专业知识，也留意通用知识；既要学习课堂知识，也要补充课外知识；还应注意理论结合实践，参加校内外的各种社会实践或实习活动，提高自身各项操作技能。

（二）收集与笔试相关的信息

对笔试进行全面的了解，是开展笔试准备工作的前提。求职者应通过各种渠道对笔试的测试目的、测试内容、测试方式、测试工具及应聘岗位需求等进行全面分析，事先还应对笔试时间、地点、具体要求（如文具、计算器、身份证明等）及其他注意事项了然于胸。以不同省市的公立中小学教师招考为例，虽然招聘的都是教师岗位，但笔试的内容差距甚大，有的省强调教师教学操作技能，有的看重相关专业学科知识，有的看重教师基础理论水平。如果求职者未做准备，笔试场上将手足无措。

（三）保持良好的身心状态

1. 身体状态

调整饮食结构，注意食品卫生。笔试前科学补充营养，以满足笔试时大量脑力劳动的需要；调整休息时间，保证正常的睡眠时间，以保持参加笔试时的充足体力和精力；此外还应参加适度体育锻炼。

2. 心理状态

树立自信心。在笔试中自信心的多少往往会决定一场考试的成与败。当应试者始终保持自信心时，会在每场考试中都对自己充满信心；而这种良好的心理状态会挖掘出潜在的能力，从而令自身有更为出色的表现。

克服怯场心理。在参加笔试过程中，考场的情绪与紧张气氛的强烈刺激，会引起应试者的高度紧张与胆怯，使正常的答题思维中断，这种心理现象称为考试的怯场现象。预防怯场主要是消除紧张的情绪，因此考生在考试前要客观、正确地评价自己，树立信心，克服自卑心理，做到扬长避短，为考试做好心理上的充分准备。

三、笔试的题型与答题技巧

笔试作为人才测评的重要工具，随着近年来各类专家不断深入而细致地研究，其科学化水平逐渐提高，标准化程度亦日益提高，特别适合用于进行大规模人才选拔。用人单位本着公平、公正、公开的原则，笔试为大众普遍接受，这是其他测评技术无法比拟的。为了增加笔试信度与效度，丰富内容，减少枯燥性，在传统问答题的基础上，笔试增加了许多题型，以适应当代笔试的现实需要，这些题型包括填空、选择、判断、材料解析、论述及作文等。总的来说，尽管笔试题型多变，但其原则仍适用。

（一）笔试的基本原则

1. 开考前做好充分准备

部分求职者在考试结束后后悔莫及，有的忘了写名字，有的填错了考号，这其实都是没做好考前准备的缘故。为了避免不必要的失误，进入考场拿到试卷后要做好以下三件事情：一是须按要求摆放好物品；二是核对所填写姓名、联系方式等考生身份资料；三是查看试卷是否存在严重的质量问题。

2. 保持卷面整洁

无论答案正确与否，一份工整漂亮的答卷一定会给评分人留下良好的第一印象。让对方觉得求职者处事有条不紊，从而在评分时手下留情，特别是少部分有一定书法功底的求职者常在笔试评分时得到"加分"，占据优势。反之，如果字迹潦草，会让评分人觉得求职者办事糊涂、缺乏计划性。所以在答卷时一定要使用黑色、蓝色钢笔或圆珠笔，以正楷书写，字迹清晰，尽量少做修改。

3. 审清题意

部分求职者在答题过程中经常马马虎虎，未看清题目就开始作答，这样做增加了答错的风险，浪费了宝贵的时间。所谓"磨刀不误砍柴工"，对题目一定要认真对待，才能事半功倍。首先要多读几遍，读懂题意，不要产生不必要的误解；其次应该抓住题目要点；最后结合出题者的本意，联系知识点，这样才能得出正确答案。

4. 控制时间

许多求职者不会控制笔试的时间。为了控制好时间，建议笔试时一定要戴上手表等计时工具。作答前记住考试结束的时间，先浏览一遍试卷，根据试题的容量与分值规划每部分作答的时间，按计划答题，最后还要留下少量时间检查答案。在答题时按先易后难、先简后繁的顺序，在较难的题目上不要花太多时间。特别是国家公务员考试中的"行政职业能力测试"，实际上就是速度和准确率测试，有的题目可能花较长时间都不一定能得出正确答案，有的考生为了攻克一道题算了又算，殊不知这样便浪费了时间，而利用这些时间本可能可以得到更多的分数，真是"丢了西瓜捡了芝麻"。

5. 不留空白

空白的答卷意味着丢分。其实只要时间允许，答卷时一定要将能想到的答案写到考卷上，不一定要得出最后的正确结论，特别是像选择题或判断题之类题型，更不能随意空白，因为这种题型具有"运气"成分。主观题也不能留空白，这样做能够让评分人觉得考生是经过思考的。即使错误，也是错误思考的结果，不是"没有思考"的结果，情感上将得到少许的分数。

6. 适当记号

对于部分没把握或没时间完成的题目，可以依据喜好，加上一些不同的标记，与其他题目区分开来，以便之后检查时，专门针对这些题目进行进一步处理。

7. 注意细节

答题时一定要注意尽量减少语法、文字、逻辑及标点符号等细节方面的错误。在用人单位看来，细节决定成败，对求职者来说，平时就应该养成良好的书写习惯。笔试结束前还须认真检查，减少不必要的失误。

（二）具体题型的答题技巧

1. 填空题

一是熟记基本事实（时间、地点、人物、事件等）、数据、公式、原理、基本概念；二是特别注意要点、易混淆点；三是前后联系，采用联想的办法；四是把握文意，先易后难，逐个突破。

2. 选择题

一是审清题目，注意分值；二是分析题干，确定选择的范围与对象，分析题干的内涵与外延规定性；三是当不确定答案时，采取排除法，提高准确率；四是选择的结果要明确，不要模棱两可。

3. 判断题

一是题目中常有一些不易发现的小错误，要仔细寻找；二是部分判断题属于反扣分的，如果实在没把握，特殊情况可以留空；三是书写明确，尽量避免"√"和"×"两个符号混淆；四是注意"负负得正"的表述方式，不要被误导。

4. 材料解析题

一是通读材料，把握中心思想；二是看问题，分析问题间的内在联系；三是带着问题再认真阅读材料，寻找关键词句、重要概念等；四是要根据中心思想展开论述，不能偏题；五是论点既要扣紧题意，又要高屋建瓴。

5. 问答题

一是针对性强，论点明确；二是全面阐述，层次分明；三是论证严密，论据充分；四是结构严谨，思维逻辑强；五是主次分明，先主后次。

6. 案例分析题

一是不可身置其境，应用第三者眼光客观分析；二是恰当选择合适的理论或原理作为论点；三是理论结合实际，有理有据；四是结论明确，切中"要害"；五是扣紧案例，以点带面。

7. 作文题

作文题应做到主题鲜明、构思独特、中心突出、文笔润色、引经据典、数据准确、论证科学、实事求是、思维清晰。

☞【思考题】

1. 如何甄别网络求职信息的真实性？

2. 简历应包括哪些内容？简历制作的原则是什么？

3. 案例分析：应届毕业生李军参加了一家他心仪已久的公司的笔试。事前他已经做好了充分的准备，复习了相关的专业知识，并通过网络查阅了大量的招聘公司相关资料。在笔试开始的时候，他信心百倍地走进了考场。

然而，意外还是发生了。写到一半，李军的钢笔没有墨水了，真是千虑一失。尽管在参加笔试前他做了大量的准备，但却忘了给钢笔上足墨水。虽然最后监考官给了他一支笔让他完成了笔试，但不用说李军本人在考场非常尴尬，也给监考官留下了做事马虎的印象，结果他没能通过笔试这一关。

阅读上述案例，请思考下列问题：

（1）你认为上述事件是一个意外吗？请说明理由。

（2）你是否赞同监考官的做法？为什么？

（3）如果你是李军，你会怎么妥善处理这件事？

☞【参考文献】

[1] 李君霞，谢小明，王义友. 新编大学生职业规划与就业指导 [M]. 上海：上海交通大学出版社，2017.

[2] 金德禄. 大学生职业生涯规划与就业指导 [M]. 2 版. 南京：东南大学出版社，2020.

[3] 陆雄文. 管理学大辞典 [M]. 上海：上海辞书出版社，2013.

[4] 张玉波，楼稚明. 大学生职业规划与就业创业指导 [M]. 上海：上海交通大学出版社，2017.

[5] 吴秀娟，钟莹，郑栋之. 新编大学生就业指导 [M]. 上海：上海交通大学出版社，2018.

[6] 钟谷兰，杨开. 大学生职业生涯发展与规划 [M]. 2 版. 上海：华东师范大学出版社，2016.

[7] 高职生职业指导教程 [EB/OL]. [2015-08-30]. 百度文库，https://wenku.baidu.com/view/ede486ea1711cc7930b71680.html.

[8] 网申的 10 类关键词，4 个黄金原则，10 大内容，5 个小技巧 [EB/OL].

[2017-08-17]．搜狐网，https://m.sohu.com/a/165270437_236081.

[9] 【银行面试总结】银行面试开放性问题回答技巧 [EB/OL]．[2015-08-05]．华图教育，https://jinrong.huatu.com/2015/0805/1284133_2.html.

[10] 疫情过后，大学生找工作，应该怎样写好给 HR 的求职邮件？[EB/OL]．[2020-02-10]．搜狐网，https://www.sohu.com/a/371961571_100029424.

[11] 求职信写作格式 [EB/OL]．[2018-05-01]．应届毕业生网，https://yjbys.com/qiuzhiliyi/qzxly/774824.html.

[12] 面试技巧之电话面试 [EB/OL]．[2022-10-12]．应届毕业生网，https://www.yjbys.com/mianshi/jiqian/1685495.html.

[13] 公务员录用考试无领导小组讨论面试方法、特点及形式 [EB/OL]．[2009-01-09]．华图教育，http://www.huatu.com/a/ziliao/gwy/mianshi/2009/0109/23702.html.

[14] 握手礼仪的历史 [EB/OL]．[2018-02-24]．瑞文网，http://www.ruiwen.com/liyichangshi/1279553.html.

[15] 事业单位面试：事业单位招聘结构化面试应试技巧 [EB/OL]．[2013-02-14]．黑龙江中公教育网，http://www.offcn.com/sydw/2013/0201/67990.html.

[16] 职场礼仪总编 [EB/OL]．[2010-05-18]．豆丁网，https://www.docin.com/p-55270649.html.

[17] 线上面试太焦虑？[EB/OL]．[2020-10-31]．北京第二外国语学院中瑞酒店管理学院，http://www.bhi.edu.cn/32/4983/tw_detail.html? type=1.

[18] 大学生求职指导：自我介绍记住"3p"原则 [EB/OL]．[2019-07-26]．国家大学生就业服务平台，https://www.ncss.cn/zd/qzgl/ws/298608.shtml.

[19] 考试面试的礼仪 [EB/OL]．[2018-03-10]．瑞文网，http://www.ruiwen.com/liyichangshi/1314686.html.

[20] 如何甄别招聘信息的真实性 [EB/OL]．[2015-02-13]．百度文库，https://wenku.baidu.com/view/39a09462866fb84ae55c8d4f.html.

[21] 什么时候投简历最合适 [EB/OL]．[2017-06-04]．应届毕业生网，https://www.yjbys.com/resumemaker/show-466827.html.

[22] 最新宝洁面试经典八大问题 [EB/OL]．[2020-08-31]．豆丁网，https://www.docin.com/p-2444477233.html.

[23] 推荐信 [EB/OL]．[2023-05-27]．百度百科，https://baike.baidu.com/item/推荐信/4667248? Fr＝ge_ala..

[24] 公务员面试礼仪之鞠躬礼仪 [EB/OL]．[2017-08-15]．教师人才网，https://www.jiaoshi.com.cn/news/266552.html.

[25] 无领导小组面试题目汇总 [EB/OL]．[2022-12-09]．百度文库，https://wenku.baidu.com/view/fe239592d6bbfd0a79563c1ec5da50e2534dd167.html?_wkts_＝1699261312429&bdQuery=无领导小组面试题目汇总.

第五章　就业权益保护

没有无义务的权利，也没有无权利的义务。

——马克思

法律是治国之重器，法治是国家治理体系和治理能力的重要依托。全面推进依法治国，是解决党和国家事业发展面临的一系列重大问题，解放和增强社会活力、促进社会公平正义、维护社会和谐稳定、确保党和国家长治久安的根本要求。

——习近平

就业权益是大学生在求职过程中享有的各项权益的统称，也是大学生权益的重要部分。大学生刚毕业即步入社会，难免会遇到一些就业问题，受到社会职场的挫折，甚或遭受歧视等都属于就业权益受到侵害。因此，就业权益的保护在大学生就业过程中尤为重要。保护大学生合法的就业权益，既是我国实施依法治国战略的应有之义，也是高校就业指导课程教学的一项重要内容。为了保障大学生合理的就业权益不受侵害，必须充分依靠《劳动法》《劳动合同法》等法律法规来调整，只有这样，才能为大学生顺利、成功就业提供坚实的法律保障。

推进全面依法治国，根本目的是依法保障人民权益。要积极回应人民群众新要求新期待，系统研究谋划和解决法治领域人民群众反映强烈的突出问题，不断增强人民群众获得感、幸福感、安全感，用法治保障人民安居乐业。

——2020 年 11 月，习近平总书记在中央全面依法治国工作会议上强调

第一节　就业权益保护的相关法律法规

法律法规是大学生维护就业权益最强有力的手段。大学生在求职过程中之所以经常会出现合法权益被侵害的现象，原因有很多，其中一个重要原因是很多大学生在求职择业的过程中缺乏法律意识。法律法规的权威源自人们的内心拥护和真诚信仰，依法维护大学生就业权益的前提是了解与就业有关的法律法规和纠纷解决程序。只有通过就业相关法律教育，不断增强大学生的法治观念和意识，做到人人懂法，才能真正发挥法律法规在大学生就业权益保护中的积极作用。我国与大学生就业维权有关的法律法规有很

多，在此重点介绍《劳动法》《劳动合同法》《就业促进法》。

一、劳动法

《中华人民共和国劳动法》（以下简称《劳动法》）自 1995 年 1 月 1 日起施行，截至目前经历了两次修正。《劳动法》保护的是劳动者的合法权益，是调整劳动关系以及与劳动关系密切联系的社会关系的法律规范总称，旨在建立和维护适应社会主义市场经济的制度，促进经济发展和社会进步。

（一）劳动者享有的权利内容

我国《劳动法》第三条规定，劳动者享有平等就业和选择职业的权利、取得劳动报酬的权利、休息休假的权利、获得劳动安全卫生保护的权利、接受职业技能培训的权利、享受社会保险和福利的权利、提请劳动争议处理的权利以及法律规定的其他劳动权利。同时，《劳动法》第十二条规定，劳动者享有不受歧视权利，即劳动者在就业过程中，不因民族、种族、性别、宗教信仰的不同而受到别人的歧视、不公平的待遇。

（二）保护劳动者权益的规范文本

劳动者在就业过程中，与用人单位达成协议后，依据法律规定需要签订书面的规范文本，即为劳动合同。这一规范文本能够保护劳动者基本的权益，明确劳动者与用人单位之间的权利与义务，双方均受到规范上的约束。劳动合同有如坚固的外在铠甲，能够抵挡伤害，避免用人单位变相压榨劳动者，进而损害劳动者的基本权利。如果用人单位实施扣押工资等违反合同约定的行为，劳动者就能穿上"铠甲"，维护自己的权利，有理有据地向权力机关或者其他组织提出诉求，从而遏制用人单位的违法行为，同时获得一定的赔偿金或者补偿金等来弥补造成的损失或伤害。签订劳动合同的环节也是大学生就业过程中必须经历的，尤为重要。因此，大学生应该主动学习劳动合同相关规定，并学会通过劳动合同来保护自身权益。在《劳动法》中对于劳动合同方面的规定也较为详细，大致有如下两方面：形式条件上，劳动合同的订立需要书面形式；内容条件上，双方订立的劳动合同内容要含有合同期限、工作内容、劳动保护和劳动条件、劳动报酬、劳动纪律、劳动合同终止的条件、违约责任等。

（三）劳动者与用人单位签订劳动合同的基本内容

根据《劳动法》规定，劳动合同的基本内容含有合同期限、工作内容、劳动保护和劳动条件、劳动报酬、合同终止条件、违约责任等。其中，《劳动法》第二十条至二十三条规定了劳动合同的期限，即劳动合同成立到解除或终止的期限。我国劳动合同的期限有三类，即有固定期限、无固定期限和以完成一定的工作为期限。有固定期限，即劳动者和用人单位明确规定了开始至终止的期限，该期限可长可短，属于不定期。无固定期限，即双方只约定了开始的期限，但终止的具体日期没有约定。但是无固定期限合同可以约定终止条件，在履行过程中不出现约定终止条件或者法定的解除条件，劳动关系就会一直存续，除非退休等原因终止。以完成一定的工作为期限，即劳动者与用人单位双方自愿协商把完成某项工作、工程的时间规定为合同终止条件所在的期限。工作内容，即双方约定劳动者从事的哪种工作，例如在单位任何职或者负责某项劳动工作。大学生毕业刚步入社会，缺乏很好的自我保护意识，部分用人单位往往会对工作内容进行模糊化，将大学生当"全能手"呼来唤去，负责杂乱的多项工作事务。因此，这部分工作内容，在签订的时候，大学生应该多加注意，查看是否有明确岗位及应负职责部分。劳动保护和劳动条件部分是对劳动者权益保护的详细内容，占《劳动法》较大篇幅。劳动保护主要为《劳动法》规定的劳动安全保护和劳动卫生保护等内容，例如《劳动法》第六章对于劳动安全卫生的规定，包括要求用人单位对劳动者开展劳动安全卫生教育，减少劳动者被感染为尘肺病等职业危害。同时，《劳动法》对于女职工等特殊群体的保护、劳动者享有的"五险一金"等社会保障福利内容也是对劳动者进行保护的体现。

除上述法定的基本内容之外，在不违反法律的前提下，劳动者与用人单位可以自愿协商确定其他内容。大多数毕业生很难判断合同中哪些约定符合法律规定，从而可能遭受欺诈等伤害。因此，大学生应该在日常多关注些就业政策及法律规范，例如熟悉《民法典》中的不得违背公序良俗、秉持诚实等基本规定，做到心中有数，避免被用人单位蒙蔽，误达成了损害自身利益的协议。

（四）《劳动法》关于试用期的相关规定

试用期是用人单位和劳动者相互了解、相互约定的考察期。在这段时间内，用人单位考察员工的工作能力，员工也考察用人单位的情况，是双方互相试用的过程，试用期作为劳动关系的特殊阶段，也是易发生劳动争议的部分。《劳动法》第二十一条规定："劳动合同可以约定试用期，试用期最长不得超过六个月。"试用期间不可以无理由退工，但可以无理由辞职。根据《劳动法》第二十五条规定，在试用期内用人单位必须在有证据证明劳动者不符合录用条件时，方可单方面解除劳动合同，也就是说，用人单位承担的是完全的举证责任，在劳动者有明显过错的情况下，可以依法解除劳动合同。根据《劳动法》第三十二条规定，劳动者在试用期内可以随时通知用人单位解除劳动合同，无须提供任何理由。

（五）《劳动法》的工作时间及休息休假相关规定

根据《劳动法》第四章的规定，我国实行劳动者每日工作时间不超过八小时、平均每周工作时间不超过四十四小时的工时制度。用人单位应当根据以上规定，合理确定计件工作者的劳动定额和计件报酬标准，保证劳动者每周至少休息一日。企业因生产特点不能实行以上规定的，经劳动行政部门批准，可以实行其他工作和休息办法。用人单位在下列节日期间应当依法安排劳动者休假：元旦、春节、国际劳动节、国庆节以及法律、法规规定的其他休假节日。用人单位由于生产经营的需要，经与工会和劳动者协商后可以延长工作时间，一般每日不得超过一个小时；因特殊原因需要延长工作时间的，在保障劳动者身体健康的条件下延长工作时间每日不得超过三个小时，但是每月不得超过三十六个小时。

（六）《劳动法》关于劳动报酬的相关规定

我国《劳动法》第五章整章对于劳动者的报酬，即工资的分配原则和方法等做了具体规定，大致为工资分配原则上要遵循按劳分配，实行同工同酬。劳动报酬的给付方式为按月以货币形式支付给劳动者。不得克扣或者无故拖欠劳动者的工资。劳动者在法定休假日和婚丧假期间以及依法参加社会活动期间，用人单位应当依法支付工资。

（七）劳动者权益救济的相关规定

我国《劳动法》第十章、第十一章及第十二章的规定，较为详细地介绍了劳动者权益的救济。第十章关于劳动争议的规定，指明了救济的渠道或者方法，例如劳动者工资被克扣等权益受损时，可以向劳动仲裁庭提出仲裁，或者可以向人民法院提起诉讼，或者私下协商和解等。第十一章关于监督检查的规定，对于劳动权益救济予以强力保证，即行政机关积极对用人单位开展监督检查，杜绝或者惩罚用人单位损害劳动者权益的违法行为。例如，用人单位提供的劳动车间存在卫生差等安全隐患，当地劳动行政部门可以责令用人单位进行改正。第十二章关于法律责任的规定，是关于用人单位违反法律规定实施损害劳动者权益行为而应承担的法律后果的规定，即是对劳动者权益救济内容进一步的明确。例如，用人单位无故辞退劳动者，需要额外支付赔偿金等，起到惩罚及弥补劳动者受损权益的作用。

二、《劳动合同法》

《中华人民共和国劳动合同法》（以下简称《劳动合同法》）自 2008 年 1 月 1 日起施行，2012 年经历了一次修正。《劳动合同法》是明确劳动合同双方当事人权利和义务的法律规范，旨在保护劳动者的合法权益，构建和发展和谐稳定的劳动关系。大学生作为劳动者与用人单位之间签署的协议，自然属于《劳动合同法》的范畴，大学生的合法权益能够得到保障。根据《劳动合同法》的规定内容，其中与大学生息息相关的部分主要如下。

（一）劳动者的权利

同工同酬的权利。同工同酬是《劳动合同法》确立的一条原则。所谓同工同酬，是指在相同或者相近的工作岗位上，付出相同的劳动，应当得到相同的劳动报酬。《劳动合同法》规定，用人单位与劳动者约定的劳动报酬不明确或者对劳动报酬约定有争议的，按照集体合同规定的标准执行；被派遣劳动者享有与用工单位的劳动者同工同酬的权利；用工单位无同类岗位劳动者的，参照用工单位所在地相同或者相近岗位劳动者的劳动报酬确定。

获劳动报酬的权利。及时获得劳动报酬是劳动者的基本权利之一。《劳动合同法》第三十条规定，用人单位拖欠或者未足额支付劳动报酬的，劳动者可以依法向当地人民法院申请支付令，人民法院应当依法发出支付令。根据《劳动合同法》第八十五条规定，用人单位未照劳动合同的约定或者国家规定及时足额支付劳动者劳动报酬的，由劳动行政部门责令限期支付劳动报酬；劳动报酬低于当地最低工资标准的，应当支付差额部分；逾期不支付的，责令用人单位按应付金额百分之五十以上百分之一百以下的标准向劳动者加付赔偿金等。

保障劳动者安全及自由的权利。为了保障劳动者安全及自由的权利的实现，《劳动合同法》第三十二条规定，劳动者拒绝用人单位管理人员违章指挥、强令冒险作业的，不视为违反劳动合同。劳动者对危害生命安全和身体健康的劳动条件，有权对用人单位提出批评、检举和控告。《劳动合同法》第三十八条还规定，用人单位以暴力、威胁或者非法限制人身自由的手段强迫劳动者劳动的，或者用人单位违章指挥、强令冒险作业危及劳动者人身安全的，劳动者可以立即解除劳动合同，无须事先告知用人单位。

获经济补偿的权利。《劳动合同法》延续了《劳动法》的有关规定，赋予了劳动者要求用人单位依法支付经济补偿的权利，并对应当给予经济补偿的情形和补偿标准进一步做了具体的规定。

（二）用人单位应尽的主要义务

保障劳动者的知情权。《劳动合同法》第八条规定，用人单位招用劳动者时，应当如实告知劳动者工作内容、工作条件、工作地点、职业危害、安全生产状况、劳动报酬，以及劳动者要求了解的其他情况。

招聘时不得扣押劳动者的证件和收取财物。《劳动合同法》第九条规定，用人单位招用劳动者，不得扣押劳动者的居民身份证和其他证件，不得要求劳动者提供担保或者以其他名义向劳动者收取财物。

劳动合同解除或者终止后对劳动者的义务。在解除或者终止劳动合同后，劳动关系便不存在了。但为了切实保护好劳动者合法权益，促使劳动者尽快重新找到工作，《劳动合同法》第五十条规定：用人单位应当在解除或者终止劳动合同时出具解除或者终止劳动合同的证明，并在十五日内为劳动者办理档案和社会保险关系转移手续；用人单位依照本法有关规定应当向劳动者支付经济补偿的，在办理完工作交接时支付。

三、《就业促进法》

《中华人民共和国就业促进法》（以下简称《就业促进法》）自 2008 年 1 月 1 日起施行，2015 年经历了一次修正。《就业促进法》是规范就业、促进就业的重要规范，旨在促进就业，促进经济发展与扩大就业相协调，促进社会和谐稳定。每年各高校的毕业生都要走向社会，均面临着就业的问题，该法的颁布施行对大学生就业具有重要的作用。

（一）端正大学生就业观念，创新就业模式

《就业促进法》第七条规定：国家倡导劳动者树立正确的择业观念，提高就业能力和创业能力；鼓励劳动者自主创业、自谋职业。大学生是社会的智力型人力资源，引导其更新观念，自主创业，不仅能缓解我国当前存在的就业结构性矛盾，在宏观上形成更有利于促进大学生就业的整体环境，而且通过适当的政策扶持，智力型人才的自主创业能孵化出高素质的经济实体，吸纳更多人员就业，推动整个国民经济可持续发展。为此，《就业促进法》把对创业的金融支持以法律的形式确定下来，在第十九条特别规定，对自主创业人员在一定期限内给予小额信贷等扶持，显示了国家在促进大学生创业和提升国民经济质量上的决心。

（二）保护平等就业权，减少就业歧视

《就业促进法》的重要目的就是创造公平的就业环境，第三章共有七条内容对公平就业做了详细规定。第二十五条规定，各级人民政府创造公平就业的环境，消除就业歧

视，制定政策并采取措施对就业困难人员给予扶持和援助；第二十六条规定，用人单位招用人员、职业中介机构从事职业中介活动，应当向劳动者提供平等就业机会和公平就业条件，不得实施就业歧视。此外，《就业促进法》还把就业歧视的法律救济途径写进第六十二条："违反本法规定，实施就业歧视的，劳动者可以向人民法院提起诉讼。"《就业促进法》最大的突破意义就在于，当劳动者遭遇就业歧视时，可以根据法律通过诉讼维护自己公平就业的权利。

（三）施行就业援助制度以帮扶特殊群体的就业

对于因身体状况、技能水平、家庭因素、失去土地等原因难以实现就业，以及连续失业一定时间仍未能实现就业的人员，《就业促进法》将其界定为就业困难群体。对这部分群体和"零就业家庭"，法律特别规定了就业援助制度。《就业促进法》第二十二条规定，各级人民政府统筹做好城镇新增劳动者就业、农村富余劳动者转移就业和失业人员就业工作。各级人民政府应当根据妇女、残疾人、高等学校和中等职业学校毕业生、退役军人等不同就业群体的特点，采取相应措施，鼓励社会各方面通过开展有针对性的创业培训、就业服务等活动，提高其就业能力和创业能力，并依法给予扶持和帮助。城镇新增劳动力的主力就是青年，其中包括未就业的大学生。

第二节　就业协议书与劳动合同

就业协议书与劳动合同，既是高校制订毕业生就业方案和统计专业就业率的重要凭证，也是保障大学生就业权益的重要依据。因此，大学生应该充分了解签订就业协议书与劳动合同的重要意义及相关注意事项，并学会运用二者维护自身的正当就业权益。

一、就业协议书

（一）什么是就业协议书

就业协议书是明确毕业生、用人单位和学校在毕业生就业工作中权利和义务的书面表现形式。它是全国普通高等学校毕业生用于和就业单位签订工作意向合同的正式版本，是毕业派遣、签发报到证的重要依据。就业协议书是由学生、学校、用人单位三方共同签订，确定就业意向和相关权益的书面协议，就像是一种"订婚协议"，只能保护学生毕业前的权益。学生毕业后，学校脱离三方关系，毕业生和用人单位双方就只能通过劳动合同相互约束。（就业协议书样表详见附录。）

（二）就业协议书的主要内容

毕业生应按国家法规就业，向用人单位如实介绍自己的情况，了解用人单位的使用意图，表明自己的就业意见，在规定的时间内到用人单位报到，若遇到特殊情况不能按时报到，须征得用人单位同意。

用人单位要如实介绍本单位的情况，明确对毕业生的要求及使用意图，做好各项接收工作。

学校要如实向用人单位介绍毕业生的情况，做好推荐工作，用人单位同意录用后，经学校审核列入建议就业计划，报主管部门批准，学校负责办理派遣手续。各方应严格履行协议，任何一方若违反协议，应承担违约责任。

（三）就业协议书的订立原则

订立的原则是指三方在订立就业协议书时必须遵循的基本准则，具体如下。

主体合法原则。签订就业协议书的当事人必须具备合法的主体资格。对于毕业生而言，就是必须取得毕业资格，如果学生在派遣时未取得毕业资格，用人单位可以不接收而无须承担法律责任；对于用人单位而言，必须具有从事各项经营或管理活动的能力，单位应有录用毕业生计划和录用自主权，否则毕业生可解除协议而无须承担违约责任；对于高校而言，应根据用人单位的要求如实介绍毕业生的在校表现，也应如实将所掌握的用人单位的信息发布给毕业生。

平等协商原则。就业协议书的三方在签订就业协议书时的法律地位是平等的，一方不得将自己的意志强加给另一方。学校也不得采用行政手段要求毕业生到指定单位就业（不包括有特殊情况的毕业生），用人单位亦不应在签订就业协议书时要求毕业生缴纳过高数额的风险金、保证金。三方当事人的权利义务应是一致的。除协议书规定的内容外，三方如有其他约定事项可在协议书"备注"内容中加以补充确定。

（四）就业协议书订立的步骤

就业协议书的订立一般要经过两个步骤，即要约和承诺。要约，即毕业生持学校统一印制的就业推荐表或其复印件参加各地供需洽谈会（人才市场），进行双向选择，或向各用人单位寄发书面材料，应视为要约邀请，用人单位收到毕业生材料，对毕业生进行考察后，表示同意接收并将回执寄到高校毕业生就业工作部门或毕业生本人，视为要约。毕业生收到用人单位回执或通过其他方式得到用人单位答复后，到学校毕业生就业工作部门领取就业协议书，与用人单位签订协议，即为承诺。

（五）就业协议书无效的情形

无效协议是指欠缺就业协议书的有效要件或违反就业协议书订立的原则而不发生法律效力的协议，无效协议自订立之日起无效。在就业工作中，凡属如下情况之一者，均为无效协议：非毕业生、结业生本人签订的协议；用人单位没有录用权力或者没有录用计划的协议；不符合国家就业政策、就业规定或就业范围的协议；采取欺诈、隐瞒、作假等手段签订的协议；未经用人单位及其主管部门签署意见并加盖公章的协议；其他违反法律法规或就业政策和规定的协议。

（六）违约后果

就业协议书一经毕业生、用人单位、学校签署即具有法律效力，任何一方不得擅自解除，否则违约方应向权利受损方支付协议条款所规定的违约金。从实际情况来看，就业违约多为毕业生违约。毕业生违约之所以需要支付违约金，是因为这种行为损害了用人单位和学校的利益，主要表现如下。

用人单位往往为录用毕业生做了大量的工作，有的甚至对毕业生将要从事的具体工作也已经有所安排。一旦毕业生因某种原因违约，势必会使用人单位的录用工作付之东流，用人单位若另起炉灶，选择其他毕业生，时间上已经不允许了，最终给用人单位的工作造成被动。

用人单位往往将毕业生违约行为视为学校的行为，从而影响学校和用人单位的长期合作关系。从历年情况来看，一旦有毕业生违约，该用人单位会在几年之内都不愿到该学校来挑选毕业生。毕业生违约还会影响学校就业计划方案的制订和上报，并影响学校派遣工作的正常进行。

用人单位到学校挑选毕业生，一旦与某毕业生签订就业协议书，就不可能再录用其他毕业生。若日后该毕业生违约，有些当时希望到该用人单位就业的其他毕业生，由于录用时间等原因也无法补缺，必定造成了就业信息的浪费，影响了其他毕业生的就业。

（七）违约责任

违约责任即违反合同的民事责任，是指合同当事人一方不履行合同义务或者履行合同义务不符合约定时，依照法律规定或者合同约定所应承担的法律责任。依法订立的有效合同，对当事人双方来说，都具有法律约束力。如果不履行或者履行义务不符合约定，就要承担违约责任。承担违约责任的方式有多种，如继续履行、采取补救措施、赔偿损失、支付违约金等。这几种违约责任的形式，可以单独适用，也可以互补结合适用，运用的方式是比较灵活的。违约金是就业协议书当中适用最广泛的一种违约责任形式，在当事人违反合同约定的情况下适用违约金责任应注意以下问题。

有违约行为。只有在一方当事人违反合同的情况下，另一方当事人才有权要求其支付违约金。一般来说，各种违约的形态，如不履行、不适当履行、迟延履行等，都可以导致违约金的支付，但是当事人在就业协议书中仅就某种具体的特定违约行为规定了违约金的，如仅就不签订劳动合同的违约行为规定了违约金，则应以就业协议书具体规定的特定的违约行为作为支付违约金的条件。如果当事人虽有其他违约行为，但仍然订立了劳动合同，则不应依据就业协议书的规定请求支付违约金。

违约当事人必须具有过错。由于违约金在性质上兼具惩罚性和补偿性双重性质，因此，应以违约当事人主观上具有过错（含推定过错）作为违约金支付的重要条件。只有将过错作为违约金的支付条件，才能使违约金责任起到一种制裁违约行为、维护合同严肃性的作用。将过错作为违约金的支付条件意味着，在特殊情况下，可以根据过错程度确定违约金的具体数额。特别是对于故意和重大过失违约，不能减少违约方应承担的违约责任。由此可见，过错程度对违约金的支付是有影响的。

在履行协议的过程中，并不是所有不履行协议的行为都会导致违约责任的产生。还有很多情况下，当事人不应对自己的违约行为承担违约责任，具体如下：大学生和用人单位对不能签订劳动合同均负有过错的，双方都丧失请求对方承担违约金责任的权利；大学生或者用人单位有正当理由不履行签订劳动合同义务，应认定大学生或者用人单位无过错，不承担违约责任。此处的正当理由应当是法律明确规定的情形，如不可抗力。不可抗力是指不能预见、不能避免、不能克服的客观情况。根据《合同法》第一百一十七条的规定，在不可抗力的情况下，根据不可抗力的影响，部分或者全部免除违约责任。

如果大学生和用人单位在就业协议书中约定有免责事由的，在免责事由出现时，当事人可相应免除违约责任。

当事人因对劳动合同的条款不能达成一致，而导致劳动合同不能订立的，不承担违约责任。因为就业协议书只是一份用人单位向大学生发出的订立劳动合同的预约，其法律效力仅仅只是使当事人负有将来要订立劳动合同的义务。大学生只要在毕业后根据就业协议约定的条款和日期，并且有和用人单位签订劳动合同的意图且真实地履行了其意图，则其行为实际上是履行了就业协议书为其约定的义务。至于劳动合同双方有分歧无法达成协议，则属于另一法律行为，和就业协议书没有必然的关系。签订劳动合同本身是一个独立的法律行为，当事人在合同的条款上当然可以反复磋商，如果由于合同的条款意见不一致，可视作无法达成一致而无法签约，这并不影响就业协议书的法律效力。因为当事人已经履行了就业协议书约定的签约义务，只是因为双方就有关条款存在争议而无法达成一致协议，根据当事人意思表示一致是合同成立的核心条件，当事人当然有放弃签约的权利。

（八）就业协议书签订注意事项

如实填写姓名、学制、学历。专业名称、家庭地址要详细填写，避免造成不必要的麻烦。联系电话一定要填写清楚，电话号码变更要及时告知所在系或本班辅导员，一旦有事学院或用人单位便于通知。

检查用人单位名称是否与用人单位的有效印鉴名称一致；单位联系人、电话、通信地址及性质要写清楚；档案转寄地址一栏，一定要将人事档案保管单位的全称和地址填写清楚，有人事档案保管权的单位可填写单位地址，无人事档案保管权的单位应填写其委托保管档案的人才市场、人才交流中心等的地址。

双方应将毕业生就读本科考取专升本、体检等特殊要求、违约的责任及违约金以及其他有关事项经协商达成的附加条款填写清楚，落实在协议书应聘意见或用人单位意见栏里，或者另备一份补充协议，避免将来出现麻烦。

在与用人单位签订就业协议书时，一定要注意用人单位级别和主管部门，不要以为只要有接收单位公章就万事大吉，也不要以为"反正有单位同意接收我，无所谓"。其实，用人单位除有单位性质之分，还有级别之分，一定要将所有需要的公章盖全，避免不必要的麻烦（用人单位上级主管部门意见"有用人自主权的单位此栏可略"）。

部分省市为控制人事编制或控制人口增长的户口问题，对毕业生有特殊要求，在与这些省市单位签约时，要注意这些特殊要求，即该省市提供的进入该省市工作的就业审批表。

凡毕业生与用人单位签约时，均应使用省教育厅印制的《普通高等学校毕业生就业协议书》（一式四份）。协议书人手一份，专人专号，遗失不补，复印无效。毕业生考研成功，就业协议书须上交校毕业生就业指导中心。毕业生在就业过程中，可与多个用人单位洽谈，但最终只能与一个用人单位签订协议，协议书一旦签订生效，协议双方必须履行协议书所规定的义务，原则上不得违约。对使用他人协议书，一人签订两个以上协议书，协议书遗失、涂改的，不论何种原因，一律按违约处理。

签协议前，毕业生一定要全方位地了解用人单位的相关情况。例如企业的发展趋势、企业招聘的岗位性质、企业的员工培养制度、待遇状况、福利项目等系列内容，不仅要掌握资料，更要实地考察；并且需要重点了解单位的人事状况，了解企业是否具有应届毕业生的接收权。

毕业生在签约时要按照正常程序进行。毕业生与用人单位达成就业意向后，先由毕业生、所在系在协议书上签署意见后交给用人单位，由用人单位签署意见后再交给学院，学院签字盖章后纳入就业计划，协议书生效。有的毕业生为省事，要求学院先签署意见（盖章），但这样做使学院无法起到监督的作用，不便于维护毕业生的合法权益，最可能受害的将是毕业生本人。

签署协议书时，一定要认真、真实地填写协议书内容。如果准备专升本，应事先向用人单位说明，并在协议书中注明。以往有毕业生向用人单位隐瞒这些情况，而后遭到违约处理。

双方确认填写内容无误后，用人单位代表在甲方处签字，毕业生在乙方处签字，此时就业协议书已经生效，无特殊情况，双方不可随意更改。

二、劳动合同

（一）什么是劳动合同

劳动合同是指劳动者和用人单位经过相互选择和平等协商，就劳动合同条款达成协议，是确立劳动关系和明确相互权利义务的规范文本。

（二）劳动合同订立的原则

《劳动合同法》第三条规定："订立劳动合同，应当遵循合法、公平、平等自愿、协商一致、诚实信用的原则。"根据这一规定，订立劳动合同应当遵循以下原则。

合法原则。所谓合法，是指劳动合同的订立不得违反国家法律、法规的规定。合法原则要求：首先，劳动合同的当事人必须具备合法的主体资格。劳动者应达到法定最低就业年龄并符合其他就业条件，用人单位应具有法人资格。其次，劳动合同的内容要合法，当事人不得订立内容违法或损害公共利益的劳动合同。最后，劳动合同的订立程序和形式应当合法，如必须经过要约与承诺，合同应当采用书面形式等。

公平原则。所谓公平，是指劳动者和用人单位在合同的内容上对双方都是公平对待的。

平等自愿原则。所谓平等，是指劳动者与用人单位在订立劳动合同时处于平等的法律地位，享受平等的法律待遇和法律保护。所谓自愿，是指劳动者与用人单位订立劳动合同，应出于各自真实的意思表示，不得有强迫、胁迫行为。平等自愿是订立劳动合同的基础。

协商一致原则。所谓协商一致，是指劳动者与用人单位在签订劳动合同时，应就主要条款充分讨论，达成一致，当事人双方就合同的主要条款达成一致意见后劳动合同才能成立和生效。

诚实信用原则。劳动者和用人单位双方要以平等自愿为基础，诚实信用，互利互惠，不能虚假蒙骗。只有遵循了上述原则订立的劳动合同才是合法有效的。

（三）劳动合同的效力

劳动合同的生效。所谓劳动合同生效，是指劳动合同具有法律效力的起始时间。如前所述，当事人双方就劳动合同内容协商一致，即完成要约与承诺的过程，劳动合同即宣告成立。但是，劳动合同的成立并不意味着劳动合同一定能生效。一般情况下，只要是依法订立的劳动合同，其生效时间始于合同签订日；如果需要鉴证或公证的，其生效时间始于鉴证或公证之日。

劳动合同的无效。无效的劳动合同，是指当事人违反法律、行政法规的规定，订立的不具有法律效力的劳动合同。它虽然是当事人双方协商订立的，但因违反了法律、行政法规的规定，因此，国家不予承认，法律不予保护。无效的劳动合同，从订立的时候起，就没有法律约束力。

全部无效。《劳动法》第十八条规定："下列劳动合同无效：（一）违反法律、行政法规的劳动合同；（二）采取欺诈、威胁等手段订立的劳动合同。"所谓违反法律、行政法规，是指触犯了法律、行政法规明令禁止的行为，不能做任意扩大的解释；采取欺诈手段订立的劳动合同，是指当事人一方隐瞒或曲解事实真相，致使对方当事人信以为真，同意签订劳动合同；采取威胁手段订立劳动合同，是指当事人一方要挟对方迫使对方同意签订劳动合同。

部分无效，即主要指劳动合同部分条款违反法律、行政法规的规定，如工资、工作时间、劳动保险等，这些条款违反了法律、行政法规，只是这些条款无效，不影响其他合同条款的履行。因此《劳动法》第十八条第二款规定："确认劳动合同部分无效的，如果不影响其余部分的效力，其余部分仍然有效。"

确认合同无效的机关。无效合同的确认机关是劳动争议仲裁委员会或人民法院。劳动合同被仲裁机关和人民法院确认全部无效后，合同规定的双方当事人的权利、义务关系自然终止，终止履行合同，尚未履行的不得履行。被确认部分无效的，由仲裁机关或法院监督改正并赔偿损失。

（四）劳动合同的订立程序

劳动合同的订立就是劳动合同当事人就合同条款通过协商达成一致意思的过程。

要约，即指一方当事人以订立合同为目的向另一方就合同主要内容做出的意思表示，因而，要约的发出人和接受人均须特定，且要约的内容足以构成合同的主要条款，同时应做出要约的表示，否则不算有效要约。如果仅有订约的意思而未就合同主要内容做出表示，只能称要约邀请，不能产生要约的效力。要约仅在要约的有效期内对要约人具有法律约束力，要约期满其效力自动解除，因而，用人单位如果仅在招工启事或广告或简章中介绍自身情况，并发出招工信息，并未就合同主要内容给予说明，该行为只能算是要约邀请，不构成有效要约；而如果用人单位在招工简章中对合同条件给予明确说明，则属于要约，一旦应招者承诺，用人单位有义务与劳动者签订劳动合同。如应招者不同意所列条件，而提出新的条件，则属于反要约，用人单位可以承诺，也可不予承诺而不成立合同。

承诺，即指受要约人完全无条件地接受要约以成立合同的意思表示。承诺必须由受要约人本人在有效期内做出，且应当完全接受要约条款，如果接受的意思与要约不一致而改变了要约的实质性内容，则只能视为反要约，不构成有效承诺。劳动者或用人单位一旦同意对方的要约而做出承诺，劳动合同即告成立。

（五）劳动合同订立的意义

明确双方权利、义务及责任。劳动者与用人单位签订劳动合同，二者之间形成一定的《劳动法》律关系，《劳动法》律关系同其他法律关系一样，是以合同当事人双方的权利、义务为其内容的。究竟双方当事人享有什么样的权利，应该履行怎样的义务，必须借助于劳动合同给予明确。也就是说，通过签订劳动合同，一方面把法律所赋予劳动合同当事人的抽象的法律上的权利予以具体化，另一方面也需要依据当事人双方的平等协商，创设一些法律未予明定但将给予承认并保护的权利，正是在这意义上我们说劳动合同的签订是劳动合同成立的前提。

对双方当事人产生法律约束力。劳动合同经双方当事人意思表示一致而成立，当事人双方即应严格按照合同的规定履行，任何一方未经合同另一方的同意，不得擅自变更或解除劳动合同，但法律赋予一方当事人在特定情况下享有单方解除权的除外。

劳动合同的效力体现在受法律保障的强制执行力，法律也正是通过要求当事人严格履行合同，并以对违反合同的当事人追究法律责任的方式，维护劳动合同的严肃性。

处理劳动合同争议的依据。劳动合同当事人在履行合同的过程中，基于对劳动合同条款的不同认识，或者因为其他原因，难免发生争议。在处理这些劳动争议时争议处理机关应当在查明事实真相的情况下，依照合同和法律的规定，判断是非曲直，明确当事人的责任。

（六）劳动合同的变更

劳动合同的变更是指劳动合同依法订立后，在合同尚未履行或者尚未履行完毕之前，经用人单位和劳动者双方当事人协商同意，对原劳动合同内容做部分修改、补充或者删减的法律行为。劳动合同的变更是原劳动合同的派生，原劳动合同未变更的部分仍然有效。变更后的内容就取代了原合同的相关内容。新达成的变更协议条款与原合同中其他条款具有同等法律效力，对双方当事人都有约束力，是双方已存在的劳动权利义务关系的发展。

劳动合同由用人单位与劳动者协商一致，并经用人单位与劳动者在劳动合同文本上签字或者盖章生效。此劳动合同一经依法订立，即具有法律约束力，受法律保护。双方当事人应当严格执行，任何一方不得随意变更劳动合同约定的内容。但当事人在订立合同时，有时不可能对涉及合同的所有问题都做出明确的规定，合同订立后，在履行劳动合同的过程中，由于社会生活和市场条件的不断变化，订立劳动合同所依据的客观情况发生变化，使得劳动合同难以履行或者难以全面履行，或者合同的履行可能造成当事人之间权利义务的不平衡，这就需要用人单位和劳动者双方对劳动合同的部分内容进行适当的调整。否则，在劳动合同与实际情况相脱节的情况下，若继续执行，有可能会对当事人的正当利益造成损害，因此允许当事人在一定条件下变更劳动合同。双方当事人可以依据有关法律法规的规定，经协商一致，就劳动合同的部分条款进行修改、补充或者删减，通过对双方权利义务关系重新进行调整和规定，使劳动合同适应变化发展了的新情况，从而保证劳动合同的继续履行。

劳动合同可变更的情形。其一，用人单位与劳动者协商一致。在一般情况下，只要用人单位与劳动者协商一致，即可变更劳动合同约定的内容。首先，劳动合同是劳动关系双方协商达成的协议，当然也可以协商变更；对于劳动合同约定的内容，只要是经双方当事人协商一致而达成的，都可以经协商一致予以变更。其次，对变更劳动合同，用人单位和劳动者之间应当采取自愿协商的方式，不允许合同的一方当事人未经协商单方变更劳动合同。一方当事人未经对方当事人同意任意改变合同内容，在法律上是无效行为，变更后的内容对另一方没有约束力，而且这种擅自改变合同的做法是一种违约行为。再次，劳动合同的变更只是对原劳动合同的部分内容做修改、补充或者删减，而不是对合同内容的全部变更，对劳动合同所要变更的部分内容，当事人双方通过协商后，必须达成一致的意见。如果在协商过程中，有任何一方当事人不同意所要变更的内容，则该部分内容的合同变更就不能成立，原有的合同就依然具有法律效力。最后，在变更过程中必须遵循与订立劳动合同时同样的原则，即遵循合法、公平、平等自愿、协商一致、诚实信用的原则。其二，客观情况发生重大变化。根据《劳动合同法》第四十条规定，劳动合同订立时所依据的客观情况发生重大变化，致使劳动合同无法履行，经用人单位与劳动者协商，未能就变更劳动合同内容达成协议的，用人单位在提前三十日以书面形式通知劳动者本人或者额外支付劳动者一个月工资后，可以解除劳动合同。由此可以确定，劳动合同订立时所依据的客观情况发生重大变化，是劳动合同变更的一个重要事由。所谓"劳动合同订立时所依据的客观情况发生重大变化"，主要是指订立劳动合同所依据的法律、法规已经修改或者废止。或者，例如用人单位发生转产、调整生产任务或者生产经营项目的情况。在这种情况下，有些工种、产品生产岗位就可能因此而撤销，或者为其他新的工种、岗位所替代，原劳动合同就可能因签订条件的改变而发生变更。或者，例如劳动者的身体健康状况发生变化、劳动能力部分丧失、所在岗位与其职业技能不相适应、职业技能提高了一定等级等，造成原劳动合同不能履行或者如果继续履行原合同规定的义务对劳动者明显不公平。或者基于不可抗力等客观方面的原因。

（七）劳动合同的解除

劳动合同的解除，是指劳动合同订立后，尚未全部履行前，由于某种原因导致劳动合同一方或双方当事人提前消灭劳动关系的一种法律行为。劳动合同的解除分为法定解除和约定解除两种。根据《劳动法》的规定，劳动合同既可以由单方依法解除，也可以由双方协商解除。劳动合同的解除，只对未履行的部分发生效力，不涉及已履行的部分。

劳动合同解除的主要情形。其一，双方协商解除劳动合同。用人单位与劳动者协商一致，可以解除劳动合同。协商解除劳动合同没有规定实体、程序上的限定条件，只要双方达成一致，内容形式、程序不违反法律禁止性、强制性规定即可。若是用人单位提出解除劳动合同的，用人单位应向劳动者支付解除劳动合同的经济补偿金。其二，劳动者单方解除劳动合同。即具备法律规定的条件时，劳动者享有单方解除权，无须双方协商达成一致意见，也无须征得用人单位的同意。具体又可以分为预告解除和即时解除。其三，用人单位单方解除劳动合同。具备法律规定的条件时，用人单位享有单方解除权，无须双方协商达成一致意见。主要包括过错性辞退、非过错性辞退、经济性裁员三种情形。过错性辞退，即在劳动者有过错性情形时，用人单位有权单方解除劳动合同。过错性解除劳动合同在程序上没有严格限制，用人单位无须支付劳动者解除劳动合同的经济补偿金，若规定了符合法律规定的违约金条款的，劳动者须支付违约金。非过错性辞退，即劳动者本人无过错，但由于主客观原因致使劳动合同无法履行，用人单位在符合法律规定的情形下，履行法律规定的程序后有权单方解除劳动合同。非过错性解除劳动合同在程序上具有严格的限制。经济性裁员，即企业由于生产经营不善等经济性原因，在符合法律法规的情形下集中辞退一定数量劳动者的情形。企业进行经济性裁员会受到极为严格的限制，须符合实体条件、准入条件、程序条件和优先原则等多项规定。

（八）劳动合同签订的注意事项

签订劳动合同前应熟悉相关法律。劳动合同是用来约束劳动者和用人单位行为，以及处理纠纷的重要法律依据。劳动合同的每个环节都需要劳动者有一定的法律常识，所以劳动者在签订劳动合同之前最好先了解一下都有哪些法律可以保护劳动者的合法权益。我国有关保护劳动者合法权益的法律法规很多，其中以《劳动法》的规定最为全面，这是规定劳动关系的主要法律，此外，还有原劳动部制定的《关于实行劳动合同制度若干问题的通知》《违反和解除劳动合同的经济补偿办法》等有关劳动合同规定的赔偿办法。

合同形式、内容要合法。一份具有法律效力的劳动合同，首先签订合同的程序应符合法律规定，并且应当用书面的形式予以确认，合同至少一式两份，双方各执一份，劳动者应妥善保管自己的劳动合同。在劳动合同的内容上，劳动者一定要先确定自己签订的劳动合同是否具备产生法律效力的条件，包括用人单位应是依法成立的劳动组织，能够依法支付工资、缴纳社会保险及提供劳动保护条件，并能承担相应的民事责任等。

警惕合同陷阱。部分用人单位为了实现自己的利益最大化，千方百计地在劳动合同中设立各种陷阱，侵害劳动者的合法权益。主要包括：在合同中设立押金条款；不与劳动者协商；在合同中规定逃避责任的条款；对于劳动者工作中的伤亡不负责任；准备了至少两份合同，一份是假合同，内容按照有关部门的要求签订，以对外应付有关部门的检查，但真正执行的是另一份合同；等等。

当前，毕业生社会经验不足，法律知识缺乏，供需关系失衡，这些因素导致毕业生在择业就业和建立劳动关系时完全处于弱势地位，大学生求职者要明晰自己在求职过程中享有的权利，并在合法权益受到侵害时学会利用法律武器来保护自己的权益。

☞ 【拓展阅读一】

大学生在就业过程中不可忽视的四个关键词

大学生就业是一个系统工程，在这一过程中经常会提到几个关键词：毕业生就业推荐表、就业协议书、劳动合同和档案。这四个内容与每一位毕业生的切身利益息息相关，是大学生实现就业成功、职业发展和权利维护的重要材料，因此，每一位毕业生都应该认真对待。

就业推荐表是由学校毕业生就业指导服务中心统一印制的，是学校向用人单位推荐毕业生的正式书面材料，在用人单位中具有较高的权威性和信誉度，很多单位在招聘或者招考时，要求毕业生出具就业推荐表，如教师招考、公务员考试等。

就业协议书与劳动合同在本节内容中已做了全面介绍，在此重点补充介绍档案。

一、什么是档案

当学生毕业时，学校会按相关规定要求帮助毕业生整理档案，档案的主要内容包括高中阶段材料、大专阶段材料（专升本学生）、招生录取材料（录取通知书）、大学期间档案材料（毕业生基本情况表、毕业生登记表、学籍卡、成绩单、毕业生体检表、党团材料、在校奖惩材料、历年综合素质考评表、实习鉴定表）和其他应当归档的材料。

形成完整的高校毕业生档案后，学校将组织毕业生按照毕业去向和档案转递要求准确填报档案转往单位或流动人员人事档案管理服务机构信息。根据毕业去向登记信息，形成高等学校毕业生档案转递单，明确就业单位名称、转递编号等信息，随档案材料密封后，按规定通过机要通信或邮政特快专递渠道转出档案，严禁个人自带档案。毕业生将收到《高等学校毕业生档案告知书》，其中明确记载毕业生档案于何时寄往何处，并提醒毕业生适时与档案接收单位（机构）联系办理相关事宜。

当学生毕业后，学生档案投递到人事管理机构以后，该生的档案正式成为人事档案。人事档案，与本人一生息息相关，是保障个人权益的重要依据。在工作、学习和生活中都要利用到人事档案，如职称评定、转正定级、各种政审、办理社会保险、确认工龄、家庭亲属关系证明，以及开具出国、考研有关证明等。

二、档案的重要性

毕业生档案是个人第一学历档案，今后任何档案都是在此基础上建立的，所以档案非常重要。

（一）档案是用人单位用于全面了解毕业生并持续补充的资料

对用人单位来说，为了全面、准确地了解聘用人员，档案中的业务水平、个人素质、历史情况、学业及思想表现等是重要依据。而在用人过程中形成的定级、调资、任免、晋升、奖惩等方面的相关材料都需要汇总并归入本人档案，作为考核依据。

（二）档案是毕业生办理各类手续、保障权益的重要资料

毕业生档案十分重要，是学籍证明、机关事业单位政审的必备条件、国有企事业单位核定待遇的依据、享受社会保障福利的重要资料、职业起点的初始记录、出境政审的重要材料、转移人事关系的前置条件、从业登记必须提供的重要证明、进修深造的前期

学籍材料等。

（三）毕业生落实档案去向的意义

当毕业生进入有管理档案权限的单位时，档案可直接发往该单位，由单位负责管理。但有些单位没有管理档案的权限，这种情况千万不要把档案放在自己手上或留在学校。在人才市场办理档案挂靠后，可以放心到市内外一切非国有单位或无人事主管部门的单位工作，而毕业生的合法权益同时得到保障。应届大学生档案挂靠后，可免费得到以下服务：

1. 人事关系、人事档案管理、党团关系管理；

2. 连续计算工龄（关系到工资级别及以后的退休金级别）；

3. 办理晋升档案工资、转正定级（即按规定转成干部身份）；

4. 出具证明材料（即出具与个人档案相关的证明材料）；

5. 有些考试考证需要在"人事关系所在地"报名参考，就是档案挂靠的地方，例如教师资格证考试；

6. 有些大城市如广州、天津免费办理落户手续，并推荐就业。

三、档案的去向

根据《人力资源社会保障部办公厅　教育部办公厅关于积极稳妥做好高校毕业生档案转递接收工作的通知》（人社厅发〔2023〕20号）相关要求，按规定通过机要通信或邮政特快专递渠道转出档案，严禁个人自带档案。根据《国务院办公厅关于进一步做好高校毕业生等青年就业创业工作的通知》（国办发〔2022〕13号）相关要求，高校要按照有关规定积极稳妥转递档案。总的来说，到机关、国有企事业单位就业或定向招生就业的，转递至就业单位或定向单位；到非公单位就业的，转递至就业地或户籍地公共就业人才服务机构；暂未就业的，转递至户籍地公共就业人才服务机构。档案涉密的应通过机要通信或派专人转递。

在高校办理档案转递的具体工作中，大致分为以下五种情况：

（一）已就业（毕业前已与用人单位签订就业协议书）

1. 有档案管理权限的单位。若就业单位具备档案接收管理权限，档案直接发往就业单位。如毕业生去机关、事业单位、国有企业就业的，由单位直接接收、管理档案。

2. 无档案管理权限的单位。若就业单位不具备档案接收管理权限，但档案在相关人才机构代理，档案直接发往该人才机构；若就业单位不具备档案接收管理权限，也无相关人才机构代理档案，即单位不要档案的，档案发往生源地公共人才服务机构。

（二）暂未就业（毕业前未落实工作单位）

未签工作的毕业生档案，发回原籍所在地人才市场，须毕业生提前与对方联系，确认接收地址、部门、接收人、电话信息。

（三）升学

档案接收单位应该是考取高校的具体学院或研究生招生办公室，以各高校调档函要求为准。

1. 考取外校的毕业生档案，持相关材料办理手续后由学校发往录取单位。

2. 考取本校的毕业生档案，应与本校就业指导服务中心联系办理手续。

（四）出国

准备出国的毕业生档案，档案接收单位可以是原籍人力资源和社会保障局或教育部留学服务中心，须毕业生提前与对方联系，确认接收地址、部门、接收人、电话信息。

（五）自主创业、自由职业

自主创业、自由职业的毕业生档案，档案接收单位可以是原籍人力资源和社会保障局或者其他人才交流服务中心，须毕业生提前与对方联系，确认接收地址、部门、接收人、电话信息。

☞ 【拓展阅读二】

五部门发文！今年起，这个证不再发放

日前，中共中央组织部、人力资源和社会保障部、教育部、公安部、国务院国资委联合印发《关于做好取消普通高等学校毕业生就业报到证有关衔接工作的通知》（以下简称《通知》）。《通知》明确，2023 年起，不再发放"全国普通高等学校本专科毕业生就业报到证"和"全国毕业研究生就业报到证"（以下统称就业报到证），取消就业报到证补办、改派手续，不再将就业报到证作为办理高校毕业生招聘录用、落户、档案接收转递等手续的必需材料，并明确一系列衔接措施。

一、建立去向登记制度。教育部门建立高校毕业生毕业去向登记制度，作为高校为毕业生办理离校手续的必要环节。

二、明确户口迁移要求。高校毕业生户籍可以迁往就业创业地（超大城市按现有规定执行），也可以迁往入学前户籍所在地。

三、明确档案转递衔接。2023 年起，组织人事部门和档案管理服务机构在审核和管理人事档案时，就业报到证不再作为必需的存档材料，之前档案材料中的就业报到证应继续保存，缺失的无须补办。

四、明确报到入职流程。用人单位可凭劳动（聘用）合同或就业协议书（含网签协议）或普通高等教育学历证书或其他双方约定的证明材料，为高校毕业生办理报到入职手续。

五、明确信息查询渠道。用人单位、户籍和档案接收管理部门、公共就业人才服务机构在办理招聘录用、落户、档案接收转递等业务时，可通过查看学历证书、劳动（聘用）合同（就业协议书、录用接收函）等，或通过全国高校毕业生毕业去向登记系统，查询离校时相应毕业去向信息。高校毕业生和有关单位可通过中国高等教育学生信息网查询和验证高校毕业生学历、学位信息。

《通知》要求，各地各有关部门、用人单位和高校要认真梳理调整原涉及就业报到证的办事规则流程并及时公告，进一步精简证明材料，切实做好取消就业报到证有关工作衔接。

（资料来源：福建发布微信公众号，2023 年 5 月 12 日）

第三节　就业权益保护

一、就业过程中常见的侵权行为

在就业过程中，往往会遇到很多问题，甚或出现就业者的权利受侵害的现象。防患于未然，本节总结以往出现过的侵权行为，提醒大学生等就业者在求职过程中规避风险，免受他人带来的伤害。

（一）歧视行为

大学生在就业求职中经常会遇到一些歧视现象，其中最常见的是性别歧视：一些企业在招聘中不招收女性或提高同一岗位对女性的要求，变相对女性设置就业障碍。《劳动法》规定，女性劳动者和男性劳动者享有平等的就业权利。

☞ 【案例阅读】

小陈是某高校一名理工类的女硕士研究生，现在一家科技公司工作，由于工作出色，颇受领导赏识和同事好评。想起自己在求职过程中受到的歧视，她感慨万千。她曾经去过一个招聘会现场，一百多家单位招聘，她竟然一份简历也没有投出去。因为很多单位在招聘海报上明确说明仅限男生，其余单位即使不明确表示，对于女生也大都含蓄拒绝，例如"我们单位经常会出差，你一个女生禁不起出差的折腾，还是另谋高就吧"，或者"我们单位经常加班，而且以往招的人大都是男生，你如果进我们单位工作会不适应的"。虽然也有少数单位有招女生的意向，但开出的条件很是苛刻，比如在三年之内不许结婚，即使结婚也不能生育。再有在待遇方面规定女生硕士与本单位本科男生标准一样等。

我国不少法律都有关于反对就业性别歧视的阐述和规定。如《劳动法》第十三条规定，妇女享有与男子平等的就业权利。但这些规定都是一些政策性口号，太过笼统，没有技术层面的可操作性，因此广大女性面对性别歧视束手无策。而《就业促进法》不仅规定了政府在保障公平就业方面的职责和用人单位与职业中介机构不得性别歧视的义务，还规定了一个极具可操作性的内容——如果自己遭受到就业歧视，可以向人民法院提起诉讼。也就是说，凡劳动者遇到就业歧视，如前述性别歧视外，还有健康、民族、种族、信仰、年龄、身体（如身高、相貌、残疾）、地域、学历等各种五花八门、或明或暗的就业歧视，都可以向法院提起诉讼，通过司法途径获得救济，由法院根据法律规定和具体情况做出裁决，责令用人单位改正或做出赔偿。

（二）虚假广告

一些企业在招聘会上为了招到条件较好的毕业生，会夸大或隐瞒自己的某些情况，如果在这种企业上浪费了时间，可能会错失良机，错过真正适合自己的好公司或岗位。

1. 侵害知情权。面试时企业会向求职者提出各种问题了解情况，而当求职者提出问题询问企业情况时，有些企业就会回避问题甚至迁怒于求职者，这些都侵害了求职者的知情权。如果求职者是应届毕业生，在与企业签订劳动合同之前，可能会签订涉及学校、学生、企业三方的就业协议书，即"三方协议"，正式的劳动合同可能是学生毕业前签订、毕业后生效，也可能是毕业后签订、立即生效。在签订时，合同条款并非不能更改，要双方平等协商、达成一致后方可签字生效。有些企业的"合同是统一格式、无法更改"的说法是不正确的。

2. 试用期过长。试用期是用人单位和劳动者相互考察、了解对方而约定的期限。如果试用期过长，则是侵害权益的行为，《劳动合同法》中关于试用期期限的具体规定为：劳动合同期限3个月以上不满1年的，试用期不得超过1个月；劳动合同期限1年以上不满3年的，试用期不得超过2个月；3年以上固定期限和无固定期限的劳动合同，试用期不得超过6个月；同一用人单位与同一劳动者只能约定一次试用期；以完成一定工作任务为期限的劳动合同或者劳动合同期限不满3个月的，不得约定试用期。

☞ 【案例阅读】

毕业生小王与某教育培训机构签订了两年期的劳动合同，合同约定试用期半年。后在入职第四个月，公司以小王不能胜任工作为由，要求延长试用期三个月，双方由此产生纠纷。

小王劳动合同期限是两年，属于一年以上不满三年的范畴，则试用期不得超过两个月，不可以延长。此外，约定试用期有次数限制，同一用人单位与同一劳动者只能约定一次试用期。此处的同一用人单位包括了关联企业，以防用人单位为规避此项规定而采取由关联企业续签的情形。此外，试用期包含在劳动合同期限之内，用人单位如果仅在劳动合同中约定了试用期，则视为无试用期，该"试用期"属于劳动合同期限。

（三）合同基本条款缺失

劳动合同至少应具备合同期限、工作内容、劳动条件和劳动保护、劳动报酬、劳动纪律、合同终止条件、违反劳动合同的责任，特别要注意的是劳动条款，一些企业提供的合同上规定劳动报酬"不低于本市最低工资"，这实际上等于未做任何规定。此外，用人单位岗位是劳动合同的重要内容，在岗位约定方面，求职者应注意避免根据需要随时变更劳动合同的条款。

1. 违反协议或合同的违约金。按照相关规定，劳动合同或协议中可以规定违约金的数额，但这是有上限的。还要注意的是，劳动合同中只规定单方违约是不公平的，企业照样要负责任。

2. 合同文本中有违法条款。有些企业规定"女工3年内不得结婚"，这显然是违反

《民法典》的；有些企业声明给予高工资，但是以不给职工上社会保险为条件，这也是违法的。另外，用人单位不得以劳动者携带乙肝表面抗原为理由，拒绝招用或者辞退乙肝表面抗原携带者。为保护乙肝表面抗原携带者的个人隐私，用人单位也不允许在入职、在职体检中，将乙肝病毒血清学作为体检指标，各级各类医疗机构不得将乙肝病毒血清学检查作为用人单位招工、用工体检的常规项目，除特殊工种外，对用工单位的不合理体检要求要坚决拒绝。

☞ 【案例阅读】

在某高校 BBS（网络论坛）的求职版上，一条图文并茂的帖子引人注目："寻一名与照片相像者，有要事相求，事成酬谢 1000 元。"该帖子的发布人是即将毕业的研究生小李，他刚找到一份工作，单位要求进行全面的入职体检，这让他的神经紧绷起来，因为他是乙肝病毒携带者。知道过不了血液检测关，情急之下，他只好找一个和自己外表相像的人当"替身"。据了解，小李很是优秀，每次求职，面试都能顺利通过，可到了体检这一关就没戏了。"难道一个人与乙肝沾上了边，就与美好的事业绝缘了吗？"小李陷入深深的苦恼之中。

根据有关医学资料，一般的乙肝病毒携带者传染性很小，对健康危害也不大，但不少单位仍会以健康为由将他们拒之门外。《就业促进法》虽然没有提到乙肝病毒携带者的具体字眼，但在第三十条却做了概括性规定："用人单位招用人员，不得以是传染病病原携带者为由拒绝录用。但是，经医学鉴定，传染病病原携带者在治愈前或者排除传染嫌疑前，不得从事法律、行政法规和国务院卫生行政部门规定禁止从事的易使传染病扩散的工作。"可见，只要全国人大及其常委会制定的法律、国务院制定的行政法规或国务院卫生行政部门的规定没有禁止，用人单位就不得以乙肝病毒携带者为由拒绝录用。换言之，除了前述规定，其他任何机关或单位禁止录用乙肝病毒携带者的规定均是违法的、没有效力的。

3. 用人单位否认劳动关系的存在，损害在校大学生的权益。现在各高校存在部分在校大学生，还没毕业之前就在社会上的公司等单位里正常工作上班，一心想毕业后留在公司就业。但是，往往公司等单位以在校大学生的身份认为他们属于兼职工作，与公司不存在劳动关系。而这种区别，直接影响着薪资报酬、离职补偿等金额的大小，密切关系到大学生的切身利益。

☞ 【案例阅读】

王某是某某学院在校学生。在读学习期间，王某到北京某装饰设计有限公司（以下简称设计公司）工作。双方签订了《普通高等学校毕业生、毕业研究生就业协议书》，约定王某在设计公司从事销售工作，服务期 3 年，试用期 2 个月，从临近毕业当年的 5月 1 日起计，收入为 3200 元/月，试用期满后收入为 4000 元/月。6 月 28 日王某毕业后，继续在设计公司就职，服从设计公司的管理，提供劳动（包括出差），领取报酬。双方没有订立书面劳动合同。后因设计公司存在拖欠工资的问题，而且未帮王某缴纳社保，毕业当年9月8日，王某通过电子邮件方式向设计公司提出离职申请，解除与设计公司之间的劳动关系，并于次日办理了离职手续。此后，王某未去设计公司上班，双方劳动关系解除。因此，双方对是否存在劳动关系存在争议，并基于劳动关系可否要求用人单位按照《劳动合同法》相关规定支付经济补偿金等问题诉至法院。

现行法律规定并没有将在校大学生排除在《劳动法》适用主体之外，因此，劳动者的学生身份并不必然成为其作为劳动主体资格的限制。在校大学生为完成学习任务或因勤工俭学到用人单位提供劳动的，双方不构成劳动关系。但如果在校大学生以就业为目的进入用人单位，双方用工关系符合劳动关系实质特征，也就是说，对于即将毕业的大学生，且用人单位知晓该大学生即将毕业的情况，大学生以毕业后即将就业为目的，向用人单位提供持续不间断的劳动，用人单位亦对该大学生实施劳动管理并支付劳动报酬的情况下，可以认定构成劳动关系，不应以大学生尚未毕业而否认双方存在劳动关系。本案中，王某以就业为目的入职设计公司，王某入职时已经满18周岁，双方签订的就业协议书明确了岗位、服务期、试用期和报酬等情况，王某接受设计公司的管理，从事设计公司安排的劳动，设计公司按月向王某支付工资并报销差旅费，双方用工关系符合劳动关系的基本特征，应认定劳动关系成立。

（四）其他侵权违法行为

有些企业怕学生签订协议后反悔，收取抵押金或扣留学生有效证件的行为属于不合法行为。企业签订合同的形式应该规范，不仅要企业法定代表人签字，而且要加盖企业公章，缺一不可，有些合同带有附件，学生同样要先弄清附件条款后再签字。

☞【案例阅读】

毕业生小王接受某销售公司的职位，但在签约时，公司表示入职需要先进行一个月的入职销售能力培训，以帮助他了解公司产品、胜任销售工作，但为防止小王无故辞职浪费公司的培训投入，需要其先上交一定金额的保证金。

本案中小王遇到的情况，是现实就职中常见的侵权现象。用人单位招收新人，新人需要在熟悉公司情况、了解公司产品之后才能适应工作的要求，为防止公司投入花费后劳动者另谋职业导致公司投入打水漂，不少公司要求毕业生存放身份证或毕业证，或收取一定费用作为担保或培训费，约定劳动者工作满一定期限后返还。甚或，也有部分不法企业，以此为手段骗取求职者上交费用后侵吞，此种情况已涉嫌违法犯罪，触犯了法律的底线，求职者可以寻求法律的保护。

☞【案例阅读】

小张是某高校应届毕业生，与甲公司签订了《普通高等学校毕业生就业协议书》。协议约定，小张违反协议约定或毕业后未到单位报到的，应当向单位支付违约金3万元。次月，小张因被乙公司录用，于是向甲公司提出解除三方就业协议。甲公司根据协议约定要求小张支付违约金3万元。但小张认为，单位在三方就业协议中约定违约金是违法的，因此拒绝支付。那么，三方就业协议可否约定违约金？约定的数额最高为多少？毁约时应该如何处理？

《民法典》第一百三十六条规定："民事法律行为自成立时生效，但是法律另有规定或者当事人另有约定的除外。行为人非依法律规定或者未经对方同意，不得擅自变更或者解除民事法律行为。"第一百八十六条规定："因当事人一方的违约行为，损害对方人身权益、财产权益的，受损害方有权选择请求其承担违约责任或者侵权责任。"第五百八十五条也规定："当事人可以约定一方违约时应当根据违约情况向对方支付一定数额的违约金，也可以约定因违约产生的损失赔偿额的计算方法。"

因此，三方就业协议是一般性民事合同，可以约定违约金，用人单位和毕业生任何一方违反三方就业协议的相关条款，均须承担违约责任。但是，违约金的数额要符合公平原则、违约金与损失相当原则。《民法典》第五百八十四条规定："当事人一方不履行合同义务或者履行合同义务不符合约定，造成对方损失的，损失赔偿额应当相当于因违约所造成的损失，包括合同履行后可以获得的利益；但是，不得超过违约一方订立合同时预见到或者应当预见到的因违约可能造成的损失。"《民法典》第五百八十五条进一步规定："约定的违约金低于造成的损失的，人民法院或者仲裁机构可以根据当事人的请求予以增加；约定的违约金过分高于造成的损失的，人民法院或者仲裁机构可以根据当事人的请求予以适当减少。"根据上述规定，违约金的标准要根据一方违约给对方造成的损失来确定，如果畸高或畸低，引发争议后都可以做出调整。

二、就业权益保护的途径与方法

(一) 增加就业知识储备，构筑权益的防护墙

在就业之前，可以在学校提前了解有关就业方面的知识。知识的来源可以是课堂上或者线上多媒体的资源，学习有关以后就业过程中需要注意的那些地方，以及当自身遇到侵害时应如何维护等知识，例如，前文讲到的就业协议书和劳动合同的知识内容。同时，知识储备中有关就业的法律知识尤为关键，是维护自身权益的必要知识储备，是构筑权益防护墙的主体。在学习的过程中就要抓紧时间学习相关的法律政策，在就业过程中一旦自身的合法权益受到侵害，就会心中有数，能够在第一时间内判断出应该采取哪种途径与方法进行自我救济。

法律知识主要包含实体与程序内容。实体内容上，根据我国《劳动法》《劳动合同法》等规定，劳动者在我国的法律规定中具有一些基本权利，包括劳动报酬权、劳动保护权、职业培训权、社会保险和福利权。程序内容上，首先，劳动争议发生后，当事人

可以寻求单位内工会组织的帮助，也可以向本单位劳动争议调解委员会申请调解；调解未达成协议的，劳动者可以申请仲裁，提出仲裁要求的一方应当自劳动争议之日起 60 日之内向劳动争议仲裁委员会提出书面申请；劳动争议当事人对仲裁裁决不服的，可以自收到仲裁裁决书之日起 15 日内向人民法院起诉。其次，劳动者解除合同应当提前 30 日以书面形式通知用人单位，在试用期内提前 3 日通知用人单位，可以解除劳动合同。以上法定程序，除非不可抗力，必须在法定的期限内主张权利。

（二）谨慎签订就业协议，避开就业陷阱

现在社会就业环境整体尚可，但是就业竞争较大，再加上用人单位出于自身经济状况等原因，不排除有部分单位故意设置陷阱，以达到压榨廉价的劳动力等非合法合理的目的。因此，大学生更应该在签订就业协议过程中谨言慎行，学会规避风险。例如，在签订劳动合同的时候，应该注意认真查看合同的内容，确认合同双方主体是否适合，协议条款是否确切合法，是否具有服务期，是否具有劳动报酬等必备条款，法律责任的界定是否清晰明确。

此外，订立劳动合同不得违反法律、行政法规。除主体合法、合同的内容合法外，当事人协商达成的劳动合同不得违反国家禁止性规定，不得损害国家、社会、集体和他人的合法利益，有关劳动报酬、劳动保护、保险、职业培训、工作时间、民主管理等方面的规定不得与国家的法律、行政法规相抵触。

（三）诉以法律途径，维护就业权益

如果在就业过程中用人单位的单方面规定与国家政策、法律法规相抵触，侵害了自己的权益，应依法维护自己的合法权益。当自身权益受到侵害时，求职者有权向用人单位上级主管部门申诉，也可提交给当地的劳动争议仲裁机构进行调解和仲裁，或直接向人民法院提起诉讼。简言之，当权益被侵害时，能够通过法定的途径与方法来维护，这赋予了劳动者强有力的保障。特别是 2008 年 5 月 1 日起施行的《劳动争议调解仲裁法》在周期、减少环节、提高成效、降低成本等方面做出了许多新的规定，建立了快捷、有效的劳动争议处理制度。

就业过程通常划分为就业前期、就业中期、就业后期三个阶段，大学生可根据自身所处的阶段，采取不同的应对途径与方法。在就业前期，大学生应加强就业知识的储备，构建防护墙。在就业中期，即在签订就业协议书时，大学生需要谨慎、认真地查对就业协议书，从而避开就业陷阱。最后，若大学生等劳动者的就业权益受到侵害，则可以诉以法律途径，进行调解或者仲裁、诉讼，获得赔偿等救济。整体而言，就业权益的保护兼顾自我救济和公力救济的途径与方法。

☞ 【课堂活动】

职场面对面，问诊点对点

学生进行角色扮演，模拟再现求职过程中的真实案例，以案释法，沉浸体验，最终以问题就诊的方式，对与"就业权益保护"相关的法律知识进行简要解读。

角色：求职者小丽、A公司 HR 张三、A公司经理李四、律师王五。

故事背景："00后"的女孩小丽今年刚刚大学毕业，初入职场的她对一切未知都充满好奇。她在招聘网上看到了一家心仪已久的 A公司发布了市场销售员岗位的招聘信息：能吃苦、偶有加班、经常出差、限男性。

小丽：您好，我是今年的应届毕业生，我看到贵公司在招聘销售员的岗位，但是仅限男性。虽然我是女生，但是我个人认为自己有能力胜任该职务，请问可以给面试的机会吗？

张三：同学你好。因为我们公司需要经常出差，所以还是希望招聘男性。但是如果你业务能力强，并能保证未来五年内没有结婚生育的规划，那我们也能给一个面试的机会。

小丽：无法给到贵公司这样的承诺，我放弃，打扰了。

张三：看你投递的简历这么优秀，公司经理秘书岗位挺适合的，你可以跟经理详谈。

小丽：好的，谢谢推荐其他岗位。

李四：对于秘书这个岗位，因为男性陪同外出应酬普遍较多，所以我们公司男性的底薪会比女性的底薪高一点点，但是你放心，相差不多，就400元。

小丽：好的，虽然薪酬福利未能如愿，但是我愿意到贵公司上班，做这份工作。

工作一段时日后，小丽感觉到了不公，于是准备拿起法律武器维护自身的权益，来到法律诊所进行问诊。

小丽：A公司招聘销售员岗位明确只招男性，是否侵犯了我的平等就业权？

王五：侵犯了平等就业权。新修订的《妇女权益保障法》明确列举了5种侵犯女性平等就业的行为。A公司招聘只限男性，且要求女性应聘者承诺不结婚生育，构成了对女性应聘者的区别与排斥，侵犯了女性的平等就业权。法条详见《劳动法》的第十三条、《妇女权益保障法》的第四十三条。

小丽：A公司告知同样的岗位男女底薪不同，这个行为是否合理合法？

王五：该行为导致同工不同酬，侵犯了女性的平等就业权。法条详见《劳动法》的第四十六条、《宪法》的第四十八条、《妇女权益保障法》的第四十五条。

小丽：面对职场性别歧视，作为刚步入社会的女生可以通过什么途径寻求帮助？

王五：要依法维护自身权益，积极了解维权途径。在应聘、工作期间，受到性别歧视、合法权益受到侵害的，可拨打12338（妇女维权热线）、12333（人社咨询服务热线）、12351（工会维权服务热线）等电话进行举报和投诉。

☞ 【思考题】

1. 你印象中的就业权益有哪些？

2. 结合自身实际，你在就业过程中亲身经历或者遇见的就业侵害行为是什么？你将如何维护就业权益？

3. 你认为在签订就业协议书时要注意哪些地方？规定违约金是否合理？

☞ 【参考文献】

［1］周莉. 职业生涯规划［M］. 2 版. 北京：中国人民大学出版社，2022.

［2］苏文平. 大学生职业生涯规划与就业创业指导［M］. 2 版. 北京：中国人民大学出版社，2023.

［3］吴秀娟，钟莹，郑栋之. 新编大学生就业指导［M］. 上海：上海交通大学出版社，2018.

［4］罗莹. 大学生职业发展与就业指导［M］. 福州：福建人民出版社，2014.

［5］李慧鹏，杜以昌，赵晴. 大学生就业权益保护论析［J］. 求实，2012，6（1）：118-120.

［6］李桂鑫. 试论我国大学生就业权益的保护［J］. 学校党建与思想教育，2011，6（18）：115-117.

［7］林建浩. 高校毕业生就业协议的法律问题研究［D］. 兰州：兰州大学，2017.

［8］吴剑. 新时代大学生就业创业指导案例教程［M］. 北京：清华大学出版社，2023.

［9］法律出版社法规中心. 中华人民共和国劳动和社会保障法律法规全书（2023 年版）［M］. 北京：法律出版社，2023.

［10］王以梁. 大学生"慢就业"的现状、成因与应对策略［J］. 思想理论教育，2023（11）：106-111.

［11］金劲彪，郭人菡. 毕业实习大学生劳动权益保护的法理反思：基于各层次利益衡量的视角［J］. 教育发展研究，2020（3）：67-75.

第六章　就业心理调适

加强社会心理服务体系建设，培育自尊自信、理性平和、积极向上的社会心态。

——习近平

如果做好心理准备，一切准备已经完成。 ——莎士比亚

既然不能驾驭外界，我就驾驭自己；如果外界不适应我，那么我就去适应他们。

——蒙田

改变心态只需一分钟，而这一分钟却能改变一整天。 ——斯宾塞

就业是大学生走向社会的第一步，是人生的关键节点，就业的过程也是学生人生的重要阶段，但就业期常常是大学生情绪波动比较频繁的时期。大学生在就业过程中往往会因为遇到一些挫折和失败产生消极情绪，或者因为身份角色的转变带来不适应从而产生心理冲突和障碍，这样既不利于大学生择业，也不利于大学生就业，甚至影响整个人生。因此，为了减少这些不利因素给自己带来的冲击，大学生应该根据自己的情况，不断采取措施进行心理调适，主动自觉地适应新环境，客观地分析自我与现实，有效地排除心理障碍，从而使自己能够保持积极而稳定的心态去面对就业这一人生重大课题，实现合理就业、顺利就业、快乐就业。

以习近平新时代中国特色社会主义思想为指导，全面贯彻党的教育方针，坚持为党育人、为国育才，落实立德树人根本任务，坚持健康第一的教育理念，切实把心理健康工作摆在更加突出位置，统筹政策与制度、学科与人才、技术与环境，贯通大中小学各学段，贯穿学校、家庭、社会各方面，培育学生热爱生活、珍视生命、自尊自信、理性平和、乐观向上的心理品质和不懈奋斗、荣辱不惊、百折不挠的意志品质，促进学生思想道德素质、科学文化素质和身心健康素质协调发展，培养担当民族复兴大任的时代新人。

——《全面加强和改进新时代学生心理健康工作专项行动计划（2023—2025 年）》节选

第一节　就业心理概述

大学生就业心理主要是指大学生在面临职业选择及就业过程中所产生的各种心理现象。大学生就业问题直接关系着大学生毕业后的发展，其作为社会就业的重要组成部分，一直以来也备受关注。但是近年来，随着大学教育从精英教育向大众教育的转变，大学生数量明显增多，而社会就业岗位有限造成大学生就业竞争日趋激烈，就业市场供需矛盾和结构化矛盾突出，这不仅导致社会对大学毕业生的专业能力和综合素质提出了更高的要求，同时对他们的心理素质也是一项极大的考验。

大学毕业生在自主择业过程中经常会面临各种心理压力和冲突，比如有的创业热情高但是又缺乏创业能力和经验；有的想要竞争好的工作岗位，但是又缺乏自信；有的思想上看重工作的发展前景，现实中又重视眼前的物质报酬；有的虽然自信满满，但一遇到困难又很容易自卑。这种理想和现实、自傲和自卑的并存往往使大学生在择业时感到迷茫，产生焦虑心理。而在成功就业后，大学毕业生还要继续适应生活方式和生活环境的转变、学生身份向职业人身份的转换，以及面对理想和目标的落空等问题。这些往往都会给涉世未深的大学毕业生造成一定的心理负担。

对于大学毕业生来说，就业是我们认识和适应社会的过程，在择业、就业过程中面临就业压力，遇到心理冲突和困惑从而产生一些不良情绪都是正常的，但是我们需要学会基本的心理调适方法，正确认识大学生就业的各种心理，锻炼出自己强大的心理素质，才能够克服各种就业阻碍，为顺利就业打下良好基础。

一、大学生就业心理特点

（一）竞争意识增强

随着我国社会主义市场经济的发展，就业市场的格局出现了变动。当前大学生在就业过程中的竞争意识有了很大的提高，对毕业求职时可能遇到的困难和挫折也有一定的心理预估。所以很多同学为了提高毕业后的就业竞争力，在校期间除了完成专业知识的学习外，还努力考取从业所需的相关职业、从业资格证书，并且利用课余时间或者寒暑假参加培训，还有的到企事业单位实习，有目的地提升自己的办公操作、组织协调、人际交往等能力。大学生在就业过程中的主体意识开始觉醒，能积极主动地去适应就业环境的变化，不断提高自身竞争力，而不是静观其变。

（二）就业观念趋向多元化

在经济全球化的背景下，社会价值更为多元，大学生的就业观念也趋于多元化，既有人为了饭碗而奋斗，也有人为了实现人生价值而努力。就业对于很多大学生来说不再是为了满足基本生存需要而进行的简单劳动交换，相反他们更关注所选择的职业是否能够满足自身的兴趣并实现人生意义。同时，当代大学生在择业时对公司的企业文化、环境氛围及其能提供的软福利也更为关注，比如带薪年假、单位旅游、学习培训等，看重个人未来的发展前景和企业环境氛围。相当一部分学生在择业时所学专业已不再是其考虑的首要条件，学以致用的专业意识日渐淡化，但同时他们的就业观念也容易受他人影响。

（三）就业焦虑心理突出

面对日益严峻的就业形势，大学生的就业焦虑水平普遍升高。受环境或者个体因素的影响，大学生在就业过程中往往表现出不同程度的焦虑水平。比如，女生会担心因为性别受到就业歧视导致就业渠道变窄，从而面临比男生更大的心理压力。家庭背景也是使部分学生产生焦虑心理的因素，有调查表明，农村籍大学生在面对就业问题时所表现出的焦虑水平要明显高于城市籍大学生，而且距离毕业时间越近，这种焦虑感越强。同时，在择业过程中，如果大学生考虑的因素越多，越容易导致职业决策困难，那么面临的焦虑感也就会越强。但是存在焦虑心理也不一定都是有害的，一定程度的焦虑具有动机作用，能够激发个体的积极性，有助于其实现目标。不过如果焦虑水平超过了身心所能承受的一定弹性范围，则会对心理健康造成危害，轻则出现紧张、失眠、畏惧等身心反应，重则产生逃避、退缩、对抗等行为反应，阻碍大学生的顺利就业。

二、大学常见就业心理问题

（一）从众心理

大学生虽然接受过高等教育，但是由于与社会接触较少，自身学识、经验又有限，各方面还是不够成熟，思考问题过于简单化，缺乏对现实问题的全面考虑，这些限制使大学生在做决定时容易受外界因素的干扰。在"考研热"的大环境下，有的同学看到别人在考研复习，自己也随之加入考研大军；看到别人去考公务员、事业单位，自己也去考；看到别人创业成功，自己也想尝试看看。在择业过程中容易追随别人的脚步，只要是社会上受欢迎的职业，不考虑自己是否合适就去盲目追求，最终导致自身所学专业与特长无法发挥。正是因为存在盲目从众的心理误区，所以大学生在就业岗位上也更容易出现问题，如不满意工作内容、频繁更换职业等，使部分大学生失去了更多良好的就业机会，影响后续职业发展。

（二）攀比心理

大学生自尊心和好胜心都较强，所以在求职过程中很容易出现攀比心理，不考虑工作是否适合自己，只想找一份比别人更体面、工资待遇更好的职业。这种心理的存在导致很多毕业生即使有单位十分适合自身发展也一直不愿意签约，一山望着一山高，总觉得后面还能找到更好的工作，在眼高手低的同时也错过了良好的就业机会。或者看到其他同学找到一份条件更优越的工作，就开始后悔自己当初为什么选择现有职业，从而感到失落或不满。实际上，由于每个人的性格、能力、兴趣爱好、生活背景和机遇不同，在职业选择上不具有可比性，一味地攀比只会让毕业生在择业时屡屡碰壁，也影响职业稳定性。因此，大学生在择业时关键要从实际出发，对自身进行客观分析，以找到能让自己最大限度发挥所长的合适工作。

（三）自负心理

相信自己的潜能，对自己有信心自然是好的，但是部分大学生在择业过程中往往对自身缺乏正确的认识，高估自己的知识水平和工作能力，甚至以在校期间的优秀表现为由，认为自己理所应当要找条件"最好"的工作单位。这样容易导致就业期望过高，不肯轻易低就，觉得如果用人单位没有选择自己就是对方的损失，结果常常是高不成低不就，当就业结果不符合自己的预期时又容易产生怀才不遇的失落感。而有的同学则是因为对自身条件过于乐观，盲目自信，所以在就业期间没有进行认真、充分的准备，结果也错失良机。

（四）自卑心理

和自负心理正好相反，这也是大学生在求职中一种常见的心理现象。存在自卑心理的同学往往自我评价过于保守，低估了自身的能力，认为自己知识储备不够丰富、工作能力不到位，无法胜任难度较大的工作，所以在求职过程中不敢大胆地向用人单位展示自身的优势来推销自己。或者是认为自己缺乏应有的社会关系，学校的知名度也不够，在激烈的竞争面前容易丧失信心、妄自菲薄。在面试时如果与学历比自己高的求职者同场竞技容易底气不足，缩手缩脚，觉得自己没有任何优势可言。而一旦求职受挫则容易产生强烈的自卑感，怀疑自己的能力，进而对自己全盘否定，最后可能发展到害怕求职，不敢面对招聘者，这样反而增加了就业的难度。

（五）依赖心理

这主要是指现在很多大学生从小养尊处优，对于教师、家长存在着很大的依赖性，一直习惯被"安排"了，难以形成独立的责任感与人格。面对择业这个人生重大抉择时，往往会显得很迷茫，对未来的个人职业发展及规划缺乏自己的想法，不知道怎样主动去适应市场需求，而是消极、被动地等待父母、亲朋好友为自己托关系介绍一份好的工作。这些学生的职业选择以父母的意见为主或者直接听从父母的命令，自我决断能力较差，不懂得自主分析问题和解决问题，一方面希望早点找到称心如意的工作，另一方面又不愿意自己奔波，在择业过程中左顾右盼、拿不定主意。

（六）求稳心理

许多大学生希望求职一步到位的传统观念仍根深蒂固，追求工作职位的稳定、清闲、福利保障好等，将职业稳定绝对化。"编制"情结的存在，让每年事业单位、公务员考试的热度都是只增不减，竞争日趋激烈，可以说是千军万马过独木桥。这种"铁饭碗"的思想限制了毕业生的择业范围，使他们在择业过程中不敢去尝试有挑战性、有风险的职业，更不敢去自主创业，谨慎过头，缺乏果断性，结果失去很多就业机会。

（七）期望值过高

有些大学生在就业过程中期望过高，对自身情况又缺乏正确认识和分析，大众化教育背景下没有形成大众化就业理念，仍然抱有"学而优则仕"的思想，对薪资待遇、工作环境、离家距离等都有较高期待，对工作有不切实际的追求，关注企业对自己的培养却忽视了自己对企业发展的作用，过于自信使得择业目标与现实之间存在着巨大的反差，把双向选择变成了单向选择，最终期望越大失望越大。比如毕业生一味追求大城市的工作，看不起乡镇或者中小企业的工作，但是他们看到大城市工作薪酬水平高、待遇好的同时却忽略了大城市的消费水平、职业要求等。

（八）求闲怕苦的心理

存在求闲怕苦心理的大学生在择业时认为自己是接受过高等教育的知识分子，是大学毕业生，有一种天生的优越感，总是幻想得到一份既清闲又收入高的工作。由于缺乏艰苦奋斗的精神，他们宁可待业也不愿意从事技术性岗位，到生产一线去，到人才紧缺的基层单位、中西部地区及艰苦行业去。由此在岗位选择中不断徘徊、等待，有的毕业后仍须靠父母供养。

三、就业心理问题产生的原因

（一）社会价值取向的影响

受市场经济的影响，人们的思维方式、价值取向和行为准则也在进行不断调整，毕业生在择业过程中出现了就业心态多样化、就业观念多元化的趋势。但是受功利主义、实用主义、拜金主义等不良社会思潮的影响，部分毕业生在择业过程中就业功利性突出，重视个人利益，忽略了社会的需求和职业的深层价值，盲目追求就业环境、经济收入、福利待遇最优化，认为脑力劳动高于体力劳动、行政岗位高于技术岗位、国有企业好于民营企业。这些现象使不少学生放弃自身的职业目标和发展方向，造成了在择业过程中出现矛盾心理、攀比心理等各种不良就业心态。

（二）家庭环境的影响

家庭成长环境、经济情况、父母所从事的职业及就业观念、亲子关系等都会潜移默化地影响大学生的择业心态。很多父母对子女大学毕业后的职业选择抱有较大的期望，认为大学生就应该找一份体面的好工作，来获得社会的认可，改变自己的命运，这种高期望无疑给毕业生增添了就业压力。同时，有的父母还倾向于让子女选择一些相对稳定的工作岗位，如公务员、教师等，而不考虑孩子自身的理想兴趣；有的父母则是希望子女留在自己身边不要去离家太远的城市工作。这些因素使得毕业生在进行职业选择时常常陷入自我能力与家庭期待的矛盾中。

（三）大学生自身因素

对大学生来说，一进入大学就应该开始对自己未来的职业发展进行规划，从而确立自己在大学阶段的学习目标、毕业后的工作目标。但是很多同学都没有这种提早规划的意识，到了临近毕业时才开始思考自己未来的职业选择方向，给自己设定了个笼统的职业标准，表示自己的目标就是要进入大公司工作，但对自己是否适合在这些公司工作，或者具体想要从事什么类型的工作以及走上工作岗位后未来几年有什么计划都没有明确的概念。所以，在求职季我们常常可以看到，有的同学虽然和别人一样拿着简历奔波于各个就业招聘会，但都是盲目投递，几次下来之后仍然处于茫然状态，还没有找到自己理想的职业便已身心俱疲。

第二节　就业心理调适

一、就业心理调适的内涵及意义

大学生就业心理调适是指大学生在求职择业过程中，由于遭遇到诸多限制和制约而造成心理冲突，简而言之就是遇到挫折和失败，从而产生消极心理。为了减少或者消除这些消极心理带来的负面影响，大学生需要根据自身的实际情况，通过采取有效措施对自己的心理状态进行调节，让自己的身心能够更好地适应现实社会的就业需求和就业局面，最大限度地发挥个人潜能。

大学生对就业心理问题进行及时有效的自我调适，对顺利实现就业具有积极的现实意义。首先，健康的就业心理能够让毕业生在就业过程中展现出良好的求职状态，面对竞争时敢于挑战自己、展示自己，从而为自己赢得就业机会。其次，遭遇困难和失败时，及时的心理调适有助于减少毕业生的心理挫折感，避免产生过激行为。大部分毕业生在即将进入社会之前对未来总是充满了憧憬，但是由于当前社会就业形势还是比较严峻，等毕业生真正跨入社会感受到现实和理想之间的巨大差距时，心理上就容易产生不适应感从而引发各种就业心理问题。一旦这些问题没有得到有效的疏导和排解，将会导致心理挫伤。近几年我们也经常看到新闻媒体报道，有的毕业生由于就业时遭遇挫折无法顺利就业，对未来感到失望选择了轻生，让人痛心。最后，有效的心理调适能够减少心理不平衡带来的冲击。大学生接受多年的教育到最后却不能获得理想职业，投入和产出不对等，就容易产生不平衡、不健康的就业心态。有的毕业生会片面地把就业难等问题归咎于政府、社会等外界环境，这种非理性的认知就容易造成新的社会矛盾和冲突，有可能使其做出影响社会秩序的不理性行为，对毕业生自身和社会秩序造成严重的不良影响。

因此，大学生需要充分认识心理调适的积极作用，提高自我调适的自觉性，增强受挫能力和化解心理冲突的能力，从而使自己在就业过程中保持稳定而积极的心态，实现顺利就业。

二、客观认识真实的自我

（一）正确评价自我

很多就业心理问题的产生主要是源于大学生自我认识不够、定位不清晰，从而在就业过程中出现盲目攀比、就业期望值过高等就业心理误区。客观认识、评价自己也是做出正确职业选择的第一步。如果大学生在求职过程中，对自己的主观评价高于社会对自己的客观评价，会对自身能力估计过高，就容易对就业产生不切实际的高期望，阻碍就业。但是如果对自己的主观评价低于社会他人对自己的客观评价，又容易产生自卑心理，导致在求职时容易胆怯、畏惧，自我否定感增强，不敢面对竞争和挑战。因此在就业前，大学生首先要冷静思考，准确掌握自身的优势和劣势，了解自己的气质、性格、能力、特长、职业价值观等特征，对自己进行全面的剖析。然后认真思考我需要什么，我想做什么，我能做什么以及环境和条件允许我做什么，对自己进行一个合理定位，找准自己的位置，明确今后的发展方向并结合当前的就业环境和用人单位的要求，学会扬长避短，主动调整自己的状态，对自己的职业生涯规划进行有效调整。

（二）学会接纳自我

"尺有所短，寸有所长"，知道自己的长处与不足，但不苛求自己，改变过分追求完美的习惯。大学生要理性地对待求职择业过程中遇到的挫折和失败，学会接纳、欣赏真实的自我，对自己持肯定的态度，不因为个别的错误和失败就全盘否定自己，永远对自己有信心、给自己机会，在积极的心态中汲取经验教训，将自己的潜能发挥到最大化。比如，自负者可以通过自我批评，减少不切实际的想法和优越感；自卑的同学可以通过正向的心理暗示，鼓励自己，发现自己身上的闪光点，增强自信心。

（三）重新塑造自我

当走上工作岗位，面对全新的社会环境，大学生首先要做的就是学会和过去告别，撕掉旧有的标签，重塑自我，重新出发。不要仍旧沉湎于自己在学生时代有多么优秀，做过哪些学生干部又或者获得过哪些奖项，也不要因为自己在学校时表现不突出就觉得自卑，进入职场后人们只关注你当下的表现是否优秀，这意味着一切都要从零开始做起。因此，大学生面对新的工作和环境时应当保持谦虚的学习态度，充分发挥自身的主观能动性和创造性，增强责任意识和团队合作意识，能够根据新的环境要求来及时调整自己的行为方式，并通过不断学习来完善自我，提高自身综合素质以适应新环境的要求，顺利实现角色转换。

☞ 【课堂活动】

我的"约哈里窗"

"约哈里窗"理论是由美国心理学家勒夫特（Joseph Luft）和英格拉姆（Harrington Ingram）提出的。它将人的全部自我信息、自我表露比喻为一扇由四个区域组成的窗户：公开区、盲目区、隐秘区和未知区。通过"约哈里窗"了解和评价自己，要比从自我观察的材料中分析、评价自己更客观、准确、可靠。

公开我：自己清楚别人也知道的部分。比如，一个人的性别、外貌、职业、爱好、特长、成就等。这是自我认知的基础部分，可通过自我总结梳理，跟朋友、家人等交流获取。

盲目我：自己不知道而别人却知道的部分。比如，自己没有觉察到但是别人却观察到的一些行为习惯、情绪情感、性格特点等，可通过虚心向别人请教，反思总结获取。

隐秘我：自己知道而别人不知道的部分。比如，内心感受、心愿、情感秘密、生活隐私、缺点等个人隐私方面的信息，可通过自我袒露、挖掘获取。

　　未知我：自己和别人都不知道的地方，有待挖掘发现。比如，我们潜在的特质、能力、思维等，也就是通常说的潜能，可以通过教育、培训、经验积累、学习和实践等方式提升。

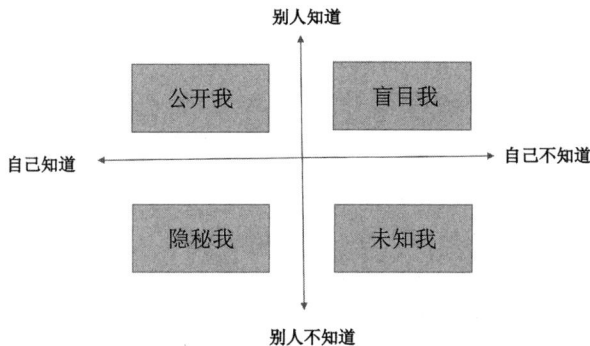

　　1. 请根据你的实际情况，从生理自我、心理自我、社会自我三个方面进行"自我评价"，每个方面不少于 5 点，并填入表格。

　　2. 邀请你的同学、朋友或者家人对你进行"他人评价"，赞成打"√"，不赞成打"×"，不清楚打"?"，打"×"的原因请写在"原因补充"栏。同时，请你的同学、朋友或者家人写下他对你的评价。

自我评价	他人评价	原因补充
例：我是自律的人	√	

　　他人觉得你还有的特点：＿＿＿＿＿＿＿＿＿＿＿

　　3. 请将以上所有关于"我"的评价填入"约哈里窗"相应区域。

　　4. 思考：

　　（1）关于自己的描述，他人评价和自我评价是否存在不同？

　　（2）如有不同的地方，不同在哪里？

　　（3）通过"约哈里窗"，你对自己产生了哪些新的认识？

三、合理设置就业目标

（一）制定的目标要适中

　　在现实生活中，大学生缺少对真实职业环境的体验，对行业、市场信息又没有进行充分的了解，使得设置的就业目标定位过高，过于理想化。近几年，不少大学生在职业选择中一直强调大单位、大城市、高收入，甚至为此不惜放弃个人的专业特长，不顾个人的性格和职业兴趣。当所设定的目标与理想脱离实际，主客观差距过大造成求职失败时容易产生自责、自卑的心理，影响职业发展。因此，大学生设定自己的职业目标时应当根据自己的主体情况和外部环境因素来综合确定，如果自身目前的知识水平和能力都还较低，而且在短时间内外部客观环境不容许自己投入大量时间和金钱来提升自己，不妨先设定一个较低的目标，一旦目标实现，也对个人自信心的提升有很大帮助。

（二）目标设定要留有余地

留有余地也就是让自己制定的目标具有"可修正性"。当大学生确立就业目标后，传统的观念常常告诉我们要坚持到底，锲而不舍，就是遇到挫折也没关系。实际上，规划应该是开放的、可修正的，需要结合客观环境和自身条件变化进行适时调整。但是有许多同学在目标确定过程中缺少反馈修正环节，没有评估自己的计划执行情况便直接进入下一步骤。一旦原计划未能如愿实行，就立即从事别的工作，而没有说明为什么选择该职业作为自己的第二选择。比如法学专业的同学，给自己定的一个目标是当法官，律师是备选方向。这两份职业表面上看没有什么不合适，但实际上二者的前提条件都是要先通过严格的考试，很有可能考试都无法通过，一旦考试未通过两个目标就都无法实现。

（三）理想不等同于目标

在设置就业目标时，有的人直接把理想理解为目标，照着这个目标去行动。但其实理想应该是职业规划中的最高目标，按照马斯洛（Abraham Maslow）的需求层次理论，实现理想是人们最高的精神需求，是我们追求的一个结果的最终表现。所以，理想的实现往往需要先完成各阶段的目标。比如，你想成为人力资源总监，就要先做好人力专员、人事主管等职位。一步一个脚印，为自己设置每个阶段的短期目标和前进方向，把自己宏大的职业理想转化为无数可实现的阶段性目标。避免把目标一下子定得过高，由于理想与现实的巨大差距，让自己屡遭失败，从而使心理受挫。同时要厘清喜欢和适合的区别，如果目前自身的条件不能够同时满足两者，不能只去做自己喜欢的工作而放弃了自己不喜欢的工作，这是不太理智的行为，也是对自我认知不准确的体现。确立正确的就业目标有助于理性选择职业，但是最重要的还是要把目标落实到实际行动中去，否则一切就都只是空谈。

四、掌握情绪调节的方法

大学生在就业过程中难免会遇到挫折和失败，从而产生不良的情绪，如果消极情绪反应没有得到及时妥当的处理，不仅不利于身心健康，也会妨碍大学生顺利就业。人的情绪是可控的，我们需要了解情绪，掌握情绪调节的方法，提高自己管控情绪的能力，这有助于缓解心理压力，避免一味地被消极情绪牵着鼻子走。

（一）转移注意力

当产生某些消极情绪时，要避免把注意力一直集中于引起不良情绪的事物中无法自拔。情绪会影响人的认知，当人在悲观时往往把事情都想得很糟糕，烦躁时看什么都觉得讨厌，所以为了避免将自我过于倾注在这种消极情绪当中，个体应当有意识地将自己的注意力转移到其他事物上。比如，当情绪不佳时可以看看电影、听听音乐、去户外打球散步、享受美食或者外出旅游，在专心做这些事情的过程中使自己焦虑、压抑的情绪得到放松，防止不良情绪的泛化。

（二）积极的自我暗示

自我暗示是个体通过语言、形象、想象等方式对自身施加影响的心理过程，包括积极的自我暗示和消极的自我暗示。积极的自我暗示有利于帮助个体缓解紧张情绪，保持乐观向上的状态，增强信心、激发斗志，进而带来积极的行为反应。言语的积极暗示，比如，在紧张时告诉自己"要镇定，放松心态"；自卑时告诉自己"我能行，我是最棒的"；遇到挫折时告诉自己"困难只是暂时的，我一定有办法克服它"。或者在心中设计自己理想的未来形象，如成熟、自信、有能力处理各方面事务的自己，当我们用理想中"我"的那双智慧眼睛看待目前的困境时，就会产生克服阻碍的信心，这类似换个角度看问题。比如，地上有块石头，这在蚂蚁看来就是庞然大物，但是对我们来说，只需要一脚把它踢开，轻而易举。除此之外，通过控制表情，经常给自己一个微笑也能给我们带来积极、愉快的心理暗示。

个体在求职过程中不一定都会一帆风顺，难免会遇到情绪困扰，这些都是正常的现象，要学会运用积极的心理暗示方法，用乐观的心态去思考，用励志的语言去鼓励自己，引导自己走出心理误区。相反，如果遇到困难反复暗示自己"我不行""我一定比不过别人""没有解决的办法了"，只会强化我们个性中的弱点，唤醒个体的自卑、怯懦、嫉妒等，让自己的心情雪上加霜，导致消极的行为反应。

（三）理性情绪疗法

理性情绪疗法是由美国心理学家阿尔伯特·艾利斯（Albert Ellis）于 20 世纪 50 年代创立的。该疗法基于的假设是：人生来就同时具有理性和非理性的特质，既有理性、正确思考的潜能，也有非理性、扭曲思考的倾向。当个体用理性的方式进行思考时，就会带来积极的行动，产生正向的情绪。反之，用非理性的方式进行思考则会带来消极情绪。理性情绪疗法的核心就是要帮助个体去掉非理性的、不合理的信念，建立起理性的、正确的信念。

理性情绪疗法的基本观点认为，情绪不是由某一诱发事件本身直接引起的，而是由经历这一事件的个体对该事件的认知和评价引起的，也称作 ABC 理论。A 代表诱发事件，B 代表个体对事件所持有的信念、认知和解释，C 代表个体的情绪反应和行为结果。也就是事件本身 A 并不是引起情绪反应和行为结果 C 的直接原因，在 A 和 C 之间还有一个关键因素 B，即人们对事件的看法和解释在起作用，这才是引起 C 的更直接原因。因此才会出现，对于同一刺激事件，不同的个体对事件的看法、信念不同，导致最终的结果大相径庭。

常见的非理性的特质主要有绝对化要求、过分概括和糟糕至极。绝对化要求即个体以自己的主观意愿为出发点，认为某一事件必定会发生或者不会发生，通常与必须、应该等字眼联系在一起。如：我应该擅长自己做的每件事，我应该总是全力以赴，我必须获得成功。过分概括是一种以偏概全的、不合理的思维方式，个体往往根据某一件或几件事来评估自己或他人的整体价值。比如根据偶尔一两次失败的求职经历就判定自己一无是处，什么事都做不好，从而认为参加招聘会只是在浪费时间，对自己没有任何意义。糟糕至极则是当发生了一件不好的事，就把事件的可能后果想得非常糟糕，从而导致个体产生极端的负面情绪体验，如焦虑、愧疚、绝望、抑郁等。例如，"如果毕业没有找到好工作，我一辈子就完蛋了"。

因此，理性情绪疗法关键是要找出自己观念中的不合理信念，并对其进行驳斥，将不合理信念转化为理性信念，从而消解不良情绪。例如，一位毕业生去应聘了几家单位都没有被录用，从而就觉得自己很没用，随之产生焦虑、自卑等情绪。由于面试失败就否定自己的价值，这就是不合理信念。合理的解释应该是：就业过程中很少人能在第一次求职时就顺利找到自己满意的工作，现在暂时没有找到适合我的岗位并不能就此证明我比别人差，只是几场面试没通过而已，就当积累经验了，暂时不成功不代表我永远不会成功。

（四）宣泄法

大学生在求职择业过程中遇到挫折产生不良情绪时要学会适度地宣泄，把不良情绪释放出来，不能一味地控制和压抑。就像一颗气球，它所能容纳的气体量是有限的，当气球里面的气体越充越多到达极值时就容易发生爆炸，因此情绪的宣泄是平衡心理、促进身心健康的有效方法。比如可以通过和自己的好朋友交谈，把自己的委屈、愤怒、焦虑、担心等内心的感受倾吐出来，一旦发泄完毕，情绪也能得到缓解。也可以面对空旷的山林或者广阔的大海大声喊出一直憋在心里的话，尽情发泄自己心中的怨气。或者可以通过打球、跑步等较为激烈的体育运动来释放心中的压力。学校的心理宣泄室一般也会配备沙袋，就是为了能够帮助同学们宣泄出自己心中压抑的情绪。当然值得注意的是，我们在进行情绪宣泄时一定要选择正确的方式、适当的场合和对象，不能为了发泄自己的不满而给他人带来不便或者产生伤害，避免引起意想不到的不良后果。

（五）自我安慰法

在择业过程中遇到阻碍，但自己已经尽了最大努力仍无法改变结果时，为避免造成精神上的痛苦不安，不妨说服自己做出适当让步，不必过分苛求，找一个可以接受的理由以冲淡内心的痛苦，让自己接受既定的现实，保持内心安宁，避免陷入悲观绝望中无法自拔从而导致精神崩溃。比如对于失恋者来说，想到现在分手总比结婚后再离婚好，就能减轻由失恋带来的痛苦。这类似于"阿Q精神"，因此当遇到情绪困扰时，人们常用"塞翁失马焉知非福"等来进行自我安慰，摆脱烦恼，消除焦虑，帮助自己重拾信心，越挫越勇。

（六）情绪升华法

情绪升华法就是将自身一些消极情绪，通过一种被社会接受的方式进行释放。这是一种较高水平的宣泄方式，能够将消极情绪激起的能量引导到对自己、对他人、对社会有利的活动方面去。比如历史上的许多名人如司马迁、海伦·凯勒、霍金等，他们在遭受挫折时没有沉浸于痛苦情绪中，自怨自艾，一蹶不振，而是选择了化悲愤为力量，最终战胜了困难，证明了自己的实力并为后世留下不朽的作品。因此，采用情绪升华法不仅能够将消极情绪宣泄出去，还能够使之得到积极利用，将压力转化为动力，把消极心理转化为积极心理。

（七）角色扮演法

角色扮演是一种情景模拟活动。作为心理学领域广泛运用的一种方法，角色扮演通过互换角色实现自己和自己对话，自己和他人对话，增进对他人社会角色和自己原有社会角色的理解。大学生在就业过程中遇到挫折时，可以尝试在老师的指导下，扮演一些在逆境中克服困难的知名人士，通过体验这些人遇到的挫折，帮助自己更好地学习他人在面对不利处境时所采取的积极态度和应对方式，从而让自己在活动体验中不知不觉地习得抵抗挫折的技能，增强自身抗压能力。

（八）放松法

在出现紧张、焦虑等情绪时，可以通过有针对性的练习，让身心获得放松，达到释放压力的效果。放松训练的方式有很多，包括呼吸放松法、想象放松法、肌肉放松法、音乐放松法和冥想等。其中呼吸放松法是比较简单易学，也非常有效的一种方法。具体步骤是：选择一个舒适的位置坐好，腰背伸直，将右手掌心轻置于肚脐上，五指并拢，然后进行缓慢地深呼吸，吸气时腹胀，保持三秒左右，再将气体缓缓呼出，越慢越好。此时放在腹部的手会跟着下降，我们也可以想象所有的压力随之释放出来。

值得注意的是，大学生在就业过程中如果遇到无法自我调适的心理问题时，应当及时寻求心理医生等专业人士的帮助，让心理冲突和情绪困扰能够得到及时化解。

☞ 【课堂活动】

"蝴蝶拍"放松法

"蝴蝶拍"，像双侧扇动翅膀的蝴蝶一样，通过有节奏的简单刺激轻拍双肩，就好像我们在拥抱自己。这些动作可以促使身心进入一种相对稳定的状态，帮助我们增加安全感和其他积极的感受，适用于缓解焦虑、紧张、恐惧等情绪。

具体操作步骤（导入轻柔背景音乐）：

1. 找一个让自己坐得舒适的地方，调整一下姿势，双脚平放在地上，挺直背部和脖子，下巴内收，双手放在大腿上，以一个放松的姿态开始练习。

2. 闭上眼睛想象一个过去经历中给你带来积极体验的事件，并体会身体的哪个部位感受到了这种积极的体验。

3. 双臂在胸前交叉，右手在左侧、左手在右侧，轻抱自己对侧的肩膀。

4. 双手轮流轻拍自己的臂膀，左一下、右一下为一轮。速度要慢，轻拍 4～12 轮为一组。停下来，深吸一口气，感受一下，自己的感觉如何？

5. 如果感受好，可以不断增加，继续下一组蝴蝶拍，直到积极的体验更为强烈。如果出现消极的体验，请提醒自己现在只关注积极的体验，消极的体验以后再来处理。

6. 把刚才想的积极的事件用一个词来形容。

7. 想着这个形容词再来做一组"蝴蝶拍"。

注意事项：

在进行"蝴蝶拍"的时候速度要慢，就好像孩提时期母亲安慰孩子一样，轻且缓慢。

☞ 【拓展阅读】

怎么当一个快乐的人？

快乐到底是什么？大夏天喝下冰镇可乐的那一刻，仿佛灵魂得到了升华；踏上最后一砖台阶登顶泰山，满足感充斥整个胸腔。这些体验光是想想就已经觉得很快乐了，但是，为什么它们会让我们感到快乐呢？快乐拥有一个自由开关的水阀吗？为什么在写作业、赶 ddl（deadline，最后期限）的时候我们不觉得快乐呢？为了解答这个问题，我们需要了解快乐的机制。

一、什么是快乐？

首先，我们要知道快乐（happiness）是什么。快乐体现在感官和心理两方面，是一种积极情绪（positive affect）。愉悦的事情引起的心理痒痒的感觉、嘴角上扬的冲动和情不自禁的放声大笑都是快乐的表现。可以说，快乐和愉悦的事情密切联系。

二、我们为什么会快乐？

既然快乐和愉悦的事情有关，那么什么样的事情是"愉悦"的呢？有一种广为流传的快乐理论，将愉悦的事情分为了"内啡肽快乐"和"多巴胺快乐"两种，与之对应的有内啡肽理论和多巴胺理论。

1. "内啡肽（endorphin）快乐"

内啡肽是一种天然的镇痛剂，能产生跟吗啡、鸦片同样的止痛效果和欣快感，但它并不是令人闻风丧胆的毒品，而是人们体内产生的健康的化学物质。内啡肽理论认为内啡肽可以引起愉悦感、满足感和成就感，这些感觉又进而可以降低消极情绪的程度，因此，每天产生一定量的内啡肽，消极情绪就会离我们远远的。那么怎么样产生更多内啡肽呢？答案是：运动。你是否有过这种经历：慢跑过后，整个胸膛伴随着激动的颤抖，大口呼吸畅快淋漓，由内自外回荡着一种满足感。这就是内啡肽带来的魅力。中高强度运动能带来类似的体验，促进内啡肽的分泌。我们可以挥洒汗水，用运动量换来一天的神采奕奕。

2. "多巴胺（dopamine）快乐"

多巴胺理论说的是，愉悦的事情能够引起多巴胺水平的升高。大脑中多巴胺更像是一种奖励信号，就像幼儿园老师奖励的"小红花"一样。当我们吃一包乐事薯片，大脑收到信号，"吃薯片让人十分快乐"，大脑就会分泌更多的多巴胺作为"小红花"，鼓励继续做"吃薯片"这件快乐的事情。因此，吃了一片薯片，大脑鼓励自己继续吃，结果就根本停不下嘴了。多巴胺其实是奖励回路中重要的一环，它并不直接给我们带来快乐，但让我们产生追求快乐的渴望。正是因为多巴胺的"小红花"机制，有些人将"多巴胺快乐"归类为"庸俗的快乐"。"吃薯片—好吃—再吃一片—好吃—再吃一片—好吃—再吃一片……欸，怎么吃完了？"原本只想吃一片薯片，越吃越停不下来；原本只想刷一个视频，越刷越停不下来……这就是多巴胺机制存在的不利的一面：一旦在不健康行为的基础上建立不健康的反馈回路，有可能就会"根本停不下来"，沦陷在"庸俗的快乐"里无法自拔。但不必慌张，凡事都有两面性，多巴胺机制也有十分积极的一面。建立在健康行为上的反馈回路能带来"长久的快乐"。例如，喜欢看书，从阅读中找到乐趣，越来越喜欢看书，沉浸在看书中无法自拔……在长期的阅读中，大脑可以持续、稳定地分泌多巴胺，让快乐长久地充盈在生活中。因此，我们要利用好多巴胺理论的武器，做快乐的主人。

三、快乐的好处

你知道吗，快乐不仅仅是一时的开心，长期稳定的快乐还能对我们的身心造成深远的影响。

1. 快乐有利于生理健康

人们常说"笑一笑，十年少"，其实，"笑一笑"还可以"十年多"。调查显示，怀有积极情绪的人比怀有消极情绪的人平均寿命更长，同时，快乐有利于身体健康、预防疾病。快乐的人癌症、冠心动脉疾病、高血压等疾病的患病率比悲观的、焦虑的人更低。

2. 快乐还有利于心理健康

快乐可以增加人的心理资源，使人相信结果会更好。在面对压力事件时，常处于积极情绪状态的人更不易生病。而对于病人，处于积极情绪的人更愿意接受医生的建议、配合治疗并进行锻炼，在重大手术后，医护往往发现，快乐的患者总是比消极的患者康复得更快。快乐的人在晚年时能表现出更高的认知功能，他们的脑袋"老化"得更慢，患阿尔茨海默症的概率更小。

3. 快乐的人更加亲近社会

这是因为快乐的情绪可以被视为一种友好、亲近和合作的信号，经常体验和善于表达快乐的人能更好地维持人际关系，更有可能做出互惠等亲社会行为。所以快乐的人更可能广交益友，成为妥妥的社交达人。

四、怎么样做一个快乐的人呢？

既然快乐对我们的身心健康都有好处，那么怎么样才能做一个快乐的人呢？积极心理学的研究发现，以下几种方式能够有所帮助。

1. 情绪调节

选择合适的管理情绪的方式。我们往往有两种管理情绪的方式，分别是认知重评（cognitive reappraisal）和表达抑制（supression）。认知重评是在接收到负面、令人沮丧的消息时，我们改变自己的关注点，重新对这个消息进行评价，或许会有不同的理解。例如，老师在课上纠正了"我"回答的错误，让"我"感到有些羞愧，但换个方面想，老师耐心地纠正是为了"我"更好地发展，"我"也从此深刻记住了这个错误，那么，这算不算也是一种好事呢？这件事情好像并没有"我"想得那么难受了。这就是认知重评的魔力。

表达抑制则是压抑自己的负面情绪，选择性地忽视负性事件，这其实会占用认知资源，并不利于我们的身心健康。过度的、习惯性的压抑情绪容易导致抑郁和焦虑症状，产生情绪调节障碍。

2. 规律锻炼

正如内啡肽理论中提到的，运动可以促进内啡肽的分泌，内啡肽可以起到"镇静剂"的效果，减少焦虑感，让人体会到安逸的、温暖的、亲密的、平静的感觉。长期、规律的锻炼可以让我们减少负面情绪，心态更加积极向上，更容易成为一个快乐的人。

3. 分享快乐

心理学家提出了一种积极情绪的扩展—建构模型，即一个人处在积极情绪下，会有更多的人际互动来维持积极情绪。简单来说，例如，小明考了 100 分，他向爸爸妈妈、爷爷奶奶和小伙伴们都分享了这个好消息，收获了满满的鼓励和称赞，这些正向的反馈反过来又提升了小明的快乐感。因此，想让快乐更加强烈和持久，不妨将快乐分享给身边的好朋友，通过社会关系增强快乐吧。

五、快乐的人更快乐

你知道吗，快乐的人会更快乐。研究者发现，当被问起过去生活幸福感的变化时，快乐的人通常会夸大幸福感的提高，认为每一天都在越来越好。而不开心的人与之相反，夸大了幸福感的降低，认为每天都在越来越差。然而实际上，日子是起起伏伏的。这个有趣的回忆结构告诉我们，快乐的人认为生活在一天天变好，因此更加乐观，认为风险低，更加愿意冒险。

六、结语

从某种意义上来说，快乐是一种能力。获得这种能力需要我们找到自己的快乐源泉，需要我们了解如何维持快乐，需要我们避免令人沮丧的负面情绪。相信看完本篇文章的读者们，已经掌握了关于快乐的基本知识，希望读者们在生活中能够将理论践行到实践，找到快乐的"水阀"，一起做快乐的主导者。

（资料来源：京师心理大学堂微信公众号，2023 年 7 月 13 日，作者：糖豆豆）

第三节　职业适应与发展

就业是大学生毕业后正式踏入社会的第一步，也是由学生身份转换为职业人身份的开始。一切对于初入职场的大学生来说都是新鲜的，新的身份、新的环境、新的目标、新的人际交往圈，这也意味着一个新的开始和起点，但同时这一系列的转变对大学毕业生来说也是一项考验。环境的改变和角色的转换使有些同学在职业适应过程中出现了困难，从而产生焦虑、畏难、失落、不满等消极情绪并直接影响工作表现。因此，职业适应作为大学生职业生涯初期的起点，如何通过调整和改变自己的心态、习惯和行为以克服职业初期的不适应问题，让自己尽快"进入状态"，完成角色转换，顺利度过适应期，这对于大学生个人职业生涯规划目标的实现和职业发展前景具有重要意义。

一、大学生职业适应内容

(一) 心理适应

大学生毕业后从学校进入职场需要经历从学生角色向职业角色的转变，这两种角色在权利、义务、规范、任务上都有很大的区别，后者对大学生的独立性、自我管理等能力提出了更高的要求，这就需要大学生主动根据新的角色需求来塑造自己。但实际上，处于职业适应期的大学生由于受到客观环境和自身主观因素的影响，在进入新角色时往往没有做好充分的心理准备，并且在角色转换过程中还存在种种心理误区，常见的有以下几种。

1. 对学生角色的依赖心理

在步入职场的初期，有的同学还停留在学生这个角色当中，自我定位不准确，潜意识里继续把自己当成学生，在工作中会不自觉地以学生角色的标准来要求自己，缺少积极主动意识，工作全靠领导安排，领导分配什么工作就去做什么工作，甚至常常依赖老员工，没有养成独立的工作观念，在解决工作问题时也仍习惯用学生的思维模式。因此，大学生要正确认识学生角色和职业角色间的差距，并有目的地进行自我调整以顺利完成角色转换。

☞ 【案例阅读】

赵强是公司新招的实习生，工作内容是审核资料，标注排版差错。工作内容比较简单，也很容易上手，但是赵强还没做满一个月就被公司辞退了。后来从他的主管领导那里了解到，赵强在这一段的工作中，每次出现问题，都需要领导提醒，比如领导发现了文章的第一段行距有误，提醒他，他就只修改第一段行距，文章中其他段落的行距依旧是错误的。在工作中总是等领导给他下达命令，而不懂得主动学习，发现问题。这样被动的工作态度导致他没做多久就被辞退。

2. 对职业角色的畏惧心理

多数职场新人在刚进入职场环境时都会产生些许的紧张感，只是轻重程度不同。成为职业人开启新工作后，不熟悉的工作环境和工作内容、新的人际交往圈等都对大学生提出了新的要求。但部分同学由于对自身能力缺乏自信，也缺少独立处理问题的经验，在面对这些新挑战时总是缩手缩脚，担心在工作中会出错，觉得和别人相比自己这也做不好那也完成不了，从而难以进入状态，无法充分展示自己的能力，导致压力增大，产生畏惧、退缩心理。

☞ 【案例阅读】

周敏是广告学专业的大学毕业生，毕业后进入一家私营企业策划部工作。由于以前在学校只是一名普通学生，没有策划组织活动的经验，因此刚到部门工作的周敏心里很没底，就怕自己做不好，导致即使自己有了很好的点子和建议时也不敢大胆提出来，生怕说错话遭到别人嘲笑。在工作中总是战战兢兢，小心翼翼，结果越是紧张越容易在关键时刻出错。

3. 失落心理

大学生初入职场，渴望获得他人的认可，希望能够在工作中充分展示自己的才能，证明自己的实力，从而脱颖而出并得到提升的机会。但是在工作初期，重要的任务一般都是安排给有经验的老员工去完成，新人往往只是先做一些零碎的琐事，有的大学生便觉得没有机会体现自己的价值，认为当前所做工作与自己的理想抱负不相符合，才能无法施展，但又无法改变现状，从而产生失落心理。也有的同学因为初期对自身期望较高，对薪资待遇、具体工作、工种都有自己的目标，但最终进入的企业或者就职的工作岗位并不是自己的理想型，这也会给刚走上工作岗位的毕业生带来心理上的反差感，产生失落情绪。

☞【案例阅读】

陈嘉霖大学毕业后进入了一家国内知名企业，入职前他对未来充满了憧憬，想要大展一番拳脚。但是入职后每天主管都只安排他做一些基础性工作，他觉得这些工作对于自己来说太简单了，简直就是大材小用。于是便多次找主管理论，但即便如此主管还是继续让他做些最基础的工作，结果实习期还没结束他就打算辞职并通过猎头重新找工作。后来这一举动被主管发现了，主管告诉他说："如果你不想干了可以走，不过我不希望以这种方式，最起码你先把基础的工作做好再走也不迟。"陈嘉霖犹豫了，最后他选择留下，在日后的工作中也积极转变心态，虚心从最基础的工作慢慢做起，认真负责地完成每一项任务。后来，由于陈嘉霖工作出色，领导也逐渐把更多重要的任务指派给他完成。

4. 自傲心理

这种心理误区容易出现在名校毕业生或者在校期间表现比较优异的同学中，觉得经过四年本科学习和实践的积累，自己掌握的知识和技能已经完全能够应付目前的职业需要，在工作中并不是积极主动地去熟悉工作流程和工作环境，或者向周围的同事虚心学习提高业务技能，而是喜欢在正规场合高谈阔论，发表不合时宜的言论，产生眼高手低的后果。结果在实际工作中大事做不了，小事又不做，却总想着能够升职加薪。

☞【案例阅读】

王刚是学机械设计与制造的，毕业后在某家精工制造公司做机械设计师。刚开始公司要求他到车间向老师傅学习加工制作工艺，但王刚觉得自己学历比这些老师傅都要高，掌握的知识也比他们多，所以在下车间时就没有用心学习，对老师傅提出的一些加工建议也总是不以为然，往往一意孤行，结果后期做出的产品漏洞百出。

（二）人际适应

人际适应不仅是大学生职业适应当中的重要内容，也是大学生实现社会化的关键渠道。从校园进入职场，环境的改变也带来了人际关系的变化，包括交往的对象、交往的方式和交往的范围。在学校中大家面临的主要人际关系就是同学关系和师生关系，而进入职场后最基本的人际关系转变为和同事、领导的关系。处理师生关系和处理同事、领导关系的方法肯定不尽相同，职场中的人际关系相对大学生在校期间单纯的人际交往要更复杂一些。因为职场中同事的组成往往就要比同学的组成复杂，大家年龄不同、阅历不同，背景经历、水平和层次可能都大不相同，这使得大家的办事风格、处事态度也不同。如果继续沿用学生时代处理人际关系的方式就有些不合适，而是需要学会用不同的方法和不同的人进行合作交流。在工作中，也许会遇到和自己不投机甚至是敌对的人，都必须学会与他们协同工作，用包容的心态去接纳不同类型的同事，不要因为别人给自己带来坏情绪而影响自身的工作状态。同时，在同事之间也常常存在利益冲突和竞争，比如职位晋升、绩效发放、任务安排等，大学生初入职场要学会处理好这些冲突和矛盾，协调好职场关系以尽早融入新的群体。

（三）职业能力适应

大学生在校期间经过学习虽然已经掌握了一定的专业知识和技能，能够基本满足所从事职业的要求，但是由于当今世界科技发展迅速、信息高度发达、知识更新速度快，大学生原来在课堂中学习到的理论知识与实际工作中的要求存在较大差距，或者有一部分知识已经不能适应新的职业要求了。并且在实际工作中遇到的问题很多也是综合性的，常常涉及多个领域、多种学科的内容，但大学生的知识结构相对还是比较单一，这就要求他们在进入职场后需要尽快学习更多新的内容，完善自己的知识结构和技能以适应职业发展需要。同时职场中也比较注重员工的动手能力和积累的工作经验，但是很多大学生在校期间的学习只是停留在对书本中理论知识的学习，缺乏相应的社会经验和工作经验，理论联系实际的能力较差。并且由于长期习惯了被安排完成各项任务，导致在思维与行动上缺乏主动性和自觉性，分析和解决问题的能力也有待提高，这也是很多企业会让刚进入单位的大学生从基层做起的原因。因此，职场新人要学会将知识转化为生产力、虚心学习、及时更新知识，学会独立思考，善于总结经验，通过进一步的再学习来更好、更快地掌握工作中涉及的知识和技能。

（四）生理适应

生理适应主要包括对工作时间和节奏、劳动强度以及紧张程度的适应。不同职业的工作强度和节奏是不一样的，但相对大学生在校期间宽松自由的生活方式，就业之后的生活节奏会明显加快，工作方式和生活方式都将发生变化。在学校的时候，很多大学生在生活上不规律，习惯了晚上熬夜白天睡懒觉，时间弹性比较大，没课的时间可以投入文体活动当中，有较多空暇的时间可以灵活安排，比较自由自在，无拘无束。而工作后，每个公司都有自己的工作纪律和严格的规章制度，管理规则上也和学校有较大差异，节假日和休息时间减少。时间紧、任务重、劳动强度大使很多大学毕业生短期内无法适应，不免出现身体疲倦、头昏脑胀的感觉。所以，职场新人首先要打破原来不规律的学习生活习惯，养成良好的作息规律，学会科学合理地安排时间，注意劳逸结合，并进行适当的体育锻炼来提高身体素质，让自己的生活和工作更有序、高效，尽早适应职场生活。

☞【拓展阅读】

初入职场的三个思维误区

一、我只是一个××××啊

"今天面试的那个企业太过分了，他让我谈一下对建筑外墙外保温技术的理解，我只是一个刚毕业的学生，哪能懂这些？"

"我只是个实习生，把上级分配的任务做完了，还要额外给我安排很多工作，让我加班，一个月才给我这么点工资，你是不是过分？"

一些企业人力资源主管经常反馈，他们最不乐意听到的，就是类似"我只是个实习生啊"这样的话语。

为什么呢？因为这句话意味着，你给你自己设了限。这样的思维模式比较常见，也不能说有错，但是，如果你希望寻求一份待遇好、加薪快、发展好的工作，就必须转变一下这种思维。为什么呢？你想，你拿着两千块的工资，做着两千块的活，可能突然通知你给你加薪到四千块吗？企业可能养活混日子的人吗？我想不会吧！那些能够获得令人美慕的录用书的人，是因为他们注意积累准备，做出了超越这个职位本身条件的表现。那些人能够升职加薪，是因为他们在职位上做出了超越这个职位要求的业绩和表现。

所以，"做好本职工作"是远远不够的，它只不过说明你配得上到手的薪水而已。如果你希望有所突破，一定要在完成本职工作的基础上，去接触团队里面其他人的工作，去了解你工作范围之外的东西，去从更高的高度审视整个项目和环节。

二、做不好是因为不喜欢

许多刚毕业的同学，满怀热情地投入自己向往的工作，以为终于可以实现自己大干一场的理想了。一开始还好，觉得一切都是新的，兴致勃勃；过不了三个月，热情开始消退；半年，开始遇到瓶颈。整天埋头于各种烦琐、零碎的事务中，曾经的喜爱早已荡然无存，只剩下日复一日的细节打磨、机械化劳作和翻来覆去的加班。想要离开却又难以割舍，于是陷入自我怀疑之中。

很多人给出的理由是：之所以出现成绩平平，是因为我不喜欢这个工作，要是我能做自己喜欢的事情多好，我一定可以有所成就。

记住：工作本身，永远是不可能"有趣"的。如果你抱着"因为喜欢，所以无论多难、多无聊，都会怀有兴趣去做"的心态，一定是会撞上南墙的。

试想，你是否愿意牺牲所有时间付出在工作上？你是否愿意承受每天连续加班的压力？你是否能够在不加报酬的情况下依然愿意这样做？

所以，即便长时间从事自己喜欢的事情，身体的耐受能力和阈值会慢慢升高，你从这个事情中获得的乐趣也会降低，直到你完全不快乐。

工作持续动力来自成就感，成就感的获得取决于你的竞争力。只有在你最擅长的领域，你才会具有稀缺性，你的价值才会更高，才会更容易不断突破自己、做出成绩、积累成就感。

三、我已经很努力了

在学校，当你考试没有发挥好，难过地说："我没有考好，但我已经很努力了。"老师和家长会替你承担压力和责任，说："没关系，你已经努力了，下次考好就行。"

求职季，很多学生没有拿到心仪的录用书，略带哭腔地说："可我已经很努力了。"老师和家长会为你承担压力和责任，说："没关系，继续努力，下次一定能做更好。"

工作之后，很多毕业生不能很好地适应职场，依然会说："我已经很努力了，只是运气不好。"这次不会再有人理解你的"努力"了……

"我已经很努力了"，这也是一种常见的错误思维。现实社会很残酷，你进入职场之后会慢慢发现，很多时候人们看重的是你做成了什么，而不是你在这个过程中有多么努力。职场考核你的只有关键绩效指标（KPI），没有同情心！

这是一个结果导向的时代。大家只关注结果，并不关注你付出了什么。记住，你需要抛弃那些陈旧的思维。诸如"虽然没有成功，可是他已经很努力了""没有功劳也有苦劳""虽然能力一般，但是他很愿意吃苦"……这些都没有用，反而害了你，会让你觉得虽然事情没有做好，但至少你努力了，从而心安理得。从他人的角度看，"努力了，依旧没有做好"说明要么你的能力有问题，要么你方向就不对，这种否定可能比你"不努力"还严重。

所以，步入职场后，你必须转变思维：从"努力完成目标"转变为"高效完成目标"。真正把时间花在"挑选最佳路径"上，而不是花在执行过程上。

比起努力勤奋，更重要的是你需要接触大量的方法，学习大量的软件，阅读大量的书籍，了解不同的途径，触类旁通，应用它们去分步解决问题。

结　语

步入职场后，人与人之间的差距会拉开、变大，表面上看，可能是你的房子比他小，车子比他差，薪资比他低，工作没他好……但是，这只是表象，造成这些表象的原因在于你们之间的思维差距。物质上的差距可以追赶，思维上的差距，如果不弥补，只会越拉越大。

（资料来源：跟勇哥聊聊微信公众号，2018 年 5 月 10 日，作者：朱海勇）

二、职场适应策略

（一）增强自我调适能力，保持良好心态

大学毕业生在职业初期面对环境、人际关系、职业能力、生活方式等方面的适应问

题时，难免在心理上会出现波动，这些都是正常的，重要的是要保持心理平衡，不能被消极情绪左右，要始终以积极乐观的心态去迎接各种挑战和新的变化，增强自我调适能力，减少适应期的压力感和焦虑感。

大学毕业生可以从认知、情绪和行为三个方面进行自我调适。在认知层面，大学生应该在心理上做好迎接新挑战和适应新环境的准备，对进入工作岗位后可能会遇到的困难和挫折做到"心中有数"，提前做好准备工作，对自己和自身能力有一个客观正确的评估，了解所从事职业对知识、技能的要求。在情绪层面，始终保持积极乐观的心态，以饱满的热情投入工作中去。对于职场新人来说，职业初期可能会遇到较多困难，难免产生消极情绪，但我们要学会做情绪的主人，不能一遇到困难就抱怨，陷入沮丧、焦虑、悲观的情绪中无法自拔，对这些负面情绪要及时进行合理的宣泄和疏导，给自己积极的心理暗示。情绪管理也是一项需要学习的重要能力，拥有稳定的情绪能够帮助我们在面对棘手问题时也能以平和的心态进行解决，并且拥有积极情绪对人际关系也有正向影响，因为多数人还是愿意和快乐的人打交道的。在行为层面，面对职业或者人际交往等方面的问题，我们不能消极逃避，应该采取积极的应对方式，冷静思考，找到问题的根源，有针对性地收集有效信息并及时寻找解决问题的方法且加以实施。学会把每一次的磨炼都当作锻炼自己的机会，在过程中不断挖掘自身的潜能，不断学习、不断成长，增强信心，提高自我效能感。

（二）把握角色要求，完成职业角色转换

大学生走上工作岗位后，首先要尽快地从大学生身份中"跳出来"，进入社会成为职业人意味着开始承担相应的社会责任，在工作中要学会独当一面，增强独立意识。作为职业岗位的新手，大学毕业生要尽快熟悉自己的工作环境和生活环境，充分认清自己的角色位置，深入了解自己在工作环境中所承担的角色以及该角色的性质、工作内容、职责范围，清楚自己的权利和义务，知道该如何开展新工作，做什么，怎么做，如何做好等，对新工作进行较为全面的理解和把握，树立角色意识。同时根据职业角色要求，不断提高自己的综合素质，在工作之余，主动和单位的领导、同事交往，善于请教，虚心向他们学习，并敢于实践，在实际工作中将理论知识运用起来，增强自己的沟通能力、协作能力和责任心，让自己具备良好的学习素质和完善的知识结构体系，尽快完成职业化，获得职业认同感和团队归属感。另外要注意把握岗前培训这个重要环节，这对刚刚走上工作岗位的大学生是非常必要的，不仅是新员工了解工作单位基本情况的重要机会，也是大学毕业生充实自己、表现自己和提升自己的机会。

另外，要根据现实环境适当调整自己的期望值和目标，端正心态，服从工作安排。而且要做好吃苦耐劳的准备，角色转变带来的种种新变化要求大学毕业生需要付出更多的时间和精力去适应，特别是在困难较大的工作初始阶段，更需要发挥吃苦肯干的精神，以优秀员工为榜样主动向他们学习，尽快缩短与其他员工的差距。

（三）做好职业规划，提高职业生涯管理能力

大学生在入职前就要选择好自己将要从事的职业，明确自己的职业理想，合理择业，学会处理好理想与现实、短期利益与长远目标、脚踏实地与仰望星空、机遇与挑战等的关系，树立正确的就业观、人生观、价值观。在自我认知和了解社会的基础上，明确自己的职业目标和定位，对自己的职业生涯进行设计、规划和评估。通过职业规划，了解自己适合的工作领域，进而去了解该领域的相关职业及工作要求，并以此为目标进行学习和实践，最后结合对自身的客观定位和对外界条件的仔细分析来确定实现目标的基层岗位。这样在入职时就已经对自己的职业有了基本了解，为就业做好充分的准备，实现人职匹配，缩短职业适应期。处于就业初期的大学毕业生入职后仍要继续做好职业生涯规划，进一步明确职业目标和定位，尽快熟悉工作业务特点，提高工作能力，增强职业认同感。

（四）积极参加社会实践，积累就业经验

在现实中，很多企业招聘都很看重学生的工作经验，有的在招聘简章中会附加上有工作经验者优先。实践经验已经成为一项准入门槛，但是很多大学生在毕业之前可能没有任何的社会工作经验，这在招聘时无疑会影响企业对毕业生的评价。因此大学生在校学习期间，应该要提早有意识地多参加一些社会实践活动，主动寻找见习的机会，越多尝试越多经验。在选择实践活动时，尽量选择与自己的专业或者未来职业目标相关的活动。社会实践活动不仅能够帮助我们更好地了解社会，了解国情，也能更深入了解到社会所需要的人才类型，同时也能让我们在实践中更全面地了解自己，通过总结、反思自己的实习经历，更加客观地认识、分析、评价自己，意识到自己身上还存在哪些不足之处需要弥补，从而通过不断学习提高自己的综合素质和能力。

另外，大学期间的实习也是帮助大学生了解社会和职业的重要渠道，为毕业生顺利走向社会奠定良好基础。大学期间的实习作为大学生走向工作岗位的第一步，一定要认真对待，在实习过程中把握机会多向身边有经验的同事学习，锻炼自己的应变能力，注意经验的积累，提高自我的职业适应能力，有助于进入职场后尽快在自己的岗位上站稳脚跟。

（五）提高人际交往能力，增强协作意识

良好的人际关系有利于角色转换的实现，帮助职场新人尽快适应新的环境，消除陌生感，增进团结，提高工作效率，对个人未来的发展也起着重要的作用。因此，大学生应该提高自己自身的人际交往能力，了解职场的处事原则和规则，掌握处理人际关系的技巧。处理职场人际关系时要注意以下几点：第一，要做到平等待人，真诚待人。不管是对领导还是同事，不应该根据对方的职位高低、权力大小来决定对待他人的态度，应当要以平等的态度对待每一个人，不能厚此薄彼。初入职场的大学毕业生特别注意不要卷入一些是非矛盾中，避免拉帮结派，应当尽力与所有同事建立起互助友好的人际交往关系。第二，要尊重他人，帮助他人。尊重他人才能赢得他人的尊重，要尊重每个人的劳动成果、人格和情感。以帮助与相互帮助开端的人际关系，不仅有助于建立良好的第一印象，也有利于迅速缩短人与人之间的心理距离。对同事的困难给予及时的帮助，不要袖手旁观，更不能落井下石，养成主动关心他人的习惯。第三，学会正确对待他人的评价。大学生在职场中面对他人评价时，不能只接受正面的评价，排斥不中听的中肯评价。在工作初期，出于对新人的宽容，同事和领导一般只提出善意的建议，鼓励多于批评，这时不能沾沾自喜。他们也有可能对新人有较高的期望，提出了高标准严要求，此时也不要产生不满情绪，拒绝接受他人的意见，正确做法应该是认真反省，虚心请教，积极调整，善于从他人评价中认识自己。第四，要学会真诚合作和适当竞争。当今社会是充满竞争的社会，更是相互合作的社会。竞争和合作并非水火不容，互相拆台，而是共同发展，我们要学会在竞争中合作，在合作中竞争，孤军奋战是很难取得成功的。竞争越是激烈，越要加强合作。遇到矛盾冲突要加强沟通，学会倾听和换位思考，多一分宽容和谅解。

（六）提高职场情商，打造和谐人际关系

情商也称作情绪智力，职场中我们所说的情商主要是指个体对自己和他人情绪的识别能力以及运用这一能力达成自己目标的能力。情商是可以通过后天学习来提高的，主要把握以下四点：

1.清楚认识并正确运用情绪去帮助自己

要学会识别自己的情绪，了解自己的想法和情感，能够敏锐地知觉到情绪情感的出现和变化。可以通过情绪记录法，连续两三天或者一周有意识地记录下自己情绪的变化过程，以情绪的种类，人物，事件发生的时间、地点、经过、环境、原因等项目为自己列一个情绪记录表，察觉情绪的变化过程。而当出现负面情绪时也可以利用情绪记录表来反思，比如在一段情绪过去之后，反思自己当时的情绪反应是否得当，以及当下为何会产生这样的情绪反应，是否产生什么消极影响以及今后该如何避免此类情绪的发生和控制类似不良情绪的蔓延。

2.提高情绪管控能力

要善于控制自己的情绪，及时调节疏导和适度抒发自己的情绪，保持情感的平衡，避免情绪的大幅度波动和极端化。自我情绪管理包括在对他人做出生气反应前要设法控制住自己的情绪，当他人向你发怒、发难时，自己要准备好恰当的应对措施。为了灵活地管理自己的情绪，应该善用情绪管理技巧，不能过分压抑自己。比如在求职择业过程中屡次碰壁或者工作压力大时，可以寻找合适的宣泄途径，适度释放压力，也可以借助他人的疏导，通过倾诉来摆脱心中的苦闷。

3.学会自我激励

将情绪专注于某个目标上，为达目标而调动、发挥自己的潜能，包括学会延迟满足、控制冲动、总揽全局。

4.提升识别他人情绪的能力

能够敏感地感受到他人的需求，了解和分享他人的感受和想法，学会换位思考，设身处地地为他人着想，积极地参与他人的思想感情。

☞ 【拓展阅读】

28 条职场经验

1. 不管给谁打工，都要为自己学东西。

2. 错了，一定要认错！别看这是常识，很多人根本做不到，出了问题第一反应是找客观原因和推卸责任，但是如果真的是自己有疏漏，第一时间承认错误、承担责任，不丢人。

3. 工作这件事就像谈恋爱，要想幸福，千万别凑合。这个工作是不是让你感到新鲜和愉悦？是否有兴趣去提升自己，探索更多可能？周围是否有值得你学习、敬佩的人？未来是否还愿意融入这个工作团队？如果对这些问题的回答大部分是否定的，那么，我或许要劝你：请勇敢去追求更适合你的。

4. 马克·吐温说："即使闭起嘴看起来像个傻瓜，也比开口让人家确认你是傻瓜来得强。"真的，遇事想好了再开口，越重要越当如此。"大事，商量着说。急事，冷静地说。小事，幽默地说。没事，不要八卦。"都是二三十岁的人，不要再道起歉还是那句"对不起，我没过脑子"。

5. 不要靠什么背景、私交、八卦、小恩小惠来拉拢人心，请用实际行动和业务能力来赢得同事的尊重和信任，这样的关系才能清清爽爽、长长久久。

6. 一定要找到你的不可替代之处，培养出自己的核心竞争力，要有"你离了这个公司可以，这个公司离了你不行"的成长势头。你可以能说会道，你可以八面玲珑，但是在职场中最讨喜的，永远是你的能力、你创造的价值。如果这份工作目前你来做和别人来做没有什么区别，你得尽快明确自身定位，或者要比从前更有想法、更努力了。

7. 在工作中我不相信眼泪。另外，我不仅要看他的"抗打击能力"，也要看他的"抗表扬能力"。有相当多的人，没有折在挫败上，却折在了一两次的成功上。成功让人飘飘然，忘乎所以，原本应有的上升空间就这么被堵住了。

8. 第一，永远不要轻易和别人撕破脸，你不知道什么时候就会需要一条退路；第二，人与人相处，往往没有绝对的对错输赢，有时候认怂一下可能反而好办事；第三，看事情目光放长远些，光争眼前的利益完全有可能得不偿失。毕业十多年，进入职场，步入婚姻，有了许许多多的朋友，这三条要始终在线。

9. 闯荡社会其实需要一点儿"油"，但不是"油腻"。油一点儿，来润滑你和周围的人与环境的关系，而不是用你在茧房里的见识去硬碰硬。这个"油"，保护自己也愉悦别人，会让有关于你的工作合作都更顺滑一些，而不是人为较劲。当然，无论到什么时候也不要忘了初心，知世故而不世故，最大限度地忠于内心，简单善良。

10. 与同事相处，无论亲疏，以礼相待。表里如一，就不用"人格分裂"；真诚待人，就不用"处心积虑"。人与人相处，善良、真诚、坦荡永远是最不累的相处技巧。

11. 我们可能要接触到很多未必与我们的认知相同的人或事，那么除却一些大是大非的原则性问题之外，我们是不是也可以对一些不同抱有一种宽容、包容？是不是也可以有一种真正的尊重？也就是说，你可以不喜欢，你可以不同意，但是你要尊重它。这种尊重一定是完全发自内心的，而不是一种表面上的礼貌性姿态。

12. 一定要改掉迟到的毛病！经常迟到，有失礼仪，意味着你不擅管理时间，会给人留下靠不住的印象。尤其在重要会议和团体活动中，因为本可以避免的延误而迟到，影响到了全局，哪怕只有一次，再真诚的道歉也很难洗掉"不靠谱"的印象了。

13. 别轻易承诺，也别随意给出"口头支票"。承诺了，就一定要做到。实在做不到，要提前解释，别让个人信用破了产。你在职场圈子里混的是实力，也是口碑。

14. 做一个有分寸感和边界感的人，懂得换位思考，也懂得适当拒绝，既能尊重他人，也能保护自己。不探私隐，不当众揭短，不强人所难；懂方法，看时机，留余地，巧回避。

15. 不要犯懒，要养成溯源的习惯，不要一看到复杂的信息，就说"懒得看，等总结"或"看大家怎么说"。这容易让我们习惯性迁就别人，弱化自己的思考。每个人应对信息的方式不同，最重要的是保持独立思考的能力，以及守住内心秩序的定力，坚实地站在大地上，不要被胡乱吹来的大风刮跑。

16. 先处理工作，再处理情绪。这个相当重要，却不容易做到。尤其是在应对团体协作的项目时，一旦发生摩擦或争端，及时说清或私下妥帖解决，不要带入个人恩怨，不要让负面情绪影响工作推进，这是不专业的表现，且无助于问题的解决，可能还会让事情变得更糟。记住，你们此时要拧成一股绳，只有一个目标：出色完成工作任务！一旦你精于业务，钝于琐事、杂事，格局大了，机遇就来了。

17. 我一向对性别、年龄反应有些迟钝，平时采访、出差、走山路、到非常环境，很少想到"女士优先"被关照什么的，想做什么事，遵从内心，也不会因年纪而影响选择。这种不在意，这种迟钝，恰恰成全了我。

18. 人到中年，开始创业，突然豁然开朗，发现过往所有的经历，都会成为你现在应对人生难题的武器。因为做过销售，硬着头皮敲过一扇扇陌生的门，突破了自己的心理设限，才在现在的商业谈判中淡定自如；因为有过赶时效、极限式完成任务的经历，现在即使面对最紧张的项目也能承受住压力。是的，人生没有白走的路，每一步都算数。

19. 别焦虑，能在二十几岁的年纪就找到"一生的事业"的人，少之又少。更多的人要经历挫败，才能渐渐找到方向。与可奉献一生的事业相遇，本就值得我们花费时间。

20. 工作的本质，就是"好事多磨"。

特别补充：关于手机的职场使用礼仪

21. 如果对方未及时接起电话，不要无休止地拨打下去。

22. 聊天时慎用"在吗"当开场白。一句"在吗"，有可能会招人反感哦。因为接收信息的人，会下意识帮你补全对话：在吗？我问你个事/在吗？请你帮个忙……不少网友吐槽："你不说什么事，我怎么决定在不在！"

23. 未经许可，请勿擅自翻看同事的手机，哪怕对方与你关系再亲密。当别人给你看的只是手机里的某一张照片时，最好不要左右滑动。

24. 如果要在社交平台发布对方的照片或合照，应该征得同意后再上传。

25. 在开放工作区、会议室等需要保持安静的场合，请把手机调成静音或震动。遇到必须接听的电话，可以离场或轻声交谈，快速解决，尽可能不影响别人。

26. 如果是重要的事情，不确定对方接听环境是否适宜，请不要贸然发起语音通话或视频通话。实在不方便，只能发语音时，请直奔主题，避免大段语音浪费别人时间。

27. 如果没有及时回复电话或者消息，请表示歉意。认真回复一条必要的信息这种小事，也是在向别人传递着一种讯息：你有在尊重别人。

28. 回复对方时最好不要频频使用"哦""嗯"等单字，因为这样的字眼，在很多年轻人听来，略显敷衍，代表话题的终结。

（资料来源：央视新闻微信公众号，2023 年 1 月 28 日）

三、正确认识跳槽

（一）大学生就业跳槽现状及原因

跳槽是从业者由于不满意或者不适应当前进行的工作及其带来的各种条件而另外寻求新工作的一种行为。跳槽是职场中常见的现象，"自由择业"和"职业变换"成为现代社会的重要标志之一，适当的人才流动也有利于人力资源的有效配置。跳槽的种类繁多，有岗位间的跳槽、行业间的跳槽、单位间的跳槽、地域间的跳槽。有的跳槽不变职业，有的跳槽属于重新求职择业，但无论哪种类型的跳槽都是在对自身条件重新认识和发展机遇重新评估的基础上，为了谋求更好的发展和追求人生价值的最大化实现而做出的重新选择。但不是所有的跳槽都是理性的，也不是所有的跳槽最终都能达到自己预期的理想结果。实际上，同样是跳槽结果却大相径庭。很多人跳来跳去还是在做水平移动，甚至有的人越跳越糟。近年来大学生就业后纷纷跳槽的现象也越来越普遍，成为社会关注的一个热点。

调查研究表明，大学毕业生的跳槽高峰期主要集中在两个时间段内。第一个高峰期是入职时间还没满一年时。主要原因是大部分毕业生在选择第一份职业时多数抱着试一试的心理来择业，以"先找份工作做起来，不喜欢到时候就再换"的心态开始自己的第一份工作。或者是在对岗位性质、工作内容和工作环境都不了解的情况下，就盲目就业。而一旦开始工作后发现自己的种种不适应，觉得工作太累，又不满足于做些烦琐小事，认为自身能力得不到提升看不到希望就申请离职。第二个高峰期是大学毕业生已经工作了 1~2 年，这一部分人经过前一两年的磨炼，已经取得了一部分成就，认为自己积累了足够的升值资本，想要得到快速的职业发展，进一步实现自己的人生价值，而这些原单位无法满足时，他们也就选择离职。总的来说，大学毕业生跳槽原因主要有以下几种：（1）认为目前从事的工作没有好的发展前景，晋升空间又受限制，工作内容烦琐单调，培训机会不足，个人能力无法得到锻炼；（2）无法适应工作环境，对企业制度、企业文化不认同，与领导同事相处困难，人际关系不和谐；（3）对薪酬福利不满意；（4）工作压力大，不能适应经常加班和出差；（5）工作内容和自己的专业不对口，不是自己的理想职业，想重新选择职业或者行业。另外，还会受地理偏好、宗教信仰、文化偏好、社会价值观等其他因素的影响。

（二）三思而后"跳"

跳槽无非就是为了谋求更好的发展，在不断尝试的过程中找到自己职业生涯的驿站，获取自己理想的职业，确定职业发展方向。但跳槽是机遇和挑战并存的抉择，意味着成长和改变，也意味着你需要有更强的信心和能力。可是前期如果没有经过深思熟虑就轻率做出跳槽决定，不仅损害用人单位的利益，对自身发展也是不利的，常常出现越跳越糟的局面。因此想要跳槽前，请先认真思考自己到底为什么要跳出这一步？跳槽付出的代价与收获哪个更大？人人都希望海滩拾贝，但如果因此被大潮吞没，那代价未免过于昂贵了。因此，跳槽需要慎重对待。

跳槽者在准备进行跳槽前必须处理好几个问题：

1. 重新认识自己

客观评价自己，对自己的知识技能、兴趣爱好、个性特质进行重新审视，找出自己与当前工作不相适应的根本原因，认真分析在这些原因当中哪些是自己今后可以通过努力克服的，哪些是自己无法改变的。如果分析结果是个人素质与单位的需要基本一致，单位的条件也基本符合自己今后的发展要求，那么就要思考自己产生跳槽的念头是不是因为给自己设定的目标过高、不符合实际又没有付出足够的努力，如果是，就要慎重对待跳槽，不要草率决定。因为在这种情况下，即便你成功跳槽，依然会在下一家公司暴露你的弱点，不去改变自己，从根源上解决问题，而只是刻意挑剔外界的环境因素，结果只会使你误入歧途。

2. 评估跳槽成本

跳槽既然是为了谋取更好的发展，那么在跳槽前也要做好经济选择。通过对收入、岗位、环境、生活条件、职业声望等做一个全面的了解，分析、权衡是否会得不偿失，是否能用最少的牺牲获取最大的回报。因为跳槽意味着你放弃了现在已有的发展机会，当你在一个岗位上工作了几年后，你已经对工作内容轻车熟路并积累了一定的经验，但是跳槽到另一家单位你就要准备一切从零开始。在新的单位你总归是个新手，要耗费一定的时间和精力去重新熟悉新的人事和工作环境，而这段时间如果投入原单位你可能已经取得了不错的工作业绩。因此，你要考虑放弃目前的工作从长远看是否有利于自己的发展，如果是的话，再考虑跳槽。

3. 正确分析社会的人才需求

当你准备跳槽时，特别是重新择业的跳槽，那就一定要正确分析当前就业形势下，社会对各种类型的人才的需求，了解就业市场的发展行情，知道哪些行业将要扩展，哪些职务的发展前景更好、晋升机会更多，也要弄清楚自己想要入职的行业对求职者的要求，包括文化程度、专业能力、综合素质、技能证书等。总之，应当选择具有潜力和发展前景的行业，避免跳入夕阳行业。同时要考虑各行各业专业人员的饱和度，例如有的行业尽管热门但是早已经人满为患，就需要慎重考虑。

（三）理性对待跳槽，避免频繁跳槽

跳槽作为一种就业的流动形式可以给劳动者提供更多的选择机会，但是频繁跳槽从长远看会影响个人今后的职业发展。首先，频繁跳槽不利于大学毕业生的经验积累和专业能力提升，失去了毕业生获得必要培训的机会，而缺乏一定的积累是很难在一个行业收获业绩的，有时候还会因此错失升迁机会，因为这些机遇往往都需要靠时间的积累。其次，影响收入，导致社会保障、劳动保障等必要保障中断。频繁跳槽致使薪酬不稳定，社会保障和福利难以长久，而新工作的过渡期、考察期、适用期往往薪酬待遇较低，加上工作期间还要有一定的经济支出，致使经济成本过大。最后，频繁跳槽对自身形象及心理情感也会产生负面影响。一些正规公司在招聘人才时，一般都会对应聘者的求职经历、背景做严格要求，用人单位不喜欢有着频繁跳槽经历的应聘者，觉得这些人浮躁、不踏实，缺乏一定的职业规划。另外，进入新的工作单位，你还要重新熟悉工作环境，重建人际交往圈，经常跳槽换同事容易产生孤独感，影响职场归属感。

对于刚工作的大学毕业生来说，还处在适应新工作环境和组织氛围的调适期，经常会面临诸多问题和挑战，不能因为不适应就贸然选择离职跳槽。跳槽不应该是为了逃避痛苦而离开，而应该是为了追求幸福而离开。跳槽不是逃避的方式，工作做不好离开是逃避，负气裸辞是逃避，总想着换个老板、换个工作环境就能解决问题，但有时候依靠环境的改变是解决不了任何问题的。因此，不要因为现有工作不合适就离开，而是因为有了更合适的工作才离开，当然前提是你对这份合适的工作已经做了充分的了解。大学毕业生刚进入职场环境，感到不适应是很正常的，但要明白没有什么工作是绝对适合你、和你完全匹配的，追求职业的门当户对往往只会让自己陷入高不成低不就的尴尬局面，要学会主动适应，适应了才会"合适"，从不适应到适应也是我们在职场中必须经历的过程。

☞ 【拓展阅读】

没有一份工作是不委屈的

1

深夜十点，接到表妹打来的电话，说想要辞职。聊起这份工作，表妹的语气中充满了委屈。原来，就在前几天，领导临时通知她要准备一份招商方案。但因为临近月末，她既要跟进手上已有的项目，又要做月度复盘，只好利用晚上休息的时间来写方案。然而，等到方案好不容易完成了，领导又突然提出了新思路，简单几句话，便将她之前的想法全部否决。无奈之下，表妹只能耐着性子重写。把周末时间都用来加班加点，希望

能交出一份让领导满意的答卷。可没想到，让她更郁闷的事情还在后头。

昨天，当她再次提交完方案后，领导不但没有一句认可，反而还批评了她，认为这份方案完全没有领会到自己的意图和所想要的效果。"辛苦付出与所得根本不成正比，这样的工作，实在是越干越没意思啊。"在电话那头，表妹越说越郁闷，简直恨不得立马就去向领导递出辞呈。

同为职场中人，我当然理解她现在的心情。可是职场这条取经路，谁不是得闯过九九八十一难，才能修得正果呢？或者说，这天底下，又有哪一份工作是不委屈、不辛苦的呢？如果仅仅被批评了几次，受了一点委屈，就想辞职的话，那可能永远也难以找到一份让自己称心如意的工作。所以，在耐心听完表妹的诉说以后，我给出的建议是，你可以有辞职的权利，但需要认清一个现实：职场如战场，没有"轻松"二字可言。要想赢得主动权，让自己得到成长和突破，就得装盔披甲，去拼去坚持。这是必经之路，除此之外，别无捷径。

2

我曾面试过一位文案策划，他工作经验丰富，操盘过多个大项目，并且在交谈中展现了良好的应对能力，各方面都表现得非常出色。但当我看到他在上一份工作中的低薪资时，却感到颇为吃惊。可以说，那份收入与他的资历相比，是很不匹配的。他后来顺利通过了面试，成为公司的一员，通过几个月的共事，他的优秀表现也愈发让我们有目共睹。

有一次聊天，我忍不住好奇，问他："原公司的工资那么低，怎么还能坚持做了两年之久？"同事告诉我，那家公司不仅工资不高，工作压力还很大。对此，他曾经也备感委屈，但冷静下来想想，就算辞职了，凭自己当时的条件，也未必就能找到更好的工作。想通了这个道理，他就不再抱怨，而把工作中的压力都当成了积累经验的机会。他先是从自身找不足，要求自己多向身边的前辈学习，尽可能把每项任务都做到最好。除此之外，还报名参加了广告策划学习班，坚持不断提升自己的专业理论。

三四月做的事，七八月自有答案。随着时间的推移，渐渐地，他在公司得到了更多锻炼的机会，也成了专业技能最过硬的那个人。后来会选择辞职，是因为知道凭自己的能力，已经足以谋求到更好的发展。"其实职场上所有的经历都是资本，无所谓公不公平，只要懂得把合理的安排当历练，不合理的安排当磨炼，就自会有收获。"确实如此。说到底，在工作中遇到了委屈，会有一些不满情绪，本属人之常情。但你不能只选择抱怨或逃避，因为这样无法解决任何问题。越是聪明的人越会明白，世上没有无缘无故的成功。

任何成就的获得，都是需要经历长时间的考验和努力。工作也从来不是为了享受，它真正的意义，是你安身立命的资本，是你实现自我价值的平台。咽得下工作中的委屈，你才能为自己积攒足够的实力。

3

经常看到网上有人讨论，说某个行业更赚钱，某个行业更轻松。这其实是属于典型的外行看热闹现象。很多时候，我们总是习惯于把别的工作想象得很好，然后转头再看自己眼前的工作，就会觉得哪哪都不好。殊不知，隔行如隔山。每个行业都有每个行业的风光，但同样也有各自的难处。可能你在羡慕别人的同时，别人也在羡慕着你。生活如鱼饮水，工作亦是如此，谁也不会比谁过得更容易。

那些能在竞争中脱颖而出的人，无非都是因为他们比其他同行都更敢咬牙坚持，更愿意吃苦。所以，与其临渊羡鱼，不如退而结网。

既然我们无法拒绝工作带来的委屈，那就从现在起调整好心态，多给予自己正向的能量，多寻找积极的方式，去努力提升自己的专业和价值。没有哪份工作是不辛苦的，但当我们在职场中站上更高位置时，再回头看，就会发现，曾经受过的小委屈根本就不是什么事。一步一个脚印走下去，一点一滴化解压力，所有吃过的苦，终会化成生活馈赠的惊喜，让你在来日岁月里，成为底气十足的自己。工作不易，唯有努力。请相信，只有最好的你，方能成就最好的工作。

（资料来源：人民网微信公众号，2020年8月27日，作者：灰灰）

☞ 【思考题】

1. 你眼中的"好工作"是什么样的？

2. 结合自身实际，你认为自己最大的心理压力是什么？你将如何做好心理调适？

3. 你认为在大学期间可以为今后的择业做哪些准备？

☞ 【参考文献】

[1] 郭园. 高校学生就业心理问题及其应对策略研究 [J]. 中国就业，2023（9）：41-43.

[2] 曾本君. ABC理论对大学生常见心理困扰的调节作用 [J]. 广东交通职业技术学院学报，2023（2）：112-115.

[3] 杨有景. 大学生就业压力对择业取向的影响及对策研究 [D]. 桂林：广西师范大学，2019.

[4] 郝滢滢，王谦. 基于职业生涯规划的大学生就业指导模式构建研究 [J]. 创新创业理论研究与实践，2022（22）：128-130.

[5] 洪小英. "三全育人"视域下高校大学生"云就业"工作的有效路径探析 [J].

就业与保障，2022（9）：181-183.

［6］胡永远. 大学生就业的理论、实证与政策研究［M］. 南京：南京大学出版
社，2020.

［7］汪立夏，王淼，刘修财. 大学生心理疏导促就业［M］. 北京：中国人民大学出
版社，2015.

［8］郭霖. 人际沟通与公众表达［M］. 重庆：重庆大学出版社，2018.

［9］刘玉升. 大学生职业生涯规划：打通就业"最后一公里"［M］. 苏州：苏州大
学出版社，2021.

附 录

一、毕业生就业推荐表（范例）

学院：××学院　　　　　　　　　　　　　　　　学号：据实填写

姓名	张三	性别	××	政治面貌	中共党员	生源地	福建省福州市仓山区	照片
学历	本科	学制	四年	培养方式	统招	外语水平	CET-6	照片
专业	填写专业全称			第二专业/学位		×××××		
计算机水平	国家二级			联系电话	×××××	电子邮箱	×××××	
联系地址	×××××					邮编	×××××	
在校从事社会工作情况及个人特长	一、担任学生干部情况 2019—2020学年担任2019级英语专业班长，学院团委办公室干事； 2020—2021学年担任外国语学院团委办公室主任； 2021—2022学年担任院团委学生会副主席。 二、校内外实习实训情况 2022年7—8月，在捷联电子有限公司实习，担任销售助理一职； 2023年7—8月，参加校内××研究院实习……							
在校奖惩情况	2023年11月，获国家奖学金、校一等奖学金，校三好学生荣誉称号； 2022年11月，获省第×届××赛一等奖、校一等奖学金，校三好学生荣誉称号； 2021年5月，获校优秀学生干部荣誉称号。							
综合素质评价	某某同学在校期间，思想上积极进取，身为中共党员，能以一名中共党员的标准要求自己。学习上……；工作上……；生活上…… 学院盖章：　20××年×月×日							
学校推荐意见	同意推荐 学校盖章：　20××年×月×日							

毕业生就业推荐表填表注意事项

一、填写规范说明

1. 学院：填写学院全称，如"教育学院"。

2. 政治面貌：中共党员、中共预备党员、共青团员、群众等。

3. 生源地：指高考时户口所在地，必须具体到区、县（县级市），如福建省福州市仓山区、福建省福州市闽侯县、福建省福州市长乐区等。

4. 学历：本科。

5. 学制：本科填写"四年"，专升本填写"二年"。

6. 培养方式：统招。

7. 外语水平：根据获得的英语水平证书填写，如 CET-4、CET-6、托福×分、雅思×分及其他小语种等级。

8. 专业：以所读专业名称为准，需要与毕业证书一致，且要写全称。

9. 第二专业/学位：以在校期间辅修的第二专业/学位名称为准，要写全称，需要与相关毕业证书一致。

10. 计算机水平：根据获得的计算机等级证书填写，如国家二级、福建省二级等。

11. 在校从事社会工作情况及特长：请填写在校期间担任学生干部情况（担任的职务要写明级别），参与校内外实习、实践、实训情况，个人的特长。

12. 在校奖惩情况：请根据在校期间获得的荣誉情况填写，时间与获奖的荣誉名称必须与证书相一致。

13. 综合素质评价：学院辅导员审核就业推荐表后，根据学生在校表现情况，用第三人称评价学生综合素质情况。

二、其他注意事项

1. 标题建议统一用隶书二号字体。

2. 字体不能用娃娃字体等艺术字体，不然看起来不够正式和规范。

3. 基本信息很重要，要认真核对，避免出错。

4. 所有内容要认真核对，避免出现错字和漏字。

5. 推荐表的任何栏目都不得留空，若确无该项内容应注明"无"。

6. 照片可以直接贴一寸彩色证件照，也可以直接插入表格中，打印时选择彩打。要求照片清晰，建议用规范的证件照。

7. 就业推荐表排版可以根据实际进行微调，但仅限一页纸。

二、个人简历（范例）

普通版：

一寸照片	**谢××**	**个人信息：**	籍贯：	民族：
			联系电话：	
			电子邮箱：	

教育背景

2019.9—2023.7　　　　　　　　　××××大学　　　　　　　　　　商务英语（本科）

■ 主修课程

综合商务英语、商务英语视听说、商务英语翻译、当代商务概论、国际贸易理论与实务、国际商务沟通与谈判、国际市场营销、跨境电子商务、外贸函电、基础日语等。

工作经历

2019.9—2023.6　　　　　　　　　　　班级　　　　　　　　　　　　　　　班长

■ 熟练运用新媒体开展各种主题班会、组织班级出游、协助团支书开展团日活动等大型班级项目；

■ 在任期间，团结同学，增强班级凝聚力，打造强有力的班集体。

2020.7—2022.6　　　共青团××××大学外国语学院委员会　　　团委副书记、办公室主任、新生助导

■ 作为团委副书记，负责管理团委的日常事务，组织举办多场大型活动，积极组织做好各班团支部建设工作，开展学院思想教育和理论培训；

■ 作为办公室主任，协调各部门工作，组织开展学院学生干部各类型会议，并进行会议记录、资料整理；

■ 作为新生助导，积极配合辅导员，管理与组织新生参加新生周系列活动，帮助他们尽快适应大学生活；

■ 在任期间，善于沟通，有良好的文字以及语言表达能力，能够灵活处理突发事件，工作得到同学、老师们的认可。

2021.7—2021.8　　　　　　　　　　××银行　　　　　　　　　　大堂经理助理实习生

■ 主要负责大堂业务，引导客户办理业务，学习推销银行理财产品，为客户做理财风险评估，制作报表，协助进行回单的整理及投放，接受咨询等；

■ 实习期间，积极主动联络新客户，虚心向富有经验的前辈请教，善于思考，主动了解银行体系以及基本业务，学习金融、基金等相关知识。

2022.8—2023.1　　　　　　　　××电子商务有限公司　　　　　　　英语外贸专员

■ 主要负责公司在亚马逊平台（美国、加拿大站）的店铺管理，如整理产品数据、选品、上架产品、售前售后服务等；

■ 实习期间，认真对待工作，在组长的指导下，短时间内获得不错的业绩。

主要荣誉

■ **2019年** 获院第十三届职业生涯规划大赛二等奖

■ **2020年** 获"校优秀学生二等奖学金"，"校优秀共青团干部""校优秀学生干部标兵""校三好学生标兵""社会实践积极分子"称号

■ **2021年** 获"国家奖学金""校优秀学生一等奖学金"，"校优秀共青团干部""校优秀学生干部标兵""校三好学生标兵"称号

■ **2022年** 获"校优秀学生三等奖学金"，"校优秀共青团干部""校优秀学生干部标兵"称号

■ **2023年** 获"校优秀学生一等奖学金"，"校优秀毕业生""校优秀学生干部"称号

技能证书

■ 大学英语四、六级（优秀的英语听说读写能力）

■ 英语专业四级

■ 全国计算机二级（熟练掌握 Office 办公技能）

■ 普通话证书

精华版：

谢××

应聘岗位：银行业务岗

联系电话：
电子邮箱：
通信地址：

一寸照片

教育背景

2019.9—2023.7 ××× 大学 商务英语 本科文学学士
专业排名：2/60 平均课程绩点数：3.90
相关课程绩点数： 当代商务概论 4.30/5.00 国际市场营销 4.10/5.00
国际贸易理论与实务 4.00/5.00 国际商务沟通与谈判 4.00/5.00
商务英语翻译 4.00

实践经历

2020.7—2022.6 外国语学院 团委副书记/办公室主任/新生助导

■ 负责团委的 6 个部门，定期开展学生干部每月例会，组织策划学院团委干部培训系列活动，参与人数达 100 多人，活动形式多样，增强了团队凝聚力；

■ 曾参与组织策划第五届"嘉颖杯"中小学生英语演讲比赛（初赛、复赛、决赛），参与的学校涉及全市范围，参赛人数达 500 多人，并有多家媒体报道；

■ 作为新生助导，协助辅导员组织管理新生班级，其连续三年获得学院"文明班级"荣誉称号。

2021.7—2021.8 ××银行 大堂经理助理实习生

■ 学习银行运营流程和基本会计结算实务，相关会计凭证的用途；

■ 引导客户办理业务及介绍金融业务，平均客流量 100 人/天；协助理财经理，制作台账，并整理将近 100 个对公客户的业务回单及对账单；

■ 能够和各类客户进行良好的沟通，并得到客户的好评。

主要荣誉

2023年 校优秀毕业生（专业前15%）
校优秀学生一等奖学金（专业前3%）
2022年 校优秀学生干部标兵（全院仅8人）
2021年 国家奖学金（全院仅1人）
校三好学生标兵（全校仅10人）

技能证书

语言能力： 英语专业四级
大学英语四、六级（优秀）
计算机能力：全国计算机二级
（熟练掌握 Office 办公技能）
职业资格： 证券从业资格证/基金从业资格证

自我评价

■ **有较强的组织能力与团队精神。**曾多次带领团队协助××学校、×× 社科联等举办多场大型活动。

■ **学习能力强，敢于挑战不同领域。**自学金融相关知识，并成功考取证券、基金等资格证书。

■ **善于表达，沟通能力强。**曾作为校大学生理论宣讲团成员，多次进行百人宣讲活动。

■ **抗压能力强。**能够快速适应新环境，熟悉工作任务内容，并达到目标要求。

专业版：

谢××

应聘岗位：高中语文老师

联系电话：
电子邮箱：
通信地址：

一寸照片

教育背景

2019.9—2023.7　　　　××××大学　　　汉语言文学　　　本科文学学士

专业排名：2/60　　　　　**平均课程绩点数：3.90**

相关课程绩点数： 现代汉语　4.30/5.00　　　现当代文学　4.10/5.00

　　　　　　　　　古代文学　4.00/5.00　　　古代汉语　4.00/5.00

　　　　　　　　　文学概论　3.95/5.00

教师职业能力

■ 大二获得学校"育人杯"教师技能大赛比赛一等奖；

■ 大三获得学校教师比赛中学试讲比赛一等奖（只设一名）；

■ 参加第六届全国师范院校师范生教学技能竞赛获得一等奖；

■ 研究过近五年高中语文高考试题，统计分析高考试题的出题思路和考点分布，并撰写了近5000字的总结心得；

■ 参加过国家级大学生创新训练项目；

■ 参加学校"青春梧桐"志愿者计划，在乡村中学累计从事支教60个学时；

■ 大四在××中学实习4周，从事高中语文教学30个学时，担任4周班主任助手。

主要荣誉

奖学金获奖情况：

大一　三等奖学金1次

荣誉称号获得情况：

大一　优秀团员1次

大三　优秀学生干部1次

技能证书

职业资格： 中学语文教师资格证

语言能力： 大学英语四、六级（优秀）

　　　　　　普通话二甲

计算机能力： 全国计算机二级

（熟练掌握Office办公技能）

自我评价

■ **严谨。** 做事认真细心，注重细节上的处理。

■ **完美主义者。** 较为追求完美，对自己严格要求，会有较强的成就感。

■ **文学青年。** 热爱文学与写作，喜欢文化艺术。

三、就业协议书（样表）

学号：

普通高等学校毕业生就业协议书

用人单位（甲方）：_____

毕 业 生（乙方）：_____

毕 业 学 校：_____

福建省教育厅印制

甲方（用人单位）	单位名称			单位组织机构代码	
	单位隶属	□中央属　□省属　□设区市属　□县(市、区)属　□县以下(含乡镇、村、居委会等)		联 系 人	
	单位地址			联系电话	
	单位性质	□机关及参公单位　□科研设计单位　□高等教育单位　□中初教育单位 □医疗卫生单位　　□其它事业单位　□国有企业　　□三资企业 □其它企业　　　　□部队　　　　　□农村建制村　□城镇社区			
	单位行业产业	□第一产业	□农、林、牧、渔业		
		□第二产业	□采矿业　□制造业　□电力、热力、燃气及水生产和供应业 □建筑业		
		□第三产业	□批发和零售业　□交通运输、仓储和邮政业　□住宿和餐饮业 □信息传输、软件和信息技术服务业　□金融业　□房地产业 □租赁和商务服务业　□科学研究和技术服务业　□水利、环境和公共设施管理业　□居民服务、修理和其他服务业 □教育　□卫生和社会工作　□文化、体育和娱乐业 □公共管理、社会保障和社会组织　□国际组织　□军队		
	档案接收单位			接收人姓名	
	档案接收地址			接收人电话	
乙方（毕业生）	姓　　名		性别		出生年月		毕业时间	
	入学前户口所在地		民族		政治面貌		联系电话	
	学　　号			学　　制		学历层次	
	专　　业			培养方式	□非定向　□定向　□委培　□自筹		
	家庭地址			电子邮箱		
	工作职位类别	□公务员　□科学研究人员　□工程技术人员　□农林牧渔业技术人员 □卫生专业技术人员　□经济业务人员　□法律专业人员　□教学人员 □文学艺术工作人员　□体育工作人员　□新闻出版和文化工作人员 □其他专业技术人员　□办事人员和有关人员　□商业和服务业人员 □生产和运输设备操作人员　□军人　　　　□其他人员			

学院(系)联系人		联系电话	
用人单位意见： 　　　　　签　章 　　年　月　日		用人单位主管部门或人事代理机构意见： 　　　　　签　章 　　年　月　日	
学校院(系)意见： 　　　　　签　章 　　年　月　日		学校毕业生就业工作部门意见： 　　　　　签　章 　　年　月　日	

甲乙双方依照就业相关政策规定，遵循诚实守信原则，在平等自愿、协商一致基础上，依法达成以下协议：

一、甲方同意录（聘）用乙方，于乙方报到之日，双方建立劳动人事关系，签订劳动合同，并在《全国普通高等学校毕业生就业报到证》备注栏盖章。

二、乙方同意毕业后到甲方工作，于_____年___月___日前执毕业证向甲方报到，根据甲方要求办理入职手续。

三、双方同意，乙方入职后工资不低于_____元/月，工作期限为___年，试用期___月，工作岗位为_____，工作地点为_____；若甲方同意乙方落户，落户地址为_____。

四、在履行协议期间，发生以下情况，双方互不承担违约责任。

1. 甲方被撤销或依法宣告破产的，协议中止；

2. 乙方未按期取得毕业资格，甲方不同意其入职的，协议中止；

3. 乙方考入普通高校、依法服兵役，或参加国家和地方基层就业项目的；

4. 经双方协商一致，书面同意解除协议的，或书面变更协议条款的；

5. 由于各类不可抗力导致协议无法履行的，协议中止。

五、在履行协议期间，发生以下情况，应认定为违约，责任方应向无责任方支付违约金_____元。

1. 存在蓄意欺骗对方的事实或提供虚假材料的；

2. 单方违反协议条款，拒不履行义务的；

3. 擅自变更协议条款的。

六、未尽事宜可由甲乙双方另行约定，作为本协议附件，发生同等法律效力。

七、因协议产生的纠纷，由双方协商解决，协商无果的，可以先提请政府就业主管部门调解，仍无果的，可以向当事方所在地的人民法院提起诉讼。

八、本协议一式四份，甲方、乙方、学校毕业生就业工作部门及用人单位上级主管部门（或人事代理机构）各执一份。学校毕业生就业工作部门依此列入毕业生就业方案，报毕业生就业主管部门签发就业报到证。

九、本协议自甲乙双方签字盖章之日起生效，至乙方报到之日止。

甲方（公章）：　　　　　　　　　　　　乙方（签名）：

　　　年　　月　　日　　　　　　　　　　　年　　月　　日

填写说明：

1. 本协议书是高校毕业生与用人单位之间确立聘用关系、明确权利、义务的协议，一经毕业生、用人单位、高校、用人单位主管部门签字盖章，即具有一定的法律效力。协议书也是高校管理、服务毕业生就业和毕业生与用人单位双方订立劳动合同的重要依据，是用人单位确认毕业生相关信息真实可靠以及接收毕业生的重要凭据。

2. 本协议书由具备法律主体资格用人单位法定代表人（或者其委托代理人）和毕业生双方当事人亲自签订，代签无效。

3. 本协议书中的相关栏目由双方协商确定后填写，未尽事宜，可另行签订补充协议，作为本协议书的附件，与本协议书一并履行。

4. 本协议书内的年、月、日除落款日期外，均用阿拉伯数字填写，工资报酬等金额一律使用大写。

5. 填写本协议书一律用蓝、黑色墨水书写，字迹清晰、工整，涂改处必须签名或加盖校对章，否则无效。

6. 毕业生离校后学校不再签注意见。